ものが語る歴史　38

文房具が語る古代東アジア

吉田惠二

同成社

序

本書は、著者が約四〇年にわたって発表してきた論考のうち、日中等の古代文房具に関する研究論文など一一編を選び、一書に収録したものである。

東アジア各地における国家形成と文字の普及は、相互に密接な関係にあった。中国新石器時代の末に生まれ、甲骨文字として殷代に発達した漢字は、青銅器に鋳込まれた金文の後、秦の始皇帝によって統一された小篆や、これを略して漢代に普及した隷書を経て、南北朝時代から楷書が一般化する。このような漢字の変容は、神意を問う卜占の用に止まらず、出自を異にする集団の意思疎通を可能にし、広く文書行政を徹底させるようになる中で、次第に洗練されていった過程を示すものでもある。もっとも、漢字によって記された文章は、金石文や墨書土器などを除けば、竹簡・木簡・紙のような腐朽しやすい有機物に記されてきた。したがって、これらの記録が考古資料として残ることは稀であり、わけても日本のような酸性土壌が主体となる地域の遺跡では、幸いにも腐朽せずに残された木簡や漆紙文書などから僅かな実態をうかがうほかない。しかし、文字を記すためには、文房四宝、すなわち筆墨硯紙のすべてが欠かせない。とりわけ、石や焼き物という無機物が故に腐朽しない硯の存在は、東アジアを中心とする「漢字文化圏」における文字利用の普及と展開を考える際に、非常に有用な物証となる。

このように、古代日本の文書行政や外交問題について論じる上でも、漢字の使用、ひいては漢字を書くために用いる文房具の出現と展開が、きわめて重要な論点となることに疑問を差し挟む余地はない。加えて、古代日本の陶硯が、中国や朝鮮半島に範を求めたことは広く知られている。つまり、中国に由来する硯の形式・型式変遷と年代観を把握することは、東アジア規模の年代的「ものさし」と、広範な地域の歴史を叙述する際の共通した鍵を獲得することになる。ところが、日本列島出土の陶硯を扱った論考や報文が多数にのぼる一方、東アジアの硯まで視野に入れた論説は数えるほどしかなく、硯の体系的な理解や重要性が十分に認識されてきたとは言い難い。しかし最近では、弥生時代後期に遡る石硯も、北部九州を中心として類例が増加している。また、百済硯や新羅硯についても網羅的な研究が試みられるようになり、中国南北朝の影響を無視できないことが明らかとなってきた。畢竟、中国古代の硯に対する理解なくして東アジア各地の硯を語ることはできないのである。

かかる陶硯の研究を単著にまとめた成果としては、内藤政恒の『本邦古硯考』（一九四四年）や、石井則孝の『陶硯』（一九八五年）などが知られるが、この三〇年余、類書は皆無といってよい状況であった。そこで、著者が長年取り組んできた仕事のうち、中国・日本出土の硯や文房具に関する論考を一書に収録し、後続する研究の便に供することとしたい。新出資料の追加を含めた増補改訂を計画していたところ、著者である吉田惠二が不慮の事故により急逝したため、旧稿のまま出版せざるを得なくなった点は惜しまれるが、硯をはじめとした古代文房具を駆使し、日中の古代史を俯瞰する書物として、一人でも多くの読者の手に取っていただき、遍く活用されることを願っている。

なお、本書では、著者の執筆意図を尊重する立場から、あきらかな誤字脱落等の訂正、旧地名の更新、および章節の調整を加えるにとどめ、文献の引用方法や註の表記なども、原則として原典を踏襲する。ただし、著者自身による見解の更改や、近年の研究動向をふまえて補足した点のうち、とくに重要な部分については、当該箇所に補注を追記した。また、著作としての体裁を整えるため、単位の表記については、㎝を糎、㎜を粍に統一した。表については、一部を縦書き表記に改めた。

出版に際しては、本書の刊行をご快諾下さった吉田みちこ夫人に深甚なる謝意を表する次第である。また、本書の出版を快く引き受けて下さった同成社と、同社社長の佐藤涼子氏、編集を担当された工藤龍平氏には、大変お世話になった。著者に代わって、心より感謝申し上げたい。

國學院大學考古学研究室

目次

第Ⅰ部

古代東アジアにおける硯の成立と展開

第1章　陶硯研究の現状と課題

飛鳥時代に我が国で生産が始まった陶硯は、中世に石硯が主流となるまでの数百年間、墨・筆と共に文房具の一つとして我が国古代文化の発展に大きく寄与した。我が国で作られた陶硯には圏脚円面硯・蹄脚円面硯・三足円面硯・多足円面硯・風字硯・形象硯・中空硯などがあり、日本古代陶硯の出土地は北海道と南西諸島を除く当時の律令文化圏のほぼ全域に及んでいる。これら陶硯出土遺跡の多くは都城跡・各種官衙跡・寺院跡などであるが、集落跡や墳墓からも出土しており、墨書土器・木簡出土地とも相俟って当時における文字使用層の広さを物語っている。我が国における硯出土遺跡は当時硯が用いられていた場所を如実に物語るものであるが、硯出土遺跡に関して、中国・朝鮮とは様相が異なる。

中国では戦国時代末期から宋代までの遺跡のうち、硯が発見されているのはすべて墳墓といって過言ではなく、官衙や寺院・住居跡からの出土は微々たるものである。韓国でも硯が発見されているのは寺院跡や山城などであり、我が国とは様相を異にしている。この現象の主要な原因が日本・中国・韓国の国毎に発掘対象とされる遺跡の性格・数量の差にあるにしても、東アジア的にみた場合興味ある現象といえる。

一九四四年に出版された内藤政恒博士の歴史的名著『本邦古硯考』以来様々な方面からの研究がなされてきた(1)。特に我が国古代陶硯研究に重要な契機となったのは、一九七八年に楢崎彰一氏が中心となって五島美術館で開催された陶硯展で、各地の遺跡から出土した陶硯が展示されると同時に全国的規模で古代陶硯の実態を明らかにした最初の企画であった。(2) 他方、一九八三年に奈良国立文化財研究所が埋蔵文化財ニュースとして出版した『陶硯関係文献目録』(3) は、以後の陶硯研究の基礎的データとして、以後の研究の基礎となった。こうした現状から、現在、東アジアの中で最も古代硯の研究が進んでいるのは我が国である。(補註) なお、我が国の古代陶硯に関してはここでは割愛し、我が国古代陶硯の源流となった中国の硯及び墨・筆について報告し、後の議論の糧としたい。

一、殷・周～戦国

中国では文字の起源は古く、新石器時代晩期の龍山文化陶器に刻まれた「陶文」が甲骨文字の祖形とされている。この段階には筆で記した文字は未発見であるが、殷代になると甲骨や陶器に筆を用いて朱書した文字が出現し始める。河南省の殷墟や他の遺跡で発見されている筆写文字には黒い顔料で書写されているものはなく、この頃には朱色で書くことに宗教的な意味あいがあったと推測される。次の周代には青銅器の銘文中に筆で文字を書いた後にその形を忠実に刻んだと推測されるもののあることは林巳奈夫氏が指摘するとおりである。このように、筆による表記法の起源は古いが、西周以前の段階では硯と認定できる遺品は未発見である。

中国で確実に硯と認定されるものが出現するのは戦国時代末期で、形態的にＡ・Ｂの二類に分れる。Ａ類は平坦な石板の上面に円形の窪みを設けたもので、河北省承徳市戦国木槨墓出土石硯がこれにあたる。Ｂ類は上面が平らなもので、湖北省雲夢県秦墓出土石硯がこれにあたり、付属品として研石（磨石）が付く。Ａ類にも研石が伴っていたと考えられ、Ａ類は河南省安陽市殷墟の婦好墓出土品のような上面に円形の窪みを彫った調色器、Ｂ類は河南省洛陽市出土品のような上面が平坦な調色器に祖形を求めることができる。

二、漢　代

漢代になると硯の発見例は爆発的に増え、形態的にも偏平な自然礫の上面を利用した卵石硯、円形に加工した板石を用いた円形板石硯、長方形に加工した板石を用いた長方形板石硯、三本の足を持った三足円形硯、獣形硯、箱形硯、博山形硯など多様な硯が作られた。材質的には石が圧倒的に多く、陶器製、漆製、木製、銅製などもあるが、いずれの形態の硯も付属具として研石を伴う。

これらのうち最も原始的な形態を留めるのが戦国時代末期のB類の系統を引く卵石硯である。現在までに広東省広州市南越王墓出土品を始めとして二二点ほどが報告されているが、いずれも偏平な円礫をそのまま用いたもので、一度に磨れる墨汁の量はきわめてわずかであったと推測される。次に出現するのは円形板石硯であり、約四〇点が報告されている。湖北省江陵県鳳凰山一六八号漢墓出土硯のように、出現当初のものには硯盒が伴わず、板状の硯のみであったが、やがて三本足の付いた木製あるいは木製漆塗りの台板に嵌め込まれ、蓋が伴うようになる。

円形板石硯の後に出現した長方形板石硯は漢代では最も普及した硯で、中国国内のほぼ全域、さらに朝鮮、ベトナムでも発見され、約一三〇点が報告されている。長方形板石硯は円形板石硯と異なり、出現当初から蓋を伴う硯盒に嵌め込まれたようで、円形板石硯では研石を硯面中央に置くが、長方形板石硯では硯の前方に置くのが原則となる。これら漢代の長方形板石硯は、横断面の形態から断面が長方形で外面全体を平坦に磨いて整形したA類、断面が逆台形で外面全体を平坦に磨いて整形したB類、断面逆台形で上面と側面上端のみを平坦に磨いて整形したC類の三類に大別できる。A類は硯盒に納めずそれだけでも使用可能であり、B類は硯盒に納めるのに適した形態となっている。

C類は最初から硯盒に納めることを前提としたもので、硯盒に納めた場合に見えない下半部にはまったく整形を施さず、原石を打ち割った時の凹凸をそのまま残している。形式的にはA類→B類→C類の変遷が認められる。

三足円形硯は円形板石硯の発展形であり、円形板石硯を一回り大きい円形の木製台板に嵌め込み、これに三本足を付けた形をそっくりそのまま石や陶器で作ったもので、原則として蓋が付く。蓋の下面中央に円形の穴が彫られており、研石を円形の硯の上面中央に置いたままで蓋が被さるようになっている。蓋の上面には様々な細工が施されており、漢代の硯の中では最も精巧に作られたもので、二〇点以上報告されている。これら三足円形硯の硯面部外周の形態にはA・B二種があり、外周が一段低くなったA類がまず出現し、次いで外周やや内寄りに低い突帯を巡らせたB類が出現する。A類は円形板石硯を円形の板に嵌め込んだ形の模倣であり、次に出現したB類が発展して、魏晋南北朝時代の三足円形陶硯が生れた。

その他特殊な形態の硯として、獣形硯、木製漆塗硯、夾紵硯などもあるが、これらの硯も含めて漢代の硯の特徴として、硯面が平坦な水平面をなすことがあげられる。硯面が平坦であるのは下面が平坦な研石を付属具として粒状の墨を磨り潰したこと、当時すでに出現していた大型の固形墨といえどもそのままではきれいに磨りきれなかったことによる。なお、木製漆塗硯や夾紵硯では墨を磨る部分の漆にはきわめて木目細かな砂粒が混入され、墨が磨り易くなっている。

研石の形態にも円礫半截形、円板形、方板形、角柱形、上円下方形があり、共伴関係から円礫半截形は卵石硯、円板形は円形板石硯、上円下方形は長方形板石硯とセットであったと推測できる。

三、魏晋南北朝時代

三国時代になると漢代には圧倒的に多かった石硯は急速に減少し、青磁や灰陶で作られた陶製の三足円形硯が普及した。この時期の最大の特徴は漢代まで付属具として用いられてきた研石が消滅することで、手に持って使える良質の墨が普及したことによる。三国時代の墓から漢代の遺制を踏襲した長方形板石硯も少量出土し、これらに研石が伴うことはあるが、陶製三足円形硯に研石は伴わない。これは漢代にすでに出現していた手で握れる大型の墨錠が普及したことと、墨そのものの性能が飛躍的に高まったため、研石が必要なくなったことによる。

魏晋南北朝時代の陶製円形硯は大勢として、時期が下るにつれて足の数が増え、多足円形硯が出現すると共に、硯面部の形態も変化する。硯部の断面には上面が平坦なA類、上面の中央部が弧状に隆起するB類、B類の硯面周縁部に断面U字形の浅い溝が巡るC類、硯面中央が水平な平坦面をなし周縁に断面U字形の浅い溝が巡るD類、硯面中央がわずかに窪む平坦面をなし周縁に断面U字形の深い溝が巡るE類があり、A類→B類→C類→D類→E類の順に出現する。A類は硯面が平坦であった漢代の形態を踏襲したものであるが、手で持って磨れる墨の出現とこれによる研石の消滅に伴って硯面が平坦である必要がなくなり、硯面中央部が隆起して陸となり、相対的に低くなった周縁部が墨汁の溜まる海となって海陸の区別が明確化していった。

魏晋南北朝時代には陶製円形硯以外に全体が長方形ないし方形を呈する石硯も少数ながら作られた。この時期の石硯には長方形板石硯、長方形弧形硯、長方硯、四足方形硯などがある。長方形板石硯は漢代に引き続いて作られたものであるが、漢代の長方形板石硯に比べると幅が広くなり、厚くなる。

長方弧形硯は長方形板石硯を長方弧形の木製ないし木製漆塗り硯箱に嵌め込んだ形を模したもので、板状を呈し、一端に椅円形の水池を彫り窪めたものもある。椅円形の水池の位置は長方形板石硯の前方にあった方形の研石置きの窪みの位置に相当し、後漢時代に水滴として多用された耳杯の形に表現したものである。

長方硯は長方形板石硯を長方形の木製硯箱に嵌め込んだ形をそのまま踏襲し、長方形板石硯の部分を浅く平坦に彫り窪め、前方にあった方形の研石置を水池としたものである。

四足方形硯は方形の体部の四隅に足を有するもので、体部上面に方形、長方形ないし円形の浅く平坦な硯部を彫り窪めたものである。方形と長方形は長方形板石硯、円形は円形板石硯を方形で四本足を持つ木製硯箱に嵌め込んだ形を模したもので、長方形板石硯・円形板石硯の発展形とみなすことができる。硯面が平坦であるのも、漢代の遺風である。

箕形硯は平面が箕形を呈するもので、硯面は前方に向って低く傾斜し、硯頭に墨汁を集中させる構造となっている。灰陶製で、足はないが、後の風字硯の祖形となるものである。

四、隋・唐

隋唐でも青磁・白磁・唐三彩・灰陶製の円形硯が流行すると共に、端渓その他の名石を用いた石硯も出現する。陶硯の主流は南北朝時代以来の伝統を引く足の付いた円形硯で、三足円形硯、多足円形硯、獣足円形硯、蹄足円形硯があり、高い台脚の付く圏足円形硯、亀形硯もつくられた。

陶製円形硯の硯面形態には南北朝時代に出現したA類~E類に加えて、D類の硯面中央が弧状に窪んだF類が出現する。F類の中には陸部外周に断面三角形の低い突帯を巡らせて、硯面外周の海部と完全に遮断させたものがあり、墨汁が硯部外周の海部には到らず、低く窪んだ陸部中央にのみ墨汁が溜まる構造となっている。陸部外周を円形に巡る溝（海部）に墨汁を溜める魏晋南北朝時代以来の伝統とは全く異なる原理であり、墨汁を一ヶ所に溜める原理は箕形硯や風字硯と共通する。陶製円形硯における構造上の革命ともいえよう。陶製円形硯の側面や上面に筆立てや墨入れなどの付属機能が付けられるようになるのもこの時期の特徴である。

風字硯には陶製と石製があるが、材質による形態的な差はなく、内堤が出現するのもこの時期である。ただし、日本にまま みられる内堤で硯面を二つに分けた二面硯は報告されていない。中国で報告されている二面硯は元代のものである。唐代の風字硯の平面形にはいわゆる風字形をなすもの以外に、楕円形・長方形その他、様々な形態があるが、硯面はすべて直線的に下っていく。

唐代には動物の形をした形象硯も作られたが、報告されているのはすべて亀形であり、日本にある鳥形・羊形は報告されていない。

五、五代・宋

五代になると陶製の円形硯はきわめて少なくなり、形態的にも唐代までの形とは一変する。風字硯も楕円形・長方形その他の形態は消滅し、風字形にほぼ統一される。硯面には直線的に下るものに加えて中程で傾斜が変化するものが出現するが、外堤は両側面と前方の三方にあるだけである。宋代には風字硯は長方形に変じ、硯尻が水平で前方に深い海が彫られる長方形硯が誕生する。この段階で外堤は硯尻にも巡るようになり、以後は名石を主とした石硯の世界に移行する。

六、今後の研究の課題

我が国古代の陶硯に関しては研究が進んでいるが、我が国の硯と中国・朝鮮の硯との相互関係を明らかにしていく必要がある。大きくいえば、七世紀までは中国で生れた硯が朝鮮で変化し、これが日本に伝わる一方、八世紀には遣唐使・遣唐留学生などを通じて中国の硯が直接伝わるようになるが、我が国の硯に多大な影響を与えた唐・渤海・百済・新羅など当時の東アジアの中での日本の硯文化を位置づけていくことが重要となる。

参考　墨

発掘調査によって出土し、報告されている墨としては戦国時代のもの二例、漢代のもの一一例、魏晋南北朝時代のもの一三例、隋唐代のもの三例、宋代のもの一二例がある。戦国時代から漢代までの墨には塊状のものもあるが、大半が小粒状を呈している。魏晋南北朝時代以後には小粒状のものは無くなり、いわゆる大墨状を呈するもののみとなり、円柱形や長方形を呈するものが主流となり、唐代にはいわゆるカラスミ状を呈するものが出現する。

参考　筆

発掘調査によって確認されている筆としては、戦国時代のもの六例、漢代のもの一二例、魏晋南北朝時代のもの三例、隋唐代のもの二例、宋代のもの五例がある。

筆管として圧倒的に用いられているのは竹であるが、木製、ガラス製もある。特に注目すべきは漢代以前の筆管にはたとえ竹を用いていても竹管をそのまま用いるのではなく、竹の身を削って作った中実のものが多いことで、当時使われていたブラシと同じような作りとなっていることである。また、漢代以前の筆管には他端が尖ったものが多い。これは漢代の画像石に描かれた官吏が頭に筆を挿している姿からもわかるように、筆を髪に挿して待機するためで、当時これを「簪筆」と呼んだ。文献記録上では筆を髪に挿す方式が唐代にもあったようであるが、唐代の筆管は竹管をそのまま用い、端は現在の筆と同様に尖っていず、筆を髪に挿す風習があったとしてもごく限られたものだったと推測される。

ガラス製の筆管は奈良県竜田御坊山古墳からも出土しているが、魏の文帝が愛用した筆にガラスを用いていたとする記録もある。

註

（1）内藤政恒『本邦古硯考』、養徳社、一九四四年六月。
原田淑人「硯との関連から見た中国古代の墨」『考古学雑誌』第四六巻第一号、一九六〇年六月。

王志高・邵磊「試論我国古代墨的形制及其相関問題」『東南文化』一九九三年第二期。

石井則孝「日本古代文房具史の一面―陶硯について―」『古代探叢』滝口宏先生古稀記念論文集、早稲田大学出版部、一九八〇年一〇月。

楢崎彰一「日本古代の陶硯―とくに分類について―」『考古学論考』小林行雄博士古稀記念論文集、平凡社、一九八一年五月。

横田賢次郎「福岡県内出土の硯について―分類と編年に関する一考察」『研究論集』九、九州歴史資料館、一九八三年三月。

石井則孝『陶硯』考古学ライブラリー四二、ニュー・サイエンス社、一九八五年一二月。

水野和雄「日本石硯考―出土品を中心として―」『考古学雑誌』第七〇巻第四号、一九八五年三月。

吉田惠二「日本古代陶硯の特質と系譜」『國學院大學考古学資料館紀要』第一輯、一九八五年三月（本書第Ⅰ部第2章）。

杉本宏「飛鳥時代初期の陶硯―宇治隼上り瓦窯跡出土陶硯を中心として―」『考古学雑誌』第七三巻第二号、一九八七年二月。

吉田恵二「陶製熊脚三足円面硯の発生とその意義」『國學院大學考古学資料館紀要』第三輯、一九八七年三月（本書第Ⅱ部第2章）。

伊藤純「風字硯をめぐるいくつかの問題—考古資料と伝世品—」『ヒストリア』第一三五号、一九九二年六月。

吉田恵二「中国古代に於ける円形硯の成立と展開」『國學院大學紀要』第三〇巻、一九九二年三月（本書第Ⅱ部第3章）。

吉田恵二「長方形板石硯考」『論苑考古学』、天山舎、一九九三年四月（本書第Ⅱ部第1章）。

千田剛道「獣脚硯にみる百済・新羅と日本」『文化財論叢Ⅱ』奈良国立文化財研究所創立40周年記念論文集、同朋舎、一九九五年八月。

吉田恵二「長方形硯の成立」『國學院大學考古学資料館紀要』第一一輯、一九九五年三月（本書第Ⅱ部第4章）。

吉田恵二「暖硯考」『國學院大學考古学資料館紀要』第一三輯、一九九七年三月（本書第Ⅱ部第5章）。

白井克也「日本出土の朝鮮産土器・陶器—新石器時代から統一新羅まで—」『日本出土の舶載陶磁』、東京国立博物館編、二〇〇〇年三月。

吉田恵二「絵巻物に描かれた硯」『伝統と創造の人文科学』國學院大學大学院文学研究科創設五十周年記念論文集、國學院大學大学院、二〇〇二年三月（本書第Ⅲ部第3章）。

（2）五島美術館『日本の陶硯』、一九七八年九月。

（3）山中敏史編『陶硯関係文献目録』埋蔵文化財ニュース四一、奈良国立文化財研究所埋蔵文化財センター、一九八三年六月。

（補註）古代官衙・集落研究会における二〇〇三年発表の論旨を下敷きとする原著では、「こうした現状から、現在、東アジアの中で最も古代硯の研究が進んでいるのは我国であり、中国・韓国では個別報告はあっても出土品を網羅した研究は行われていない」としていた。しかし、同じ二〇〇三年に百済の硯に関する集成と編年が提起され、続いて二〇〇六年に新羅の出土例に関する網羅的研究も発表された（山本孝文『古代朝鮮の国家体制と考古学』など）。したがって、本書においては、「こうした現状から、現在、東アジアの中で最も古代硯の研究が進んでいるのは我が国である」と改めた。

第2章　日本古代陶硯の特質と系譜

一九四四年に内藤政恒氏の古典的名著『本邦古硯考』が上梓されて以降、日本考古学とりわけ飛鳥時代以後の新しい時代を対象とする考古学は飛躍的な発展をとげてきた。一九八三年に奈良国立文化財研究所埋蔵文化財センターがまとめた『陶硯関係文献目録』によれば、硯の出土地は沖縄、北海道及び東北地方のごく一部を除いてほぼ全国に及んでおり、その形態、材質、出土遺跡もきわめて多様性に富んでいる。

硯は文字文化を象徴するものであり、戦後の一大発見ともいうべき木簡、漆紙文書、さらには墨書土器の大量発見と相俟って、古代の日本を代表する遺物の一つである。硯、筆、墨、水滴等の文房四宝や被書体としての紙、簡は古代中国で発明されたものであるが、日本陶硯の研究の盛んなのに対して中国・朝鮮を含めた総合的な研究はきわめて少ない。そのため、本稿では古代中国での文房具のあり方を紹介し、合わせて日本古代の文房具との関係を硯を中心に概観してみたい。

一、中国における硯

中国では殷代に高度な文字文明が開花し、殷墟を初めとする当時の遺跡からは数万点に達する文字資料が発見されている。その殆どすべては獣骨や亀甲に利器を以て刻み付けたものや青銅器に陰刻あるいは陽刻したものであり、硯、筆、墨等の文房具は全く知られていない。しかし、殷墟発見甲骨片中に朱砂や炭素を使って書いた文字が発見され、墨と筆が紀元前一二世紀まで遡るとする見解が出されている[1]。一方、筆の出現期をさらに遡らせ、新石器時代の彩陶への施文具を筆として認定しようとする説も出されているが[1]、陶芸用の工具と文字を書くための道具としての筆とは区別して扱う必要があろう。

時代が下って戦国時代になると木簡や竹簡が遺存しており[2]、また、湖南省長沙市左家公山一五号戦国墓[3]では円筒形の筆入れに納めた筆が出ている。この頃には墨と筆が高度な発達を遂げていた。もっとも、河南省殷墟婦好墓発見玉器や洛陽西周墓出土長方形石板の中に硯の原形を見出そうとする説も提示されているが[4]、なお説得力に欠ける嫌いがある。遺品として確実に硯が確認できるのは戦国時代末以降である[補註1]（本書第Ⅰ部第1章参照）。

(一)　前漢の文房具

前漢の文房具中、最も注目されるのは湖北省荊州市鳳凰山一六八号漢墓出土一括遺物[5]であろう（図1-1-1）。硯や筆が単独で発見される例の多い中で、ここでは半両銭、天平衡杆、木・竹簡等と共に、硯、筆、墨、無字木簡、刀子等の文房具が一括して竹笥に納められていた。硯は円形の扁平な石で、自然礫の一端を平坦に加工した研石が付属する。墨は粉末状を呈し、筆は専用の銅製容器（筆管）に収納されている。刀子は木簡用の修正具である。この墓

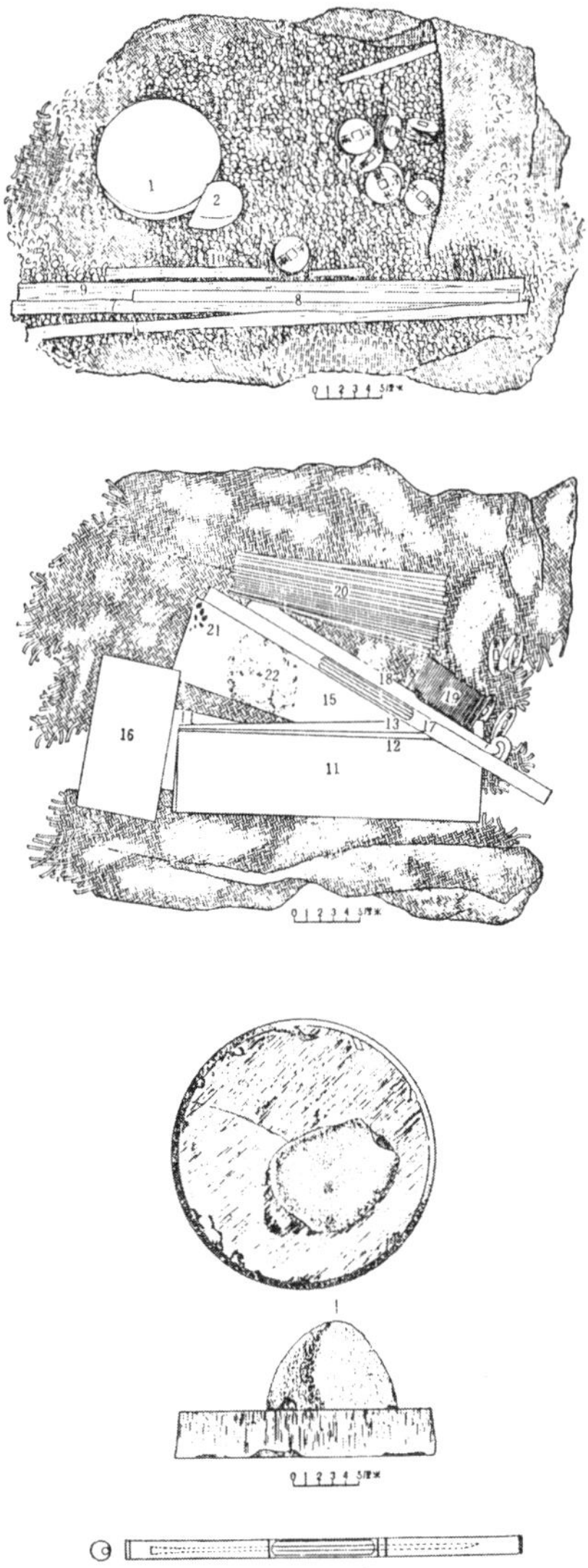

1　湖北省鳳凰山168号漢墓

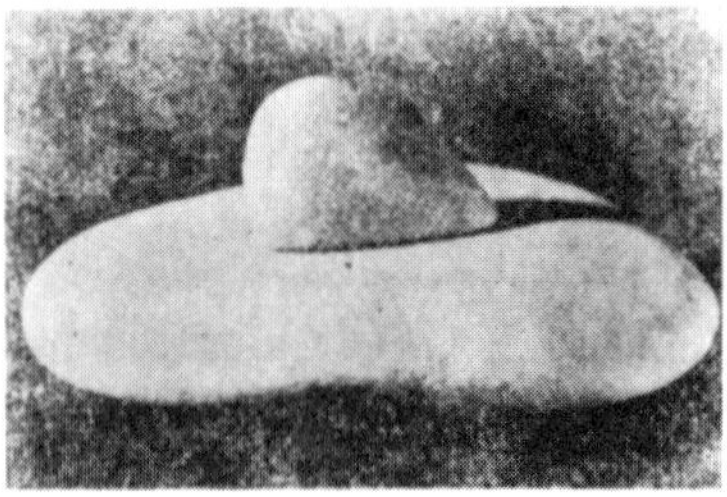

2　広東省広州淘金坑

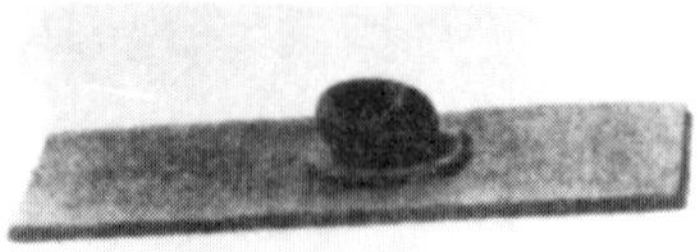

3　江西省南昌市東郊

4　湖北省鳳凰山8号墓

5　甘粛省敦煌馬圏湾烽燧址

図1－1　前漢の文房具

は埋葬年代が文帝一三年（前一六七）であることが判明しており、年代の明らかな最古の文房具の姿を如実に示してくれる。

前漢の硯が扁平で海陸の区別がなく、研石を伴うことは既によく知られた事実であるが、硯の平面形態には、円形、長方形、不整形、方形等の種類がある。円形の例では同じ鳳凰山前漢墓群中の八号墓出土硯(6)（図1－1－4）がある。

長方形硯には、江西省南昌市東郊前漢墓(7)（図1－1－3）、江蘇省連雲港市海州前漢霍賀墓出土品(8)が代表的なものであり、河南省洛陽焼溝漢墓(9)でも朱痕・墨痕のあるものが発見されている。漢代の硯では硯も専用の容器に納める場合があり、霍賀墓では木製の蓋付硯箱が付属し、箱に墨書がある。また、硯箱に漆を塗り、彩色を施して壮厳をしたものに山東省臨沂市金雀山第一一号漢墓出土品(10)や古くから知られる朝鮮楽浪彩篋塚出土品(11)がある。前者の詳細はわからないが、後者では箱内に硯、筆、水滴等を収納するための区画がしつらえられていた。

正方形を呈する例に甘粛省敦煌馬圏湾発見漢代烽燧址出土硯(12)（図1－1－5）がある。正方形の硯座中央に円形の硯面を作り出したもので、長方形の木箱内に納められていた。木簡一二一七枚が伴出しており、前漢宣帝本始三年（前七一）が最も古い紀年銘である。

不整形を呈する硯に広東省広州市淘金坑前漢墓出土品(13)（図1－1－2）がある。砂岩系の河原石の上面を平滑に加工しただけで他には一切手を加えていない。

(二)　後漢の文房具

前漢の硯がその平面形式と加工の程度において差はあるものの、基本的に扁平なものであったのに対し、後漢の硯は脚を有することに特徴がある。

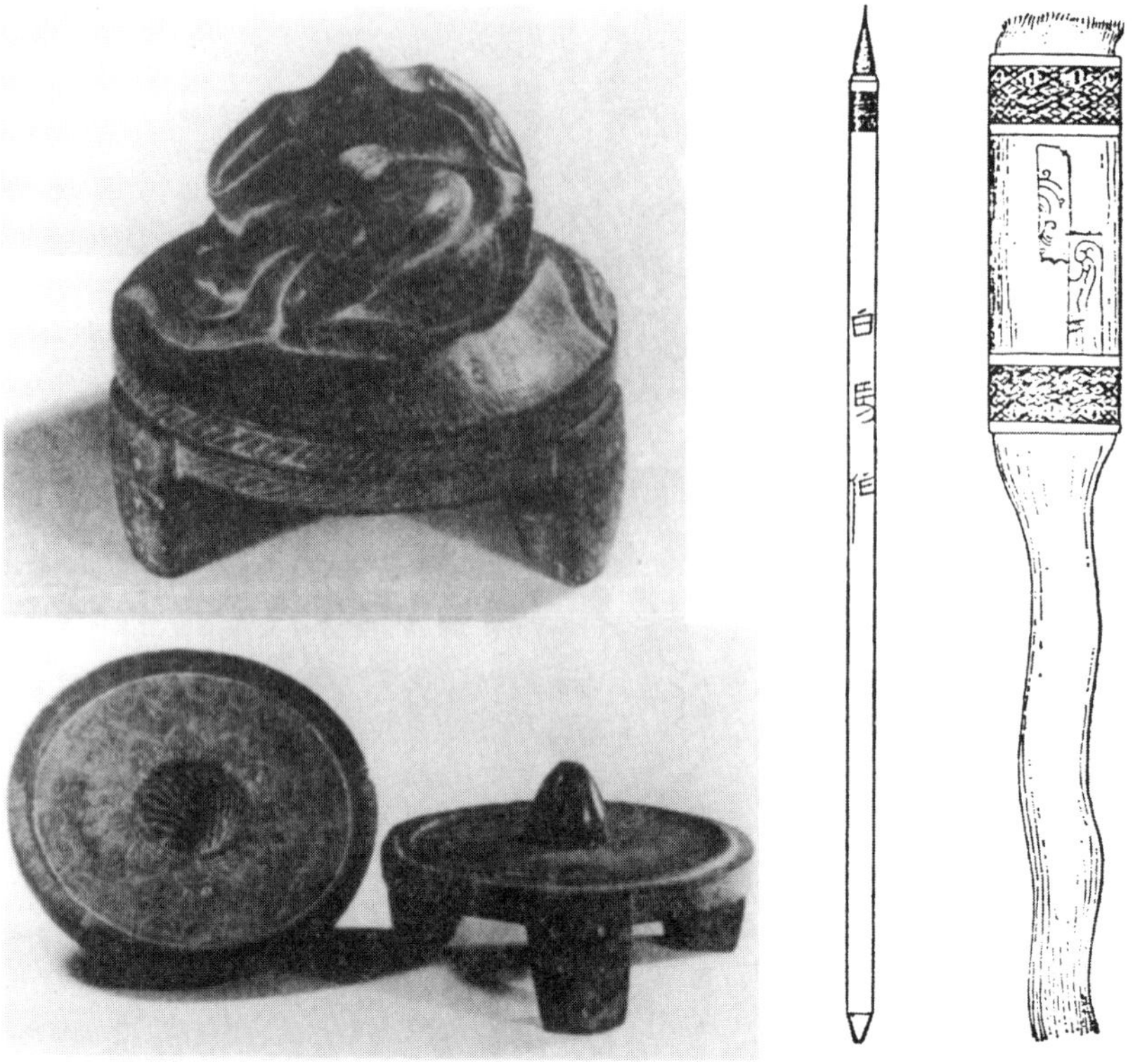

1　河北省四塚村漢墓　　2　甘粛省武威磨嘴子49号漢墓

図1－2　後漢の石硯と筆

脚をもつ後漢代の硯としては、湖北省当陽市劉家塚子後漢画像石墓例[14]、安徽省太和県漢墓出土例[15]、河北省滄県四塚村漢墓出土例[16]がある。いずれも石製で三脚を有し、石製の硯蓋の付くことでも共通している。硯面も円形である。硯蓋には動物形が彫刻されており、いずれも精巧な作りであるが、特に安徽太和県出土例では硯蓋下面にも華麗な円弧文が線刻されている。また、河北四塚村例では硯面中央に研石を置いたままで蓋が被せるように蓋下面中央には研石形の抉りがある（図1－2－1）。

後漢における硯の使用状況を知る貴重な資料として河北省望都発見の壁画[17]がある（図1－3）。相対座する主記史と主簿を描いたも

図1－3　望都漢墓壁画中の文房具

ので、両者の斜め前方には硯が置かれ、主簿は左手に木簡、右手に筆を持っている。硯は三脚を有し、硯面中央には硯石が立つ。発掘者は硯面中央部の突起を墨と見ているが、これが研石であることは原田淑人博士の説くとおりである(18)。硯と研石が黒く描かれるのに対し、三脚は白く表現されており、扁平円形の硯を脚付きの硯台に載せたものとも受け取れるこの表現は、無足円形硯から脚付き円形硯への過渡形態を示すものであろうか。当時の文房具の使用形態を知る格好の図柄である。

後漢代に出現する三脚付きの石製円形硯は次の南北朝期の陶製円面硯の祖形となるものであるが、後漢代にはこれ以外にも前漢以来の伝統をもつ無脚扁平な石硯も作られた。このうち、長方形の例として広西省梧州市鶴頭山後漢墓(19)、湖南省湘郷漢墓(20)、広東省広州市東山後漢墓(21)、円形例として石家荘北郊後漢墓(22)等がある。いずれも研石が付くが、硯・研石ともに自然面を残さず、表面はすべて加工によって平滑に仕上げられている点に進歩が窺われる。

この時代の筆としては甘粛省の武威磨嘴子第四九号漢墓(23)から大小の良好な筆が漆箱に納めた長方形薄石硯と共に出土している(図1－2－1)。

1　山西省大同

3　湖南省長沙晋墓

2　遼寧省馮素弗墓

4　河南省洛陽晋墓

図1－4　南北朝の石硯

(三)　南北朝時代の文房具

南北朝期には石製の硯も作られたが、最も顕著な動きは焼き物による陶硯の出現と発達である。

先ず石硯を取り上げると、前代からの系譜を引くものに江蘇省南京大学北園東晋墓出土品[24]がある。厚さ約一・五糎の扁平長方形の硯であるが、硯面の一端に方形の海部を作り付けている点で、前代までの海陸の区別のない平坦な硯面よりも一段進んでいる。この古墳は東晋永和元年（三四五）葬の南京老虎山顔謙婦劉氏墓に近い形態をもつとされており、四世紀中葉の硯と見ることができる。また、湖南省長沙晋墓[25]では両端を弧形に膨ませた長方形石硯が一点出土している（図1－4－3）。形態的には漢代の形態を踏襲しているが、硯面の周囲に外堤を巡らすことと、硯面中央部をわずかではあるが突出させて海陸を区別している点で進歩の跡を窺わせている。

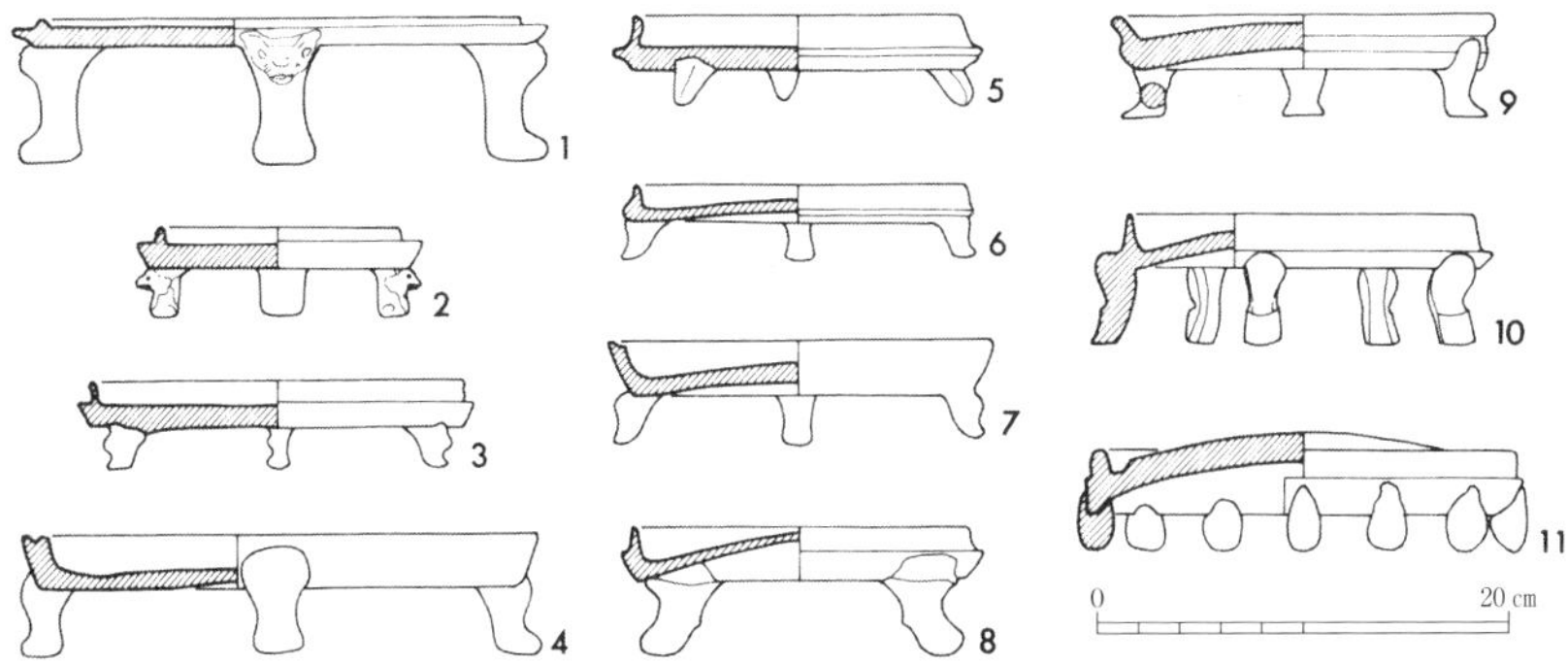

1・4：江蘇鎮江東呉西晋墓、2：江蘇句容西晋元康四年墓、3：江蘇南京栖家山甘家巷六朝墓、5：広東曲江南華寺古墓、6・7：湖北枝江姚家港晋墓、8：江蘇南京堯化門梁墓、9：江蘇南京対門山南朝墓、10：広西新街長茶地南朝墓、11：広西融安南朝墓

図1－5　南北朝の陶硯

他方、南北朝期石硯の優品としては山西省大同発見北魏石硯[26]があげられる（図1－4－1）。正方形の硯部を内区と外区に分け、内区に硯面を作り、外区には動物文を彫刻している。四隅に脚が付き、硯側面及び脚側面にも各種の動物文を浮き彫りした精品で、外区には水入れの孔を穿っている。筆者も大同の小さな博物館で実見する機会を得たが緑泥片岩質の見事な出来映えであった。北魏が大同の都から去る太和一八年（四九四）以前の作とされる。これと同様の形態をもった石硯は遼寧省でも発見されているが、硯部上面には水池用の一孔を穿っている以外に装飾はなく、側面に線刻文が刻まれるだけである[27]（図1－4－2）。これら脚台付き方形石硯の祖形とすべきものが洛陽晋墓[28]から出土している（図1－4－4）。正方形の硯台中央に円形の硯面を作り、硯台四隅に水池を配したもので、硯台の四隅に無文の脚を取り付けている。

南北朝期の石硯には硯面の周囲に外堤を巡らしたり、硯面中央部をわずかではあるが高くして海陸を区別したり、別に海部を設けるなど、前代の石硯に比べると進化しているものの、陶硯の出現とその発達に比べると格段の差がある。

この時期の陶硯は三足円面硯として出発する（図1－5）。これには硯面が平坦で海陸の区別のないもの（A種）と、硯面中央が高まり、相対的に低くなった硯面周辺が海部となるもの（B種）とがある。換言すれば、A種は海陸の区別のないものであり、B種は海陸の区別のあるものである。

三足円面硯A種に属するものとしては、江蘇省句容市西晋元康四年墓[29]、広東省曲江南華寺古墓[30]、江蘇省鎮江西晋墓[31]、江蘇省南京市栖霞山甘家巷六朝墓[32]、江蘇省江寧東善橋南朝墓[33]、湖南省長沙晋墓出土品等[34]がある（図1－5－1～5）。このうち、江蘇省西晋元康四年墓例と鎮江西晋墓例の脚には上端に熊の顔が付されている。他の例では広東省南華寺例が先尖りの直線的な脚をもつのみで、他はすべて上端外側が突出する獣脚形に近い形態をもつのが注目される。すなわち、獣面をもつ脚から、獣面をもたない獣脚形の脚へと移行していったと考えられる。熊面の装飾は楽浪漢墓出土青銅器脚に多用されたものであること、また、写真しか発表されていないため、A種かB種かは不明であるが脚上端に熊面文をもつ三足円面硯が南京石門坎塼郭墓[35]から出土しており、これに魏の正始二年（二四一）銘をもつ銅製弩機が伴出し、南北朝時代でも年代の古いものであることも先の推測を裏付けるものであろう。

三足円面硯B種に属するものには、湖北省枝江姚家港晋墓[36]、南京郊区対面山南朝墓[37]、湖南省湘陰古窯址[38]、南京堯化門南朝梁墓[39]、福建省閩侯県南嶋南朝墓[40]、江西省贛県区南斉墓出土品等[41]がある（図1－5－6～9）。

ここに挙げたものは、最後の江西贛県区南斉墓出土品を除いて、いずれも簡略化された獣形脚を有している。また、硯面中央部の突出度を見ると、江西贛県区南斉墓出土品が最も突出し、外堤よりも高い。次に高いのは南京堯北門南朝梁墓出土品で、ほぼ外堤と拮抗する高さで、南京郊区対面山例や湖南湘陰例は外堤より低い。最も低いのは湖北姚家港例であり、わずかに突出する程度であり、B種の中ではA種にきわめて近い。硯面が最も高い江西贛県南斉墓は伴出の青瓷器類が江西省吉安長塘斉永明一一年（四九三）墓出土品と近似しており、南北朝でも比較的新しい時期に属している。こうしたことから、B種硯面形態はA種硯面形態に後出し、B種硯面形態の中ではより突出度の低いものからより突出度の高いものへと変化していったと見ることができよう。

三足円面硯Ｂ種の次に現われるのは五本以上の脚をもつ多足円面硯で、これには簡略化された獣脚をもつものと、水滴状の脚をもつものとがある。

獣脚をもつ例としては広西省恭城県新街長茶地南朝墓(42)（図１－５－10）、湖南省長沙南朝墓出土品(43)がある。前者は五本、後者は六本の獣脚を有する。共にＢ種硯面形態に属し、硯面中央が突出するが外堤高を凌駕するには至っていない。特に前者では脚外面下端部が明らかに馬蹄状を呈している。中国では今の所他に例を見ないが、馬蹄状を呈し、三角形状幾何学文を線刻したものは百済の古都扶余や定林寺址から出土しており(44)、同様な線刻文を施したものは福岡県久留米市荒木(45)でも出土している。

広西省融安県南朝墓(46)例は水滴状の脚一二個をもつ多足円面硯で、硯面中央部は外堤高よりも高く突出し、硯面周辺部は一段と低く削り取られて海部となっている（図１－５－11）。意図的に海部を作り出した陶製円面硯としては現在の所最も古く、伴出の滑石製買地券から天監一八年（五一九）に位置付けられる。

南北朝期の陶硯は、後漢の三足円形石硯を母胎として、まず三足円面硯が出現する。出現期の三足円面硯は硯面の形態も石硯の特徴を引き、硯面は平坦で海陸の区別のないＡ種に属する。次には硯面中央部を突出させ、必然的に低くなった硯面周縁を海部としたＢ種へと変化した後、硯面形態としてはＢ種を踏襲したまま脚の数を増やした多脚円面硯へと移っていったと見ることができる。

この頃の陶硯には灰陶製も見られるがその多くは青～黄色の釉を施した瓷硯である。また、南北朝期には前後両漢を通じて存在した付属具としての研石が消滅する。このことは後漢末期から南北朝初期の間に、墨が今日見るような固墨に変ったことを意味している。

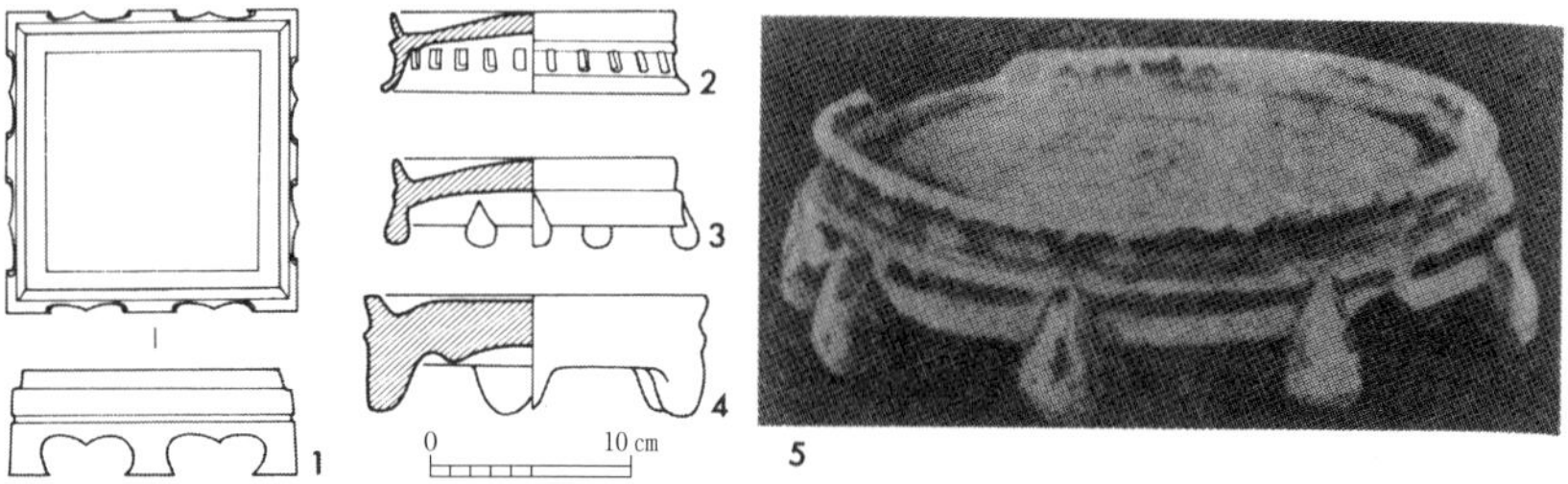

1：湖北武漢東湖岳家嘴、2・3：湖南長沙隋墓、4：湖北清江嶺西隋墓、5：湖南隋大業六年墓

図1－6　隋の陶硯

（四）隋代の文房具

隋代には陶硯に大きな進歩が見られる。その一つは南北朝末期に出現した多足円面硯の系統に属するものであり、脚は水滴状を呈する。これには湖南省湘陰県隋大業六年墓[47]、湖南省長沙隋墓[48]、江西省樟樹市清江県隋墓[49]出土品等がある（図1－6－2〜5）。

もう一つ、この時期に現われた画期的な陶硯の形式に圏脚円面硯がある。先にあげた湖南省長沙隋墓、湖南省長沙黄泥坑第九五号墓[50]出土品等で、南北朝期以来の三足円面硯や多足円面硯がすべて、硯面部と脚部を別個に作って合体させる工法であったのに対し、圏脚円面硯は硯面部と脚台部とを同時に成形した後、脚台部に長方形の透し孔を穿つものであり、我が国の圏脚円面硯に多大の影響をもたらした硯式である。その出現年代に関しては、長沙隋墓で伴出した多足円面硯の場合、これと近似する多足円面硯が出土した湖南省湘陰県大業六年墓が西暦六一〇年であることから、遅くとも七世紀初頭には圏脚円面硯が成立していたと考えられる[補註2]。

ここで注目されるのが江西省清江県嶺西隋墓出土多足円面硯である。以上に紹介した陶硯が多足円面硯か圏脚円面硯かを問わず、いずれも硯面中央部を突出させた形式（B種）であるのに対し、清江県隋墓出土品では硯面全体が平坦で、周囲にU字形の溝を巡らせて海部としている点である。この形式の硯面は唐代に隆盛を極める形式であり、C種と呼んで他と区別する。その年代としては墓室構築に用いられた塼に「大業四年」（六〇八）の銘があることから七世紀初頭に位置付けられる。

以上あげたものはその成形にロクロを用いたものであるが、武漢市東湖岳家嘴隋墓[51]（図1－6－1）からは山西省大同出土北魏石硯の系譜を引く灰陶方形硯が一点出土している。大業年間（六〇五～六一八）とされており、隋代にもこの形式の石硯が作られていた可能性もある。

（五）唐代の文房具

唐代は古代中国で最も陶硯の栄えた時代であり、青磁、白磁、三彩等で多足円面硯、獣脚円面硯、圏脚円面硯、風字硯、形象硯等多岐にわたる硯が作られた。

多足円面硯では福建省福安市・福州市郊区の唐墓から出土した三足円面硯や五足円面硯[52]等、唐以前の古い形態を残すものもないわけではないが、李知宴氏論文所載初唐墓出土多足円面硯[53]（図1－7－4）の場合には、硯面中央部

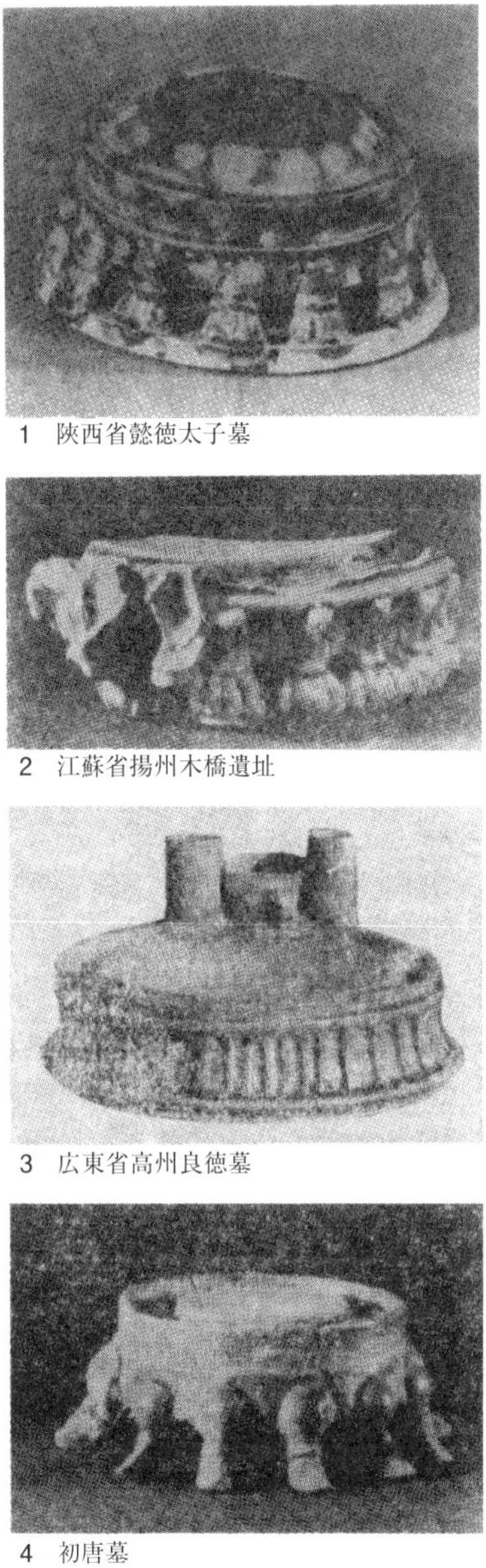

1　陝西省懿徳太子墓

2　江蘇省揚州木橋遺址

3　広東省高州良徳墓

4　初唐墓

図1－7　唐の陶硯

が平坦で周囲にU字形の溝を巡らして海部としたC種硯面形態をとっている。

C種硯面形態は懿徳太子墓(54)、揚州唐代木橋遺址(55)から出土した獣脚円面硯、西安羊頭鎮唐李爽墓(56)、河南省禹州市白沙唐墓(57)等から出土した蹄脚円面硯、広東省高州県良徳唐墓出土圏脚円面硯(58)にも見られ、唐代の陶製円面硯では最も典型的な硯面形式である（本書第Ⅱ部第3章参照、図1－7－1～3）(補註3)。李爽墓は総章元年（六六八）一一月に埋葬された墓であり、懿徳太子墓は大足元年（七〇一）に没した太子を神龍二年（七〇六）に葬った墓であり、唐三彩の出現期を示す重要な資料となっている。特に李爽墓は蹄脚円面硯が七世紀までには出現していたこと、及び蹄脚円面硯が出現当初において既にC種硯面形態をとっていたことを明瞭に示している(補註4)（本書第Ⅱ部第3章参照）。

ここで問題となるのは奈良県生駒郡斑鳩町竜田御坊山古墳出土三彩有蓋円面硯(59)であろう（図1－8）。ガラス製筆管と共に出土したこの硯は水滴状の脚を持った多足円面硯であり、かつC種の硯面形態をもつ。水滴状多足円面硯は南北朝末期から隋代にかけて作られたものであり、唐代に出現する獣脚円面硯に先行する硯式であるが、それらの殆どがB種硯面形態をとるのに対し、御坊山古墳出土品は既に完成されたC種硯面形態を示している。また、隋代までの水滴状多足円面硯の場合には高火度灰釉系の釉薬を施すのを原則とするのに対し、御坊山古墳出土品では低火度鉛釉系の釉薬が施されている。種々の点で隋から唐への移行期の様相を呈するものであり、七世紀中葉を前後する時期の所産と考えられる。

一方、唐代の陶製円面硯には筆立てや水容れを取り付けたものがある。揚州唐代木橋遺址出土青磁獣脚硯は破片のため全形を知り得ないが二本の筆立てが付属し、広東省高州県良徳唐墓出土青磁圏脚硯には硯面の一端に水容れ一つを挟んで二本の円筒状筆立てが並立している。筆立て付き陶製円面硯は韓国でも出土しており、我が国の筆立て付き陶硯を考える上で重要な資料となろう。広東省高州県良徳唐墓出土青磁圏脚円面硯は長方形透しであるが、同じ唐代の圏脚硯には円形透しのものもあることを付記しておく(60)。また、特殊な円面硯として西安白鹿原墓出土円面硯がある

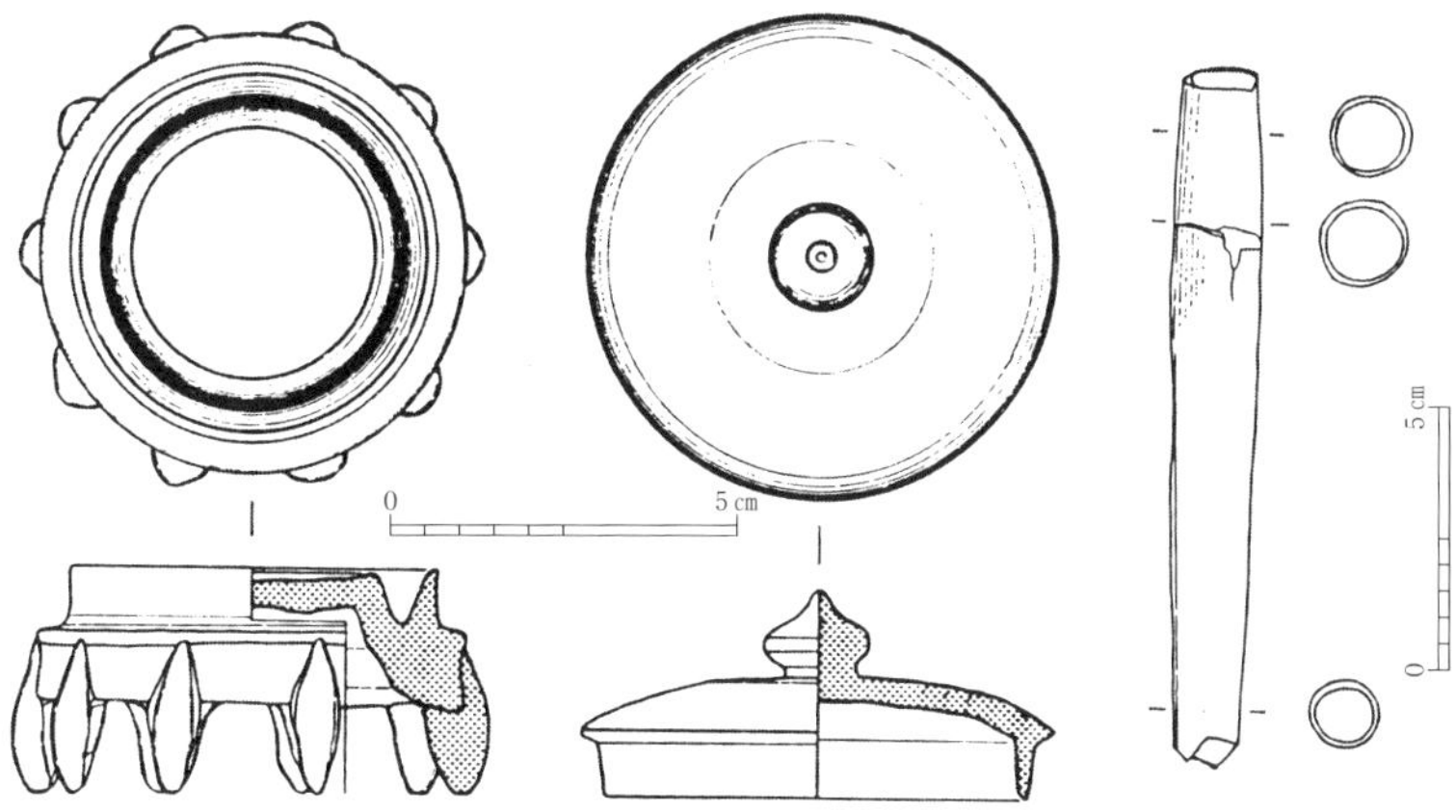

図1－8　御坊山古墳出土三彩円面鏡とガラス製筆管（『竜田御坊山古墳』による）

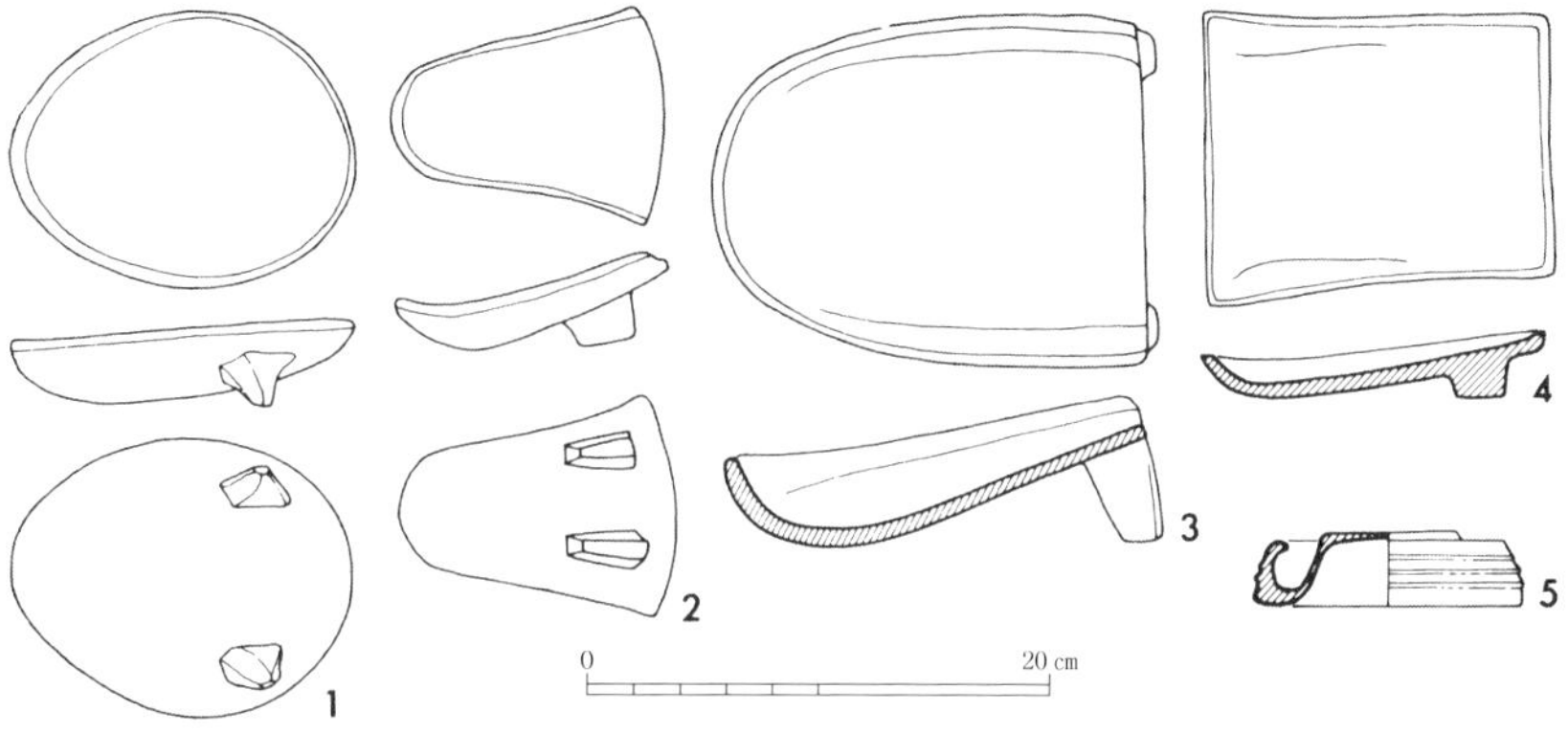

図1－9　唐代の陶硯（1・2・5：西安白鹿原墓、3：新疆北庭古城、4：湖南赫山廟唐墓）

（図1－9－5）。台脚に類するものが一切付かず、硯部のみで構成される。硯面形態は典型的なC種で、硯面は外堤よりわずかに高い。

陶製風字硯の報告例には、先にあげた西安白鹿原墓、湖南省益陽市赫山廟唐墓[61]、新彊吉木薩爾北庭古城[62]等がある（図1－9）。赫山廟唐墓は宝応二年（七六三）の墓誌銘を伴う、方形平面の風字硯で、石製に端を発した風字硯の出現期を知る一つの資料である（図1－9－4）。北庭古城出土品は頭部が円形を呈するもので、洛陽出土唐代風字硯と完全に同じとされるが、赫山廟唐墓出土品よりは年代の下

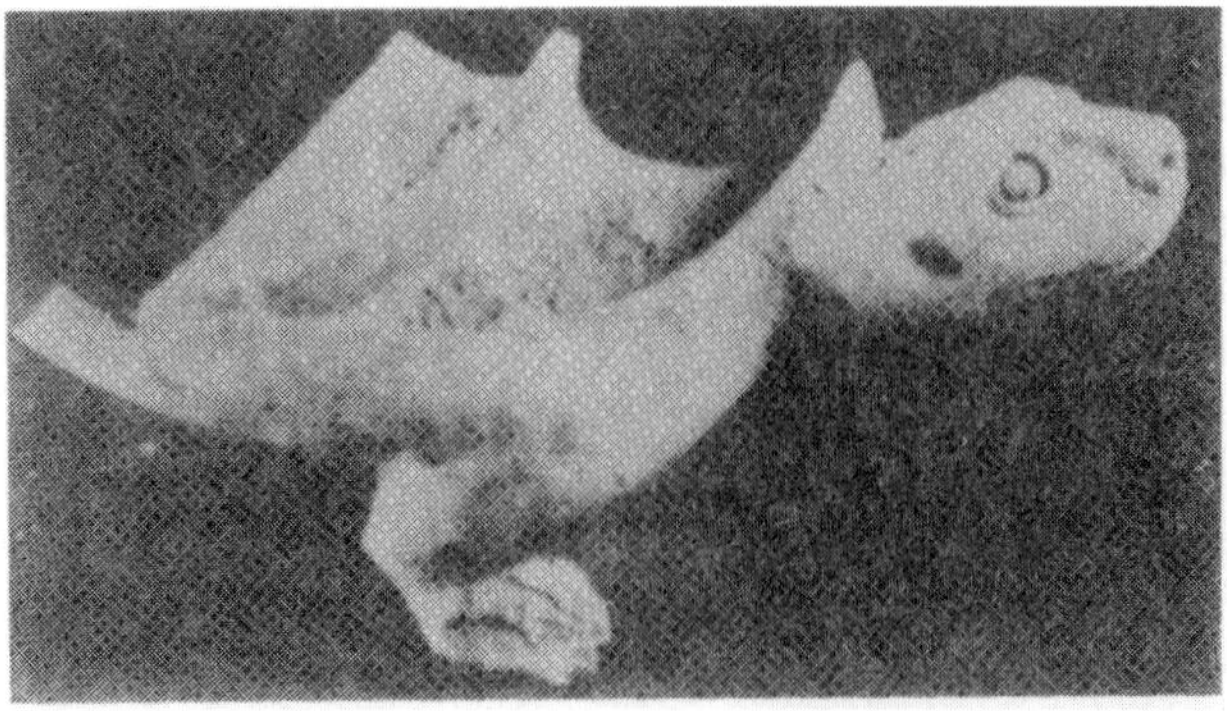

図１－10　河南省洛陽出土亀形澄泥硯

るものであろう（図１－９－３）。西安白鹿原墓の風字硯には硯頭が丸く硯後が八の字状に開くものと、硯面全体が楕円形を呈するものとがある（図１－９－１・２）。いずれも下面に二脚がつく。

唐代には陶硯と並んで各地の名石を用いた石硯が盛んに作られた。中でも広東省肇慶市高要区の端渓石、江西省婺源県・安徽省歙県一帯の歙州石、甘粛省臨洮県の洮河緑石等が珍重された。陶硯がロクロによる円形硯の製作に適していたのに対し、石硯は彫刻的手法を駆使し、風字硯等が作られたが、その優品は、広東省広州市動物公園内古墓出土品の中に見られる。(63)

石硯の技法を用いた陶硯に澄泥硯がある。黄河の水中に含まれる微細な黄土を焼き固めて作ったもので、洛陽近郊で発掘された亀形澄泥硯などの報告例がある（図１－10）。(64) 破片であるが首を伸ばして立つ亀の姿が忠実に写され、楕円形を呈すると考えられる硯部前方に横断する内堤が設けられ、これによって海陸の区別をしている。これはかつて内藤政恒博士が隋唐時代の亀趺陶硯として報告された亀形硯と形態、(65) 作風を共にするものであり、この両者は恐らく同一工房の産になるものであろう。また、澄泥硯ではないが、楕円形の花形をした陶硯もある。三足を有し、内堤によって海陸の区別をしている。(66)

(六)　五代~宋代の文房具

五代以後になると唐代に見られた形式の多様性は失われ、出土硯の殆どが風字硯である。また、浙江省紹興市官山窯址出土陶製風字硯[67]のように硯後が八の字状に開く古式の形態はまれで、硯頭が平坦で平面が長方形ないし硯頭の狭まった台形を呈する石硯が主流となる（図1－11－1）。五代におけるこの例としては江蘇省邗江蔡荘五代墓[68]や蘇州七子山一号五代墓出土品[69]が挙げられる（図1－11－2・3）。

風字硯の長方形硯への移行は急速であり、江蘇省溧陽県竹簀発見の北宋李彬夫婦墓出土石硯[70]では現在我が国の小学校等で使われているものと近似した長方形石硯の形態を示している（図1－11－4）。風字硯から長方形硯への移行期を知る資料に浙江省武義県北宋紀年墓出土長方形陶硯[71]がある（図1－11－5）。伴出の筒形容器に「九政自造自火□元豊六年八月十九日元」の銘が記され、元豊六年（一〇八三）以前に長方形硯の出現期を求めることができる。

以上、中国古代の文房具を概観してきたが、ここで簡単に硯の変遷をまとめておきたい。

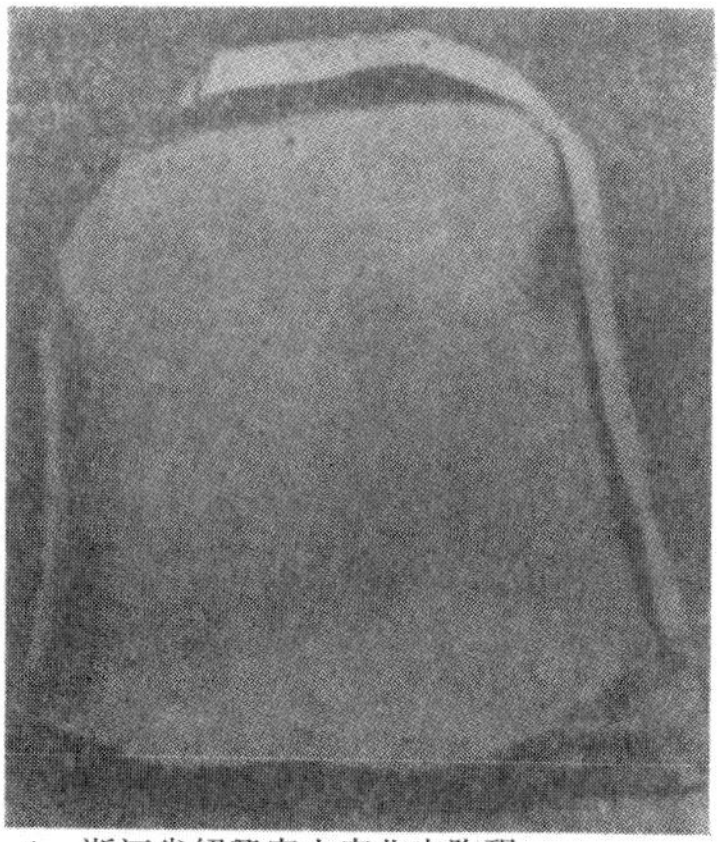

1　浙江省紹興官山窯北宋陶硯

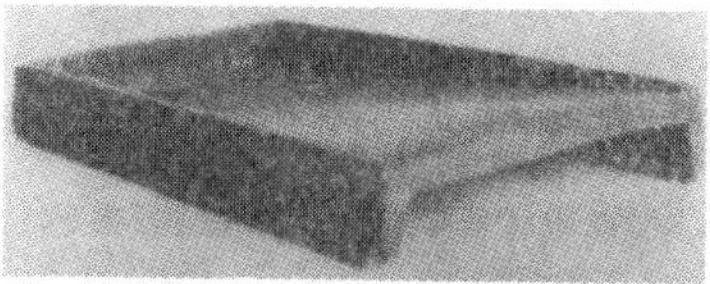

2　江蘇省邗江蔡荘五代墓石硯

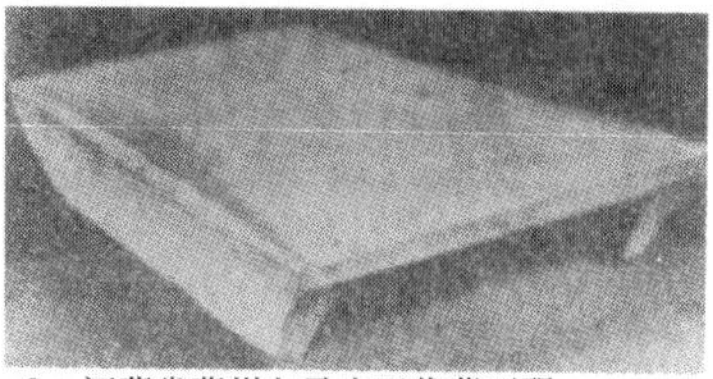

3　江蘇省蘇州七子山五代墓石硯

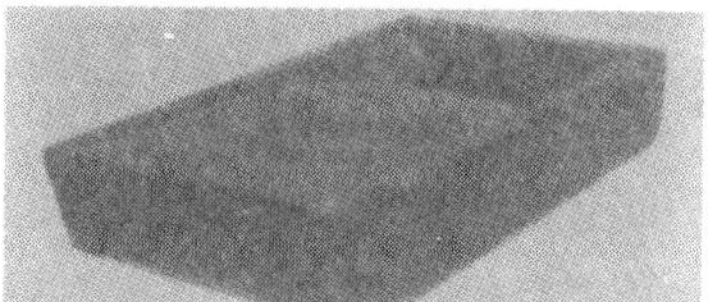

4　江蘇省北宋李彬墓石硯

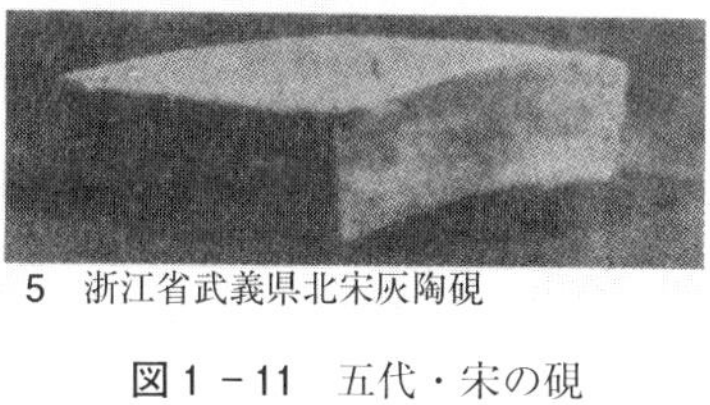

5　浙江省武義県北宋灰陶硯

図1－11　五代・宋の硯

中国では前漢代に石硯が登場する。前漢の石硯は扁平で（長）方形を呈し、脚はない。後漢になると三脚付きの円形石硯が現われ、この形態を写したものが南北朝時代の陶製三足円面硯である。初期の三足円面硯は石硯の形態を模したため、硯面が平坦で海陸の区別のないA種硯面形態をとるが、硯面中央を突出させて周囲を海部としたB種硯面形態へと移行する。B種硯面形態中では突出度の低いものから高いものへと変化する。

B種硯面形態の陶製円面硯は多脚化の道を歩み、多足円面硯を生み出すが、多足円面硯の脚は獣脚形から水滴形へと移行する。この変化は南北朝時代末期に起り、隋代の七世紀初頭には圏脚円面硯が出現する。この頃には多足円面硯の中に硯面（陸部）が平坦で、周囲にU字形の溝（海部）を巡らしたC種硯面形態の祖形が出現し、唐代の蹄脚円面硯に至って完成する（本書第Ⅱ部第3章参照）。C種硯面形態の完成時は七世紀中葉前後である。（補註5）

盛唐の八世紀中葉には風字硯が出現する。この頃には名石を使った石硯の生産が開始されると共に陶硯の生産は衰退し、陶製円面硯は消滅する。石硯は風字硯の形態を残しながらも徐々に変形し、宋代の一一世紀には長方形硯へと到達した。

二、日本古代陶硯の特質

和歌山県隅田八幡神社蔵人物画像鏡や埼玉県稲荷山古墳出土鉄剣銘あるいは倭五王上表文など、我が国では古墳時代中期の五世紀に文字を使用する階層が存在した。また、古墳時代後期の六世紀後半以後になると朝鮮三国から知識人が頻繁に渡来していたことが日本書紀に記されているが、この頃の文房具は未発見であり、推測の域を出ない。

飛鳥時代になると奈良県生駒郡斑鳩町竜田御坊山古墳出土三彩有蓋円面硯や法隆寺金堂出土緑釉多脚円面硯等、(72)中国あるいは半島からの将来品も存在し、国内での硯の生産も開始される。以後、平安時代までの約五百年間に我が

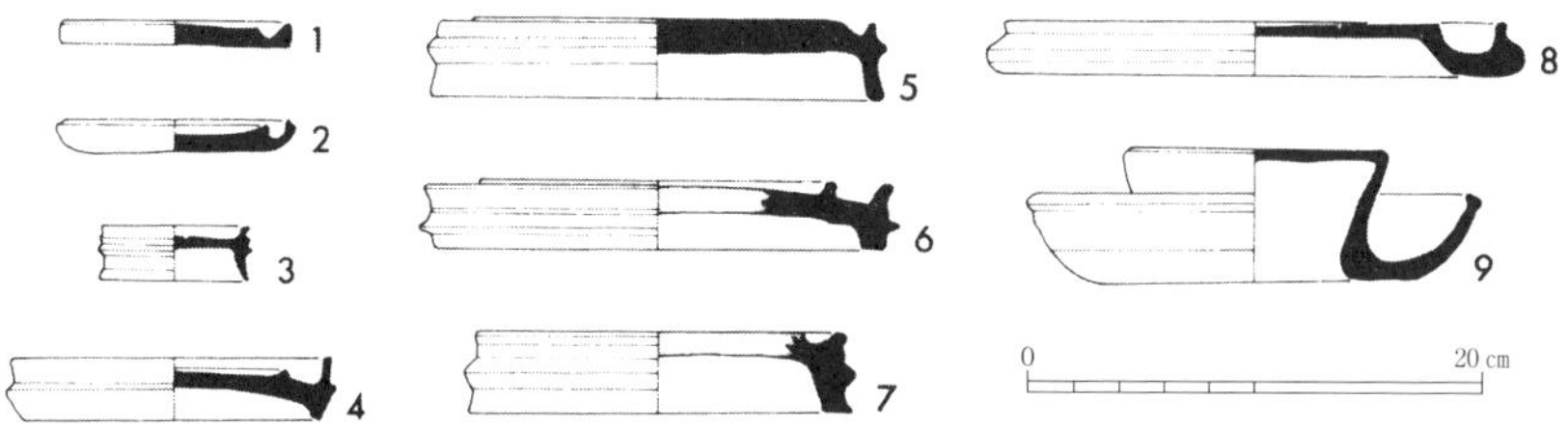

1：京都府隼上り瓦窯跡、2：群馬県上淵名遺跡、3・7：藤原宮跡、4：平城宮跡、5：岐阜県長者屋敷、6：茨城県大塚新地、8：法隆寺大宝蔵殿

図1－12　無脚円面硯

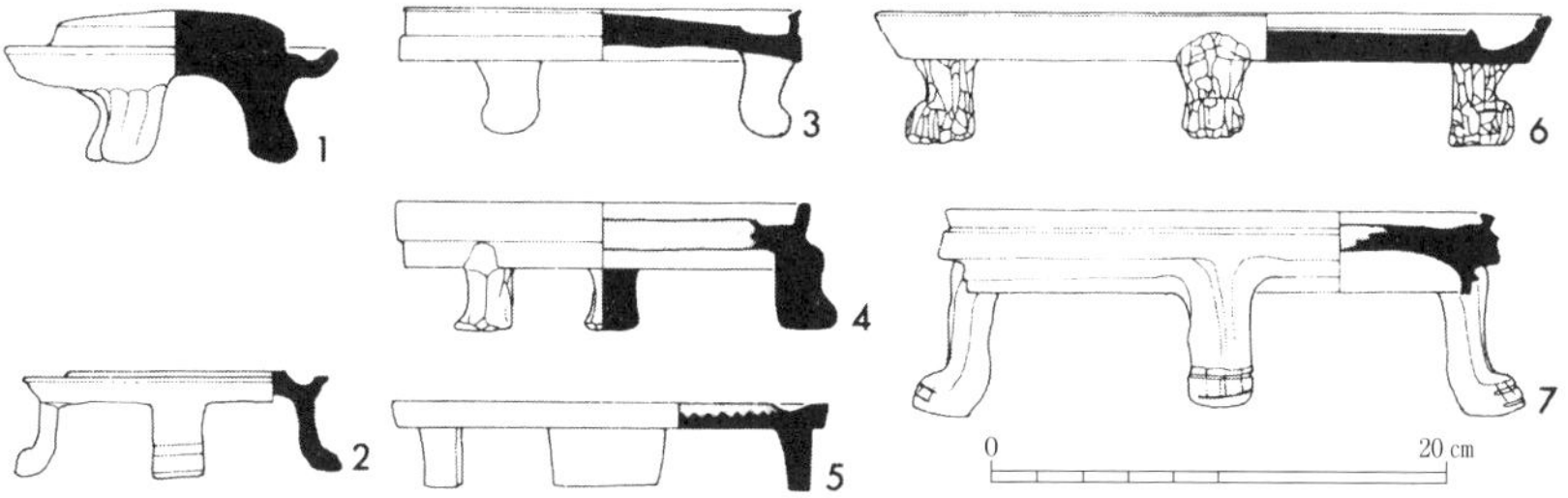

1：三重県鈴鹿市、2：大阪府桜井谷窯跡群2-19窯跡、3：平城京左京五条十四坪、4：愛知県篠岡第66号窯跡、5：愛知県篠岡第56号窯跡、6：大阪府陶邑古窯址群光明池60号窯、7：岐阜県稲田山第13号窯跡

図1－13　三足円面硯

国では須恵器、黒色土器、土師器、緑釉陶器、灰釉陶器等多彩な材質によって硯が作られたが、いずれも陶硯であり、中国・朝鮮のように石硯は全く作られなかった点に日本古代硯の最大の特徴がある。

さて、古代陶硯の型式分類と呼称は論者によって細部を異にするが、円面硯、風字硯、形象硯に大別する点ではほぼ共通しており、ここではこれを用いる。

(一) 円面硯

硯部の平面形が円形をなすもので、台脚部の有無と形態によって無脚円面硯、三脚円面硯、多脚円面硯、圏脚円面硯、蹄脚円面硯に分類できる。

無脚円面硯は台脚部に相当する部分がなく、硯面のみで完結した硯であり、藤原宮跡[73]、平城宮跡[74]、法隆寺大宝蔵殿[75]、京都府隼上り瓦窯跡、岐阜県長者屋敷[76]、茨城県大塚新地遺跡[77]、群馬県上渕名遺跡[78]、三重県西ヶ広遺跡[79]等で出土しており、大阪府桜井谷窯跡群二―一九窯跡[80]でもそれらしい破片が発見されている（図１－12）。これらの中では藤原宮出土品がA種硯面形態をとる以外はC種硯面形態である。ただし、C種硯面形態とはいっても、陸部周縁に断面三角形状の低い内堤を設けて海陸をより明確にしたものがあり、前者をCⅠ形態、後者をCⅡ形態と呼んで区別したい。CⅡ形態は当時の中国でも未だ現れていなかった形態である[補註6]（本書第Ⅱ部第３章参照）。また、無脚円面硯は総じて中国に例を見ないものであるが、三重県西ヶ広遺跡出土品については西安白鹿原唐墓出土品中に酷似する例があり、中国起源の形態であることは疑いをいれない。法隆寺大宝蔵殿出土品もこれに近い。

三足円面硯には、硯部外周に三足を付けるものと、硯部下面内寄りに三足を付けるものとがある。前者は大阪府陶邑古窯址群光明池六〇号窯[81]、大阪府桜井谷二―一九窯跡、愛知県篠岡第五六号窯、同六六号窯[82]、同八一号窯[83]、岐阜県稲田山第一三号窯[84]、奈良平城京左京五条二坊十四坪[85]、福岡県春日御供田遺跡[86]、後者は福岡県中間中学校横穴[87]、三重県鈴鹿市等[88]で出土している（図１－13）。これらの硯面形態を見ると殆どがC種硯面形態あるいはその退化型式であり、南北朝期の三足円面硯とは硯面形態を異にしている。特に七世紀前半代の年代が与えられ、日本三足円面硯の中

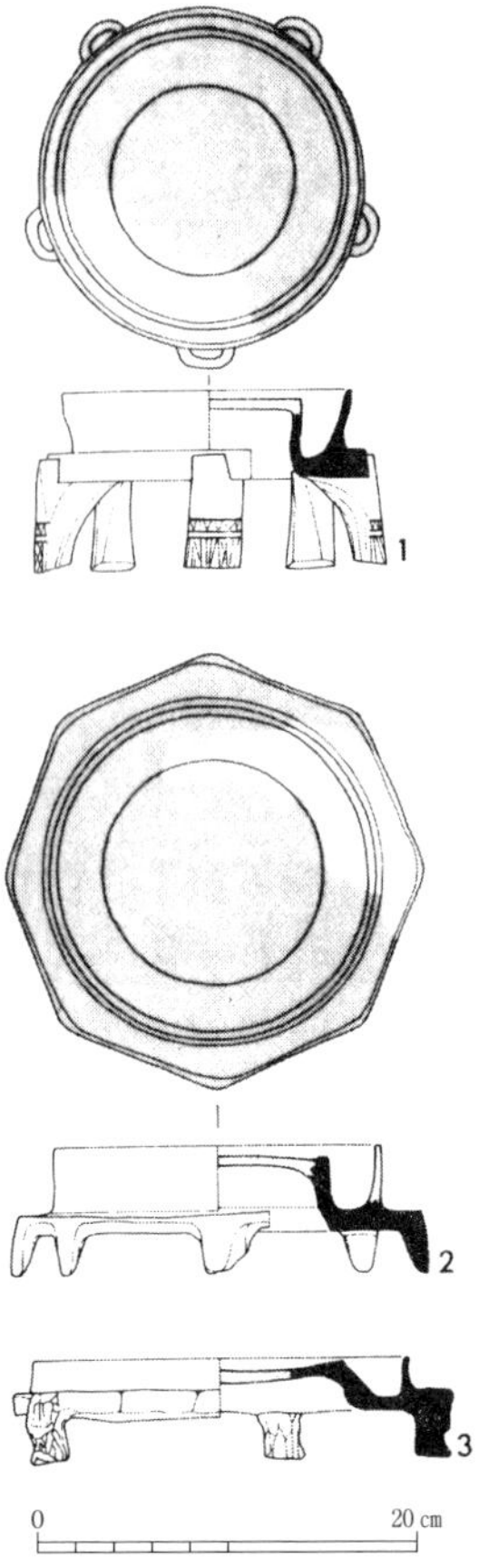

1：福岡県荒木
2：福岡県大宰府跡
3：福岡県春日御供田

図１－14　多脚円面硯の系列

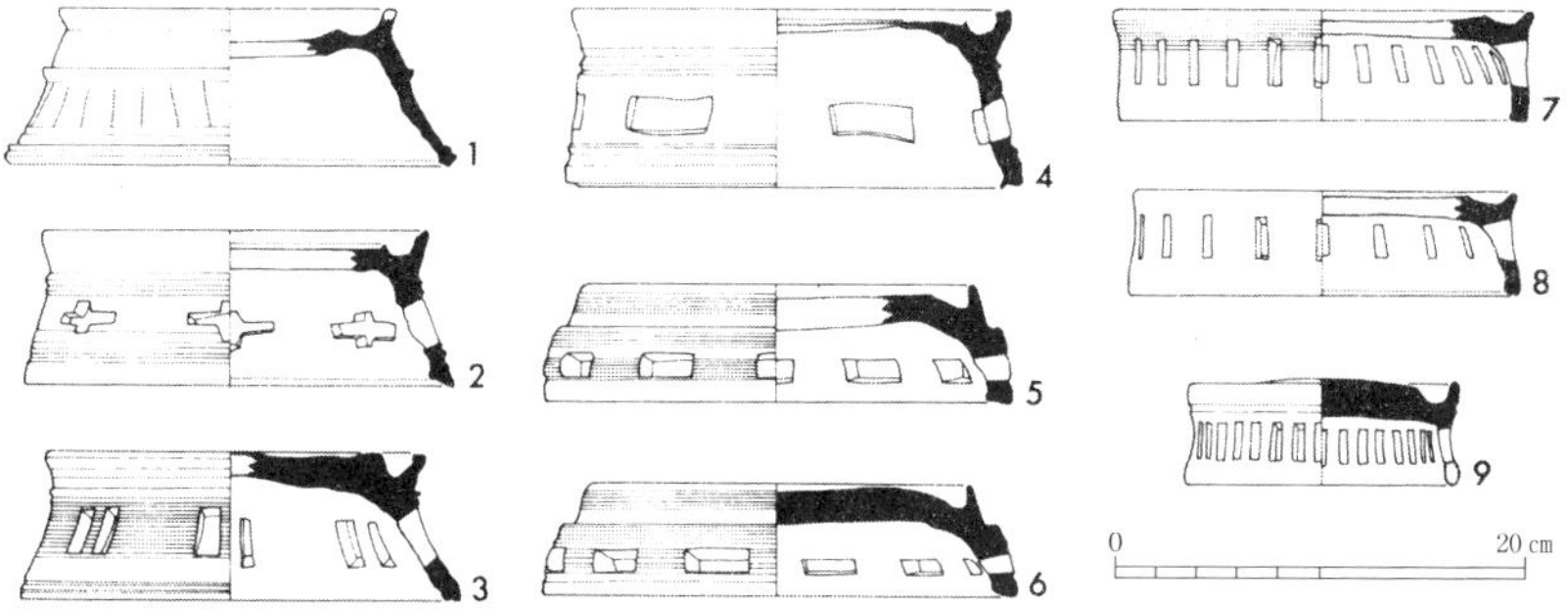

1：大阪府陶邑古窯址群 TG68号窯、2～4：大阪府陶邑古窯址群 TG64号窯、5～9：京都府隼上り瓦窯跡

図1－15　初期の圏脚円面硯

では古式に属する大阪府桜井谷窯跡群二―一九窯跡出土品は、岡崎敬氏によって硯とされた朝鮮旧大同郡土浦里大墓出土三脚陶盤[89]に近い形態を示しており、朝鮮半島からの影響が濃厚に感じられる。また、福岡県春日御供田出土品は他の三足円面硯とは異なって、次に述べる多脚円面硯の系譜を引くものと考えられる。

多脚円面硯は福岡県荒木[90]、同大宰府跡[91]、大阪府新堂廃寺跡等[92]に見られる（図1－14）。脚の数と硯部下端外面の形態に多少の異同はあるが、Ｃ種硯面形態をとること、外へ大きく張り出した硯部下端外面に脚が取り付くことでは共通し、一連の系譜に属することは明瞭である。第一部でも記したとおり、多脚円面硯は朝鮮半島の影響を強く受けて成立したものと考えている。脚下端部の三角形状線刻文は大阪府陶邑古窯址群ＴＫ三〇四号窯出土蹄脚円面硯[93]にも見られる。

圏脚円面硯は日本で最も古く作られた形式であると共に、古代を通じてほぼ全国的に使われた形式であり、最も主要なものとなっている。長年にわたって作られたため、台脚部の形態や透し孔の形、硯面形態は変化に富んでいる。しかし、最古の一群とされる圏脚円面硯に対象を絞ると、七世紀前半とされる大阪府陶邑古窯址群ＴＧ六四・六八号窯出土例[94]では、すべてＣⅠ種かＣⅡ種硯面形態をとり、Ｂ種硯面形態はない[補註7]（図1－15－1～4）。また、七世紀第1四半期から第2四半期とされる京都府隼上り瓦窯跡[95]でもＡ種

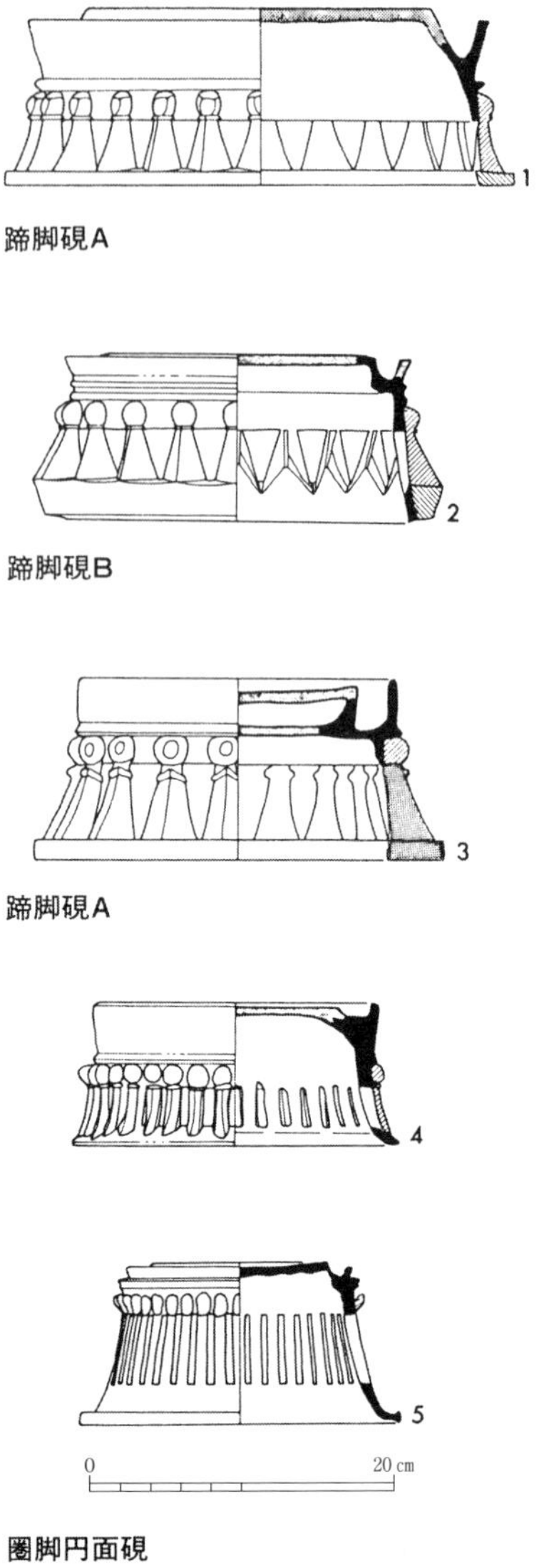

1・2：平城宮跡、3：岡山県百間川当麻遺跡、4：愛知県篠岡第81号窯、5：静岡県御子ヶ谷遺跡

図1－16　蹄脚円面硯の系譜

硯面形態をとる異形円面硯を除けば無脚円面硯を含めてすべてC種硯面形態をとる（図1－5～9）。即ち、日本における圏脚硯はまずC種硯面形態として出現するのである。

　このことは重要な問題を孕んでいる。第一の点は中国において圏脚円面硯が確認できるのは、湖南省長沙隋墓例など、いずれも七世紀以降の墓からの出土品であることであり、陶邑古窯址群出土品と相前後してしまうことである。第二の点は、先にあげた中国圏脚円面硯の場合には隋代までB種硯面形態をとることである。C種硯面形態は大業四年（六〇八）銘塼を以て墓室を構築した江西省清江県隋墓出土の五足円面硯を初現とするが、この段階ではなお未成熟であり、C種硯面形態の完成された姿は、総章元年（六六八）の西安羊頭鎮唐季爽墓出土蹄脚円面硯に見られる。にも拘らず七世紀前半とされる日本の圏脚円面硯は当初からC種硯面形態をとっている。以上の二点からいえることは、日本における須恵器及び瓦の実年代比定に誤りがあるか、あるいは中国国内では先にあげた例よりも年代的にも型式的にも古いものが存在していたと仮定するか、あるいは既に発見されてはいるが未公表なのか、いずれにしても今後慎重な検討を要求される重要な問題である。[補註8] 第三の点は、中国の圏脚円面硯は縦長長方形の透しを原則とするのに対して、我が国の初期圏脚円面硯の中には縦長長方形の透しに混って横長長方形、十字形・L字形の透しがあることである。この時期における朝鮮半島の硯の実体が不明なため、確としたことはいえないが、こうした透し孔は三国時代から新羅統一時代にかけての朝鮮陶質土器の高台や台脚に見受けられる。当時の日朝間の近密な交流関係を考慮にいれるならば、我が国の初期圏脚円面硯の成立には朝鮮からの影響がきわめて高かったと考えられるのである。

蹄脚円面硯に話を進めると、この硯式が唐で完成した蹄脚円面硯を模したものであることは周く知られている。技法的にも硯部、脚部、脚台部を別々に作って合体させる唐様式そのままのもの（蹄脚硯Ａ）から、圏脚円面硯の台脚部に蹄脚部と脚台部を貼り付けた後、逆三角形状の透し孔を切り取るもの（蹄脚硯Ｂ）へと日本化していく。蹄脚硯Ａは藤原宮跡、平城宮跡、平城京跡、愛知県高蔵寺第二号窯跡[96]、同奥屋敷遺跡[97]、岡山県百間川当麻遺跡[98]、兵庫県丹南町味間遺跡等[99][100]、蹄脚硯Ｂは平城宮跡、平城京跡、平安京跡等に好例がある（図１－16－１～３）。また、形態的には圏脚円面硯であるが蹄脚円面硯の系譜を引くものに愛知県篠岡第八一号窯、静岡県御子ヶ谷遺跡[101]出土品がある（図１－16－４・５）。いずれも台脚部を作らず、縦長長方形の透しをもつ圏脚円面硯の脚部上端に半球形の粘土粒を貼り付けたもので、篠岡第八一号窯例では柱部外面に長方形の粘土板を貼り付けて蹄脚硯Ｂの製作技法の名残りを留めているが、御子ヶ谷遺跡例ではそれさえも省略してしまっている（図１－16－４・５）。

ここで注目されるのは硯面形態である。七世紀末から九世紀までと、圏脚円面硯に比べて生産時期が短かったとはいえ、圏脚円面硯がＣ種、Ｂ種さらにはその変種を含めてきわめて多様な硯面形態を展開したのに比べると、蹄脚円面硯の硯面はその最終末期の御子ヶ谷遺跡例を含めて終始一貫してＣⅠ形態をとることである。これは圏脚円面硯に比して圧倒的に出土数が少ない事実、宮殿を頂点とする各種官衙遺構や寺院に集中する事実とも絡んで、蹄脚円面硯

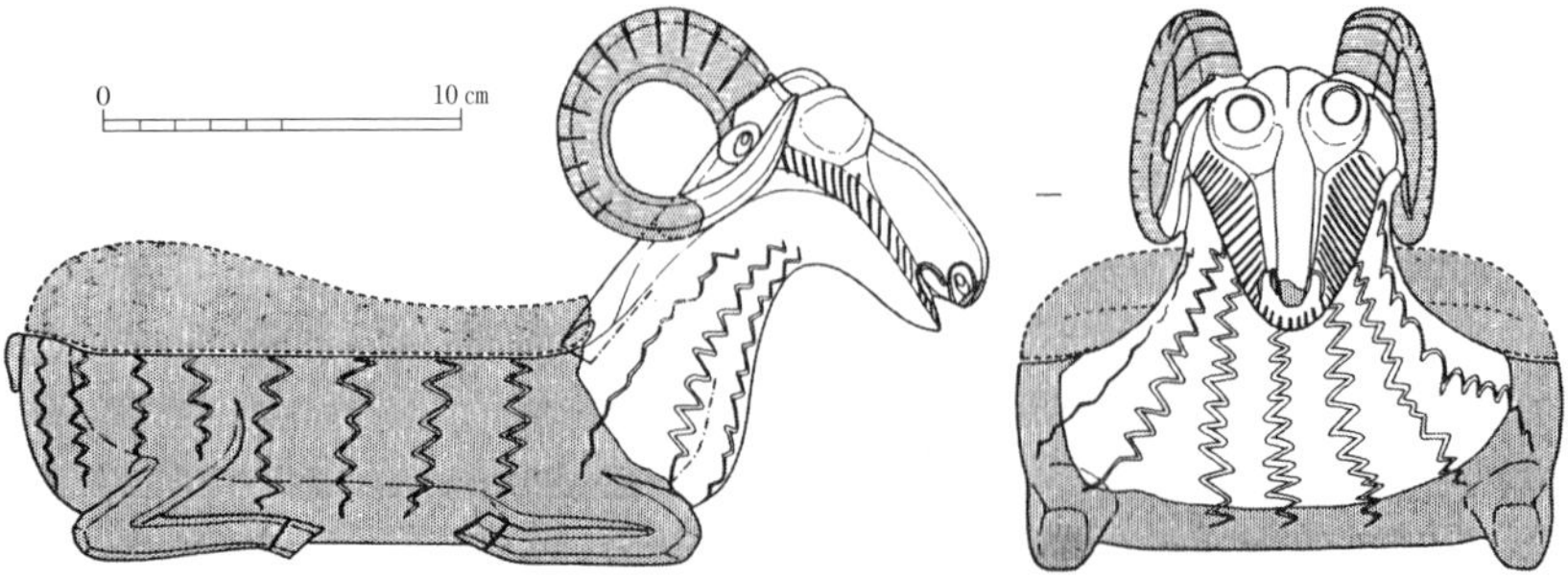

図１－17　羊形硯（『平城京左京四条四坊九坪発掘調査報告』による）

に関してはその生産と使用形態に権力側からの規制があったためと考えられる。

(二) 風字硯、形象硯、特殊硯

風字硯の日本での生産は奈良時代の八世紀中頃に始まる。天平勝宝五年（七五三）七月の題箋を付した正倉院蔵青斑石荘風字硯に唐風の影響を受けた初期須恵器風字硯の端正な形態が窺われる。東大寺蔵伝良弁僧正所用灰釉風字硯(102)や愛知県黒笹七号窯出土品(103)も古式の形態を示している。(104)

風字硯は蹄脚円面硯と並んで中国の影響を直接的に受けた硯であるが、特に九世紀以後は独自な展開を遂げ、直線的な内堤によって硯面を二分した二面硯や三分した三面硯、L字状の内堤によって二分したもの、さらには硯水地を作りつけたものなど、多様な分化を示している。脚の形態にも中国硯に近い扁平な板状の脚以外に断面が円形や多角形を呈する柱状の脚もある。九世紀から一〇世紀にかけて生産地、消費地も全国的に分布し、隆盛を極めるが、一一世紀には急速に衰退していった。その背景にはこの頃中国で出現した石製長方形硯の影響があり、大宰府跡からは石製長方形硯が発見されている。(105)一二世紀には石製長方形硯を模した陶製長方形硯が生産されたが、その窯跡としては愛知県東山Ｇ五八号窯(106)、同渥美窯(107)、静岡県長者原一号窯(108)、兵庫県魚住窯(109)等がわずかに知られる程度できわめて小規模であり、岡山県一宮町出土永仁二年銘（一二

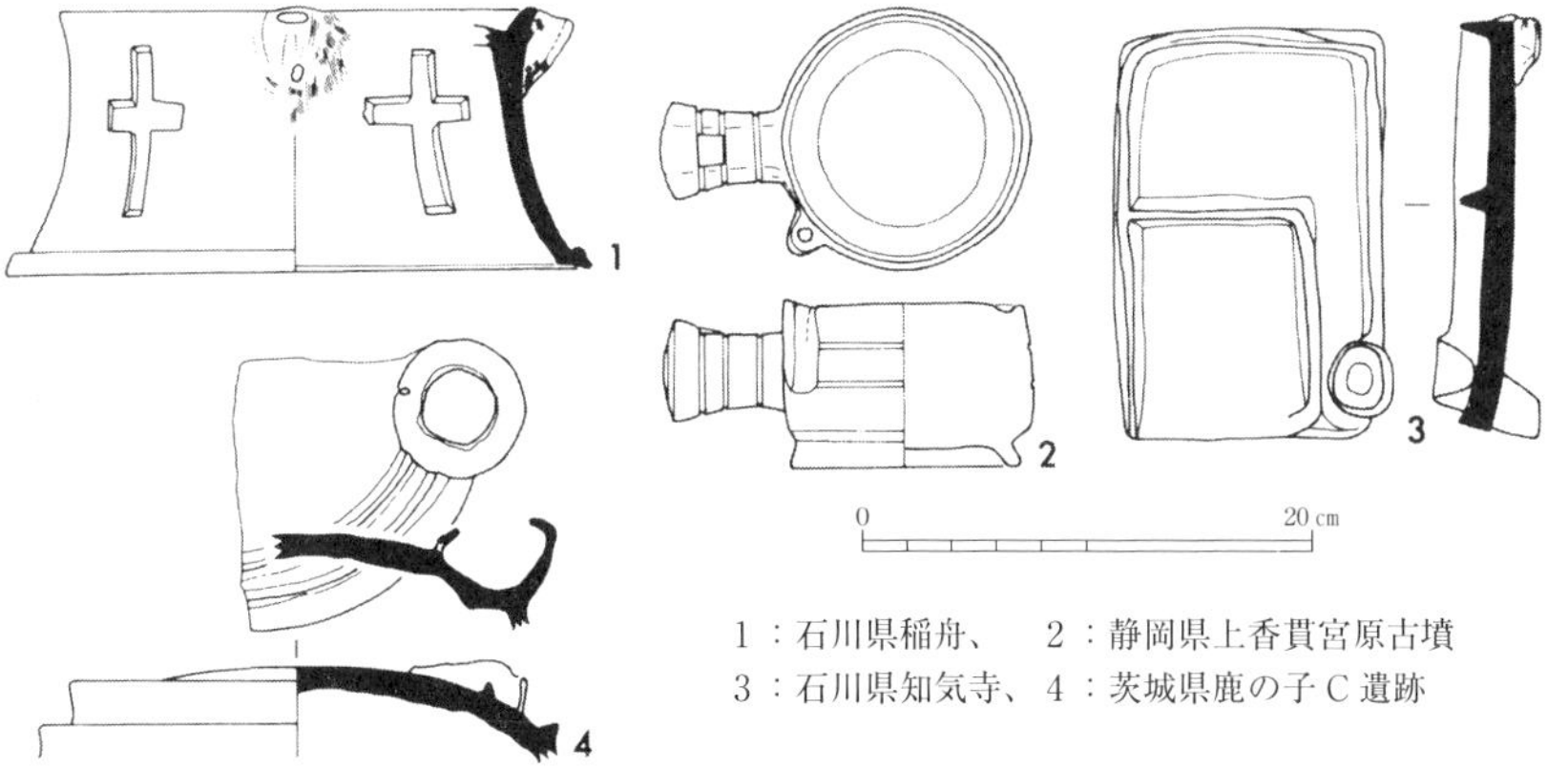

1：石川県稲舟、　2：静岡県上香貫宮原古墳
3：石川県知気寺、4：茨城県鹿の子C遺跡

図1－18　組合硯

九四）長方形硯[110]は古代陶硯の終焉期を示している。

形象硯は動物の形を模したもので、亀形、鳥形、羊形がある。このうち最も類例の多いのは亀形で、平城宮[111]、平城京左京五条二坊十四坪、岡山県邑久町[112]、岐阜県長者屋敷等[113]で硯が、愛知県篠岡第四七号窯[114]、同六六号窯で蓋が出ている。硯はいずれも頭部寄りの一端に円形ないし連弧形の内堤を取り付けて海陸の区別をしており、平城京左京五条二坊十四坪出土品では内堤中程に小孔を貫通させて海陸の連結孔としている。鳥形硯は類例が少なく、硯としては愛知県黒笹第四号窯出土品[115]があり、蓋は平城宮、平城京左京八条三坊[116]で発見されているだけである。羊形はさらに少なく、平城京内から一点出土しているだけである[117]（図1－17）。

中国では形象硯として確認できるものは亀形しかなく、鳥形や羊形は例を見ない。また、九世紀に属する黒笹第四号窯出土鳥形硯を除けばすべて八世紀の所産であり、羊形硯に関しては八世紀前半ないし中頃と考えられ、今日までに発見されている形象硯の中では最も古くなる可能性が高い。いずれにしても日本における羊の問題とも関連して興味ある遺物といえよう。

日本の古代陶硯には今までに挙げた以外に特異な形態をとるものが少なくない。その一つに筆立てや水地を作り付けた組合硯ともいうべき一群の硯がある。

筆立てをもつ硯には、静岡県上香貫宮原古墳出土異形円面硯[118]、愛知県岩崎第一七号窯址出土圏脚円面硯[119]、薬師寺出土圏脚円面硯[120]、石川県稲舟窯址出土品[121]がある（図1－18－1・2）。このうち最も古いものは愛知県岩崎第一七号窯址出土圏脚円面硯であり、七世紀第三四半期頃に編年されている。他はすべて八世紀に属する。水池をもつものには、茨城県鹿の子C遺跡出土圏脚円面硯[122]と石川県知気寺出土二面風字硯[123]がある（図1－18－3・4）。

筆立てや水池を備えた硯が唐代に存在していたことは既に見たとおりであるが、韓国扶余宮北里百済蓮池出土多脚円面硯の中にも脚部上端外方に円筒形の筆立ての付くものがある[124]。愛知県岩崎第一七号窯出土圏脚円面硯の筆立てや薬師寺出土品等はこの系統を引く可能性が強い。

以上、古代における日中間の交流を文房具とくに硯の面から見てきたが、ここで明らかになったことは、蹄脚円面硯や風字硯、形象硯等のように奈良時代に生産が始まったものに関しては、中国からの影響が時間的にも形態的にも比較的円滑に受け入れられていたことであろう。奈良時代における中国文化への憧憬と積極的な導入姿勢は唐三彩と奈良三彩との関係にも見られる。唐三彩の完成期は七世紀末～八世紀初頭とされているが、小治田安万侶墓では神亀六年（七二九）銘墓誌と共に三彩蔵骨器が納められていた。奈良三彩が須恵器の器胎に釉薬を施したものであることは明らかであり、奈良三彩蔵骨器の中には安万侶墓発見蔵骨器よりも型式的に古様を示すものもあって、奈良三彩の初現がさらに遡る可能性はきわめて高い。唐三彩完成直後に奈良三彩の生産が開始されたといってもよい程、速やかな導入が図られている[125]。

一方、飛鳥時代の硯に関しては問題点が多く、奈良時代ほど単純でない。特に圏脚円面硯の場合、大局としては中国に原形を求めざるを得ないにしても単純な比較を不可能にしている[補註9]。こうした状況を引き起した要因の一つに資料不足が挙げられるが、最大の理由は時代風潮にあると考えている。

奈良時代が中国文化指向の時代だとすれば、飛鳥時代は朝鮮文化指向の時代である。飛鳥寺に始まる寺院造営を頂点として、飛鳥文化は百済、新羅、高句麗の朝鮮三国からの渡来知識人や工人によって齎された文化である。朝鮮半島における古代の硯が如何なるものであったか、その実体が不明な現時点で断言するのは困難であるが、中国から半島へ伝わった硯がそこで在来の土器技術によって変形された形が日本へ伝えられたものと考えられる。日本における初期圏脚円面硯に見られる十字形、横長長方形、L字形三角形等の透しが三国時代陶質土器に見られることもこの傍証となろう。

ここで注目されるのはこれら初期圏脚円面硯の製作者である。大阪府陶邑古窯址群や京都府隼上り窯跡出土圏脚円面硯は形態、技法ともに完成された製品であることは、この工人が硯製作に習熟していたことを想像させる。京都隼上り窯跡は編年上大阪府陶邑古窯址群よりも若干時期が下るとされているが、ここでは圏脚円面硯以外に他に例を見ない特殊な形態の円面硯を作っている。形態ばかりでなく、脚部の透し孔も当時の須恵器には全く見られない。また、大阪府陶邑古窯址群は飛鳥に最も近い窯業地域であり、官窯的性格を持っていたし、京都府隼上り窯跡は瓦窯として豊浦寺と同笵の瓦を焼いている。こうしたことからは初期の陶硯製作者が在来の須恵器工人であったと考えるよりは、半島からの渡来工人であったと想定できる。奈良三彩が渡来工人に依らず、須恵器工人の手になるものであったことと対比して、飛鳥時代の対外文化受容の特質を物語る一つの資料であろう。

註

（1）尹潤生「中国墨創始年代的商権」『文物』一九八三年第四期。
（2）舒学「我国古代竹木簡発現、出土情況」『文物』一九七八年第一期。
（3）中国社会科学院考古研究所編　杉村勇造訳『新中国の考古収穫』、美術出版社、一九六三年一〇月。
（4）蔡鴻茹「古硯浅談」『文物』一九七九年第九期。

(5)鍾志成「江陵鳳凰山一六八号漢墓出土一套文書工具」『文物』一九七五年第九期。
(6)長江流域第二期文物考古工作人員訓練班「湖北江陵鳳凰山西漢墓発掘簡報」『文物』一九七四年第六期。
(7)江西省博物館「南昌東郊西漢墓」『考古学報』一九七六年第二期。
(8)南京博物院・連雲港市博物館「海州西漢霍賀墓清理簡報」『考古』一九七四年第三期。
(9)洛陽区考古発掘隊『洛陽焼溝漢墓』中国田野考古報告集考古学専刊丁種第六号、北九州中図書店、一九八二年一月。
(10)胡繊高「一件有特色的西漢漆盒石硯」『文物』一九八四年第一一期。
(11)関野貞『楽浪郡時代の遺跡』朝鮮古墳調査特別報告第四冊、一九二七年。
梅原末治・藤田亮策編『朝鮮古文化綜鑑』第二巻、一九四八年一二月。
(12)甘粛省博物館・敦煌県文化館「敦煌馬圏湾漢代烽燧址発掘簡報」『文物』一九八一年第一〇期。
(13)広州市文物管理処「広州淘金坑的西漢墓」『考古学報』一九七四年第一期。
(14)沈宜陽「湖北当陽劉家塚子東漢画像石墓発掘簡報」『文物資料叢刊』一、一九七七年一二月。
(15)王歩芸「安徽太和県漢墓出土的石硯等文物」『文物参考資料』一九五八年第一二期。
(16)河北省博物館・文物管理処編『河北省出土文物選集』、一九八〇年五月。
(17)陳増弼「漢・魏・晋独座式小榻初論」『文物』一九七九年第九期に依った。
(18)原田淑人「硯との関連から見た中国古代の墨」『考古学雑誌』第四六巻第一号、一九六〇年六月。
(19)李乃賢「広西梧州市鶴頭山東漢墓」『文物資料叢刊』四、一九八一年三月。
(20)原韶山灌区文物工作隊「湖南湘郷漢墓」『文物資料叢刊』二、一九七八年二月。
(21)広州市文物管理委員会「広州東山東漢墓清理簡報」『考古通訊』一九五六年第四期。
(22)石家荘市文物保管所「石家荘北郊東漢墓」『考古』一九八四年第九期。
(23)甘粛省博物館「武威磨嘴子三座漢墓発掘簡報」『文物』一九七二年第一二期。
(24)南京大学歴史考古組「南京大学北園東晋墓」『文物』一九七三年第四期。
(25)湖南省博物館「長沙両晋南朝隋墓発掘報告」『考古学報』一九五九年第三期。
(26)夏鼐「無産階級文化大革命中的考古新発見」『考古』一九七二年第一期。
解廷琦「大同市郊出土北魏石雕方硯」『文物』一九七九年第七期。

(27) 黎瑶渤「遼寧北票県西官营子北燕馮素弗墓」『文物』一九七三年第三期。
(28) 河南省文化局文物工作隊第二隊「洛陽晋墓的発掘」『考古学報』一九五七年第一期。
(29) 南波「江蘇句容西晋元康四年墓」『考古』一九七六年第六期。
(30) 広東省博物館「広東曲江南華寺古墓発掘簡報」『考古』一九八三年第七期。
(31) 鎮江博物館「鎮江東呉西晋墓」『考古』一九八四年第六期。
(32) 南京博物院・南京市文物保管委員会「南京棲霞山甘家巷六朝墓群」『考古』一九七六年第五期。
(33) 呉学文「江蘇江寧東善橋南朝墓」『考古』一九七八年第二期。
(34) 註25に同じ。
(35) 尹煥章「南京石門坎発現魏正始二年的文物」『文物』一九五九年第四期。
(36) 姚家港古墓清理小組「湖北枝江姚家港晋墓」『考古』一九八三年第六期。
(37) 南京市文物保管委員会「南京郊区両座南朝墓清理簡報」『文物』一九八〇年第二期。
(38) 湖南省博物館周世榮「従湘陰古窯址発掘看岳州窯的発展変化」『文物』一九七八年第一期。
(39) 南京博物院「南京堯化門南朝梁墓発掘簡報」『文物』一九八一年第一二期。
(40) 福建省博物館「福建閩侯嶋南朝墓」『考古』一九八〇年第一期。
(41) 贛州市博物館「江西贛県南斉墓」『考古』一九八四年第四期。
(42) 広西壮族自治区文物工作隊「広西恭城新街長茶地南朝墓」『考古』一九七九年第二期。
(43) 註25に同じ。
(44) 小田富士雄「円硯」『世界陶磁全集』一七、韓国古代、小学館、一九七九年六月。
忠南大学校博物館・忠清南道庁『定林寺』一九八一年四月。
国立扶餘博物館『扶餘博物館陳列品図鑑』先史・百済文化　一九七八年六月再版。
(45) 鏡山猛「筑後荒木出土の多脚円面硯の一例」『九州考古学』一六、一九六二年七月。
(46) 広西壮族自治区文物工作隊「広西壮族自治区融安県南朝墓」『考古』一九八三年第九期。
(47) 熊伝新「湖南湘陰県隋大業六年墓」『文物』一九八一年第四期。
(48) 註25に同じ。

(49) 清江博物館「江西清江隋墓」『考古』一九七七年第二期。
(50) 王啓初「湖南省博物館的几方蔵硯」『文物』一九六五年第一二期。
(51) 武漢市文物管理処「武漢市東湖岳家嘴隋墓発掘簡報」『考古』一九八三年第九期。
(52) 福建省博物館「福建福安、福州郊区的唐墓」『考古』一九八三年第七期。
(53) 李知宴「唐代瓷窯概況与唐瓷的分期」『文物』一九七二年第三期。
(54) 陝西省博物館・乾県文教局唐墓発掘組「唐懿徳太子墓発掘簡報」『文物』一九七二年第七期。
(55) 揚州博物館「揚州唐代木橋遺址清理簡報」『文物』一九八〇年第三期。
(56) 陝西省文物管理委員会「西安羊頭鎮李爽墓的発掘」『文物』一九五九年第三期。
(57) 陳公柔「白沙唐墓簡報」『考古通訊』一九五五年第一期。
(58) 湛江地区博物館「広東高州良徳唐墓」『文物資料叢刊』六、一九八二年七月。
(59) 橿原考古学研究所『竜田御坊山古墳　付平野塚穴山古墳　斑鳩周辺地域の終末期古墳の調査報告』奈良県史跡名勝天然記念物調査報告三二、一九七七年三月。
(60) 五島美術館『日本の陶硯』、一九七八年九月。
(61) 益陽県文化館「湖南益陽県赫山廟唐墓」『考古』一九八一年第四期。
(62) 中国社会科学院考古研究所新彊工作隊「新彊吉木薩尓北庭古城調査」『考古』一九八二年第二期。
(63) 劉演良「端硯浅談」『文物』一九八一年第四期。
(64) 李徳方「隋唐東都城遺址出土一件亀形澄泥残硯」『文物』一九八四年第八期。
(65) 内藤政恒『本邦古硯考』、養徳社、一九四四年六月。
(66) 李作智「隋唐勝州楡林城的発現」『文物』一九七六年第二期。
(67) 紹興市文物管理委員会「紹興上灶官山越窯調査」『文物』一九八一年第一〇期。
(68) 揚州博物館「江蘇邗江蔡荘五代墓清理簡報」『文物』一九八〇年第八期。
(69) 蘇州市文管会・呉県文管会「蘇州七子山五代墓発掘簡報」『文物』一九八一年第二期。
(70) 鎮江市博物館・溧陽県文化館「江蘇溧陽竹簀北宋李彬夫婦墓」『文物』一九八〇年第五期。
(71) 李知宴・童炎「浙江省武義県北宋紀年墓出土陶瓷器」『文物』一九八四年第八期。

(72) 梅原末治「日本に於ける多彩釉の窯器」(『美術研究』第二二六号、一九六三年一月)では当品を日本製とされているが、日本製であることの確実な緑釉硯は三重県斎王宮址出土緑釉風字硯のみであり、この種の円面硯は未発見であること、及び蓮弁文が付されていることから朝鮮半島の製品であると考えている。
なお、平安京左京四条三坊十三町の一一世紀初頭の井戸SE二二〇出土緑釉円面硯も舶載品の可能性が高い(古代学協会『平安京左京四条三坊十三町―長刀鉾町遺跡―』平安京跡研究調査報告第一一輯、一九八四年三月)。
(73) 奈良県教育委員会『藤原宮』奈良県史跡名勝天然記念物調査報告二五、一九六九年三月。
(74) 奈良国立文化財研究所埋蔵文化財センター『陶硯関係文献目録』埋蔵文化財ニュース四一、一九八三年六月。
(75) 内藤政恒「調度」『新版考古学講座』七　有史文化(下)遺物、一九七〇年一二月。
(76) 註65に同じ。
(77) 茨城県教育財団『常盤自動車道関係埋蔵文化財発掘調査報告書』Ⅲ、一九八一年三月。
(78) 境町教育委員会『明神遺跡発掘調査報告書　附上渕名出土古瓦、硯調査報告』一九七五年三月。
(79) 日本道路公団名古屋支社・三重県教育委員会『東名阪道路埋蔵文化財調査報告』三重県埋蔵文化財調査報告五、一九七〇年三月。
(80) 桜井谷窯跡遺跡調査団『桜井谷窯跡群2－19窯跡・2－24窯跡』北豊中団地建設にともなう確認調査、一九七七年三月。
(81) 大阪府教育委員会『和泉光明池地区窯跡群発掘調査概報(日本住宅公団光明池団地)』大阪府文化財調査概要一九六六、一九六七年三月。
(82) 愛知県建築部・小牧市教育委員会『桃花台ニュータウン遺跡調査報告』小牧市篠岡古窯址群、一九七六年三月。
(83) 愛知県教育委員会『愛知県古窯跡群分布調査報告』Ⅲ　尾北地区・三河地区付・猿投窯の編年について、一九八三年三月。
(84) 各務原市教育委員会『稲田山古窯跡群発掘調査報告書』、一九八一年三月。
(85) 奈良市教育委員会『昭和54年度奈良市文化財調査報告書』、一九八〇年三月。
(86) 福岡県教育委員会『春日御供田区画整理事業地内埋蔵文化財調査報告』福岡県埋蔵文化財調査報告書五六、一九八〇年三月。
(87) 小田富士雄「福岡県瀬戸横穴古墳出土の円面硯」『考古学雑誌』第四八巻第一号、一九六二年六月。
(88) 註60に同じ。

(89) 岡崎敬「高句麗の土器・陶器と瓦塼」『世界陶磁全集』一七　韓国古代、小学館、一九七九年六月。
(90) 註45に同じ。
(91) 福岡県教育委員会『大宰府史跡昭和四五年度発掘調査の概要』福岡県文化財調査報告書四七、一九七一年三月。
(92) 島根県立八雲立つ風土記の丘『特別展　島根の古代』一九八二年一〇月。
(93) （財）大阪文化財センター『陶邑』Ⅳ　大阪府文化財調査報告書三一、一九七九年一二月。
(94) （財）大阪文化財センター『陶邑』Ⅱ　大阪府文化財調査報告書二九、一九七八年一一月。
(95) 宇治市教育委員会『隼上り瓦窯跡発掘調査概報』宇治市埋蔵文化財発掘調査概報三、一九八三年三月。
(96) 愛知県教育委員会『愛知県猿投山西南麗古窯址群』、一九五九年三月。
(97) 一宮市教育委員会『新編一宮市史』本文編（上）、一九七七年。
(98) 建設省岡山河川事務所・岡山県教育委員会『旭川放水路（百間川）改修工事に伴う発掘調査』Ⅱ　岡山県埋蔵文化財発掘調査報告四六、一九八一年一一月。
(99) 註60に同じ。
(100) 京都市埋蔵文化財研究所『平安京跡発掘資料選』、一九八〇年一〇月。
(101) 藤枝市土地開発公社・藤枝市教育委員会『日本住宅公団藤枝地区埋蔵文化財発掘調査報告書』Ⅲ　奈良・平安時代編、一九八一年三月。
(102) 宮内庁正倉院事務所『正倉院の陶器』日本経済新聞社、一九七一年五月。
(103) 註75に同じ。
(104) 石川県美術館『猿投古窯』、一九七九年四月。
(105) 九州歴史資料館『大宰府史跡昭和五六年度発掘調査概報』、一九八二年三月。
(106) 名古屋考古学会裏山一号窯調査団『八事裏山一号窯第二次発掘調査報告』、一九八二年二月。
(107) 楢崎彰一「日本古代の陶硯―とくに分類について―」『考古学論考』小林行雄博士古稀記念論文集、平凡社、一九八二年六月。
(108) 註107に同じ。
(109) 寺嶋孝一「兵庫県明石市魚住古窯跡出土の陶硯」『古代文化』三二―一一、一九八〇年一一月。

(110) 註107に同じ。
(111) 奈良国立文化財研究所『平城宮発掘調査報告』Ⅶ　奈良国立文化財研究所学報二六、一九七六年三月。
(112) 註60に同じ。
(113) 註60に同じ。
(114) 註82に同じ。
(115) 楢崎彰一『猿投窯』陶器全集三一、平凡社、一九六六年六月。
(116) 奈良国立文化財研究所『平城京左京八条三坊発掘調査概報』東市周辺東北地域の調査、奈良県、一九七六年三月。
(117) 奈良国立文化財研究所編『平城京左京四条四坊九坪発掘調査報告』、一九八三年三月。
(118) 註107に同じ。
(119) 愛知県教育委員会『愛知県古窯跡群分布調査報告』Ⅲ　尾北地区・三河地区付・猿投窯の編年について、一九八三年三月。
(120) 註60に同じ。
(121) 石川考古学研究会「輪島市の考古学的調査第一報」『石川考古学研究会会誌』一〇、一九六六年六月。
(122) 茨城県教育財団『茨城県石岡市鹿の子C遺跡　遺構・遺物篇』茨城県教育財団文化財調査報告二〇、一九八三年三月。
(123) 清水庄吉「石川県鶴来町知気寺出土の陶硯」『石川考古学研究会会誌』一二、一九六九年三月。
(124) 忠南大学校『博物館図録』百済資料篇、一九八三年一二月。
(125) 吉田惠二「緑釉陶と灰釉陶との相関関係とその編年について」『考古学ジャーナル』二一一、一九八二年七月。

(補註1)　一九八五年に発表した原著では、「時代が下って戦国時代になると木簡や竹簡が遺存しており、また、湖南省長沙市左家公山一五号戦国墓では円筒形の筆入れに納めた筆が出ていることから、この頃には墨と筆が高度な発達を遂げていた一方、墨を磨るのに用いられた硯は全く発見されていない。もっとも、殷墟婦好墓発見玉器や洛陽西周墓出土長方形石板の中に硯の原形を見い出そうとする説も提示されているが、なお説得力に欠ける嫌いがある。遺品として確実に硯が確認できるのは次の漢代以降である」としていた。しかし、戦国時代末までさかのぼる石硯も知られるようになってきた（本書第Ⅰ部第1章）ため、右の引用箇所を「時代が下って戦国時代になると木簡や竹簡が遺存しており、また、湖南省長沙市左家公山一五号戦国墓では円筒形の筆入れに納めた筆が出ている。この頃には墨と筆が高度な発達を遂げていた。もっとも、殷墟婦好墓発見玉器や洛陽西周墓出土長方形石板の中に硯の原形を見出そうとする説も提示されているが、なお説得力に欠ける嫌いがある。遺品として確実に硯が確認できるのは戦国時代末以降である（本書第Ⅰ部第1章参照）」と改めた。

（補註2）原著においては、隋代の文房具について触れる中で「もう一つ、この時期に現われた画期的な陶硯の形式に圏脚円面硯がある。先にあげた湖南省長沙隋墓、西安市東郊郭家灘棉四廠工地隋墓、湖南省長沙黄泥坑第九五号墓出土品等で、南北朝期以来の三足円面硯や多足円面硯が全て、硯面部と脚部を別個に作って合体させる工法であったのに対し、圏脚円面硯は硯面部と脚台部とを同時に成形した後、脚台部に長方形の透し孔を穿つものであり、我が国の圏脚円面硯に多大の影響をもたらした硯式である。その出現年代に関しては、西安市東郊郭家灘棉四廠工地隋墓が大業一二年（六一六）であること、長沙隋墓で伴出した多足円面硯の場合、これと近似する多足円面硯が出土した湖南省湘陰県大業六年墓が西暦六一〇年であることから、遅くとも七世紀初頭には圏脚円面硯が成立していたと考えられる」としていた。しかし、一九九二年に発表した本書第Ⅱ部第3章では、西安市東郊郭家灘棉四廠工地隋墓（田行達墓）例を「蹄足円形硯」に位置づけ直したため、右に引用した箇所の傍点部を削除した。

（補註3）原著における硯の形式分類では、中国出土の獣足円面硯から蹄足円面硯を細分化しておらず、硯面全体が平坦で周囲にU字状の溝を巡らせる「C種硯面形態は西安羊頭鎮唐李爽墓、懿徳太子墓、揚州唐代木橋遺址、河南省禹県白沙唐墓等から出土した獣脚円面硯や広東省高州県良徳唐墓出土圏脚円面硯にも見られ、唐代の陶製円面硯では最も典型的な硯面形態である」としていた。しかし、一九九二年に発表した本書第Ⅱ部第3章では、懿徳太子墓例と揚州唐代木橋遺址例を「獣足円形硯」、李爽墓例と白沙唐墓例を「蹄足円形硯」に分類し直したため、右の引用箇所を「C種硯面形態は懿徳太子墓、揚州唐代木橋遺址等から出土した獣脚円面硯、西安羊頭鎮唐李爽墓、河南省禹州市白沙唐墓等から出土した蹄脚円面硯、広東省高州県良徳唐墓出土圏脚円面硯にも見られ、唐代の陶製円面硯では最も典型的な硯面形態である（本書第Ⅱ部第3章参照）」と改めた。以下、これらの分類変更に関しては、適宜本文に反映した。

（補註4）原著においては、総章元年（六六八）に副葬された西安羊頭鎮唐李爽墓例を「獣脚円面硯」に区分し、「特に李爽墓は獣脚円面硯が七世紀中葉には出現していたこと、及び獣脚円面硯が出現当初に於いて既にC種硯面形態をとっていたことを明瞭に示している」としていた。しかし、補註3にも示した通り、本書第Ⅱ部第3章では、李爽墓例を「蹄足円形硯」に位置づけ直した。また、副葬年代の特定できる蹄足円形硯は、李爽墓例よりも古く、台を伴わないものが隋開皇七年（五八七）の河南省安陽市活水村隋墓例、輪状の台が付くものが隋大業一二年（六一六）の陝西西安郭家灘隋田行達墓や、唐貞観一七年（六四三）の同省礼泉県長楽公主墓までさかのぼる事実を明らかにした。加えて、魏晋南北朝以来の硯面中央が隆起する例を含む獣足円形硯に対して、蹄足円形硯の硯面が当初から平坦であることも指摘している。そこで本章においては、右の引用箇所を「特に李爽墓は蹄脚円面硯が七世紀までには出現していたこと、及び蹄脚円面硯が出現当初において既にC種硯面形態をとっていたことを明瞭に示している（本書第Ⅱ部第3章参照）」と改めた。

（補註5）　原著においては、「（前略）隋代の七世紀初頭には圏脚円面硯が出現する。この頃には多足円面硯の中に硯面（陸部）が平坦で、周囲にU字形の溝（海部）を巡らしたC種硯面形態の祖形が出現し、唐代の獣脚円面硯に至って完成する。C種硯面形態の完成時は七世紀中葉前後である」としていた。C種硯面形態に相当するものの初源形態は、隋大業四年（六〇八）に副葬された江西省清江県樹槐公社隋墓の五足円形硯にみられる。しかし、すでに補註3・4でも触れてきた通り、当初からC種硯面形態をもつものとして登場するのは、蹄足円面硯であることが明らかになってきたため、右の引用箇所を「（前略）隋代の七世紀初頭には圏脚円面硯が出現する。この頃には多足円面硯の中に硯面（陸部）が平坦で、周囲にU字形の溝（海部）を巡らしたC種硯面形態の祖形が出現し、唐代の蹄脚円面硯に至って完成する（本書第Ⅱ部第3章参照）。C種硯面形態の完成時は七世紀中葉前後である」と改めた。

（補註6）　原著においては、日本出土の円面硯について触れる中で、「ただし、C種硯面形態とはいっても中国硯に見られる形態に加えて、陸部周縁に断面三角形状の低い内堤を設けて海陸をより明確にしたものがあり、前者をＣⅠ形態、後者をＣⅡ形態と呼んで区別したい。ＣⅡ形態は中国では見られなかった形態である」としていた。しかし、一九九二年に発表した本書第Ⅱ部第3章では、大きく時期が降る渤海の資料ではあるものの、黒竜江省渤海上京龍泉府出土硯に「陸部外周に断面半円形の突帯が巡り、海陸が完全に分断されている」例が存在すると指摘しているため、右の引用箇所を「ただし、C種硯面形態とはいっても、陸部周縁に断面三角形状の低い内堤を設けて海陸をより明確にしたものがあり、前者をＣⅠ形態、後者をＣⅡ形態と呼んで区別したい。ＣⅡ形態は当時の中国でも未だ現れていなかった形態である（本書第Ⅱ部第3章参照）」と改めた。

（補註7）　原著においては、日本でもっとも古く作られた圏脚円面硯について触れる中で、「しかし、最古の一群とされる圏脚円面硯に対象を絞ると、六世紀末～七世紀初頭とされる大阪府陶邑古窯址群ＴＧ六四・六八号窯出土例では、すべてＣⅠ種かＣⅡ種硯面形態をとり、Ｂ種硯面形態はない」としていた。しかし、ＴＧ六四・六八号窯から出土した須恵器は、Ｔ

K二一七型式に相当するものであり、今日的な年代観に照らせば七世紀前半をさかのぼるものではないため（市川秀之・植田隆司編『狭山池 埋蔵文化財編』など）、右の引用箇所を「しかし、最古の一群とされる圏脚円面硯に対象を絞ると、七世紀前半とされる大阪府陶邑古窯址群ＴＧ六四・六八号窯出土例では、すべてＣⅠ種かＣⅡ種硯面形態をとり、Ｂ種硯面形態はない（図1－15－1〜4）」と改めた。

（補註8） 原著においては、後に「蹄足円形硯」と位置づけ直すことになる西安羊頭鎮唐李爽墓例を「獣脚円面硯」、同じく西安市東郊郭家灘棉四廠工地隋墓を「圏脚円面硯」とみなしていた（補註2・3）。また、日本における初期圏脚円面硯の出現年代を六世紀末〜七世紀初頭と想定していた（補註7）。その結果、「この事は重要な問題点を孕んでいる。第一の点は中国に於て圏脚円面硯が確認できるのは、西安市東郊郭家灘棉四廠工地隋大業一二年（六一六）墓や湖南省長沙隋墓であり、いずれも七世紀の墓からの出土品であることであり、陶邑古窯址群出土品の方が古くなってしまうことである。第二の点は、先にあげた中国圏脚円面硯の場合にはＢ種硯面形態をとることである。Ｃ種硯面形態は大業四年（六〇八）銘塼を以て墓室を構築した江西省清江県隋墓出土品を初現とするがこの段階ではなお未成熟であり、Ｃ種硯面形態の完成された姿は総章元年（六六八）の西安羊頭鎮唐李爽墓出土獣脚円面硯に見られる。にも拘わらず六世紀末〜七世紀初頭とされる日本の圏脚円面硯はＣ種硯面形態をとっている。以上の二点から言えることは、日本に於ける須恵器及び瓦の実年代比定に誤りがあるか、あるいは中国国内では先にあげた例よりも年代的にも型式的にも古いものが存在していたと仮定するか、あるいは既に発見されてはいるが未公表なのか、いずれにしても今後慎重な検討を要求される重要な問題である」との見解を示していた。本書では、すでに補註2・3・7にて見てきた点を勘案し、右の引用箇所を「このことは重要な問題を孕んでいる。第一の点は中国において圏脚円面硯が確認できるのは、湖南省長沙隋墓例など、いずれも七世紀以降の墓からの出土品であることであり、陶邑古窯址群出土品と相前後してしまうことである。第二の点は、先にあげた中国圏脚円面硯の場合には隋代までＢ種硯面形態をとることである。Ｃ種硯面形態は大業四年（六〇八）銘塼を以て墓室を構築した江西省清江県隋墓出土の五足円面硯を初現とするが、この段階ではなお未成熟であり、Ｃ種硯面形態の完成された姿は、総章元年（六六八）の西安羊頭鎮唐李爽墓出土蹄脚円面硯に見られる。にも拘わらず七世紀前半とされる日本の圏脚円面硯は当初からＣ種硯面形態をとっている。以上の二点からいえることは、日本における須恵器及び瓦の実年代比定に誤りがあるか、あるいは中国国内では先にあげた例よりも年代的にも型式的にも古いものが存在していたと仮定するか、あるいは既に発見されてはいるが未公表なのか、いずれにしても今後慎重な検討を要求される重要な問題である」と改めた。

（補註9）　原著においては、我が国の初期陶硯を六世紀末から七世紀初頭に出現すると想定したため、「一方、飛鳥時代の硯に関しては問題点が多く、奈良時代ほど単純ではない。特に圏脚円面硯の場合、硯面形態と出現期をめぐって日中間に齟齬をきたしており、大局としては中国に原形を求めざるを得ないにしても単純な比較を不可能にしている。こうした状況を引き起した要因の一つに資料不足が挙げられるが、最大の理由は時代風潮にあると考えている」とし、さらに「中国から半島へ伝わった硯がそこで在来の土器技術によって変形された形が日本へ伝えられたものと考えられる」としていた。ただし、当初からC種硯面形態を採用していた日本出土の初期圏足円形硯は、今日的な年代観に従えば七世紀前半に位置づけられる（補註7）。したがって、中国における圏足円形硯とC種硯面形態が七世紀初頭に出現する事実と、日本においてC種硯面形態を呈する圏足円形硯が七世紀前半に生産され始めた事実との間に、編年上の破綻をもたらす決定的齟齬は存在しないことになるため、右に引用した箇所の傍点部を削除した。ただし、CⅡ種に相当する硯面形態は、今なお渤海上京龍泉府例以外の中国出土資料に見られず（補註6、本書第Ⅱ部第3章）、日本出土例が先行して出現する実態は動かない。筆者が指摘している通り、朝鮮半島から中国東北部にかけての陶硯について、一層の調査研究が望まれる。

第Ⅱ部

中国における硯とその型式

第1章　長方形板石硯考

一、はじめに

墨と筆によって文字を記す書法の起源は古く、殷代末期の殷墟出土甲骨片に墨書文字が存在するともいわれているが[1]、硯が遺品として発見されるようになるのは戦国時代末期以後のことである。しかし、現在までに発見されている戦国時代の硯は数も少なく、また、きわめて原初的な形態をとどめており、硯としての形制が定まり、広く普及するようになるのは漢代である。前後両漢の硯は、石製、金属製、木製、漆（夾紵）製、陶製など、多岐にわたっている。これらのなかには木硯、漆硯、金属硯のように高度な工芸技術を駆使してつくった精巧な遺品もあるが、量的には少なく、漢の硯のなかで圧倒的多数を占めるのは石硯である。

漢の石硯には、扁平な自然石をそのまま利用した卵石硯、扁平な板石を円形にした円形板石硯、扁平な板石を長方形にした長方形板石硯、円形の硯両部の下に三本の脚をもった三足円形石硯の四種があり、三足円形石硯はさらに蓋をもつ有蓋三足円形石硯と蓋のない無蓋三足円形石硯の二型式に分かれる。これら四種の漢の石硯の概略についてはかつて論じたとおりであり[2]、本稿では漢の石硯中もっとも遺品が多く、普及範囲も広い長方形板石硯について論じてみたい。

二、分布範囲・年代

今日にいたるまで、長方形板石硯は、長方形石板、長方形板、磨板、研磨板、黛板、黛石、黛硯、など実にさまざまな名称をもって呼び慣らわされてきた。これら多様な名称をもつ長方形の板石が硯であることは、一九三一年に楽浪彩篋塚の木槨中より漆硯台に納められた長方形の石板が発見されて明らかになったとおりであり[3]、漢硯中ではもっとも出土量が多く、分布範囲も広い。管見によれば、長方形板石硯の出土地は、中国国内では山西、山東、河北、河南、遼寧、陝西、江蘇、浙江、湖北、湖南、江西、広東、四川、安徽、貴州、青海、甘粛、雲南の十八省と、広西壮族、内蒙古の二自治区に及び（表2－4）、朝鮮半島やベトナムでも発見されている。

卵石硯が湖北、湖南、陝西、広東の四省、円形板石硯が河北、河南、陝西、湖北、湖南、江西、江蘇、四川、広東、遼寧の一〇省と朝鮮半島、三足円形石硯が河北、河南、陝西、安徽、四川、湖南、甘粛、遼寧の八省および寧夏回族自治区にしか分布しない状況と比べると、長方形板石硯の分布域は格段に広い。

分布域だけでなく、出土遺跡数や発見総数でも、長方形板石硯は群を抜いている。卵石硯一六点、円形板石硯約二〇点、三足円形石硯二〇点に対し、長方形板石硯は一三〇点近くが報告されている。しかも、一点でも逐一報告される場合の多い他の硯と比べ、ややもすれば複数が一括で扱われ、個々の説明を欠く場合の多い長方形板石硯の場合、実数ははるかに多いとみるべきであろう。

他方、長方形板石硯のうち、年代的にもっとも古く位置づけられるのは前漢中期のものである。しかし、前漢中期から後期に位置づけられる遺品は少なく、前漢晩期以後急激に類例が増え、後漢代に入ると数量が増え、分布域も広域にわたるようになる。前漢初期にさかのぼる円形板石硯や前漢前期に位置づけられる卵石硯に比べると、長方形板石硯の出現は遅れるが、前漢末期に現れる三足円形石硯よりは早く出現する。

三、石材・法量

中国での報告によれば、長方形板石硯の石材のうち圧倒的多数を占めるのは青石で、灰白色石、灰黒色石、黒色頁岩がこれに次ぎ、きわめて少数ながら大理石や黄灰色砂岩製のものもある。日中間の石材表記法に微妙な差があり、さらに中国側報文の記載説明が簡略にすぎるため、材質に関して断定はできないが、日本側の調査報告と筆者自身の観察から、硯に用いられた石材のほとんどが粘板岩あるいは砂岩系の石であったと推測される。

次に長方形板石硯の法量をみると、長辺七・〇～二二・五、短辺二・七～一四・二糎で、法量に差がある。しかし、法量分布では長辺一〇～一七、短辺五～七糎の範囲に大多数が集中し、長辺と短辺の比が二・三対一の長方形を呈するものが多い（表2－1）。他方、硯石の厚さは、一・六糎という河南省洛陽市焼溝八四号墓出土品を除けば他はすべて〇・九糎以下で、山東省臨沂市金雀山一一号周氏墓出土品［文献8］のように厚さ〇・二糎のものもある。しかし、大部分は厚さ〇・三～〇・八糎の範囲に収まっている（表2－4）。

卵石硯では、自然石をそのまま硯として利用するため、大きさや厚さに規格性は認められない。人工を加えてつくる円形板石硯でも、直径で九・五～二三糎、厚さで〇・五～五・〇糎と個体間に法量差が認められる。しかし、前漢中期以後、二、三の例外を除くと円形板石硯の厚さは一～一・五糎に集中し、厚さに規格性が見受けられるようになる。これを要するに、大きさ、厚さともに規格性のない卵石硯の段階から、大きさはともかく、厚さに規格性をもつ

表２－１　漢長方形板石硯法量表（単位：cm）

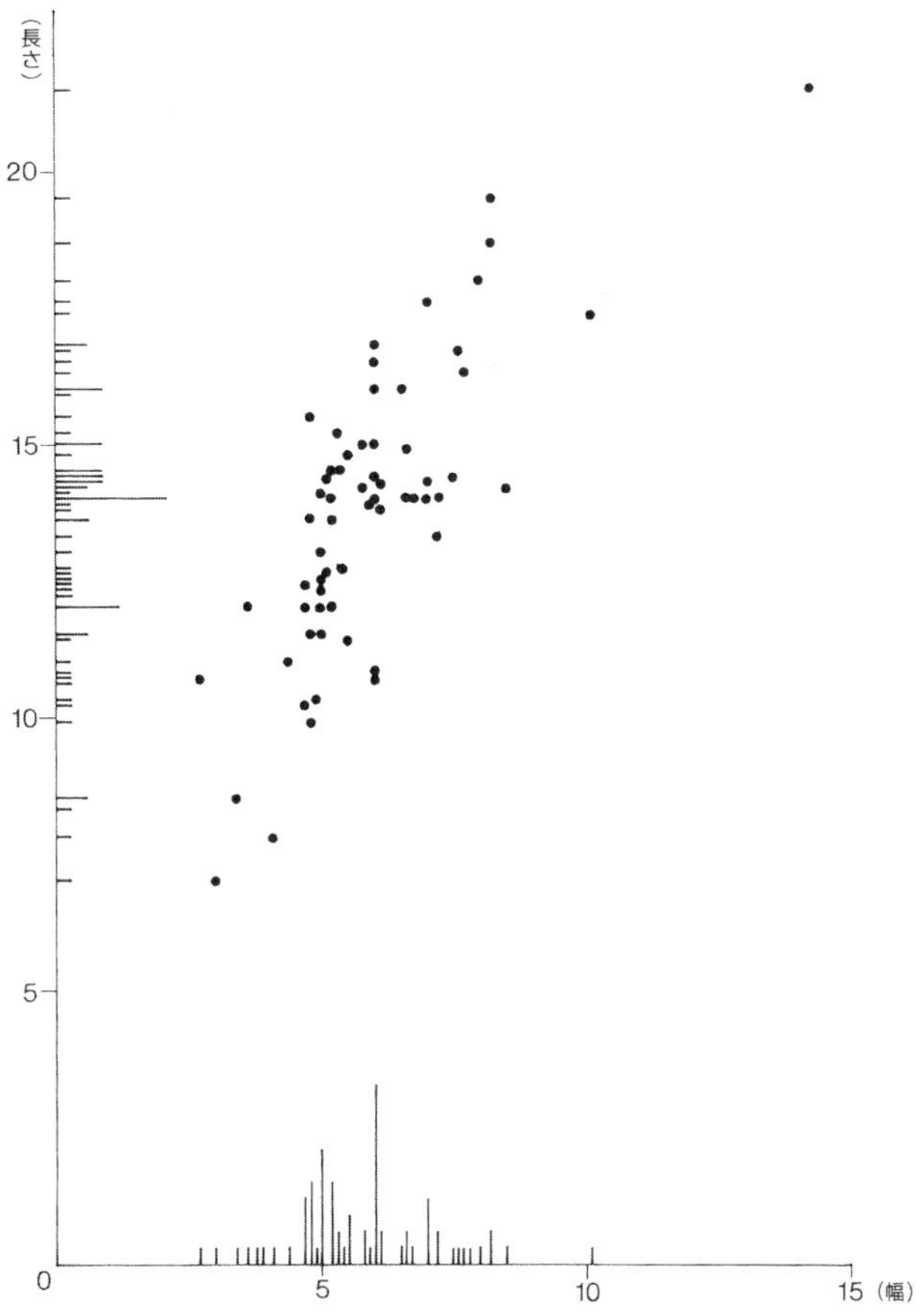

円形板石硯を経て、大きさ、厚さともに規格性をもった長方形板石硯へと発達していった一連の過程とみることができよう。とくに、大きさに先駆けて厚さの規格化が進んだ事実にこそ重要な意義が隠されており、硯の規格化と使用法とは密接不可分の関係にあった。

四、硯盒・硯台

現在までに報告されている一三〇点近い長方形板石硯のほとんどは、硯石のみの発見にかかわるものであるが、幸運にも硯石が硯盒ないし硯台に嵌め込まれた状態で発見され、当時の硯制を今に伝える資料が少数ながら存在する。

江蘇省連雲港市海州前漢霍賀墓出土木製硯盒は平面長方形で、板状の身部上面に長方形板石硯が嵌め込まれ、硯石前方に正方形の浅い凹みがある［文献10］。蓋も板状を呈し、下面に硯石より一回り大きい長方形の浅い凹みをつ

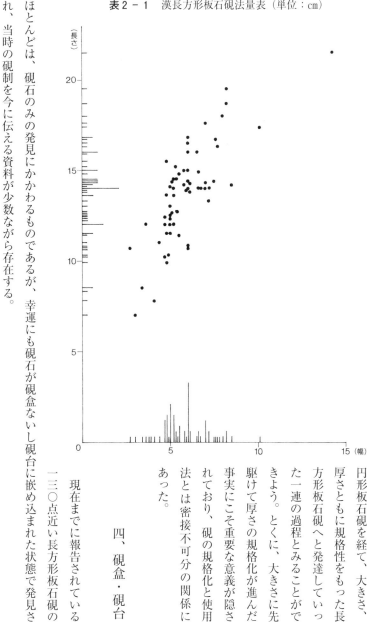

くって硯石部の覆いとし、この前方に円形の貫通孔が開いている。身部の浅い正方形の凹みと蓋部の円孔は上下に重なる位置につくられており、正方形の凹みに研石を置いたまま蓋ができる構造となっている。蓋の上面には硯石と研石置きに対応するように、長方形と正方形の墨線が描かれ、長方形の基線区画内に所有者名の「霍賀」以下の墨書がある。盒長二二・九、幅七・六、全高一糎。前漢晩期。

山東省臨沂市金霍山一一号周氏墓出土木製漆塗硯盒も平面長方形で、板状の身と蓋からなる［文献8］（図2－1－1）。身部上面に長方形板石硯を嵌め込み、硯石前方の浅い正方形の凹みの中に方板形の研石が置かれている。蓋部下面に浅い長方形と正方形の凹みがあり、硯石と研石の覆いとなっている。身と蓋の全面に茶褐色の漆を塗り、蓋上面には朱、黄、深灰三色の漆で虎、熊、鹿、羊など五頭の獣、黒漆で雲文と獣が描かれている。盒長二一・五、幅七・四、全高〇・九糎。硯石長一六、幅六、厚さ〇・二糎。研石長二・五、厚さ〇・二糎。前漢武帝以後。

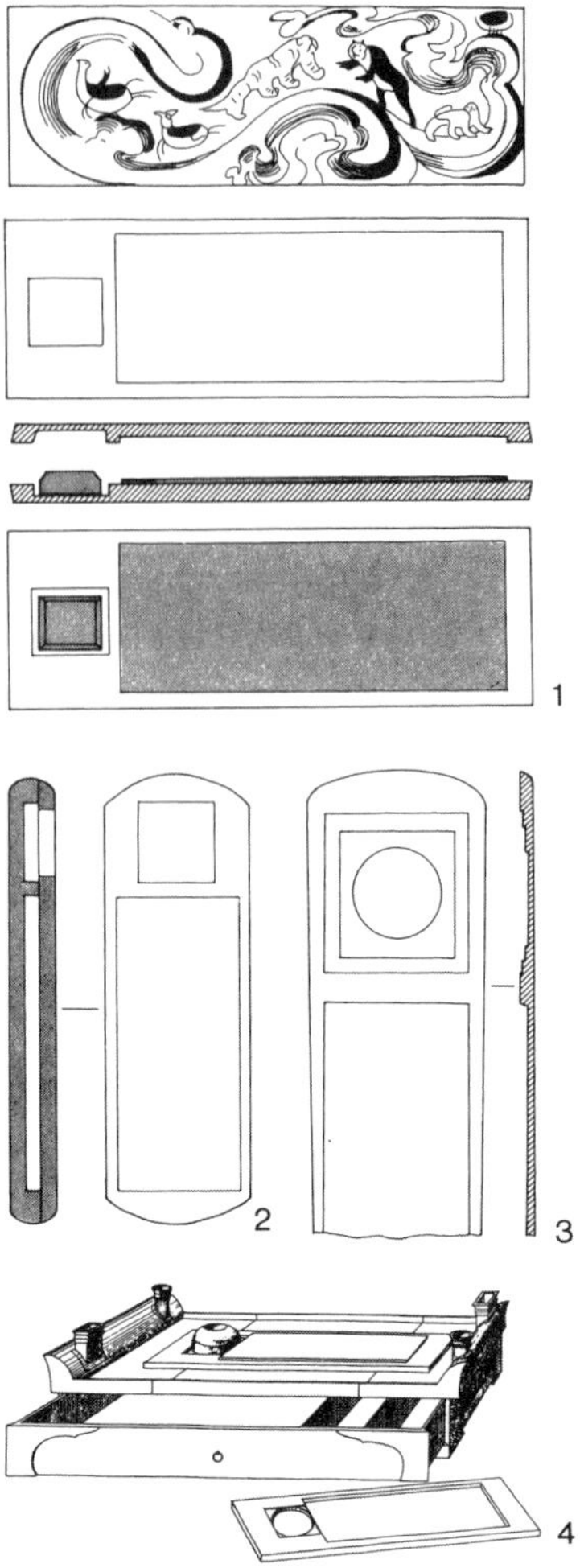

図2－1　硯盒と硯台
（1～3：縮尺1/5・4：縮尺1/11）

木製漆塗硯盒は、江蘇省揚州市平山養殖場四号墓でも発見されている［文献32］（図２－１－２）。身と蓋とも板状を呈する点は前二者と同じであるが、短辺が弧状に張り出した長方弧形状を呈する点で、前二者とは異なる。身部上面に長方形板石硯を嵌め込み、硯石前方の浅い正方形の凹み内に上円下方形の研石が置かれている。蓋下面の硯石相当部は平坦で、凹みをつくらず、研石相当部に円形の貫通孔が開き、黄土色の漆が外面に塗られている。盒長一八、幅六、全高二糎。新・王莽期。

上記三例は硯盒が腐朽せず、ほぼ完全に残った例であるが、木質の一部や漆の断片が硯石に付着することから、木製あるいは木製漆塗の硯盒や硯台に納められていたと推測される遺品も少なくない。木製盒の推測される例としては、山西省渾源県華村一号木槨墓［文献１］、江蘇省揚州市東風磚瓦廠九号墓［文献69］、河南省洛陽市焼溝五九Ａ号墓［文献27］等出土品、木製漆塗盒が推測される例として、湖南省長沙市湯家嶺一号漢墓［文献11］、河南省洛陽市老城西北郊八一号漢墓［文献26］、江蘇省儀徴市石碑村二号漢墓［文献45］、同省泰州市新荘漢墓［文献54］、甘粛省武威県磨咀子四九号墓［文献47］等出土品があげられる。

朝鮮楽浪漢墓中の旧大同郡大同江面南井里第一一六号墳（彩篋塚）でも、長方形板石硯を納めた木製漆塗硯台が発見されている（図２－１－４）。複雑巧妙な構造を示し、故梅原末治博士の文章を引用すれば、以下のとおりである。

「硯は長二二・二糎、幅一二糎、厚さ〇・一七糎の薄い粘板岩から成る長方形の硯板を黒漆塗の座板に填め込んだものであって、右の座板は頭部を長く作り同部に方形の凹所を設けて木製半球形の所謂磨具を置く。而して硯の上面には裏を硯の大きさだけの凹所を刳り、また上辺に円孔を穿って磨具の上部が突抜ける様に作った座板と略同大の蓋を被せてある。

次に硯台は薄い木板を素地とした漆器であって、長四六・〇糎、幅二四・一糎、高二・六糎の大きさのもの。その長方形の上板の前後両端には半筒形の造り出しを附し、各の両端に近く筆筒と見られる方円二種の金銅製筒

図２－２　江蘇省邗江区姚荘101号前漢墓出土漆塗硯盒

形金具を交互に嵌め立て、あり、また側面には格狭間風の脚を取付けて片側に一個の引出しを備へてゐる。この部分の作りで注意を惹くのは脚部が引出しに作り付けられ、台の主体と切離しになってゐることである。従ってそこでは引出しが常位にある時にのみ脚として他の側と相応ずるわけである。この硯台の中央部は黒、前後両辺は朱、側面はすべて黒漆で塗ってあり、また大小の六区に分たれた内部はすべて鮮かな朱漆を以て塗って、いまそれに墨粉の附着があり、実用の具だったことを物語ってゐる。この引出しは区劃の具合などから見て、筆・墨粉・木簡などを容れたものであったに相違あるまい[4]」

硯石を硯盒や硯台中に納めた実例は次の三国時代にも存在する。湖北省鄂州区水泥廠一号呉墓出土木製硯盒［文献101］は、短辺が弧状に張り出した長方形弧形状を呈し、身部上面に長方形板石硯を嵌め込み、前方に研石を置くための

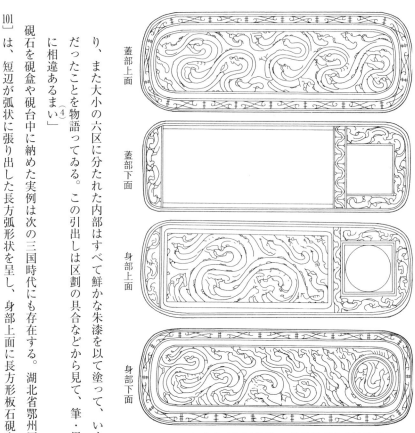

浅い正方形の凹みをつくり出している。漆こそ塗られていないものの、その形態と構造は江蘇省揚州市平山養殖場四号墓出土木製漆塗硯盒と同じである。また、江西省南昌市東呉高栄墓では、長方形板石硯が木簡、竹尺、刀子、墨とともに木盒中に納められていた［文献104］。江蘇省南京市象山三号王丹虎墓では周囲を銅板で囲った長方形板石硯が出土しており、硯石底部に漆胎残痕を残すことから、漆盒内に納められていたと推測されている［文献116］。銅で縁取りしたものは江蘇省宜興市一号晋墓でも発見されており［文献110］、同省江寧区上坊一号墓では木製漆塗の硯盒が発見されている［文献102］。

長方形板石硯は出現時の前漢中期から木盒を伴っており、本来、木製あるいは木製漆塗の硯盒、硯台に装着して用いられるものであったと推測される。厚さ一糎以下〇・二糎までという硯石の薄さも、板状の薄い硯盒や硯台の木板に嵌め込むことを前提条件としたものといえよう。ただ、硯盒や硯台における硯石と研石の配置関係についてみると、先に掲げた江蘇省連雲港市海川前漢霍賀墓、山東省臨沂市金雀山一一号周氏墓、江蘇省揚州市平山養殖場四号墓、楽浪彩篋塚、湖北省鄂州市水泥廠一号呉墓の五例の硯盒（台）では硯石前方に研石置きを配置しており、安徽省寿県茶庵馬家古堆二号後漢墓出土夾紵硯（図2－1－3）も硯石前方に研石置きを造り出していることから、(5) 硯石と研石を前後に並べる方式が一般的であったと考えられるが、江西省南昌市東郊一四号前漢墓［文献22］、広西壮族自治区合浦県堂排二号漢墓［文献16］、山西省朔州市ＺＭ一号漢墓［文献17］、甘粛省古浪峡黒松駅董家台一号漢墓［文献68］、安徽省淮南市劉家古灘漢墓［文献65］、湖南省溆浦県馬田坪五号墓［文献31］では長方形板石硯の硯面中央に研石が置かれた状態で検出されており、有蓋三足円形石硯や朝鮮平壌市石巌里第九号墳出土金銅熊脚付円硯(6)のように、硯面中央に研石を置いたまま蓋を被せる方式も存在したようである。

五、研　石

硯が出現した戦国時代末期から漢代末期までの硯には、研石が付属具として用いられた。研石は粉末状あるいは粒状の墨丸を硯上で磨るための道具であり、現在のような使い方をする大墨が普及した三国時代以後、消滅する。(7)研石を伴うことが漢代までの硯の最大の特徴であり、研石を用いて墨を磨るためにも、硯面は平坦でなければならず、硯面に凹凸が現れるのは次の三国時代以後である。(8)

漢の研石はその形態から、円礫半截形、円錐形、円柱形、円壔形、方壔形、角壔形、方柱形、円板形、方板形、上円下方形の一〇種に分けられる（表2－5）。

円礫半截形研石（図2－3－1）　円礫の一端を水平にしたもので、一三点ある。すべて前漢に属し、後漢に下るものはない。この形式の研石は戦国時代末期から存在しており、研石のなかではもっとも古式に属する。一三点中、単独出土で硯との共伴関係の不明なもの三点を除けば、五点が卵石硯、四点が円形板石硯、一点が長方形板石硯に伴う。長径四・六～六・五、高さ三・一～五・五糎。

円錐形研石　斜辺が弧状に張り出した円錐形を呈するもので、河北省滄県四荘村後漢墓［文献80］、陝西省長安区樊川農業機械学校校地［文献88］から、有蓋三足円形石硯に伴って各一点出土している。前者の高さ三糎。後漢。有蓋三足円形硯が硯面中央に研石を置いたまま蓋を被せる構造であり、蓋下面中央に設けられた研石孔が断面穹窿形をなすものの多いことからしても、円錐形研石が有蓋三足円形石硯に伴う研石であったことは明らかである。

円柱形研石　上下両端が水平な円柱形をなすもので、広東省広州市象崗山南越王墓［文献84］と河北省満城区陵山二号墓［文献85］から各一点出土している。前者は側面中央に一条の沈線をめぐらして装飾とした精巧なもので、卵

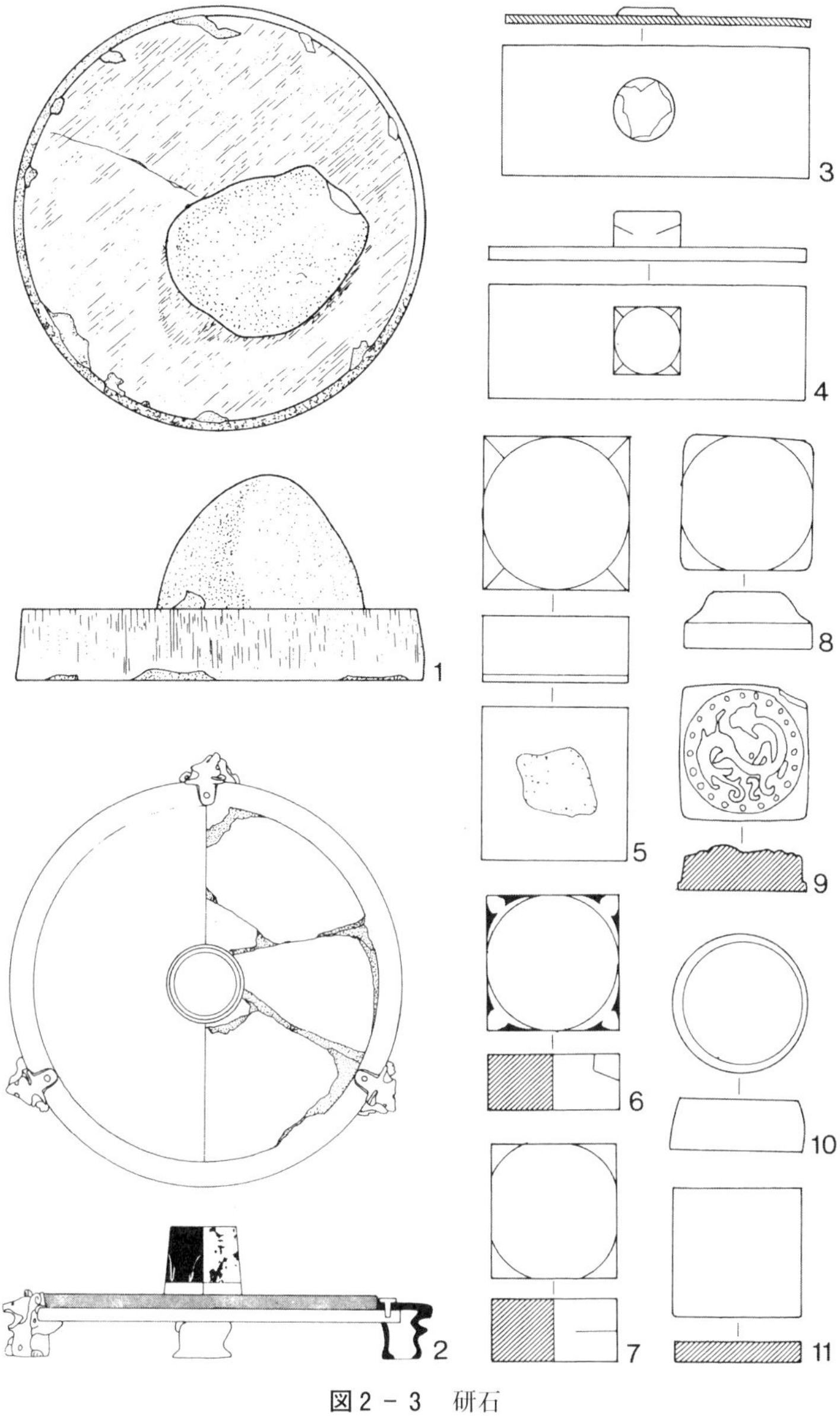

図2－3　研石

石硯に伴う。径三・二糎。前漢。後者は中山靖王劉勝の王后であった竇綰の墓と推定されている。径三・七、高さ二・一糎。前漢中期。伴出硯は残欠であるため、円形板石硯か長方形板石硯か不明であるが、〇・三糎という厚さからすれば、長方形板石硯の可能性が高い。

側面こそ直線的でなく、弧状に張り出すものの、上下両端が水平な面をなす研石が戦国時代末期の湖北省雲夢県睡虎地四号秦墓(9)から、細長い自然石の上下両端にほぼ水平な平坦面をもつ研石が戦国時代中期の湖北省麻城市六号楚墓(10)から出土しており、これらを円柱形研石の祖型とすれば、起源は古い。

円壔形研石（図2－3－10）上径が下径より小さい円壔形をなすもので、上下両端は水平な平坦面をなす。六点検出されており、大小の二種に分かれる。大型品は上径六、下径七・二、高さ四糎。小型品は上径二・一～二・七、下径二・五～三・六、高さ一・二～二・九糎。前漢中期～後漢前期。六点中四点が円形板石硯、一点が長方形板石硯、一点が江蘇省徐州市土山一号後漢墓出土鎏金緑松石象嵌獣形盒硯［文献91－93］に伴う。

上記六点の研石はすべて石製であるが、薄い円板状の板石に陶製の把手を貼り合わせて円壔形にした研石が、朝鮮平壌市石巌里第九号墳から一点出土している（図2－3－2）。上径二・四、下径三、高さ二・五糎で、円形板石硯に伴う。これを加えた合計七点中の五点までが円形板石硯に伴っており、円壔形研石は本来、円形板石硯に伴う研石であったと考えられる。

方壔形研石　上辺が下辺より小さい方壔形をなすもので、河北省石家荘市北郊後漢墓［文献94］から円形板石硯に伴って一点出土している。上辺四・六、下辺五・五、高さ六・五糎。後漢。

角壔形研石　平面多角形の角壔形を呈するもので、湖南省長沙市沙湖橋FＭ五号墓から平面八角ないし九角のものが、円形板石硯に伴って一点出土している［文献75］。上径二・五、下径三、高さ一・五糎。前漢中期。

方柱形研石　上下両辺の等しい方柱形を呈するもので、陝西省灞橋区洪慶村一二五号墓から、長方形板石硯に伴って一点出土している［文献5］。一辺五、高さ二糎。前漢中期〜後漢初期。

円板形研石（図2－3－3）　薄い板状を呈する円形の研石で、八点ある。直径二・三〜三・六、厚さ〇・一〜〇・八糎。前漢中期〜後漢晩期。厚味がきわめて薄いことが八点すべてに共通する特徴で、それ自体では使用に堪えず、上部に把手を付すのが原則であったらしく、江西省南昌市東郊一四号前漢墓［文献22］では上に石製環状把手、朝鮮平壌市石巌里第九号墳では上に陶製円壔形把手を装着した例が発見されている。また、楽浪彩篋塚では上面に円形の凹みをつけた半球形の木製磨具が伴出し、下底面に何物かが離脱した形跡のあることから、石巌里第九号墳出土研石同様、円形の石板が付されていたと推測されている。中国国内で発見された八点中、七点までの研石に把手が残らない点からも、木材その他腐朽しやすい材質の把手が付されていたと考えられる。

円形板石硯に伴って出土した朝鮮石巌里第九号墳出土円壔形研石の例を除き、中国から出土した八点の円板形研石中、円形板石硯と長方形板石硯のいずれと共伴するか不明な一点以外は、すべて長方形板石硯と共伴しており、円板形研石は長方形板石硯に伴う研石であったと考えられる。

方板形研石（図2－3－11）　板状の研石で、平面形が正方形のものと長方形のものの二種がある。平面正方形のものは一五点ある。一辺二・五〜四・〇、厚さ〇・二〜〇・九糎。前漢後期〜後漢晩期。方板形研石も円板形研石と同様、木製その他の把手を付すのが原則であったらしく、山東省臨沂市金雀山一一号周氏墓出土品では、一辺二・五、厚さ〇・二糎の研石上面に一辺二・五、厚さ一・一糎の木製把手が貼り付けられている［文献8］。

長方形の研石は河北省陽原県北関二号墓［文献4］で一点出土している。長辺三・一、短辺二・一、厚さ〇・九糎。前漢昭帝〜宣帝期。なお、本例は下辺より上辺が短く、台形状の断面図をとっており、把手を含めて方壔形になる可能性が高い。合計一八点中、一点が円形板石硯、一五点が長方形板石硯と共伴しており、方板形研石は本来、長方形板石硯に伴う研石であったと推測される。

表2－2　漢石硯・研石の消長

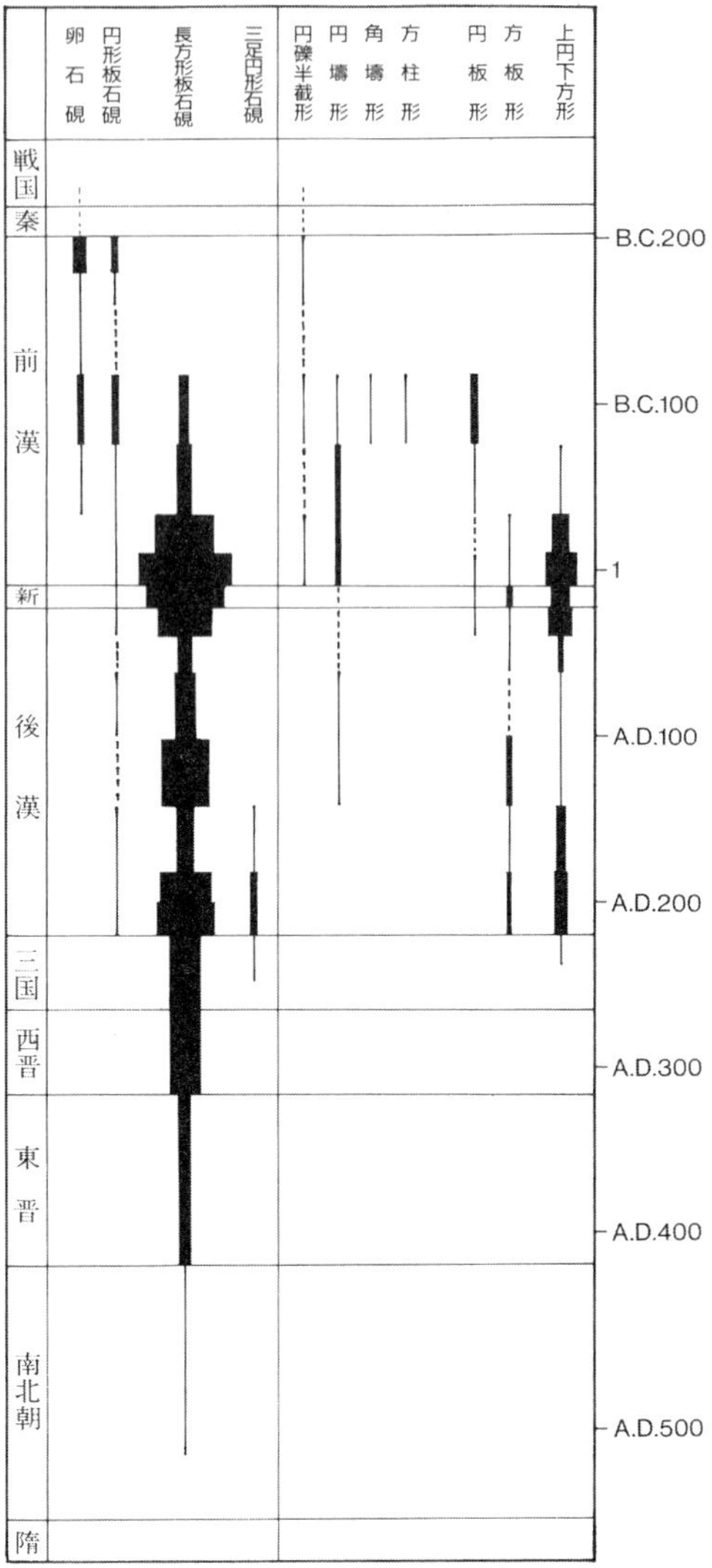

上円下方形研石（図2－3－4～9）　上半部が円形、下半部が方形を呈するもので、漢の研石のなかでは類例がもっとも多く、四二点ある。一辺二・六～三・五、厚さ〇・七～一・五糎。前漢後期～三国初期。四二点のうち、方形の石板に陶製の円形把手を貼り付けた江西省南昌市青雲譜家施窯二号墓出土品［文献70］一点を除く四一点は全体が石でつくられ、遼寧省大連市前牧城駅七四一号墓出土品［文献43］では上面に「十」字が陰刻されている。伴出硯の分かる例ではすべて長方形板石硯に伴う。上記四二点とは別に、上円部に辟邪、盤龍、草葉文等を浮彫あるいは陰刻して装飾としたものが六点ある。一辺三・一～四・九、厚さ〇・六～三・五糎。前漢晩期～後漢晩期。六点中、一点が陶製、五点が石製で、うち三点が長方形板石硯に伴う。

以上、一〇種の研石のそれぞれについてみてきたが、これら一〇種の研石のうち、長方形板石硯と共伴する研石は円礫半截形、円擣形、方柱形、円板形、方板形、上円下方形の六種である。しかし、円礫半截形研石は本来、卵石硯に伴う研石であり、円形板石硯や長方形板石硯に転用されたものであり、円擣形研石と円板形研石も本来は円形板石硯に伴う研石であったと考えられる。方柱形研石はわずか一点しかないため、必ずしも長方形板石硯のみに共伴したとは断定しえない。これら四種を除いた方板形研石と上円下方形研石の二種が長方形板石硯に本来的に共用された研石であったと考えられる。とりわけ注目されるのは上円下方形研石で、出土量と長方形板石硯との共伴比率において他を圧している。また、方板形研石のなかに、円形の陶製把手を付して上円下方形にしたもののあることは、方板形研石のなかに腐朽しやすい材料を用いてつくった円形把手を付したものも存在し、かつ少なくなかったことを類推せしめる。長方形板石硯の硯盒の多くが正方形の研石置きをもち、蓋に円形の孔を有することからしても、長方形板石硯の研石としてもっとも多用されたのが上円下方形研石であったことは明らかであろう。

前漢中期に出現した長方形板石硯も出現当初は定まった研石をもたず、種々の研石と組んで使用されていたが、前漢晩期に上円下方形研石が専用の研石としてつくられるにいたって、両者の密接不離な関係が確立されたといえよう。

六、漢以後の長方形板石硯

漢が滅び、三国時代になると灰陶あるいは青磁でつくられた陶製三足円面硯が隆盛を極め、反対に漢代まで百パーセント近いシェアを誇っていた石硯は姿を消していく。前漢のうちに消滅した卵石硯はもとより、後漢代にも存続した円形板石硯や三足円形石硯も漢王朝と運命を共にしていった。こうした石硯衰退の風潮にもかかわらず、長方形板

表2－3　三国～六朝時代の長方形板石硯法量表（単位：cm）

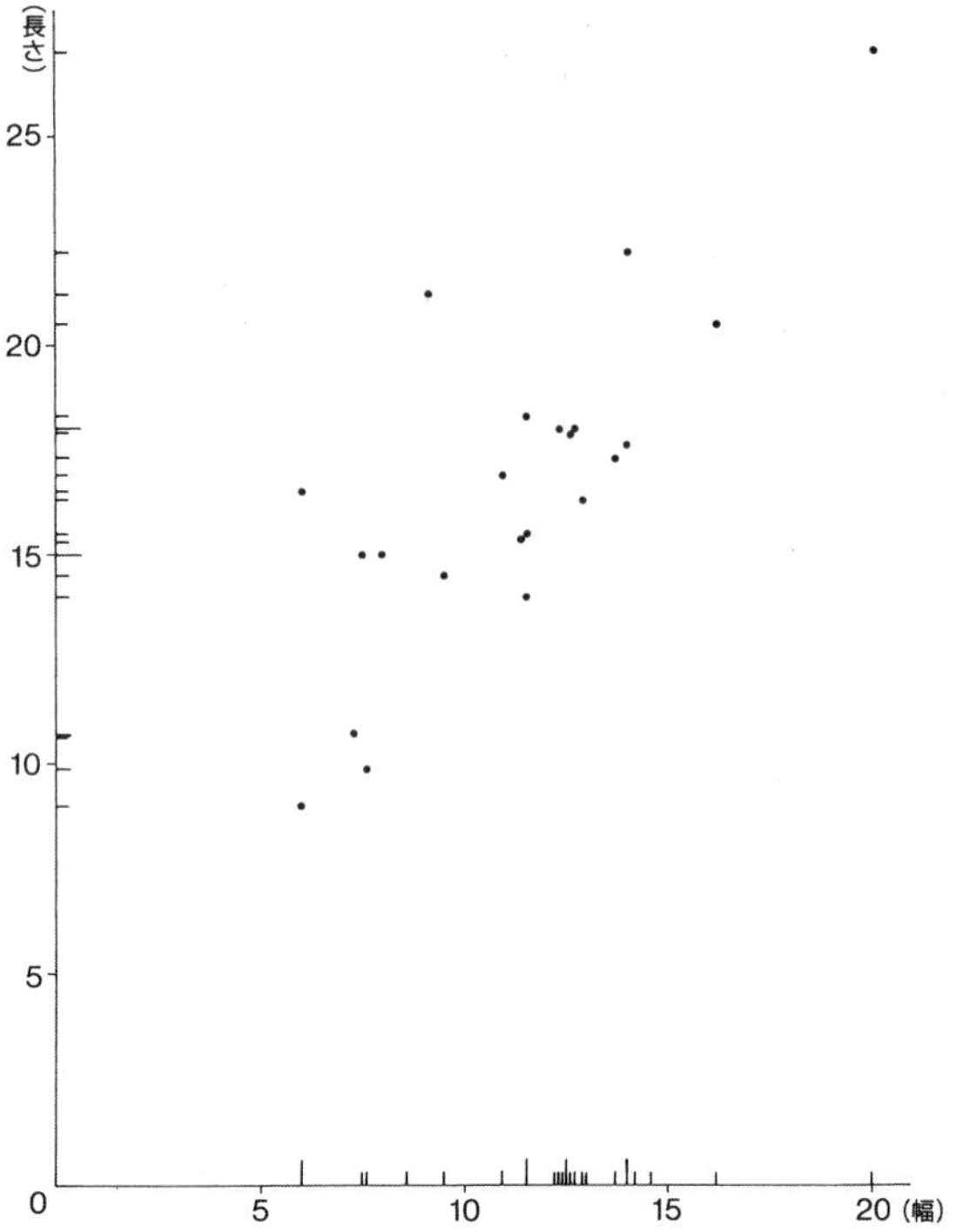

石硯のみは二つの道に分かれながら存続していく。

第一の道は漢代の形制を変えることなく、ほぼそのまま踏襲するもので、三五カ所の遺跡から発見されている（表2－6）。漢代に比べると分布範囲、数量とも格段に縮小するが、基本形は変わらず、木盒や漆盒に納められたもののある点でも漢代と異なるところはない。しかし、法量をみると長さ九・〇～三二・一糎に対し、幅六・〇～二六・六糎で、漢代に比べると幅が広くなり、正方形に近い平面形をなすようになってくる（表2－3）。漢代に比べて大型化するのも新しい変化の一つである。ただし、厚さの点では漢代と変わらない。これは漢代同様、硯盒や硯台に納めて用いられていたためであろう。

第二の道は木製あるいは漆製の盒や硯台に硯石を納めた姿そのものを石で模したもので、平面が長方弧形状を呈する扁平なもの、平面長方形を呈し扁平なもの、平面が方形ないし長方形を呈し、四本の足をもつものの三種がある。

平面が長方弧形状を呈するものには、湖南省長沙市二号晋墓出土品のように、硯石中央部を長方形に浅く掘り凹めただけのもの[11]、湖北省枝江市の巫回台東晋墓出土品のように、硯石中央部に長方形、その前端に接して小正方形の区画を突帯によってつくり出したもの[12]、江蘇省鎮江市城内一号墓出土品のように、平坦な硯面の一端に溝状の浅い水池を掘り凹めたものの三種がある[13]。一方、湖北省枝江出土品と同形態で陶製のものが江蘇省南京市南京大学北園東晋墓から出土している[14]。しかも、本例は陶製の蓋を有しており、その祖型が長方形弧形状の木製硯盒に長方形板石硯を嵌め込み、かつ、硯石前方に正方形の小さな研石置きを掘り凹めたものであることを如実に示している。かつて木と石の組合せであったものを、そのまま石で表現したものとみてよい。湖南省長沙市出土品の場合、研石置きを省略したものか、研石置きのない硯盒がモデルであったかのいずれかであろうし、江蘇省鎮江市出土品の場合、水池という新要素が取り入れられている。

平面長方形を呈するものは広東省広州市西北郊桂花岡四号晋墓から一点出土している[15]。硯面中央部を長方形に浅く掘り凹めたもので、祖型は特定できないが、これも硯盒を模したものと考えている。

四本の足をもつものには、遼寧省北票市西官営子北燕馮素弗墓出土四足長方形石硯[16]、山西省大同市北魏平城遺址出土方形四足石硯[17]がある。この二点の硯についても直接の祖型は特定できないものの、その源流が楽浪彩篋塚出土硯台のような四本の足をもった硯台であったと考えている。河南省洛陽市二〇三号晋墓出土方硯等[18]も、平面方形の硯台に装着した円形板石硯の形を模したものであろう。

以上、長方形板石硯についてその消長をみてきたが、とくに注目されるのは硯石の装着法である。板状の硯盒に納めた簡略なものから、硯台に納めた精巧なものまであり、朱漆や金銅、金銀象嵌部品によって飾りたてたものも少なくない。また、硯台のなかには銅製、金銅製、金銀象嵌製の筆架をもつものがあり[19]、円形板石硯のなかにも楽浪石巌里第九号墳出土硯のように金銅製熊脚を付し、木製漆塗蓋が伴ったと推測されるものもある。総じて硯石のみから受ける一般的印象以上に、硯盒や硯台は豪華な作りをもっていたといえる。

では、硯石を硯盒や硯台に装着する風習はいつ頃から始まるのであろうか。戦国時代末期とされる河北省承徳市平房出土硯[20]、湖北省雲夢県睡虎地四号秦墓出土硯[21]とともに硯盒や硯台は確認されていない。とくに後者では頭部の箱中に硯とともに木簡と墨が納められ、木簡、墨ともに遺存状況良好で、硯盒や硯台があれば当然遺存するべき状況下にありながら、残っていない。漢代でも、卵石硯で硯盒や硯台の確認できる例は皆無である。破損融解しやすい墨丸が完全に原形をとどめていた広州市象崗山南越王墓の場合でも、硯盒や硯台に類するものはまったくない。

卵石硯に次いで出現したと考えられる円形板石硯では、楽浪石巌里第九号墳および遼寧省遼陽市石槨墓、朝鮮旧大同郡龍淵面道済里第五〇号墳の三カ所から出土したものに硯台の痕跡が残るものの、他に硯盒や硯台の確認される例はない。とくに注目されるのは湖北省荊州市鳳凰山一六八号墓出土硯で、竹製容器に筆、墨、木簡とともに硯と研石が納められていたにもかかわらず、硯台や硯盒はない。長方形板石硯では、前漢中期の山西省渾源県華村一号木槨墓出土硯が硯盒に納められた例としてはもっとも古く、これ以後、硯盒や硯台の遺存例が増加する。

以上、硯盒や硯台を伴う例と伴わない例を略述したが、両者のあいだには時期差とともに、前者が分厚く、後者が薄いという明瞭な差が存在する。硯出現期の戦国時代末期の硯は分厚く、硯盒や硯台をもたなかったと考えられ、この伝統が前漢の卵石硯や円形板石硯に受け継がれたが、長方形板石硯出現時の前漢中期にいたって薄い硯石を盒に納める風習が現れ、遂には豪華な作りをもった硯台へと発展していったとすることができよう。

表2－4　漢長方形板石硯出土遺跡一覧表

番号	出土地	研石	法量（㎝）			年代	備考	文献
			長さ	幅	厚さ			
1	山西省大同市渾源県華村一号木槨墓	有	一六・八	六・〇	〇・三	前漢中期	木盒	1
2	陝西省飼料加工廠三八号墓	有	一四・〇	六・〇	〇・二	前漢中期		2
3	河南省洛陽市西郊三〇五一号漢墓	無	―	―	―	前漢中期		3

4	河北省張家口市陽原県北関二号墓	有	一四・二	五・八	〇・九	前漢昭宣期	朱痕	4
5	陝西省西安市灞橋区洪慶村一二五号墓	有	一五・〇	六・〇	〇・四	前漢中期〜後漢初期	墨痕	5
6	広西壮族自治区桂林市平楽県銀山嶺一〇〇号墓	無	―	―	―	前漢後期		6
7	湖南省長沙市四〇一号前漢墓	有	一四・三	六・一	〇・四	前漢後期		7
8	山東省臨沂市金雀山一一号周氏墓	有	一六・〇	六・〇	〇・二	前漢後期	漆盒	8
9	湖北省宜昌市前坪九号墓	有	一四・二	八・五	〇・二	前漢後期		9
10	江蘇省連雲港市海州前漢霍賀墓	有	―	―	―	前漢晩期	木盒	10
11	湖南省長沙市湯家嶺一号漢墓	有	―	―	―	前漢晩期	漆盒	11
12	山東省臨沂市銀雀山六号漢墓	無	一五・五	四・八	〇・三	前漢晩期		12
13	四川省涼山州西昌市礼州一号漢墓	有	―	―	―	前漢晩期	朱痕	13
14	河南省鄭州市鞏義市石家荘一三号漢墓	有	一四・四	五・一	―	前漢晩期	朱・墨痕	14
15	湖南省長沙市五・公二号漢墓	無	一五・〇	六・〇	―	前漢晩期		15
16	広西壮族自治区北海市合浦県堂排二号漢墓	有	一五・二	五・三	―	前漢晩期		16
17	山西省朔州市朔城区ZM一号漢墓	有	一四・四	六・〇	―	前漢末期〜後漢初期		17
18	遼寧省朝陽市袁台子西区七号前漢墓	有	一一・〇	四・四	〇・四	前漢晩期		18
19	河南省洛陽市西郊三〇四六号漢墓	無	―	―	―	前漢晩期		3
20	三〇六五号漢墓	無	―	―	―	前漢晩期		3
21	三〇八五号漢墓	無	―	―	―	前漢晩期		3
22	三一五九号漢墓	無	―	―	―	前漢晩期		3
23	三一六六号漢墓	無	―	―	―	前漢晩期		3
24	三一七一号漢墓	無	―	―	―	前漢晩期		3
25	七〇一〇号漢墓	無	―	―	―	前漢晩期		3
26	七〇四四号漢墓	有	―	―	―	前漢晩期		3
27	遼寧省撫順市劉爾屯村一号漢墓	有	一三・六	四・八	〇・五	前漢晩期		128
28	河南省済源市泗澗溝八号墓	無	一二・〇	四・七	―	前漢晩期〜新	朱痕	19
29	浙江省杭州市五四号漢墓	有	一四・八	五・五	―	前漢末期	朱痕	20
30	遼寧省大連市営城子一号貝墓	無	九・九	四・八	〇・五	前漢末期		21
31	営城子一〇号貝墓	有	一六・〇	六・〇	〇・六	前漢末期		21
32	江西省南昌市東郊一四号前漢墓	有	一三・九	五・九	―	前漢中期		22
33	貴州省安順市寧谷六号漢墓	無	一五・九	六・六	〇・四	前漢	朱痕	23

34	青海省西寧市大通県上孫家寨一一五号漢墓	有	一三・〇	五・〇	〇・六	前漢	墨痕	24
35	湖南省湘潭市湘郷七八号漢墓	無	一四・一	五・〇	〇・五	前漢	銀朱痕	25
36	湘郷八七号漢墓	無	―	四・七	〇・三	前漢		25
37	河南省洛陽市老城西北郊八一号漢墓	有	一四・五	五・二	―	前漢末～新	漆盒	26
38	河南省洛陽市焼溝八四号墓	無	七・〇	三・〇	一・六	前漢末～新		27
39	焼溝金一号墓	有	一四・〇	五・二	〇・四	前漢末～新	朱・墨痕	27
	焼溝金一号墓	有	一〇・二	四・七	〇・六	前漢末～新	朱・墨痕	27
40	陝西省安康市旬陽県佑聖宮後坪漢墓	有	八・五	―	〇・四	前漢末期～後漢初期		28
41	江蘇省塩城市三羊墩二号漢墓	無	一六・八	六・〇	〇・四	前漢末期～後漢初期		29
42	河南省洛陽市焼溝五九A号墓	有	一二・五	五・〇	〇・七	前漢末期～後漢初期	朱痕、木盒	27
43	焼溝六三二号墓	有	一二・六	五・一	〇・五	前漢末期～後漢初期	朱・墨痕	27
44	遼寧省遼陽市唐戸屯漢墓	有	約一〇	―	―	前漢末～後漢末		30
45	湖南省懐化市漵浦県馬田坪五号墓	有	一二・二	五・〇	〇・八	新		31
46	江蘇省揚州市平山養殖場四号墓	有	―	―	―	新	漆盒	32
47	湖南省長沙市五里牌七号墓	無	一八・七	八・二	〇・六	新		33
48	河南省洛陽市西郊三〇三一号漢墓	有	―	―	―	新		3
49	三〇七九号漢墓	無	―	―	―	新		3
50	三一七二号漢墓	無	―	―	―	新		3
51	三二〇一号漢墓	無	―	―	―	新		3
52	三二三一号漢墓	無	―	―	―	新		3
53	三二三九号漢墓	無	―	―	―	新		3
54	三二四八号漢墓	無	―	―	―	新		3
55	七〇二四号漢墓	無	―	―	―	新		3
56	七〇三九号漢墓	有	―	―	―	新		3
57	七〇五八号漢墓	有	―	―	―	新		3
58	河南省鄭州市新鄭市東城路五号墓	有	一二・〇	五・〇	〇・三	新～後漢初		34
59	江西省南昌市老福山漢墓	無	一四・〇	七・〇	〇・六	新～後漢初		35
60	江蘇省塩城市三羊墩一号墓	無	―	五・五	〇・八	後漢初期		29
61	広東省広州市東山羊山横路後漢墓	有	一六・〇	六・五	〇・五	後漢初期		36
62	内蒙古自治区巴彦淖爾市磴口県大沙梁里一号墓	無	一四・五	五・三	〇・八	後漢初期		37

63	河南省洛陽市焼溝五六号墓	無	―	五・二	〇・四	後漢初期	黛痕	27
64	四川省西昌市礼州二号漢墓	有	一三・六	五・二	〇・六	後漢初期	朱痕	13
65	広東省広州市動物園建初元年墓	無	一四・〇	七・二	〇・四	後漢早期		38
66	湖南省郴州市資興市一二三号墓	無	―	―	―	後漢早期		39
67	山西省呂梁市孝義市張家荘一四号墓	有	一六・五	六・〇	〇・四	後漢末期~三国初期		40
68	河南省洛陽市西郊三二六三A号漢墓	無	―	―	―	後漢早期		3
69	七〇五二号漢墓	有	―	―	―	後漢早期		3
70	貴州省黔西南興義市七号漢墓	有	一七・六	七・〇	〇・八	後漢前期		41
71	江西省南昌市郊後漢墓	無	一二・七	五・四	〇・五	後漢前期		42
72	遼寧省大連市前牧城駅七四一号墓	有	一二・三	五・〇	〇・三	後漢前期	朱痕	43
73	前牧城駅八〇二号墓	有	一三・三	七・二	〇・四	後漢前期	墨痕	43
74	河南省洛陽市焼溝一〇四号墓	無	七・八	四・一	〇・五	後漢前期		27
75	焼溝一一三号墓	無	一〇・七	二・七	〇・三	後漢前期	墨痕	27
76	河南省三門峡市陝州区劉家渠三七号漢墓	無	―	―	―	後漢前期	墨	44
77	江蘇省揚州市儀徴市石碑村二号漢墓	無	―	―	―	後漢中期	漆盒	45
78	河南省洛陽市新安県古路溝漢墓	無	一〇・三	四・九	〇・九	後漢中期	墨痕	46
79	甘粛省武威市磨嘴子四九号墓	無	―	―	〇・三	後漢中期	漆盒	47
80	湖南省長沙市金塘坡一三号墓	有	一四・三	七・〇	〇・五	後漢中期		48
81	河南省洛陽市焼溝六五号墓	無	一一・五	五・〇	〇・七	後漢中期		27
82	焼溝一〇〇八号墓	有	八・五	三・四	〇・三	後漢中期		27
83	湖南省郴州市資興市二九八号墓	無	―	―	―	後漢中期		39
84	河南省洛陽市西郊七〇二五号漢墓	無	―	―	―	後漢中期		3
85	七〇三二号漢墓	有	―	―	―	後漢中期		3
86	七〇五三号漢墓	有	―	―	―	後漢中期		3
87	雲南省昆明市呈貢区帰化二号漢墓	無	―	三・九	〇・六	後漢中晩期		49
88	湖南省衡陽市茶山坳一八号墓	無	一〇・八	六・〇	―	後漢中晩期		50
89	浙江省杭州市淳安県新安江水庫漢墓	有	―	―	―	後漢中晩期	朱砂痕	51
90	広東省仏山市瀾石一号墓	無	―	三・八	〇・四	後漢後期	脂粉痕	52
91	四川省宜賓市翠屛村一号墓	有	―	三・七	〇・五	後漢後期		53
92	河南省三門峡市陝州区劉家渠一〇二号漢墓	有	―	―	―	後漢後期		44

93	江蘇省泰州市新荘漢墓	有	二三・〇〜一七・四	五・二〜一〇・一	｜	後漢晩期	墨痕、漆盒	54
94	甘粛省武威市雷台漢墓	無	一四・三	｜	｜	後漢晩期	墨痕	55
95	安徽省亳州市鳳凰台一号漢墓	有	一六・七	七・六	〇・七	後漢末期		56
96	山東省聊城市陽穀県八里廟一号漢墓	有	一六・三	七・七	〇・五	後漢晩期		57
97	甘粛省嘉峪関市三号画像磚墓	無	二一・五	一四・二	〇・五	後漢晩期	墨痕	58
98	江西省南昌市南郊一号墓	有	一四・〇	七・〇	〇・六	後漢晩期	朱・墨痕	59
99	河南省洛陽市焼溝一〇三五号墓	無	一〇・七	六・〇	〇・六	後漢晩期	朱痕	27
100	焼溝一〇三六号墓	有	一四・〇	六・六	〇・四	後漢晩期		27
101	焼溝一〇三六号墓	有	｜	七・八	〇・四	後漢晩期		27
102	焼溝一〇三六号墓	有	一三・八	六・一	〇・五	後漢晩期		27
103	焼溝一〇三七号墓	無	一四・〇	六・七	〇・四	後漢晩期		27
104	陝西省西安市長安区南李王村五号漢墓	有	一四・四	七・五	〇・五	後漢晩期		60
105	湖南省郴州市資興市一三四号墓	無	｜	｜	｜	後漢晩期		39
106	二一一号墓	無	｜	｜	｜	後漢晩期		39
107	五〇七号墓	無	｜	｜	｜	後漢晩期		39
108	浙江省紹興市柯橋区漓渚鎮二〇六号墓	有	一三・六	四・八	〇・三	後漢末期		61
109	湖南省益陽市郊〇〇三号墓	有	｜	｜	｜	後漢末期		62
110	江蘇省無錫市娘娘堂古墓	無	一二・四	四・七	〇・五	後漢〜六朝初期		63
111	広西壮族自治区梧州市鶴頭山後漢墓	有	一九・五	八・二	｜	後漢		64
112	鶴頭山後漢墓	有	一一・五	四・八	｜	後漢		64
113	安徽省淮南市劉家古灘漢墓	無	一二・〇	三・六	｜	後漢		65
114	遼寧省遼陽市遼東磚槨墓	無	一一・四	五・五	｜	後漢		66
115	雲南省昭通市大関県岔河一号崖墓	無	一八・〇	八・〇	〇・五	後漢		67
116	甘粛省古浪峡黒松駅董家台一号漢墓	有	一五・〇	五・八	〇・三	漢		68
117	江蘇省揚州市東風磚瓦廠八号墓	無	一四・五	｜	｜	漢		69
118	東風磚瓦廠九号墓	無	八・三	｜	｜	漢	木盒、墨痕	69
119	江西省南昌市南M二号墓	有	｜	｜	｜	漢		70
120	江蘇省無錫市孟家山四号竪穴双坑墓	有	｜	｜	｜	漢		71
121	甘粛省肩水金関遺址	有	｜	｜	｜	漢		129
122	遼寧省大連市南山裡司家屯五室墓	有	｜	四・二	〇・三	漢		130
123	遼寧省大連市牧城駅東古墳	有	七・五	五・七	〇・三	漢		130

表2－5　漢研石出土遺跡一覧表

番号	出土地	形式	伴出硯	年代	文献
1	広東省広州市淘金坑八号墓	円礫半截形	卵石硯	前漢	72
2	広東省広州市華僑新村三号墓	円礫半截形	卵石硯	前漢	73・74
3	湖南省長沙市沙湖橋ＥＭ三号墓	円礫半截形	卵石硯	前漢中期	75
4	湖北省荊州市張家山四二七号墓	円礫半截形	卵石硯	前漢景帝以前	76
5	湖北省荊州市鳳凰山八号墓	円礫半截形	卵石硯	前漢	77
6	鳳凰山一六八号墓	円礫半截形	円形板石硯	前漢（前一六七年）	78
7	陝西省宝鶏市扶風県石家一号漢墓	円礫半截形	円形板石硯	前漢武帝期	79
8	河南省洛陽市十二工区四六一三号墓	円礫半截形	円形板石硯	後漢	80
9	河北省	円礫半截形	円形板石硯		81
10	湖南省長沙市湯家嶺一号墓	円礫半截形	長方形板石硯	前漢晩期	11
11	四川省成都市洪家包二二四号墓	円礫半截形	ナシ	前漢	82
12	四川省成都市東北郊二号漢墓	円礫半截形	ナシ	前漢早期	83
13	三〇号漢墓	円礫半截形	ナシ	前漢晩期	83
14	広東省広州市亀崗山南越王墓	円柱形	卵石硯	前漢	84
15	河北省保定市満城区陵山二号墓	円柱形	原形不明	前漢中期	85
16	上海市福泉山二〇号前漢墓	円壔形	円形板石硯	前漢	86
17	陝西省安康市旬陽県前漢王君墓	円壔形	円形板石硯	前漢中晩期	87
18	陝西省西安市土門村漢墓	円壔形	円形板石硯	前漢晩期	88
19	河北省定州市北荘漢墓	円壔形	円形板石硯	後漢（九〇年）	89・90
20	江蘇省徐州市土山一号後漢墓	円壔形	鎏金盒硯	後漢（一一七年）	91〜93
21	湖南省長沙市四〇一号前漢墓	円壔形	長方形板石硯	前漢後期	7
22	湖南省長沙市沙湖橋ＦＭ五号墓	角壔形	円形板石硯	前漢中期	75
23	河北省石家荘市北郊後漢墓	方壔形	円形板石硯	後漢	94
24	陝西省西安市灞橋区洪慶村一二五号墓	方柱形	長方形板石硯	前漢中期〜後漢初期	5
25	河北省滄州市滄県四荘村後漢墓	円錐形	有蓋三足円形石硯	後漢	80
26	陝西省西安市長安区樊川農業機械学校校地	円錐形	有蓋三足円形石硯	後漢	88
27	陝西省飼料加工廠三八号墓	円板形	長方形板石硯	前漢中期	2

28	山西省大同市渾源県華村一号木槨墓	円板形	長方形板石硯	前漢中期	1
29	江西省南昌市東郊一四号前漢墓	円板形	長方形板石硯	前漢中期	22
30	山西省朔州市朔城区ZM一号漢墓	円板形	長方形板石硯	前漢末～後漢初	17
31	甘粛省武威市古浪県黒松駅董家台一号漢墓	円板形	長方形板石硯	漢	68
32	江西省南昌市青雲譜家施窯二号墓	円板形	長方形板石硯	漢	70
33	湖北省宜昌市前坪九号墓	円板形	長方形板石硯と円形板石硯が共存	前漢後期	9
34	四川省宜賓市翠屏村四号墓	円板形	長方形板石硯	後漢晩期	53
35	河北省張家口市陽原県北関二号墓	方板形	長方形板石硯	前漢昭宣期	4
36	山東省臨沂市金雀山一一号周氏墓	方板形	長方形板石硯	前漢後期	8
37	河南省洛陽市西郊七〇四四号漢墓	方板形	長方形板石硯	前漢晩期	3
38	遼寧省遼陽市唐戸屯漢墓	方板形	長方形板石硯	前漢末～後漢初	30
39	河南省洛陽市西郊三〇三一号漢墓	方板形	長方形板石硯	新	3
40	七〇三九号漢墓	方板形	長方形板石硯	新	3
41	七〇五八号漢墓	方板形	長方形板石硯	新	3
42	七〇五二号漢墓	方板形	長方形板石硯	後漢早期	3
43	七〇三二号漢墓	方板形	長方形板石硯	後漢中期	3
44	七〇五三号漢墓	方板形	長方形板石硯	後漢中期	3
45	湖南省長沙市金塘坡一三号墓	方板形	長方形板石硯	後漢中期	48
46	四川省宜賓市翠屏村一号墓	方板形	長方形板石硯	後漢後期	53
47	江西省南昌市糸網塘一号墓	方板形	長方形板石硯	後漢後期	59
	糸網塘一号墓	方板形	円形板石硯	後漢晩期	59
48	糸網塘二号墓	方板形	ナシ	後漢晩期	59
49	江西省南昌市青雲譜家施窯二号墓	方板形	長方形板石硯	漢	70
50	江蘇省無錫市孟家山四号竪穴双坑墓	方板形	長方形板石硯	漢	71
51	河南省洛陽市焼溝一〇三六号墓	方板形	ナシ	漢	27
52	浙江省杭州市五二号漢墓	上円下方形	長方形板石硯	前漢後期	20
53	遼寧省朝陽市袁台子西区七号前漢墓	上円下方形	長方形板石硯	前漢晩期	18
54	四川省西昌市礼州一号漢墓	上円下方形	長方形板石硯	前漢晩期	13
55	河南省鄭州市鞏義市石家荘一三号漢墓	上円下方形	長方形板石硯	前漢晩期	14
56	広西壮族自治区北海市合浦県堂排二号漢墓	上円下方形	長方形板石硯	前漢晩期	16

57	湖南省長沙市揚家山三〇四号墓	上円下方形	ナシ	前漢晩期	95
58	河南省洛陽市西郊七〇四四号漢墓	上円下方形	長方形板石硯	前漢晩期	3
59	遼寧省撫順市劉爾屯村一号漢墓	上円下方形	長方形板石硯	前漢晩期	128
60	遼寧省大連市営城子一〇号貝墓	上円下方形	長方形板石硯	前漢末期	21
61	河南省洛陽市老城西北郊八一号漢墓	上円下方形	長方形板石硯	前漢末～新	26
62	河南省洛陽市焼溝五九A号墓	上円下方形	長方形板石硯	前漢末～後漢初	27
63	陝西省旬陽県佑聖宮後坪漢墓	上円下方形	長方形板石硯	前漢末～後漢初	28
64	甘粛省敦煌市馬圏湾漢烽燧址	上円下方形	ナシ	前漢末～後漢	96
65	青海省西寧市大通県上孫家寨一一五号漢墓	上円下方形	長方形板石硯	前漢	24
66	河南省洛陽市焼溝六三二号墓	上円下方形	長方形板石硯	前漢末期～後漢初期	27
67	焼溝金一号墓	上円下方形	ナシ	前漢末期～新	27
68	湖南省懐化市漵浦県馬田坪五号墓	上円下方形	長方形板石硯	新	31
69	江蘇省揚州市平山養殖場四号墓	上円下方形	長方形板石硯	新	32
70	河南省鄭州市新鄭市東城路五号墓	上円下方形	長方形板石硯	新～後漢早期	34
71	広東省広州市東山羊山横路後漢墓	上円下方形	長方形板石硯	後漢初期	36
72	四川省西昌市礼州二号漢墓	上円下方形	長方形板石硯	後漢初期	13
73	湖北省宜昌市前坪包金頭一八号墓	上円下方形	ナシ	後漢早期	97
74	遼寧省大連市前牧城駅七四一号墓	上円下方形	長方形板石硯	後漢前期	43
75	前牧城駅八〇二号墓	上円下方形	長方形板石硯	後漢前期	43
76	浙江省杭州市淳安県新安江水庫漢墓	上円下方形	長方形板石硯	後漢中晩期	51
77	江蘇省泰州市新荘漢墓	上円下方形	長方形板石硯	後漢晩期	54
78	山東省聊城市陽穀県八里廟一号漢墓	上円下方形	長方形板石硯	後漢晩期	57
79	陝西省西安市長安区南李王村五号漢墓	上円下方形	長方形板石硯	後漢晩期	60
80	浙江省紹興市柯橋区漓渚鎮二〇六号墓	上円下方形	長方形板石硯	後漢末期	61
81	湖南省益陽市郊五七益陸〇〇三号墓	上円下方形	長方形板石硯	後漢末期	62
82	安徽省亳州市鳳凰台一号漢墓	上円下方形	長方形板石硯	後漢末期	56
83	山西省孝義市張家荘一四号墓	上円下方形	長方形板石硯	後漢末～三国初	40
84	張家荘一五号墓	上円下方形	長方形板石硯	後漢末～三国初	40
85	広西壮族自治区梧州市鶴頭山後漢墓	上円下方形	長方形板石硯	後漢	64
86	江西省南昌市青雲譜家施窯二号墓	上円下方形	長方形板石硯	漢	70

87	安徽省淮南市劉家古灘漢墓	上円下方形	長方形板石硯	後漢	65
88	河南省三門峡市陝州区劉家渠一〇二号漢墓	上円下方形	長方形板石硯	後漢後期	44
89	貴州省黔西南州興義市七号漢墓	上円下方形	長方形板石硯	後漢前期	41
90	甘粛省酒泉市肩水金関遺址	上円下方形	長方形板石硯	漢	129
91	遼寧省遼陽市遼東石槨墓	上円下方形	ナシ	後漢	66
92	安徽省阜陽市太和県漢墓	上円下方形	ナシ	漢	98
93	太和県漢墓	上円下方形	ナシ	漢	98

表2-6　漢以外の長方形板石硯出土遺跡一覧表

番号	出土地	法量（cm）			年代	備考	文献
		長さ	幅	厚さ			
1	河南省洛陽市一六工区魏墓				魏・正始八年以後	墨痕	99・100
2	湖北省鄂州市水泥廠一号呉墓				呉・初期	木盒	101
3	江蘇省南京市江寧区幕府山一号墓	一〇・七	七・三	〇・四	呉・五鳳元年		114
4	江西省南昌市四号東呉墓				東呉・初期		103
5	江西省南昌市東呉高栄墓	一四・五	九・五	〇・四	東呉	木盒、墨	104
6	江蘇省常州市金壇市方麓東呉墓	一七・三	一三・七	〇・四	東呉・永安三年		105
7	江蘇省南京市江寧区上坊一号墓	一七・六	一四・〇	〇・四	東呉・天冊元年	漆盒	102
8	河北省北京市順義県大営村二号西晋墓	一五・〇	七・五		西晋・泰始七年前後	朱痕	106
9	四号西晋墓	一八・三	一一・五		西晋・泰始七年前後	朱痕	106
10	五号西晋墓	一八・〇	一二・七		西晋・泰始七年前後	朱痕	106
11	江西省吉安市新幹県西晋墓	一八・〇	一二・三	〇・五	西晋		107
		一四・〇	一一・五	〇・五	西晋		107
12	江蘇省揚州市儀徴市三茅晋墓				西晋		108
13	江蘇省南京市南郊元康三年墓				西晋・元康三年	黛痕	109
14	江蘇省無錫市宜興市一号晋墓				西晋・元康七年	銅緑	110
15	河北省北京市西郊西晋華芳墓				西晋・永嘉元年		111

16	江西省瑞昌市馬頭西晋墓				西晋		112
17	江蘇省南京市北郊東晋墓	二一・二	一四・一	〇・九	東晋・中晩期		113
		三二・一	二六・六	〇・九			
18	江蘇省南京市江寧区幕府山四号墓	二〇・五	一六・二	〇・五	東晋		114
19	甘粛省嘉峪関市三号壁画墓				三世紀後半		115
20	七号壁画墓	九・九	七・六	〇・四	四世紀初頭		115
21	江蘇省南京市象山三号王丹虎墓				東晋・升平三年	銅緑	116
22	広東省広州市東郊等工地四号墓	二七・〇	二〇・〇		晋	墨、水注	117
23	江蘇省無錫市宜興市五号晋墓	一七・九	一二・六	〇・四	西晋・永安元年以後		118
24	六号晋墓		一四・六		晋		118
25	江西省南昌市東湖区永外正街一号晋墓		一二・二	〇・八	晋		119
26	江西省南昌市西湖区老福山二号晋墓	一六・三	一二・九	〇・六	晋	墨	119
		一五・三	一二・四	〇・八			119
27	江蘇省南京市老虎山三号墓	一五・五	一二・五	一・〇	晋	墨	120
28	湖北省荊州市公安県晋墓				晋	墨痕	121
29	遼寧省瀋陽市伯官屯一号墓		一二・五	〇・五	魏晋		122
30	伯官屯六号墓	二二・二	一四・〇	〇・五	魏晋		122
31	遼寧省朝陽市後燕崔遹墓		八・六	〇・七	後燕・建興一〇年	墨痕	123
32	甘粛省敦煌市仏爺廟湾一号涼墓	九・〇	六・〇	〇・七	西涼・建初元年以後	墨痕	124
33	山東省臨沂市蘭陵県元嘉元年画像石墓	一六・九	一〇・九	〇・四	宋・元嘉元年	朱・墨痕	125
34	湖北省孝感市応城市獅子山三号墓	一五・〇	一三・〇	〇・七	梁・普通元年前後		126
35	河北省衡水市景県北魏高雅墓	一六・五	六・〇		北魏・天平四年		127

註

（1）天津芸術博物館・葵鴻茹「古硯浅談」『文物』一九七九年第九期。

（2）吉田惠二「日本古代陶硯の特質と系譜」『國學院大學考古学資料館紀要』第一輯、一九八五年三月（本書第I部第2章）。
吉田惠二「陶製熊脚三足円面硯の発生とその意義」『國學院大學考古学資料館紀要』第三輯、一九八七年三月（本書第II部

第2章)。
(3) 吉田惠二「中国古代に於ける円形硯の成立と展開」『國學院大學紀要』第三〇巻、一九九二年三月(本書第Ⅱ部第3章)。
(4) 朝鮮古蹟研究会『楽浪彩篋塚』古蹟調査報告第一、一九三四年一二月。
(5) 梅原末治・藤田亮策編『朝鮮古文化綜鑑』第二巻、養徳社、一九四八年一二月、三八頁。
(6) 安徽省文化局文物工作隊・寿県博物館「安徽寿県茶庵馬家古堆東漢墓」『考古』一九六六年第三期。
(7) 註4に同じ。
(8) 関野貞他『楽浪時代ノ遺蹟』図版上冊『古墳調査特別報告』第四冊、朝鮮総督府、一九二五年三月。
また、広州市象崗山南越王墓では直径〇・八一〜一・二四糎の円形扁平な墨錠が卵石硯に伴って出土している[文献84]。しかし、山西省渾源県華村一号木槨墓では長さ二・五糎、半円錐形の墨丸[文献1]、河南省陝州市劉家渠三七号後漢前期墓では直径一・五、残長三・二糎の墨丸[文献44]が出土しており、漢代に墨丸の存在したことは事実である。
(9) 『文物』一九六四年第一期に漢の陶硯として二点の亀形硯が掲げられているが、二点とも硯面が平坦でなく、うち一点に内堤があるため、唐代のものと考えている。
(10) 雲夢睡虎地秦墓編写組『雲夢睡虎地秦基』文物出版社、一九八一年九月。
(11) 湖北省博物館江陵工作站・麻城県革命博物館「麻城楚墓」『江漢考古』一九八六年第二期。
(12) 湖南省博物館「長沙両晋南朝隋墓発掘報告」『考古学報』一九五九年第三期。
(13) 宜昌地区博物館「湖北枝江巫回台東晋墓的発掘」『江漢考古』一九八三年第一期。
(14) 鎮江博物館「鎮江市東晋晋陵羅城的調査和試掘」『考古』一九八六年第五期。
(15) 南京大学歴史系考古組「南京大学北園東晋基」『文物』一九七三年第四期。
(16) 広州市文物管理委員会「広州市西北郊晋墓清理簡報」『考古通訊』一九五五年第五期。
(17) 黎瑶渤「遼寧北票県西官営子北燕馮素弗墓」『文物』一九七三年第三期。
(18) 夏鼐「無産階級文化大革命中的考古新発現」『考古』一九七二年第一期。
大同市博物館・解廷琦「大同市郊出土北魏石離方硯」『文物』一九七九年第七期。
(19) 河南省文化局文物工作隊第二隊「洛陽晋墓的発掘」『考古学報』一九五七年第一期。
朝鮮旧大同郡龍淵面道済里第五〇号墳、遼寧省遼陽市石槨墓から金銅象嵌製筆架が出土している。

東京大学『文学部考古学研究室蒐集品考古図編』第一九輯、一九六一年三月。
朝鮮古蹟研究会『昭和十年度古蹟調査概報―楽浪遺蹟』、一九三六年一月。
関野雄編『世界考古学大系』第七巻、平凡社、一九五九年八月。

(20) 河北省博物館・文物管理処編『河北省出土文物選集』文物出版社、一九八〇年五月。

(21) 湖北孝感地区第二期亦工亦農文物考古訓練班「湖北雲夢睡虎地十一座秦墓発掘簡報」『文物』一九七六年第九期。
雲夢睡虎地秦墓編写組『雲夢睡虎地秦墓』文物出版社、一九八一年九月。

文献

1 山西省文物工作委員会・雁北行政公署文化局・大同市博物館「山西渾源華村西漢木槨墓」『文物』一九八〇年第六期。
2 陳国英・孫鉄山「陝西省飼料加工廠周、漢墓葬発掘簡報」『考古与文物』一九八九年第五期。
3 中国科学院考古研究所洛陽発掘隊「洛陽西郊漢墓発掘報告」『考古学報』一九六三年第二期。
4 河北省文物研究所「河北陽原県北関漢墓発掘簡報」『考古』一九九〇年第四期。
5 陝西省文物管理委員会「陝西長安洪慶村秦漢墓第二次発掘簡記」『考古』一九五九年第一二期。
6 広西壮族自治区文物工作隊「平楽銀山嶺漢墓」『考古学報』一九七八年第四期。
7 中国科学院考古研究所『長沙発掘報告』中国田野考古報告集考古学専刊丁種第二号、科学出版社、一九五七年八月。
8 臨沂市博物館「山東臨沂金雀山周氏墓群発掘簡報」『文物』一九八四年第一一期。
9 湖北省博物館「宜昌前坪戦国両漢墓」『考古学報』一九七六年第二期。
10 南京博物院・連雲港市博物館「海州西漢霍賀墓清理簡報」『考古』一九七四年第三期。
11 湖南省博物館「長沙湯家嶺西漢墓清理報告」『考古』一九六六年第四期。
12 山東省博物館・臨沂文物組「臨沂銀雀山四座西漢墓葬」『考古』一九七五年第六期。
13 礼州遺址連合考古発掘隊「四川西昌礼州発現的漢墓」『考古』一九八〇年第五期。
14 河南省文化局文物工作隊「河南鞏県石家荘古墓葬発掘簡報」『考古』一九六三年第二期。
15 湖南省博物館「長沙市東北郊古墓葬発掘簡報」『考古』一九五九年第一二期。
16 広西壮族自治区文物工作隊「広西合浦県堂排漢墓発掘簡報」『文物資料叢刊』四、一九八一年三月。

17　平朔考古隊「山西朔県秦漢墓発掘簡報」『文物』一九七八年第六期。
18　遼寧省博物館文物隊「遼寧朝陽袁台子西漢墓一九七九年発掘簡報」『文物』一九九〇年第二期。
19　河南省博物館「済源泗澗溝三座漢墓的発掘」『文物』一九七三年第二期。
20　浙江省文物考古研究所「杭州地区漢六朝墓発掘簡報」『東南文化』一九八九年第二期。
21　于臨祥「営城子貝墓」『考古学報』一九五八年第四期。
22　江西省博物館「南昌東郊西漢墓」『考古学報』一九七六年第二期。
23　貴州省博物館「貴州安順寧谷漢墓」『文物資料叢刊』四、一九八一年三月。
24　青海省文物考古工作隊「青海大通県上孫家寨一一五号漢墓」『文物』一九八一年第二期。
25　原韶山灌区文物工作隊「湖南湘郷漢墓」『文物資料叢刊』二、一九七八年一二月。
26　賀官保「洛陽老城西北郊八一号漢墓」『考古』一九六四年第八期。
27　中国科学院考古研究所編『洛陽焼溝漢墓』中国田野考古報告集考古学専刊丁種第六号、科学出版社、一九五九年一二月。
28　旬陽県博物館「陝西旬陽漢墓出土的石硯」『文博』一九八五年第五期。
29　江蘇省文物管理委員会・南京博物院「江蘇塩城三羊墩漢墓清理報告」『考古』一九六四年第八期。
30　沈欣「遼陽唐戸屯一帯的漢墓」『考古通訊』一九五五年第四期。
31　湖南省博物館・懐化地区文物工作隊「湖南漵浦馬田坪戦国西漢墓発掘報告」『湖南考古輯刊』第二集、一九八四年九月。
32　揚州博物館「揚州平山養殖場漢墓清理簡報」『文物』一九八七年第一期。
33　湖南省博物館「長沙五里牌古墓葬清理簡報」『文物』一九六〇年第三期。
34　河南省文物研究所新鄭工作站「新鄭県東城路古墓群発掘報告」『中原文物』一九八八年第八期。
35　劉玲「江西南昌市清理一座漢墓」『考古』一九六四年第二期。
36　広州市文物管理委員会「広州東山東漢墓清理簡報」『考古通訊』一九五六年第四期。
37　内蒙古文物工作隊「内蒙古磴口県陶生井附近的古城古墓調査清理簡報」『考古』一九六五年第七期。
38　広州市文物管理委員会「広州動物園東漢建初元年墓清理簡報」『文物』一九五九年第一一期。
39　湖南省博物館「湖南資興東漢墓」『考古学報』一九八四年第一期。
40　山西省文物管理委員会・山西省考古研究所「山西孝義張家荘漢墓発掘記」『考古』一九六〇年第七期。

41　貴州省博物館考古組「貴州興義、興仁漢墓」『文物』一九七九年第五期。
42　江西省文物管理委員会「南昌市郊東漢墓清理」『考古』一九六五年第一一期。
43　旅順博物館「遼寧大連前牧城駅東漢墓」『考古』一九八六年第五期。
44　黄河水庫考古工作隊「河南陝県劉家渠漢墓」『考古学報』一九六五年第一期。
45　南京博物院「江蘇儀徴石碑村漢代木槨墓」『考古』一九六六年第一期。
46　河南省文化局文物工作隊「河南新安古路溝漢墓」『考古』一九六六年第三期。
47　甘粛省博物館「武威磨嘴子三座漢墓発掘簡報」『文物』一九七二年第一二期。
48　湖南省博物館「長沙金塘坡東漢墓発掘簡報」『考古』一九七九年第五期。
49　雲南省文物工作隊「雲南呈貢帰化東漢墓清理」『考古』一九六六年第三期。
50　衡陽市博物館「湖南衡陽茶山坳東漢至南朝墓的発掘」『考古』一九八六年第一二期。
51　新安江水庫考古工作隊「浙江淳安古墓発掘」『考古』一九五九年第九期。
52　広東省文物管理委員会「広東仏山市郊瀾石東漢墓発掘報告」『考古』一九六四年第九期。
53　匡遠瀅「四川宜賓市翠屏村漢墓清理簡報」『考古通訊』一九五七年第二期。
54　江蘇省博物館・泰州市博物館「江蘇泰州新荘漢墓」『考古』一九六二年第一〇期。
55　甘粛省博物館「武威雷台漢墓」『考古学報』一九七四年第二期。
56　亳県博物館「亳県鳳凰台一号漢墓清理簡報」『考古』一九七四年第三期。
57　連城地区博物館「山東陽穀県八里廟漢画像石墓」『文物』一九八九年第八期。
58　嘉峪関市文物清理小組「嘉峪関漢画像磚墓」『文物』一九七二年第一二期。
59　江西省博物館「江西南昌市南郊漢六朝墓清理簡報」『考古』一九六六年第三期。
60　員安志・馬志軍「長安県南李王村漢墓発掘簡報」『考古与文物』一九九〇年第四期。
61　浙江省文物管理委員会「浙江紹興漓渚東漢墓発掘簡報」『考古通訊』一九五七年第二期。
62　周世栄「湖南益陽市郊発現漢墓」『考古』一九五九年第二期。
63　江蘇省文物管理委員会「無錫恵山娘娘堂古墓清理簡報」『考古通訊』一九五七年第二期。
64　李乃賢「広西梧州市鶴頭山東漢墓」『文物資料叢刊』四、一九八一年三月。

65　淮南市文化局「安徽省淮南市劉家古灘漢墓発掘簡報」『文物資料叢刊』四、一九八一年三月。
66　東京大学『文学部考古学研究室蒐集品考古図編』第一九輯、一九六一年三月。
67　雲南省文物工作隊「雲両大関、昭通東漢崖墓清理報告」『考古』一九六五年第三期。
68　甘粛省文物管理委員会「甘粛古浪峡黒松駅董家台漢代木槨墓清理概況」『文物参攷資料』一九五五年第七期。
69　揚州博物館「揚州東風磚瓦廠八、九号漢墓清理簡報」『考古』一九八二年第三期。
70　程応林「江西南昌市区漢墓発掘簡報」『文物資料叢刊』一、一九七七年一二月。
71　王徳慶「江蘇無錫漢墓清理記」『考古通訊』一九五七年第三期。
72　広州市文物管理処「広州淘金坑的西漢墓」『考古学報』一九七四年第一期。
73　広州市文物管理委員会「広州市文管会一九五五年清理古墓葬工作簡報」『文物参攷資料』一九五七年第一期。
74　麦英豪「広州華僑新村西漢墓」『考古学報』一九五八年第二期。
75　李正光・彭青野「長沙沙湖橋一帯古墓発掘報告」『考古学報』一九五七年第四期。
76　荊州地区博物館「江陵張家山三座漢墓出土大批竹簡」『文物』一九八五年第一期。
77　長江流域第二期文物考古工作人員訓練班「湖北江陵鳳凰山西漢墓発掘簡報」『文物』一九七四年第六期。
78　華中師範学院鐘志成「江陵鳳凰山一六八号漢墓出土套文書工具」『文物』一九七五年第九期。
79　羅西章「陝西扶風石家一号漢墓発掘簡報」『中原文物』一九八五年第一期。
80　「硯史資料」『文物』一九六五年第一二期。
81　鄭紹宗「漢硯資料四則」『文物』一九六四年第一〇期。
82　四川省文物管理委員会「成都北郊洪家包西漢墓清理簡報」『考古通訊』一九五七年第二期。
83　四川省文物管理委員会「成都東北郊西漢墓葬発掘簡報」『考古通訊』一九五八年第二期。
84　文化部文物局・故宮博物院編『全国出土文物珍品選一九七六―一九八四』文物出版社、一九八七年三月。
85　中国社会科学院考古研究所・河北省文物管理処編『満城漢墓発掘報告』中国田野考古報告集考古学専刊丁種第二〇号、文物出版社、一九八〇年一〇月。
86　王正書「上海福泉山漢墓群発掘」『考古』一九八八年第八期。
87　張沛「旬陽西漢〝王君〟墓出土的器物」『考古与文物』一九八九年第六期。

88　朱捷元・黒光「陝西省博物館収蔵的几件硯台」『文物』一九六五年第七期。
89　河北省文化局文物工作隊「定県北荘漢墓出土文物簡報」『考古』一九六四年第一二期。
90　河北省文化局文物工作隊「河北定県北荘漢墓発掘報告」『考古学報』一九六四年第二期。
91　夏鼐「無産階級文化大革命中的考古新発現」『考古』一九七二年第一期。
92　外文出版社『新中国の出土文物』中国国際書店、一九七二年一月。
93　日本経済新聞社『中華人民共和国古代青銅器展』、一九七六年三月。
94　石家荘市文物保管所「石家荘北郊東漢墓」『考古』一九八四年第九期。
95　湖南省博物館「長沙揚家山三〇四号漢墓清理簡報」『考古学集刊』一、一九八一年一一月。
96　甘粛省博物館・敦煌県文化館「敦煌馬圏湾漢代烽燧址発掘簡報」『文物』一九八一年第一〇期。
97　長弁庫区処紅花套考古工作站「湖北宜昌前坪包金頭東漢三国墓」『考古』一九九〇年第九期。
98　王歩芸「安徽太和県漢墓出土的石硯等文物」『文物参攷資料』一九五八年第一二期。
99　李宗道・趙国壁「洛陽十六工区曹魏墓清理」『考古通訊』一九五八年第七期。
100　洛陽市文物工作隊「洛陽曹魏正始八年墓発掘報告」『考古』一九八九年第四期。
101　鄂城県博物館「湖北鄂城四座呉墓発掘報告」『考古』一九八二年第三期。
102　南京市博物館「南京郊区四座呉墓発掘簡報」『文物資料叢刊』八、一九八三年一二月。
103　唐昌朴「江西南昌東呉墓清理簡報」『考古』一九八三年第一〇期。
104　江西省歴史博物館「江西南昌市東呉高栄墓的発掘」『考古』一九八〇年第三期。
105　常州市博物館・金壇県文管会「江蘇金壇県方麓東呉墓」『文物』一九八九年第八期。
106　北京市文物工作隊「北京順義県大営村西晋墓葬発掘簡報」『文物』一九八三年第一〇期。
107　江西省文物工作隊・新幹県文物陳列室「江西新幹県西晋墓」『考古』一九八三年第一二期。
108　昝振堯「江蘇儀徴三茅晋墓」『考古』一九六五年第四期。
109　李鑑昭「南京市南郊清理了一座西晋墓葬」『文物参攷資料』一九五五年第七期。
110　羅宗真「江蘇宜興晋墓発掘報告」『考古学報』一九五七年第四期。
111　北京市文物工作隊「北京西郊西晋王浚妻華芳墓清理簡報」『文物』一九六五年第一二期。

112　江西省博物館「江西瑞昌馬頭西晋墓」『考古』一九七四年第一期。
113　南京市博物館「南京北郊東晋墓発掘簡報」『考古』一九八三年第四期。
114　南京市博物館「南京幕府山東晋墓」『文物』一九九〇年第八期。
115　甘粛省文物隊・甘粛省博物館・嘉峪関市文物管理所『嘉峪関壁画墓発掘報告』文物出版社、一九八五年一〇月。
116　南京市文物保管委員会「南京象山東晋王丹虎墓和二、四号墓発掘簡報」『文物』一九六五年第一〇期。
117　麦英豪・黎金「広州市東郊等工地発現古墓十四座」『文物参攷資料』一九五五年第七期。
118　南京博物院「江蘇宜興晋墓的第二次発掘」『考古』一九七七年第二期。
119　江西省博物館「江西南昌晋墓」『考古』一九七四年第六期。
120　南京市文物保管委員会「南京老虎山晋墓」『考古』一九五九年第六期。
121　荊州専区博物館「公安県発現一座晋墓」『文物』一九六六年第三期。
122　瀋陽市文物工作組「瀋陽伯官屯漢魏墓葬」『考古』一九六四年第一一期。
123　陳大為・李宇峰「遼寧朝陽後燕崔遹墓的発現」『考古』一九八二年第三期。
124　甘粛省敦煌県博物館「敦煌仏爺廟湾五涼時期墓葬発掘簡報」『文物』一九八三年第一〇期。
125　山東省博物館・蒼山県文化館「山東蒼山元嘉元年画像石墓」『考古』一九七五年第二期。
126　孝感地区博物館・応城県博物館「応城獅子山遺址試掘簡報」『江漢考古』一九八九年第四期。
127　河北省文管処「河北景県北魏高氏墓発掘簡報」『文物』一九七九年第三期。
128　肖景全・郭振安「遼寧撫順市劉爾屯村発現両座漢墓」『考古』一九九一年第二期。
129　甘粛居延考古隊「居延漢代遺址的発掘和新出土的簡冊文物」『文物』一九七八年第一期。
130　浜田耕作・島田貞彦『南山裡—南満州老鉄山麓の漢代甎墓』『東方考古学叢刊』甲種第三冊、東亜考古学会、一九三三年七月。

第2章　陶製熊脚三足円面硯の発生とその意義

魏晋南北朝時代の古代中国において盛んに作られた硯の制の一つに陶製の三足円面硯がある。円形の硯部の下に「獣足」・「蹄足」あるいは「獣蹄足」と呼ばれる三本の脚を持つものであるが、これらの中にはきわめて数は少ないものの、脚の外面に熊の顔や手足を表現したものがある。本稿では、これら熊の表現を有する熊脚三足円面硯発生の背景及びそれが南北朝期陶製三足円面硯にもたらした意義について触れてみたい。

一、熊脚三足円面硯

熊脚円面硯はきわめて少なく、現在までの所、南京市石門坎魏墓、南京市栖霞山甘家巷M5六朝墓、江蘇省句容市西晋元康四年墓、南京市邁皐橋西晋墓、鎮江市東呉高金M1西晋墓から出土した五例が知られている（図2－4）。いずれも陶製である。

A　南京市石門坎魏墓出土硯は一九五九年の工事中発見にかかるもので、写真のみが公表され、文章による説明がないため詳細はわからないが瓷硯で、脚外面上部に熊の顔、脚外面下部に両手あるいは両足が立体的に表わされ

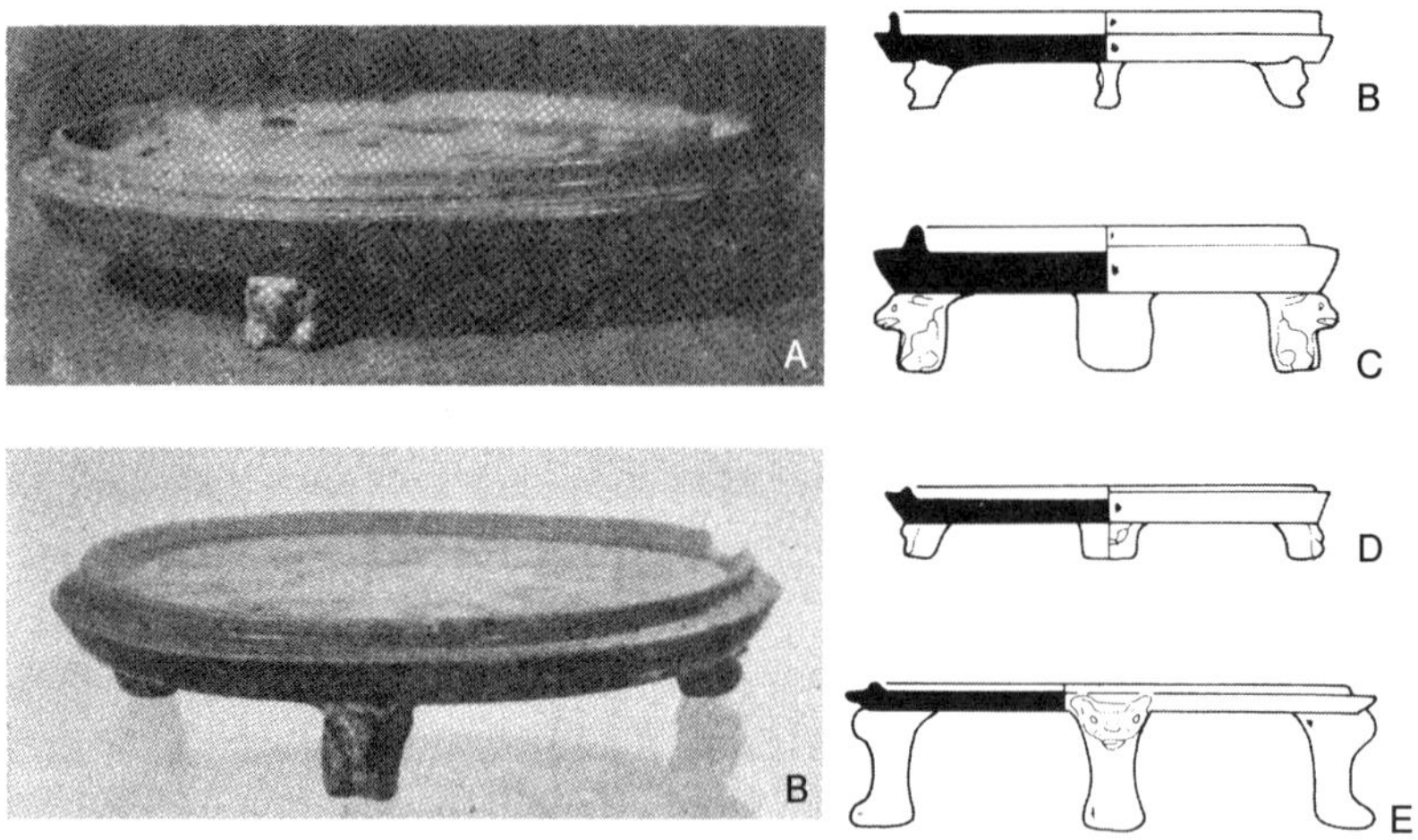

図2－4　陶製熊脚三足円面硯

ている。[1] 銅製弩機が伴出し、これには魏の年号である「正始二年五月十日左尚方造」以下三行の銘文が刻まれている。左尚方は魏の官営工房であり、正始二年は西暦二四一年に当る。

B　南京市栖霞山甘家巷M5六朝墓出土硯は瓷硯で、脚の外面に両手あるいは両足を広げて蹲踞する熊が立体的に表現されている。[2]

C　江蘇省句容市西晋元康四年墓出土硯は青瓷硯で、脚外面に両手あるいは両足を広げて蹲踞する熊の姿態が写実的に表わされている。[3] 西晋元康四年は西暦二九四年に当る。

D　南京市邁皐橋西晋墓出硯は瓷硯で、幅広く低い三本の脚の外面に熊の顔と両手あるいは両足が立体的に表現されている。[4] 墓に用いられた磚に西晋永嘉二年の紀年銘があり、これは西暦三〇八年にあたる。

E　鎮江市東呉高金M1西晋墓出土硯は灰陶硯で、A～Dの三者に比してやや高く細い獣脚状の脚上端部に熊の顔のみが立体的に表現されている。[5]

以上にあげた五例の熊脚三足円面硯は、顔のみでなく両手あるいは両足を広げて蹲踞した熊の全身を表現したA～Dの一群と、顔のみを表わしたＥの一群とに分けることができる。脚の全形も二群間で異なり、Ａ～Ｄの脚が幅広く低い長方形状を呈するのに対し、Ｅの脚は中央部が細く高い蹄脚状を呈している。

熊脚三足円面硯に限らず、南北朝期の三足円面硯や多足円面硯の脚の殆どが蹄脚状の脚をもつことからも、Ｅの脚の方がＡ～Ｄの脚よりも後出的であるといえる。逆に、熊脚円面硯以外の南北朝期陶製三足円面硯にはＡ～Ｄのような長方形状の脚を見ない。長方形状の脚は硯そのものに脚が付き出した後漢代の、それも河北省滄県四塚村漢墓や安徽省太和県漢墓出土の石製動物文蓋付三足円面硯などの石硯にのみ見られ、Ａ～Ｄは南北朝以前の古い硯制を踏襲するものと見てよい。このことは硯面の形態からも窺うことができる。

南北朝時代は陶製円面硯にとって変革の時代であり、硯面は海陸の区別のない平坦なものから硯面中央部が隆起して高くなり、周囲を海部としたものへと発達していく(6)。Ａ～Ｄの硯面はすべて平坦な型式となり、南北朝時代でも初期の様相を示している。正始二年、元康四年、永嘉二年という遺跡の年代とも矛盾しない。

南京市象山五号墓からは「升平二年（三五八）三月九日卒」銘墓誌と共に硯面中央部がやや高くなった獣蹄脚三足円面硯が出土しており(7)、海陸の区別が四世紀中頃には始まっていたようである。熊脚三足円面硯四例のうち最も後出的様相を呈するＤもこの時期以前に位置付けられる。

二、漢の熊脚三足円面硯

南北朝初期の陶製熊脚三足円面硯の源流を考える上で重要な鍵を握るのは漢代の三足円面硯である。

漢の三足円面硯には蓋のないものもあるが、殆どのものに蓋がつく。蓋の上面には竜、虎、獅子、辟邪、鳥、蛙などの文様が必ず付けられているため、これを動物文蓋付三足円面硯と呼び、無蓋三足円面硯と区別したい。

図２－５　動物文蓋付三足円面硯

無蓋三足円面硯には洛陽一二工区六、一二、三号墓出土硯、獣足硯があり、動物文蓋付三足円面硯には安徽省太和県漢墓出土硯、河北省滄県四塚村漢墓出土硯、大倉集古館蔵硯、湖北省当陽市劉家塚子後漢画像石墓出土硯、河南省偃師市杏園村六号墓出土硯、三熊足帯蓋石硯、双鳩蓋三足石硯、陝西省長安区樊川出土硯などがある（図2－5・6）。

F　洛陽一二工区六、一二、三号墓出土硯(8)は石製で、硯面中央に小円孔があり、「大泉五十」の四字が陰刻されている。硯面下部に三脚がつき、外面に熊の顔が浮き彫りされている。熊の顔は脚部のみに限らず、顔の上半部は硯側部に及んでいる。

G　獣足硯(9)は石製で、硯面下部に三脚がつく。三脚外面と硯側部には線刻によって文様が刻まれているが、文様は判然としない。

H　安徽省太和県漢墓出土硯(10)は石製で、蓋がつく。蓋の上面には背中を鱗でおおった竜二頭が咬み合うように屹立し、口と口との間には玉を模したものか、小円孔四個が開く。両顔の下には隅丸方形状の大孔二個があり、蓋を持ち上げる時の把手孔となっている。蓋の下面中央には研石を納めるための穹窿形をした研石孔があり、この周囲に雲文、犬、鹿、鳥、魚が躍動的に線刻されている。側面下端部にも線刻斜格子文帯がめぐる。

硯面下部に逆台形状の低い脚三本がつき、脚外面に熊の顔が線刻されている。刻線が顔の輪郭だけに留まらず、両耳の先端から脚下端部にまで直線が引かれているのは、両手あるいは両足の表現を簡略化したものとも考えられる。

I　河北省滄県四塚村漢墓出土硯(11)は石製で、蓋上面に二頭の竜が絡み合いながら蹲った姿が彫られている。蓋の下面中央に研石孔があり、周囲に宝相華文と連弧文が線刻されている。漢代石硯中でも稀に見る優品であり、鶏卵を横に半截した形に似た研石も残っている。

硯面は水平で、周縁部内寄りに断面半円形の低い外堤がめぐる。脚は逆台形を呈し、外面には蓮子様の円文五

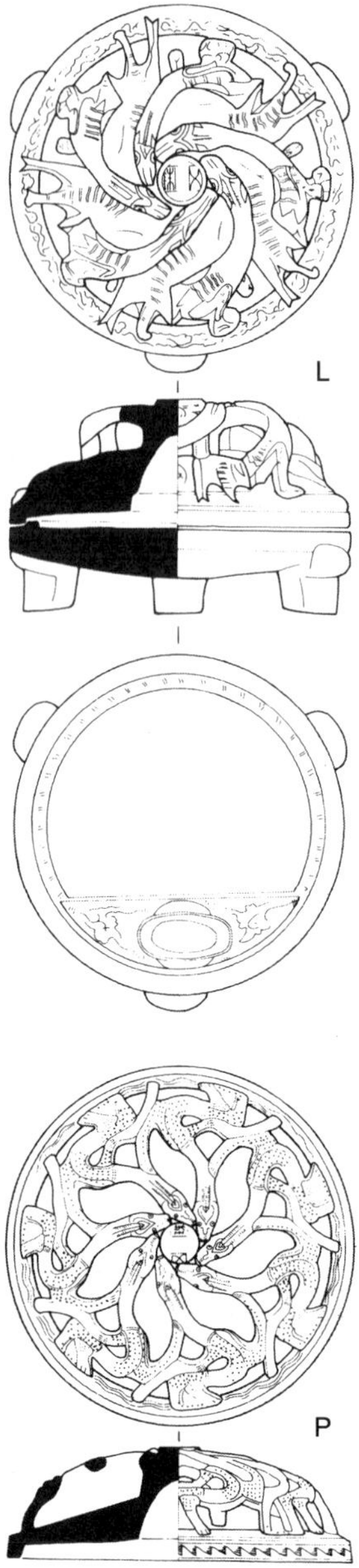

図2－6　硯L・P実測図

個が刻まれている。

J　大倉集古館蔵硯(12)も石製で、一九一八年に関野貞博士が北京で入手したものである。蓋の上面には蟠結した二頭の竜が踞っている。下面中央に研石孔があり、鶏卵半截形の研石が残る。

硯面は平坦で、周縁部内寄りに低い外堤がめぐる。硯面下部に三脚がつき、外面に熊が表現されている。

K　湖北省当陽市劉家塚子後漢画像石墓出土硯(13)は陶製で、蓋の上面には頭を中心に置いた五頭の竜が巴形に配されている。

硯面は平坦で、周縁部が一段低くなって蓋受けの用をなしている。硯面下部に蹄形の脚三本がつく。

L　河南省偃師市杏園村六号墓出土硯(14)は石製で、蓋の上面には中央に直立する円柱に頭をつけた竜五頭が巴形に高浮彫されている。円柱上面には五銖銭が刻まれており、下面には研石孔が開く。

硯面は中央部がわずかに高まり、海陸の区別の初源的様相を呈しており、硯面の一方には耳杯を模した墨池も彫られている。しかし、この墨池は硯面の周囲をめぐる断面方形の低い外堤によって陸部とも、海部とも隔絶されており、墨丸の貯蔵施設の可能性も残されている。脚は上端部が半球状に突出し、蹄脚状を呈する。

M　三熊足帯蓋石硯[15]は蓋の上面中央に四足をふんばり咆哮する虎を立体的に彫刻したもので、硯面下部に熊の頭形の三脚がつく。

N　双鳩蓋三足石硯[16]は蓋の上面に嘴を合わせた二羽の鳥の姿を刻み出したもので、硯面下部に上端が半球状に突出した蹄脚三本がつく。

O　陝西省長安区樊川出土硯[17]は石製で、蓋の上面に踞った青蛙が高浮彫されている。下面中央に研石孔があり、円錐形の研石にも蛙が彫刻されている。硯面の三方には、両手を膝にあてて踞る熊の全身像を立体的に表現した脚がつく。

以上に掲げた一〇例の三足硯の年代については、Fが前漢、H・I・K・Oが後漢、G・M・Nが漢、Lが南北朝とされている。Jについては I との近似性から後漢に比定できよう。南北朝とされるLは、他の動物文蓋付三足円面硯に比して動物文も精緻であり、硯面構造も複雑であり、動物文蓋付三足円面硯の中では最も新しいものであろう。ただ、竜の数が七頭とLに比べて二頭多いものの、中心の円柱上面にLと同じく五銖銭の文様を刻んだ石製硯蓋[18]（P）が漢代にあり、南北朝期としても時代の下るものではなく、限りなく漢代に近いものと考えている。

漢代の三足円面硯一〇例中にF・H・J・M・Oなど五例の脚に熊の表現があることは、南北朝期の陶製熊脚三足円面硯の源流を知る上できわめて示唆的であるが、これらの三足円面硯よりも型式的に古く、かつ熊の装飾をもつ硯が朝鮮半島平壌郊外の楽浪漢墓にある。石巌里第九号墳出土金銅熊脚付円硯である（図2－7）。

Q　平壌石巌里第九号墳出土金銅熊脚付円硯は、一九二四年に発見されたもので、最初「熊脚石板[19]」と報告されたが、一九四八年に「金銅熊脚付円硯[20]」と命名されるに至っている。直径一三・二糎、厚さ〇・五三糎の扁平な円形の粘板岩製の硯と三個の金銅製熊脚からなり、上径のすぼまった円柱形の研石を伴う。

これを発掘した関野貞氏は「円形の石板の下に稍薄くして周囲稍大なる木板を置き、比木板の縁に三個の金銅の熊

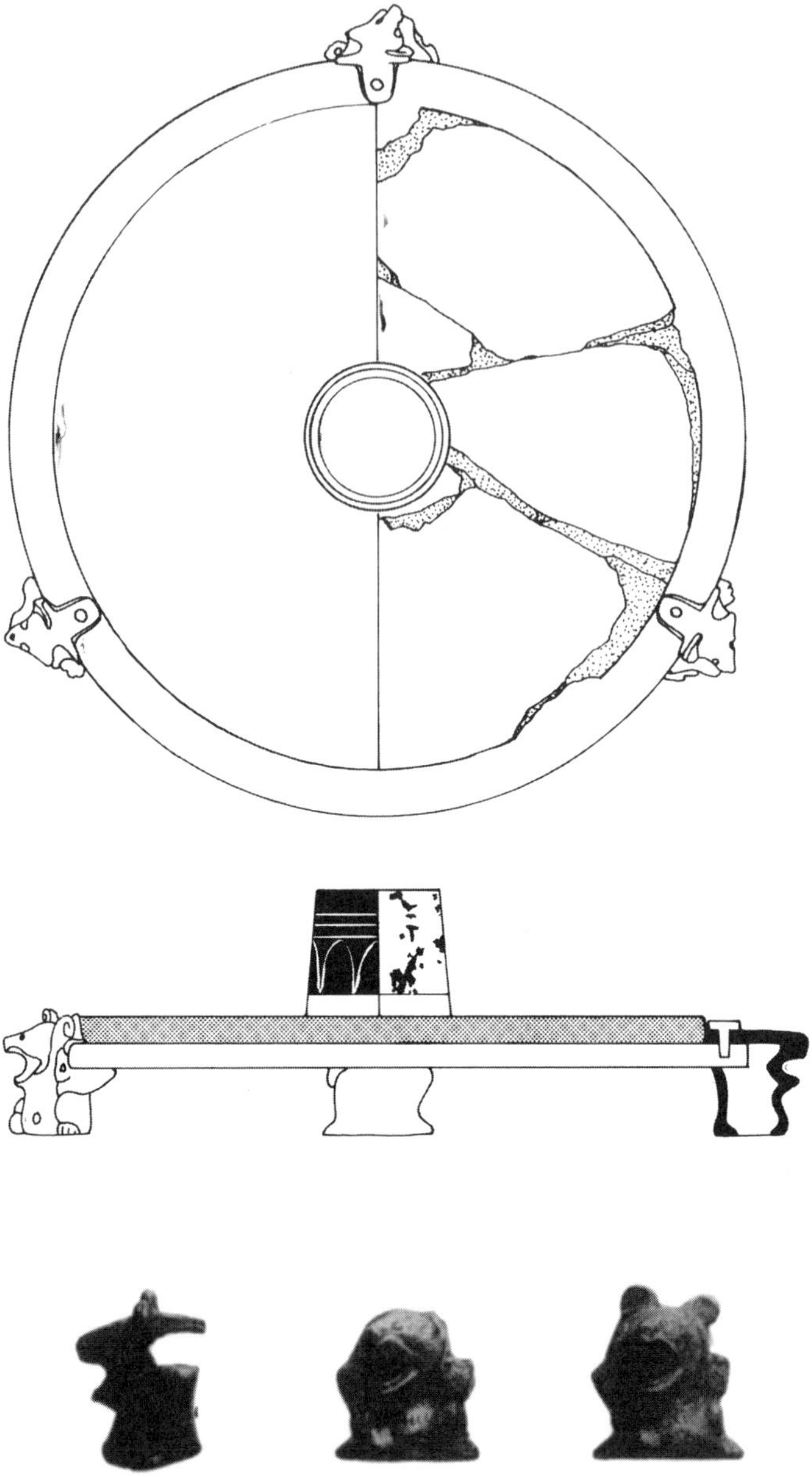

図２－７　平壌石巌里第９号墳出土金銅熊脚付円硯

脚を嵌着せしもの[21]」と報告されている。一種の組合硯であり、ここに見られるような扁平な石を用いた円硯は前漢・後漢を問わず漢代に特有な型式であり、本品と極めて相似た硯に石家荘北郊後漢墓出土砂質頁岩製円硯[22]がある。

金銅製熊脚は両足を広げて蹲踞した小熊の全身像で、高さ二・六糎と小型ながら頭髪、目、臍などがきわめてリアルに表現され、両手は頭上の石硯を支えるかのごとく力強く掲げられている。頭部背面には木製台座を受けるための柄が鋳出され、柄には固定用の楔孔がある。

研石は扁平な円形の石の上部に陶製の円柱を接合したもので、上径の小さい円柱状を呈する。上面に白土、側面に黒漆を塗り、さらに赤漆で簡単な文様を描いている。この研石は石硯の上面中央にあった。また、石硯上からは金箔の付いた木片と金銅製の小環が検出されており、金銅製小環を鈕とした金箔漆塗りの木製蓋の痕跡と推測されている。これが事実であれば、研石を硯面中央に置いたまま蓋ができる動物文蓋付三足円面石硯と同じ構造である。

本硯は数千年にわたる中国の長い硯制史上最も原初的な形態をとり、木製品であるが蓋を有すること、蓋の構造が硯面中央に研石を置いたまま被せることの可能なものであること、付属品として三本の脚をもつことの諸点において動物文蓋付三足円面石硯の祖形をなし、三本の脚が熊形を呈する点では熊脚三足円面硯の祖形と見なすことができる。

金属製熊脚は本来、木製の案や小机の支脚下端部を飾る金具として成立、発達したものであり、これが硯台の支脚に応用された結果、熊脚三足円面硯が成立したのであろう。ただし、熊脚のみが後漢の三足円面硯の支脚すべての祖形となったものでないことは動物文蓋付三足円面硯の脚形態の差が示すとおりであるが、南北朝に流行する獣脚や蹄脚成立の背景には同じく木製案の支脚として使われることの多かった馬脚形の支脚も考慮に入れるべきであろう。

秦から前漢にかかる古代中国で発生した扁平な石を用いた長方形や円形の石硯にやがて木製の台や蓋が付加され[23]、このうち特に円硯の台に付された三脚が硯自体に作り付けられるに至ったのが動物文蓋付三足円面石硯であり、これが南北朝期の陶製三足円面硯に変貌していった過程が窺われる。この変化の一端を示すのが脚に付された熊の姿であり、当初きわめてリアルな全身像であったものが次第に簡略化され、最後には顔のみを残して消滅してしまうのである。

三、三足円面硯における蓋の消滅の意義

後漢に出現した三足円面硯は次の南北朝時代に受け継がれ、五足、六足あるいはそれ以上の数の脚を付けた多足円面硯が現われる南北朝末期まで、唯一といってよいほど流行した。しかし、後漢の三足円面硯と南北朝の三足円面硯との間には少なからぬ相違点がある。その一つは材質である。

後漢の三足円面硯にも陶製がないわけではない。しかし、圧倒的に多いのは前漢以来の伝統をもつ石製の硯である。これに対して南北朝の三足円面硯は殆どすべてが陶製であり、石製品は例外的といってよい。これには円面硯という形態が堅固な石を細工するよりも、ロクロを用いる窯業の方がはるかに有利であったことがあろう。

研石の消滅も南北朝期の特徴であり、陶硯、石硯を問わず、南北朝以後の硯には研石が伴わない。これは墨制の変化によるものである。しかし、こうした変化と同様、あるいはそれ以上に大きな相違は蓋の消滅である。

前漢の硯には硯筥や蓋に類するものは無かったようであり、容器に相当する遺品はない。硯筥や蓋が現われるのは前漢末以後のことで、山東省臨沂市金雀山第一一号漢墓(24)や有名な楽浪彩篋塚からは長方形の石硯を納めた漆塗木製の硯筥が出土しており(25)、江蘇省連雲港市海州前漢霍賀墓では長方形石硯を納めた白木の硯筥が発見されている(26)。いずれも木蓋を有する。広州市東山後漢墓では正方形の石硯と共に方形の漆器残片があり(27)、硯筥の可能性を秘めている。一方、円形の石硯で硯筥を具える例に朝鮮旧大同郡道済里第五〇号墳出土品(28)や東京大学考古学研究室蔵遼陽石槨出土

品[29]があり、前者には、金銅製の円環と四葉座の付いた木製漆塗の蓋が伴っていたと考えられている。これらの後に続くのが動物文蓋付三足円面硯である。

後漢の動物文蓋付三足円面硯と南北朝初期とした陶製熊脚三足円面硯とは、硯面の形態の上でも著しい共通点がある。

陶製熊脚三足円面硯の硯面は水平かつ平坦で、硯面の周縁内寄りに低い外堤が巡り、外堤外側にも水平な平坦面がある。この硯面形態こそ後漢の動物文蓋付三足円面硯を忠実に模したものであり、低い外堤は動物文蓋付三足円面硯にあっては外堤であると同時に蓋のズレを防ぐ機能を果たすものであり、外堤外側の平坦面は蓋受けのために設けられたものである。硯の下端面が平坦で、硯面全体の厚味が均一であるのも石硯の形を踏襲するものということができよう。

硯面形態において蓋付円面硯を厳密なまでに踏襲した陶製熊脚三足円面硯が次第に失っていったのが蓋である。(補註)蓋の消滅は祖先伝来の硯面形態に二つの変化をもたらした。一つは外堤の高さである。蓋の消滅が外堤の高さの規制を取り除いた結果、外堤が高くなり、より多量の墨汁を貯えることが可能になった。第二の変化は外堤外側の平坦面に現われた。蓋を受けるという実用的な意義を失った平坦面は退化への途を歩み始め、やがては単なる突帯と化した外堤下端を飾るだけのものとなっていった。飛鳥時代から平安時代までの我が国で盛んに作られた須恵器圏脚円面硯に通有な外堤下端の突帯の起源がここにある。

註

（1）尹煥章「南京石門坎発現魏正始二年的文物」『文物』一九五九年第四期。
（2）南京博物院・南京市文物保管委員会「南京棲霞山甘家巷六朝墓群」『考古』一九七六年第五期。

(3) 南波「江蘇句容西晋元康四年墓」『考古』一九七六年第六期。
(4) 南京市文物保管委員会「南京邁皋橋西晋墓清理」『考古』一九六六年第四期。
(5) 鎮江博物館「鎮江東呉西晋墓」『考古』一九八四年第六期。
(6) 吉田惠二「日本古代陶硯の特質と系譜」『國學院大學考古学資料館紀要』第一輯、一九八五年三月（本書第Ⅰ部第2章）。
(7) 南京市博物館「南京象山五号・六号・七号墓清理簡報」『文物』一九七二年第一一期。
(8) 洛陽市博物館「洛陽市十五年来出土的硯台」『文物』一九六五年第一二期。
(9)「硯史資料（一）」『文物』一九六四年第一期。
(10) 王歩芸「安徽太和県漢墓出土的石硯等文物」『文物参考資料』一九五八年第一二期。
(11) 河北省博物館・河北省文物管理処編『河北省出土文物選集』文物出版社、一九八〇年五月。
(12) 朝鮮総督府『楽浪郡時代の遺跡』古蹟調査特別報告第四冊、一九二七年三月。
(13) 沈宜陽「湖北当陽劉家塚子東漢画像石墓発掘簡報」『文物資料叢刊』一、一九七七年一二月。
(14) 中国社会科学院考古研究所河南第二工作隊「河南偃師杏園村的両座魏晋墓」『考古』一九八五年第八期。
(15)「硯史資料（一二）」『文物』一九六四年第一二期。
(16) 註15に同じ。
(17) 朱捷元・黒光「陝西省博物館収蔵的几件硯台」『文物』一九六五年第七期。
(18) 鄭紹宗「漢硯資料四則」『文物』一九六四年第一〇期。
(19) 関野貞「石巌里第九号墳」朝鮮総督府『楽浪郡時代の遺跡』古蹟調査特別報告第四冊、一一五頁、一九二七年三月。
(20) 梅原末治・藤田亮策編『朝鮮古文化綜鑑』第二巻、三九頁、一九四八年一二月。
(21) 註19文献一一五頁。
(22) 石家荘市文物保管所「石家荘北郊東漢墓」『考古』一九八四年第九期。
(23) 陳増弼「漢・魏・晋独座式小榻初論」（『文物』一九七九年第九期）所載の河北省望都後漢墓壁画中に描かれた三足円面硯は二個とも硯面及び研石には彩色があるのに対し、硯面以下の台と三脚は輪郭を線描するだけであり、三脚付き硯台に円形石硯を載せた形を表現したものとも考えられる。
(24) 胡継高「一件有特色的西漢漆盒石硯」『文物』一九八四年第一一期。

(25) 朝鮮古蹟研究会『楽浪彩篋塚』古蹟調査報告第一、一九三四年一二月。
梅原末治・藤田亮策編『朝鮮古文化綜鑑』第二巻、一九四八年一二月。

原田淑人「硯との関連から見た中国古代の墨」『考古学雑誌』第四六巻第一号、一九六〇年六月。
(26) 南京博物院・連雲港市博物館「海州西漢霍賀墓清理簡報」『考古』一九七四年第三期。
(27) 広州市文物管理委員会「広州東山東漢墓清理簡報」『考古通訊』一九五六年第四期。
(28) 梅原末治・藤田亮策編『朝鮮古代化綜鑑』第二巻、一九四八年一二月。
(29) 東京大学『文学部考古学研究室蒐集品考古図編』第一九輯、一九五一年三月。

(補註) 原著においては、魏晋南北朝以降の硯が研石や蓋を伴わなくなっていく様子について触れる中で、「硯面形態において蓋付円面硯を厳密なまでに踏襲した陶製熊脚三足円面硯が唯一その祖先から受け継がなかったのが蓋である」と指摘していた。ただし、一九九二年に発表した本書第Ⅱ部第3章の表2-9では、西晋元康七年(二九七)に江蘇省無錫市宜興市一号晋墓へ副葬された熊脚三足円形硯が蓋を伴うものとしており、熊脚を持たない一般の三足円形硯にも僅かながら蓋を持つ例が認められる。したがって、蓋の消滅も漸次進行したものであったと解されるため、右に引用した箇所を「硯面形態において蓋付円面硯を厳密なまでに踏襲した陶製熊脚三足円面硯が次第に失っていったのが蓋である」と改めた。

第3章　中国古代における円形硯の成立と展開

一、はじめに

中国で硯が硯としての形制を整えて出現するのは戦国時代末期である。この頃の硯には自然石の平坦面を硯面としたものと、石の上面に円形の凹みを掘り込んだものとがある。(1)いずれも墨を磨るための研石を伴い、新石器時代に淵源を持つが、(2)円形の硯は無い。

中国において円形の硯が出現するのは漢代であり、石製であった円形硯は次の魏晋南北朝から隋唐にかけて青磁を中心とする陶製円形硯として発達し、多様な形態を生み出していく。魏晋南北朝以後の陶製円形硯は、唐宋の石製風字硯と並んで、朝鮮半島や日本列島の古代文化形成に多大な影響を与えた硯である。

本稿では我が国古代硯の源流となった中国古代硯のうち、(3)円形硯に焦点を当て、その成立と発展の過程を跡付けてみたい。

二、漢の円形硯

漢の円形硯には円形板石硯と三足円形硯とがあり、三足円形硯はさらに蓋付きの有蓋三足円形硯と蓋の無い無蓋三足円形硯とに分かれる。材質は石製が圧倒的に多く、陶製は極めて少ない。

(一) 円形板石硯

平面が円形を呈する板状の石硯で、前漢初期から後漢晩期までの二一以上の遺跡から出土している（表2－7）。すべて墳墓からの発見で、一墳一点が原則であるが、後漢中山簡王劉焉の墓かと推測されている河北省定県北荘漢墓では、七個の円形板石硯が埋納されている。

これら三〇点近い円形板石硯の中には、木製あるいは木製漆塗りの硯盒（硯筥）に納められたものがある。朝鮮平壌石巌里第九号墳では、三個の金銅製熊脚を付した木製円板の上面に硯石が置かれ、木製漆塗りの蓋が被せられていたと考えられている(4)（図2－8）。硯石中央には薄い円形石板の上部に円壔形の陶製把手を付し、黒漆を塗り円文等を朱漆で描いた研石が置かれており、硯面中央に研石を置いたまま蓋が被さる。朝鮮旧大同郡龍淵面道済里第五〇号墳では、楽浪彩篋塚(5)と同様、四隅に金銅製筆立等の金具を付した長方形木製朱漆塗硯筥に硯石が納められ、小円環把手付四葉座金具を上面中央に付した木製朱漆塗蓋があったと推測されている(6)（図2－9）。遼寧省遼陽石槨墓でも、円形板石硯に伴って道済里第五〇号墳や楽浪彩篋塚発見品と同類の銅製筆立金具が出土しており、木製硯筥に納められていたと考えられている(7)（図2－10）。

硯石を硯盒や硯筥に納める風習は漢以前には無く、このような風習が広く普及するのは、長方形板石硯が出現する

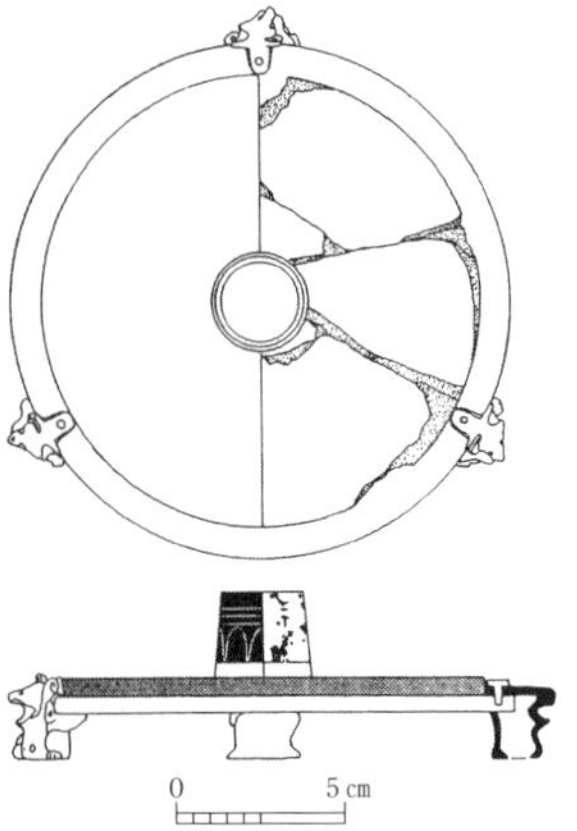

図2－8　石巌里第9号墳出土
金銅熊脚硯復原図

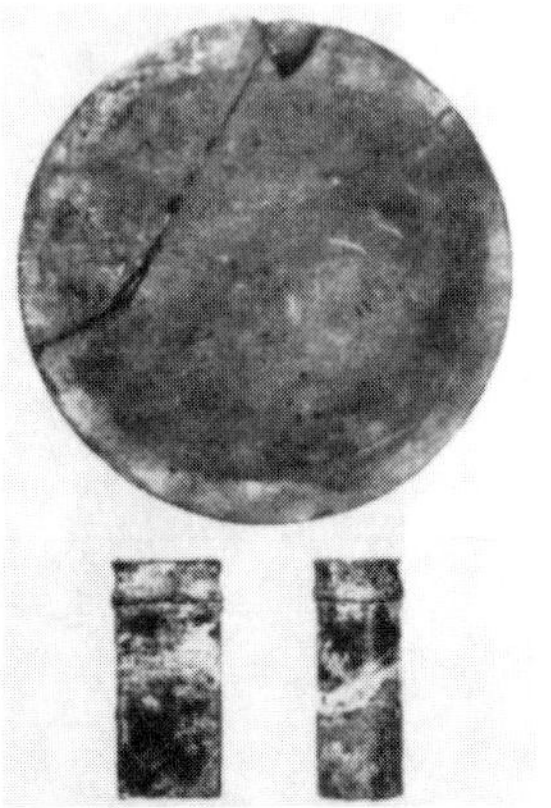

図2－9　道済里第50号墳出土
円形板石硯及び金銅金具

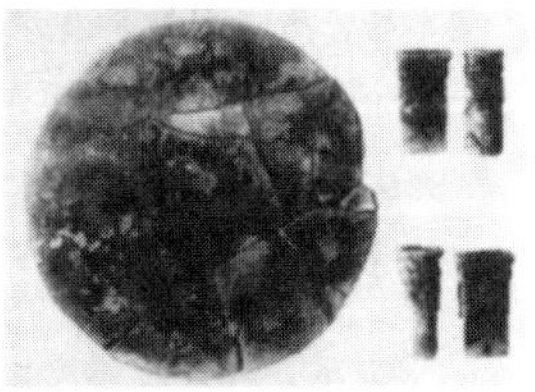

図2－10　遼陽石槨墓出土
円形板石硯及び銅金具

前漢中期以後である。前漢文帝一三年（前一六七）銘木簡を伴出し、竹管筆、墨、木簡等が極めて良好な状態で遺存していた湖北省荊州市鳳凰山一六八号漢墓出土円形板石硯に硯盒や硯筥に類するものが無いのも、同墓が硯盒出現以前の段階に属していたことによる。

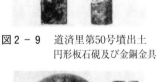

円形板石硯の法量は直径九・五糎～一九・五糎、厚さ〇・五糎～五・〇糎で、直径、高さ共に法量差が顕著である。直径における法量差は、長方形板石硯にも長短の法量差があり、問題は無い。しかし、厚さにおける法量差は問題である。

長方形板石硯の場合、総計約一二〇点中、河南省洛陽市焼溝八四号漢墓出土硯[8]の厚さ一・六糎を除けば、他はすべて厚さ〇・九糎以下で、山東省臨沂市金雀山一一号墓出土硯[9]のように厚さ〇・二糎の例もある。総体に薄作りであること、その殆どが厚さ〇・六糎～〇・四糎の間に集中し、極めて規格性の高いことが長方形板石硯の特徴である。これに対し、円形板石硯は総体に分厚く、厚さ二糎以上が一八点中六点あり、河南省洛陽市三〇工区一五号墓出土硯は厚さ五・〇糎である。厚さにおける円形板石硯と長方形板石硯の法量規格の差は使用された年代と硯盒の形態、特に硯盒の蓋の構造の差に由来する。

円形板石硯の場合、硯盒出現以前から存在し、硯盒出現以前の段階では硯石の高さに制限は無い。漢以前の石硯や自然石を用いた漢初期の天然卵石硯も分厚く、円形板石硯はこの伝統を引いている。硯盒出現以後も硯石中央に研石を置いたまま蓋を被せるため、蓋内法さえ高くすれば硯石の厚さや研石の高さは制約を受けない。これに対し、長方形板石硯は出現当初から硯盒を伴っていたと考えられ、長方形板石硯の木製硯盒身には硯石と研石が前後に並置される。蓋は薄い板状を呈し、下面に浅い内刳があり、硯石を覆うが、硯石より高い研石部には円形ないし方形の孔が開けられ、研石上部は蓋を貫き抜ける構造となっている。扁平な蓋の内部に納めるためにも、長方形板石硯は薄くなければならない。硯盒の蓋構造の差が、長方形板石硯には薄さを要求し、円形板石硯には厚さの制限を加えなかった原因であり、それはまた、前代からの伝統を引く円形板石硯と新たに出現した長方形板石硯の差でもある。

円形板石硯は前漢初期に出現し、後漢晩期まで使用された。この間、長方形板石硯の影響を受けて硯盒を用いるようになったが、硯盒の形態には円形と長方形の二種があった。しかし、魏晋南北朝になっても使われ続けた長方形板石硯と異なり、円形板石硯は漢と共に消滅する(10)。

(二)　有蓋三足円形硯

三本の足を持った蓋付きの円形硯で、硯・蓋共に残るもの一三点、硯のみ残るもの五点、蓋のみ残るもの五点がある（表2－8）。石製が原則で、総数二三点中、一九点が石製、四点が陶製である。装飾に類するものを一切持たなかった円形板石硯に比べ、有蓋三足円形硯は蓋や硯身に彫刻や浮彫、線刻を加えたものが多く、作りは精緻である。

有蓋三足円形硯は硯面部の形態によって、硯面外周を一段低くして蓋受けとしたA類と、硯面外周内寄りに低い突帯を巡らせ、突帯外側を蓋受けとしたB類とに大別できる。硯面はいずれも平坦面をなす。

1　有蓋三足円形硯A類

河南省洛陽市一二工区六・一二・三号墓、河南省南楽県宋耿洛村一号墓、伝甘粛省天水市隗囂宮遺址、陝西省長安区樊川農業機械学校校地、安徽省太和県税鎮馬古堆漢墓、獣足石硯、大蔵集古館蔵硯、広東省広州市沙河区漢墓、同広州市五〇八〇号漢墓、甘粛省張掖市黒水園漢墓、湖北省当陽市劉家塚子後漢画像石墓等出土硯がこれに属する。

洛陽市一二工区六・一二・三号墓出土硯は、平坦な硯面の中心に「大泉五十」の四字を陰刻した円形の浅い凹みを掘ったもので、三本の足の外面に熊の顔を浮彫し、硯面周縁に帯文、外面に鳥獣文の線刻がある。石製。

河南省宋耿洛村一号墓出土硯は、硯面端に耳杯を模した楕円形の水池を設け、足は熊の全身像を象る。蓋上面には五銖銭文を中心に巴形に巡る六頭の竜を高浮彫し、頂部周縁と側面、硯部側面と底部周縁に流麗な水波文、底部下面中央に五銖銭文を巡る雲花文を線刻する。「延熹三年七月壬辰朔七日丁酉君高選刺使二千石三公九卿君寿如金石寿考為期永典啓之研直二千」の文字が下面に刻まれている。石製（図2－11－3、図版2－1－5）。

伝甘粛省隗囂宮遺址出土硯は、蓋上面に二頭の竜が咬み合う姿を高浮彫し、竜の足許に二頭の虎と斜平行線文が線刻されている。石製（図版2－1－8）。

陝西省樊川農業機械学校校地出土硯は、蓋上面に首を擡げた青蛙が彫刻され、下面中央に穹窿形の研石孔が開く。研石にも青蛙が彫られ、足は蹲踞する熊の全身像である。石製（図版2－1－3・4）。

安徽省税鎮馬古堆漢墓出土硯は、硯部上面中央に長方形の浅い硯池を掘り凹めて硯面とし、左右に楕円形の水池を配したもので、円柱形の足の上端に角状の突起がある。石製（図2－11－5、図版2－2－3）。

獣足石硯は、硯面中央部が浅く凹んだもので、足は短く、外面に獣の顔の線刻がある。石製。

大蔵集古館蔵硯は、蓋上面に二頭の竜を彫刻したもので、下面中央に穹窿形の研石孔が開く。研石も残り、足には熊の表現がある。石製。

図2－11　漢有蓋三足円形硯実測図

広州市沙河区漢墓出土硯は、頂部中央が平坦な編笠形の高い蓋の付くもので、断面台形の短い足がつく。灰陶製（図2－11－6）。

広州市五〇八〇号漢墓出土硯は、広州市沙河区漢墓出土硯とほぼ同じ形態をとり、蓋頂部中央に直径〇・二糎の小円孔が開く。これは環状の把手金具を装着するための孔であろう。緑釉陶器製で、硯面部は無釉のまま残されている（図2－11－7）。

湖北省劉家塚子後漢画像石墓出土硯は、蓋上面に頭を寄せて巴形に巡る五頭の竜が高浮彫され、下面中央に研石孔が開く。灰陶製。

甘粛省黒水園漢墓出土硯は、半球形の高い蓋を有し、頂部中央に羊様の小動物が付され、鈕となっている。緑釉陶器製で、硯面は無釉（図版2－1－7）。

2　有蓋三足円形硯B類

有蓋三足円形硯B類には、河南省偃師市杏園村六号墓、河北省滄県四塚村漢墓、河南省淮陽県七里棚漢墓、天津市芸術博物館蔵熊足円石硯等がある。

河南省杏園村六号墓出土硯は、硯部周縁内寄りに断面矩形の低い突帯を巡らせ、その前方に耳杯を模した楕円形の水池を配したものである。蓋上面に五銖銭文を中心に巴形に巡る五頭の竜を高浮彫し、下面中央に穹窿形の研石孔が開く。蓋頂部周縁に水波文、耳杯形水池の周囲に雲文の線刻がある。石製（図版2－1－6、図2－11－1）。

河北省四塚村漢墓出土硯は、硯面外周内寄りに断面半円形の低い突帯を巡らせたもので、逆台形状の足には五個の円文が線刻されている。蓋上面には巴状に蹲る二頭の竜が刻まれ、下面中央に穹窿形の研石孔が開く。研石孔の周囲には宝相華文と連弧文が線刻され、円礫半截形の研石が残る。石製。

河南省七里棚漢墓出土硯は、硯部外周内寄りに低い突帯を巡らせたもので、硯面中央に直径二糎の円形の浅い凹みがある。外側面に水波文状の花文が線刻され、足は蹲踞する熊の全身像である。石製（図版2－2－8）。

天津市芸術博物館蔵熊足円石硯は、硯部外周内寄りに断面半円形の低い突帯を巡らせたもので、硯面の一端に楕円形の水池がある。硯面中央に小円孔があり、製作時に使用したコンパスの痕跡ではないかと推測されている。二本の門柱の間に立ち上った熊の立像が浮彫された高い足と足を結んで、獣と闘う熊の姿が透し彫されている。石製（図版2－2－1）。

3　その他の有蓋三足円形硯

硯面形態の不明なもので、硯には安徽省太和県李閣郷双古堆空心磚漢墓出土硯、三熊足帯蓋石硯、双鳩蓋三足石硯、蓋には河南省洛陽市焼溝一〇三八号墓、湖南省長沙市南塘冲三号墓、安徽省太和県李閣郷双古堆磚墓、河北省出土立獅硯蓋、河北省出土盤竜石硯蓋がある。

安徽省李閣郷双古堆空心磚墓出土硯は、蓋上面に四個の小円孔を挟んで屹立する二頭の竜を刻んだもので、蓋下面中央に穹窿形の研石孔が開く。足外面に熊の顔、研石孔の周囲に鹿、馬、鳥、犬、魚、雲文、蓋側面に斜格子文が線刻されている。石製（図2－11－2）。

三熊足帯蓋石硯は、蓋上面に獅子吼する一頭の虎を付したもので、縁部に水波文、側面に斜線文が線刻され、足は熊の全身像である。石製（図版2－1－1）。

双鳩蓋三足石硯は、蓋上面に嘴を合わせて向き合う二羽の鳩を付したもので、足は抽象化された蹄脚状を呈する。石製（図版2－1－2）。

洛陽市焼溝一〇三八号墓出土蓋は、上面に辟邪を付したもので、下面中央に研石孔が開く。辟邪には赤色塗彩がある。石製。

湖南省南塘冲三号墓出土蓋は、上面に亀を啄む鷹を彫刻したもので、鷹には羽毛の線刻がある。報告者は、用途不明の器蓋としているが、形態的特徴から有蓋三足円形硯の蓋とした。

安徽省李閣郷双古堆磚墓出土蓋は、笠形を呈し、弧状に張った斜面に三条の沈線を巡らせ、沈線間に鋸歯文を線刻する。上面全体に黒漆、鋸歯文先端に朱漆が施され、下面中央に研石孔が開く。石製。

河北省出土立獅硯蓋は、上面に一頭の獅子を付したもので、下面中央に研石孔が開く。石製。

河北省出土盤竜石硯蓋は、上面に五銖銭文を中心にして巴形に巡る七頭の竜を高浮彫したもので、側面に水波文を線刻し、下面中央に穹窿形の研石孔が開く（図２－11－４）。

以上が現在までに知られる漢の有蓋三足円形硯の概要である。年代的には前漢まで遡るとされる洛陽市一二工区六・一二・三号墓出土硯もあるが、主体は後漢に属し、A類とB類ではA類がB類に先駆けて出現する。また、硯面の一端に耳杯を模した水池を設けたものは年代的に新しく、水池を持たない形式が先行し、後漢後晩期になって水池を設ける形式が発生したと考えられる。硯面部の構造に関する限り、より簡単なものからより複雑なものへという型式変化を認めることができ、この点からいえば、突帯を硯部外周に沿って一周させず、半円形に巡らせ、一端に水池を設けた河南省杏園村六号墓出土硯は、B類中でも最も後出的な形態といえる。漢代には既に文鎮と並んで水滴も用いられ、四川省大邑県馬王墳後漢墓[11]や同省崇州市五道渠蜀漢墓[12]から銅製亀形水滴が発見され、京都大学文学部には漢代の金銅製怪獣形水滴が所蔵されている[13]。これらの亀や怪獣は口に耳杯を銜み、耳杯から水を注ぐ構造をとっている。漢代には水滴として漆製の耳杯が広く用いられていたことの反映であり、有蓋三足円形硯の楕円形水池もこの風習を受けたものであろう。

足の形態には蹄脚状や円柱状を呈するものもあるが、熊の全身像や顔を表現した熊脚が極めて多く、石硯では一四点中一〇点が熊脚を持つ。殆どが後漢に属する有蓋三足円形硯の中で唯一前漢の年代が与えられている洛陽市一二工区六・一二・三号墓出土硯が熊脚を持つことからしても、有蓋三足円形硯本来の足が熊脚であったことは論を俟たず、他の形態の足はその簡略形ないし漢の木漆器や金属器に多用された馬蹄脚の系譜に連なるものと考えられる。

蓋の構造には研石孔を有するものと、研石孔を持たず、蓋の内高を高くしたものとがある。いずれも硯面中央に研石を置いたまま蓋を被せる点では共通し、石硯は前者の構造をとる。陶硯には前者と後者が混在するが、四点の陶硯中では唯一研石孔を有する湖北省劉家塚子後漢画像石墓出土硯蓋は、河南省宋耿洛村一号墓出土硯蓋や同省杏園村六号墓出土硯蓋、河北省出土硯蓋と酷似し、石硯蓋を模したことは確実で、そのために石硯特有の研石孔を作り出したと考えられる。残る三点の陶硯蓋の形態は木製硯盒蓋の形態に由来するものと考えている。なお、洛陽市一二工区六・一二・三号墓出土硯や河南省七里棚漢墓にみられる硯面中央の浅い円形の凹みの機能については定かでないが、研石を置く位置に当り、研石を置くためのものか、研石下面と硯面との間に空間を作って両者の癒着を防ぐためのものかのいずれかであろう。

漢の有蓋三足円形硯A類の硯部の形態が平壌石巌里第九号墳出土金銅熊脚付円形板石硯の形態を踏襲し、且つ、木製台座や金銅熊脚まで含めて全体を石で作ったものであることはかつて述べたとおりである[14]。一方、蓋の形態に関しては、円形板石硯の木製蓋が有蓋三足円形石硯蓋のような複雑な形態であったとは考えられず、むしろ陶製有蓋三足円形硯のうち研石孔を持たず高い笠形をとる形態に近いものであったと推測される。笠形の蓋は木製や漆製、土製の円筒形容器の蓋の中にも存在し、木製品として作り易い形である。竜や辟邪さらに動物を高浮彫や彫刻によって飾り立てた蓋は、三足円形硯成立に際して新たに創案されたものであったと考えたい。

(三)　無蓋三足円形硯

無蓋三足円形硯は極めて少なく、寧夏回族自治区呉忠市関馬湖三号漢墓、四川省簡陽市東渓公社園芸場古墓から各一点発見されているだけである（表2－8）。共に石製で、平坦な硯面を有し、当然、蓋受け部を持たない。足も複雑な形態をとらず、寧夏回族自治区関馬湖三号漢墓出土硯は逆台形、四川省東溪公社園芸場古墓出土硯は逆三角形状を呈する。

年代に関しては寧夏回族自治区関馬湖三号漢墓は前漢末から後漢、四川省東溪公社園芸場古墓は漢とされている。有蓋三足円形硯の影響を受けて成立したことは疑を入れないが、有蓋三足円形硯に比べ、粗雑な作りであり、数も少なく、偶発的に作られたものであろう。

三、魏晋南北朝の円形硯

魏晋南北朝の円形硯には三本の足が付く三足円形硯と、四本以上の足が付く多足円形硯とがある。材質的には灰陶や青磁製の陶硯が殆どを占め、石硯は例外的な存在となる。

これらの陶製三足円形硯と多足円形硯は、硯部の形態によって、硯部外周内寄りに外堤を巡らしたⅠ類と、硯部外周に外堤のとりつくⅡ類とに大別できる。Ⅰ類中には硯側部下端が断面Ⅴ字状に尖る一般的な形態をとらず、下端が下方に突出し、下面が平坦な面をなすものがあり、通常のⅠ類と区別するため、Ⅲ類として区別する。また、硯面部の形態にも差があり、硯面部が平坦なa種、硯面中央が微かに隆起したb種、硯面中央が高く隆起したc種、c種の硯面外周に溝を巡らせたd種の四種に分けることができる。

（一）三足円形硯

八〇ヶ所以上の遺跡で発見され（表2－9）、その殆どが青磁製ないし灰陶製であるが、銅製品もある。江蘇省鎮江市東晋墓出土三足銅硯がその一つで、平坦な硯面と直立する外堤から成り、足は蹄脚状を呈する（図2－12－1）。垂直な縁部と弧状の頂部から成る蓋が付き、頂部に三条の突帯を巡らせ、花弁座を配した円球状の鈕が付く[15]。

陶製三足円形硯では蓋の無いものが圧倒的に多いが、江蘇省宜興市一号晋墓、湖北省鄂州市一二七六号墓、浙江省黄岩県秀嶺水庫一〇号墓、同省鄞州区鄞県古窯址、江蘇省南京市涂家村南朝墓等出土硯は蓋を持つ。江蘇省宜興市一号晋墓出土硯蓋は垂直な縁部と弧状の頂部から成り、頂部に三条の沈線を巡らせ、輪状の鈕が付く。湖北省鄂州市一二七六号墓出土硯蓋は垂直な縁部と弧状の頂部から成り、頂部外面に四条の沈線と五条の円文帯を交互に配し、蛙形水滴形の鈕が付く（図2－12－5）。浙江省秀嶺水庫一〇号墓出土硯蓋は頂部上端が平坦な半球形を呈するもので、梅鉢文状の点彩を九ヶ所に配し、提梁状の鈕が付く。南京市涂家村南朝墓出土硯蓋は垂直な縁部と平坦な頂部から成り、合子の蓋状を呈する（図版2－2－2）。浙江省鄞県古窯址出土硯蓋の形状については説明が無い。これら蓋を伴う硯の年代は、西晋元康七年（二九七）、呉～晋、東晋永和三年（三四七）、南朝初期、東晋であり、魏晋南北朝でも古い時期に集中し、時期の新しい硯には蓋が伴わない。

硯部や硯面部の形態では、Ⅰ類a種一九点（図2－12－2～13）、Ⅰ類b種一二点（図2－13－1～10）、Ⅰ類c種一二点（図2－13－11～21）、Ⅱ類a種六点（図2－14－1～5）、Ⅱ類b種三点（図2－14－6・7）、Ⅱ類c種一点（図2－14－8）に分かれ、Ⅲ類及びd種に属するものは無い。年代の特定できる例では、Ⅰ類が江蘇省南京市石門坎魏墓の魏正始二年（二四一）から江西省寧都県塘泥排村梁墓の梁大同七年（五四一）まで確実に存在し、魏晋南北朝の全時代を通じて存続したと見られるのに対し、Ⅱ類が確実に存続した時期は江蘇省南京市邁皐橋西晋墓の西晋永嘉二年（三〇八）から江西省贛県区上高村宋墓の宋景平年間（四二三～四二四）までであり、Ⅰ類より遅れて出現し、Ⅰ類より早く消滅する。硯面形態の存続期間では、a種が魏正始二年（二四一）から南朝晩期、b種が呉天册元年（二七五）から梁まで、c種が東晋升平元年（三五七）から南朝後期で、a種が先ず出現し、次いでb種、c種の

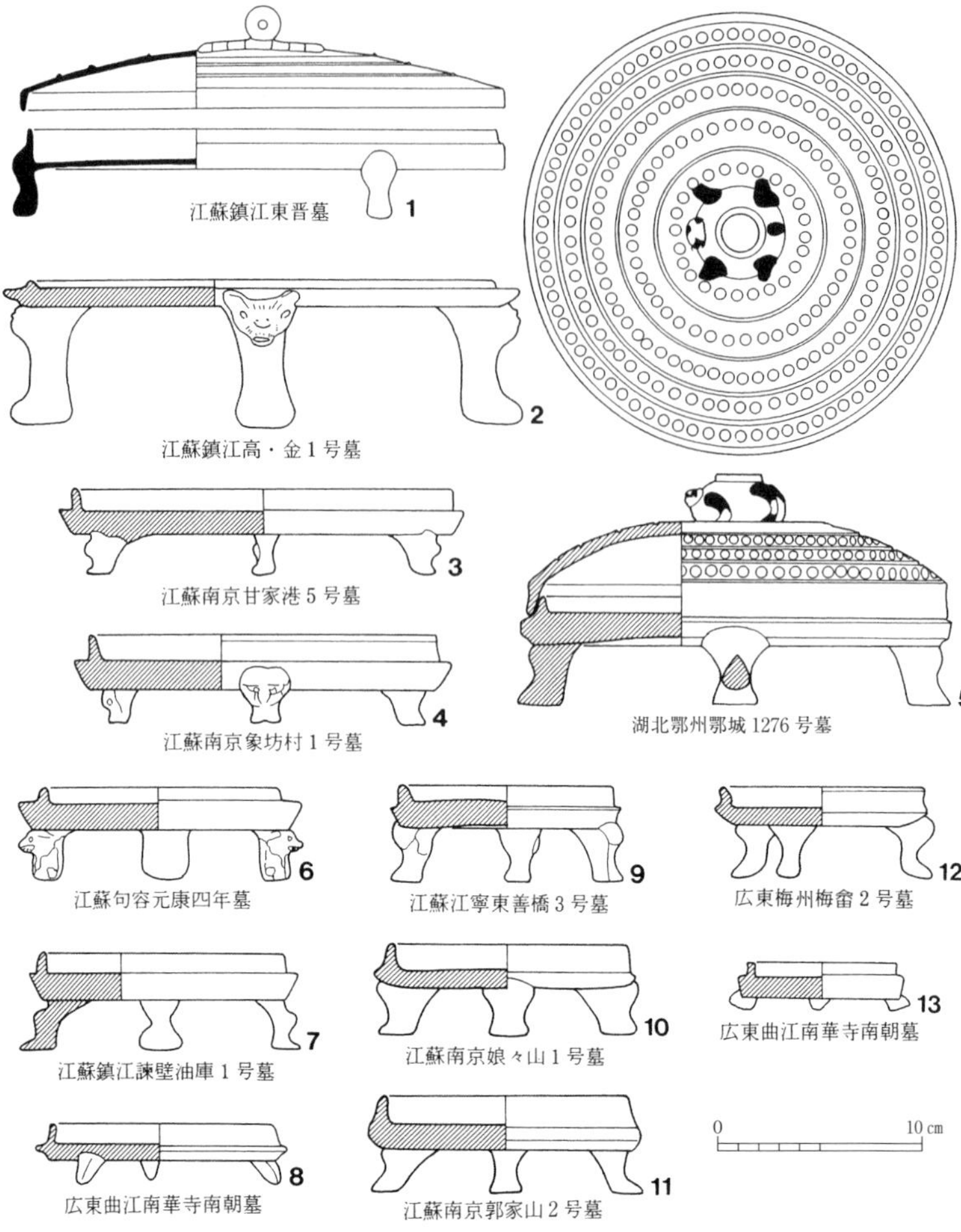

図2－12　魏晋南北朝三足円形硯実測図(1)

順に現われる。

　硯面形態におけるａ種からｂ種、さらにｃ種への発展の過程は、硯面が平坦で墨を磨る陸部と墨汁を貯える海部との区別が無いものから、硯面中央が高くなった陸部、相対的に低くなった周縁が海部となり、海陸の区別が明確化されて行く過程でもある。海陸を区別しようとする動きは、既に漢代の有蓋三足円形硯の一部に楕円形の水池を硯面の一端に設ける

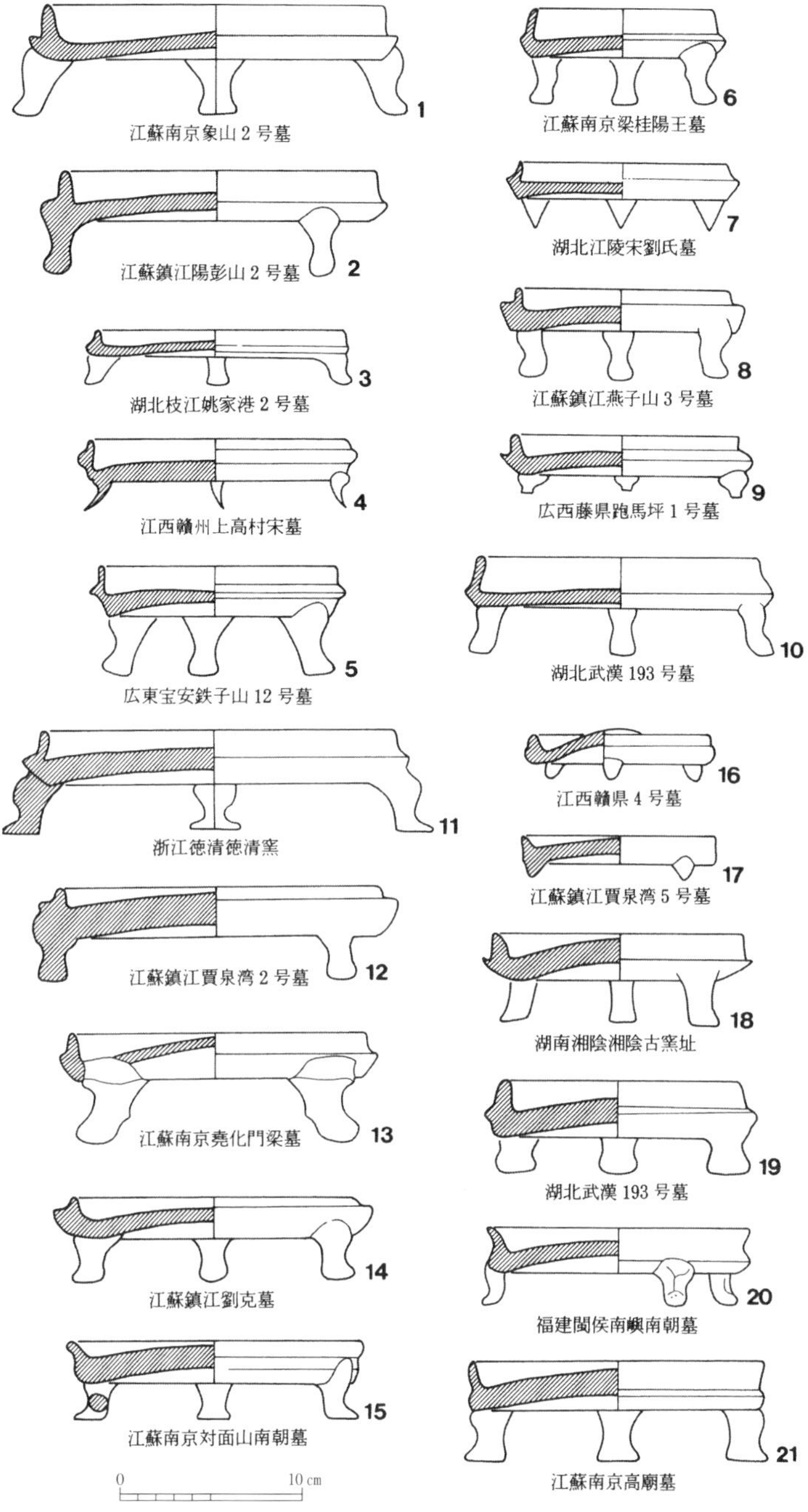

図2－13　魏晋南北朝三足円形硯実測図(2)

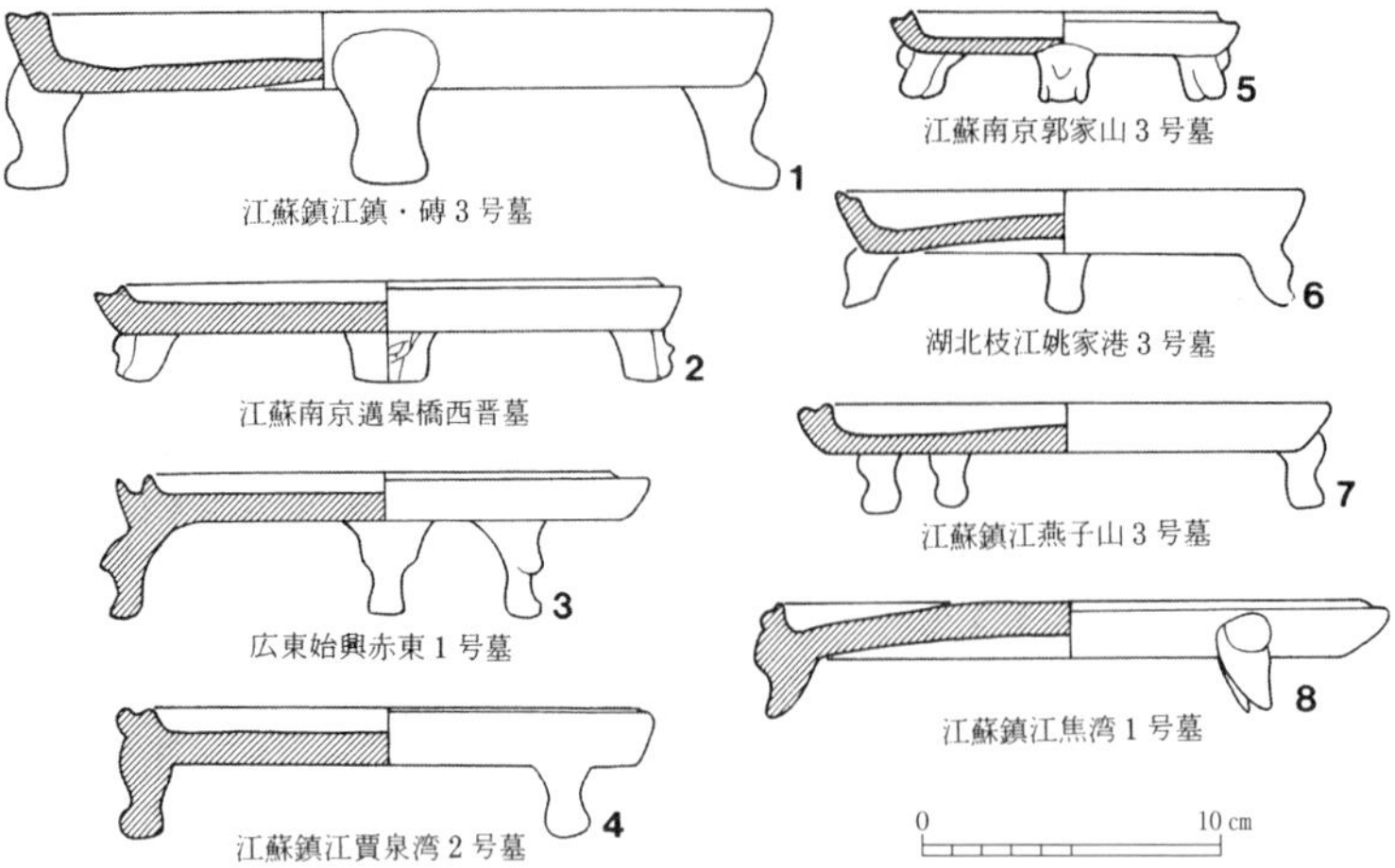

図2－14　魏晋南北朝三足円形硯実測図(3)

という形をとって現われていた。同様の志向は魏晋南北朝の陶製三足円形硯にも見られ、江蘇省江寧区上坊一号墓出土灰陶硯と同省南京市象山七号夏金虎墓出土灰陶硯には硯面の一端に楕円形の水池が設けられ、湖北省武昌市蓮渓寺四七五号墓出土灰陶硯にも形状は不明であるが水池が設けられている。(16) 上坊一号墓は呉天冊元年（二七五）、夏金虎墓は東晋太元一七年（三九二）、蓮渓寺四七五号墓は東呉永安五年（二六二）の墓誌等を伴い、魏晋南北朝でも古い時期の所産であることからも、これら三点の灰陶硯が漢の有蓋三足円形硯の系譜を引くものであることは確実である。また、上坊一号墓がⅠ類b種、夏金虎墓がⅡ類a種に属し、c種に水池を設けたものが無いのは、海陸の区別が明瞭なc種では特に水池を設ける必要が無かったからであろう。

他方、b種とc種には無く、a種硯面形態の硯にのみ見られる特異な現象に、熊脚がある。Ⅰ類a種に属する一八点中八点、Ⅱ類a種に属する四点中一点が熊脚を有し、a種全体の約四割に相当する。しかも、熊脚を持つ硯は魏晋南北朝の陶製三足円形硯の中では最古の一群に属する。熊脚を持つ硯のうち、Ⅰ類a種が漢有蓋三足円形硯B類に由来することはかつて述べたとおりであり（本書第Ⅱ部第2章）、陶製三足円形硯Ⅰ類の外堤は漢有蓋三足円形硯B類の突帯が変化したものである。しかし、蓋は石製有蓋三足円形硯の蓋とは明らかに異なる形態であり、陶製有蓋三足円形硯の蓋と形態的に共通する。魏晋南北朝の陶製三足円形硯や銅製三足円形硯の蓋は、漢の陶製三足円形硯の蓋の系譜を引くものと考えたい。魏晋南北朝初期の硯蓋の器高が高いのは、内部に研石を納めるために高くなければならなかった漢陶製三足円形硯の蓋の伝統を引くものであり、研石を必要としなくなった魏晋南北朝になっても遺制として残ったものであろう。一方、魏晋南北朝陶製三足円形硯Ⅱ類はその祖形を漢代の硯に求めることはできず、陶製あるいは金属製の三足盤が祖形であったと考えている。魏晋南北朝の陶製三足円形硯として先ず成立したのはⅠ類であり、Ⅰ類の影響下にⅡ類が成立したと考えられるが、次の隋唐の円形硯にも大きく影響を与えたⅠ類とは異なり、Ⅱ類は終始傍系に置かれ、次代に影響を与えることもなく、魏晋南北朝後期に消滅する。

（二）多足円形硯

魏晋南北朝の多足円形硯には、四足円形硯、五足円形硯、六足円形硯、八足円形硯、十足円形硯、十二足円形硯がある（表2－10）。材質的には殆どが青磁あるいは灰陶製の陶製円形硯であるが、石製の多足円形硯もある。

1　四足円形硯

八点あり、すべて青磁製である。硯部の形態はⅠ類a種三点（図2－15－1・3・5）、Ⅰ類b種一点（図2－15－6）、Ⅰ類c種四点（図2－15－2・4・7）であり、Ⅱ類に属するものは無い。Ⅰ類a種に属する浙江省紹興市西晋墓出土硯は熊脚を持つ。また、Ⅰ類c種の中では広東省宝安区鉄子山二一号墓出土硯は硯面中央が非常に隆起し、外堤よりも高い。

2　五足円形硯

五点あり、すべて青磁製である。硯面形態のわかるものでは、Ⅰ類b種一点（図2－15－12）、Ⅰ類c種二点（図

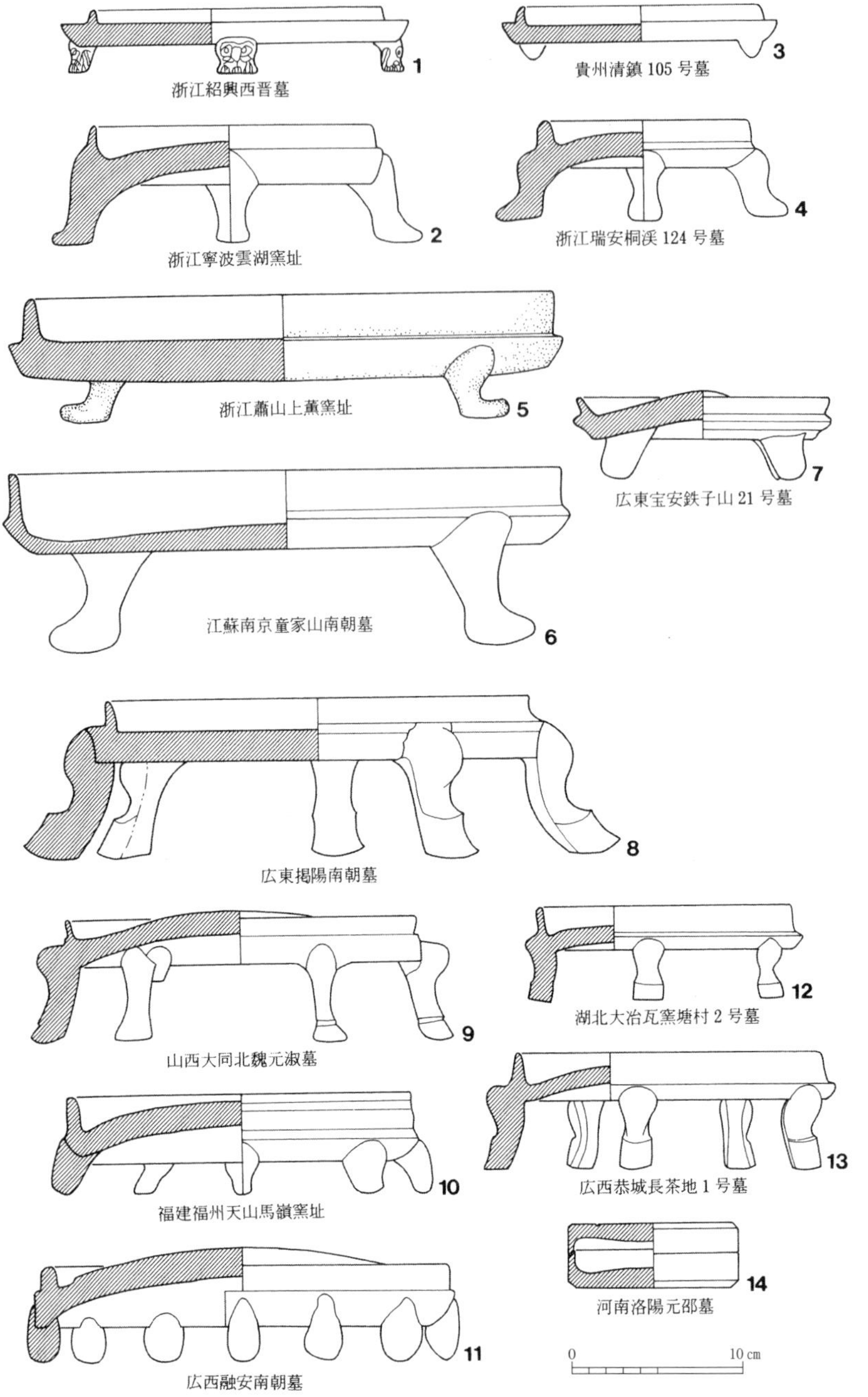

図2－15　魏晋南北朝多足円形硯実測図

２－15－13）に分かれ、明らかにⅡ類に属するものは無い。これら五点の五足円形硯のうち、江西省永豊県蟠竜山南朝墓（図版２－２－９）と湖北省大冶県瓦窯塘村二号墓出土硯は馬蹄足を持つ。

３　六足円形硯

灰陶製一点と青磁製五点がある。硯面形態にはⅠ類ａ種二点（図２－15－８）、Ⅰ類ｃ種四点（図２－15－９）があり、Ⅱ類に属するものは無い。広東省掲陽市掲仙赤南朝三号墓出土硯と山西省大同市小南頭郷北魏元淑墓出土硯は馬蹄足を持つ。

４　八足円形硯

福建省福州市天山馬嶺南朝窯址出土青磁硯一点と広西壮族自治区融安県南朝墓出土石硯一点とがある。天山馬嶺南朝窯址出土硯はⅠ類ｃ種に属する（図２－15－10）。融安県南朝墓出土硯はⅡ類ｃ種に類する硯面形態を持つ。陶製八足円形硯を模して作ったものと考えられるが、粗製であり、祖形をⅡ類に限定する必要は無かろう。

５　十足円形硯

福建省閩侯県荊山南朝墓から青磁製が一点出土している。類別は不明であるが、ｂ種硯面形態に属する。

６　十二足円形硯

広西壮族自治区融安県二号墓から、石製八足円形硯に伴って青磁製が一点出土している（図２－15－11）。硯面形態はⅢ類ｄ種に属し、水滴足を持つ。

以上が魏晋南北朝の多足円形硯の概要である。これら魏晋南北朝の多足円形硯のうち、最も早く現われるのは四足円形硯で、西晋前～中期には存在する。五足円形硯は斉、六足円形硯は斉永元元年（四九九）と北魏永平元年（五〇八）、八足円形硯は梁大同三年（五三七）以後、十二足円形硯は梁天監一八年（五一九）に定点を持ち、年代に若干の前後が見られるものの、大勢として時期が下るにつれて足の数が増加する。

硯面形態では、Ⅲ類ｄ種の十二足円形硯を除けば、すべてⅠ類に属し、Ⅱ類に属するものは無い。Ⅲ類もⅠ類の発展形態であり、四足円形硯以下の魏晋南北朝多足円形硯がⅠ類の系列下に発生したと見てよい。ｄ種はｃ種に溝状の海部を付したものであり、ｂ種の発生以後進んできた海陸の区別はｄ種の出現によって完成される。ただし、こうした海陸の区別の明確化は硯のみの自己回転によって成し遂げられたものではなく、その背後に墨制の変化があった。

漢及び漢以前の硯には研石が付属する。これは煤あるいは粒状の墨丸を研石で磨るためで、棒状に固めた大墨が普及する魏晋南北朝には消滅する。事実、前漢文帝一三年（前一六七）の湖北省荊州市鳳凰山一六八号漢墓出土墨は長さ一・五糎、最大幅一・一糎、最小幅〇・六糎の瓜の種子状を呈し、前漢元朔～元狩年間（前一二八～前一一七）の広東省広州市象崗山南越王墓出土墨は径〇・八一糎～一・二四糎の錠剤状を呈している(17)（図版2－1－9）。しかし、漢の墨のすべてがこのような形態でなく、大墨の存在したことは、後漢応劭の『漢官儀』に記された「隃糜大墨一枚、隃糜小墨一枚」等の記事から推測されていた(18)。この推測を裏付けたのが、山西省渾源県華村一号墓と河南省陝州区劉家渠漢墓から出土した墨で、前漢中期の華村一号墓出土墨は径一・五糎、長さ二・五糎の円壔形、前漢晩期～後漢前期の劉家渠三七号墓出土墨は径一・五糎、残長三糎の円柱形、後漢後期の劉家渠八号墓と一〇二号墓出土墨は径一・五糎～二・四糎、残長一・五糎～三・三糎の棒状を呈し、前漢中期には既に大墨の存在したことが実証された(19)(20)(21)。魏晋南北朝の大墨は漢代より大型化したようで、嘉禾年間（二三二～二三八）の江西省南昌市東呉高栄墓出土墨は径三・五糎、長さ九・五糎の円柱形、同市東湖区永街正街晋墓出土墨は最大径六糎、上下端径三糎、長さ一二・三糎、同西湖区上窯湾老福山晋墓出土墨は径二・五糎、長さ九糎の棒状を呈する(22)(23)(23)。

石硯、陶硯、木硯、漆（夾紵）硯、銅硯を問わず、漢の硯の硯面が平坦であったのは研石を併用するためであり、研石の不用な大墨の場合、硯面が平坦である必要はない。この大墨の普及が魏晋南北朝の陶製三足円形硯や多足円形硯の硯面形態を、硯面が平坦なa種から硯面中央がわずかに隆起したb種、さらに硯面中央が高く隆起したc種へと発展させた原動力であった。

(三) 特殊円形硯

河南省洛陽市盤竜塚元邵墓出土灰陶硯は合子状を呈し、蓋が付く(図2－15－14)。硯面中央がわずかに隆起し、b種と共通する硯面形態をとる。口径一〇糎、硯部高一・八糎、通高三・三糎。年代は北魏建義元年(五二八)である(24)。

四、隋唐の円形硯

隋唐の円形硯には、三足円形硯、多足円形硯、獣足円形硯、蹄足円形硯、圏足円形硯、無足円形硯がある。いずれも青磁、白磁、三彩、灰陶等の陶製で、器種は変化に富むが、風字硯の流行に押され、数量は減少する。しかし、新たな器種の出現に伴って、平坦な陸部と溝状の海部から成り、海陸の境が明確な稜をなすe種、海陸の境が弧状をなすf種、海陸の境が明確な稜をなし、陸部中央が凹むg種等の硯面形態が現われる。

(一) 三足円形硯・多足円形硯

三足円形硯三点(図2－16－16)、四足円形硯五点(図2－16－1)、五足円形硯七点(図2－16－2～4・17、図版2－3－8)、六足円形硯一点、八足円形硯二点、十足円形硯二点、十二足円形硯一点、十三足円形硯一点(図2－16－5)、十五足円形硯二点、二十足円形硯一点がある(表2－11)。すべて陶製で、青磁が多いが、黄釉や褐釉も

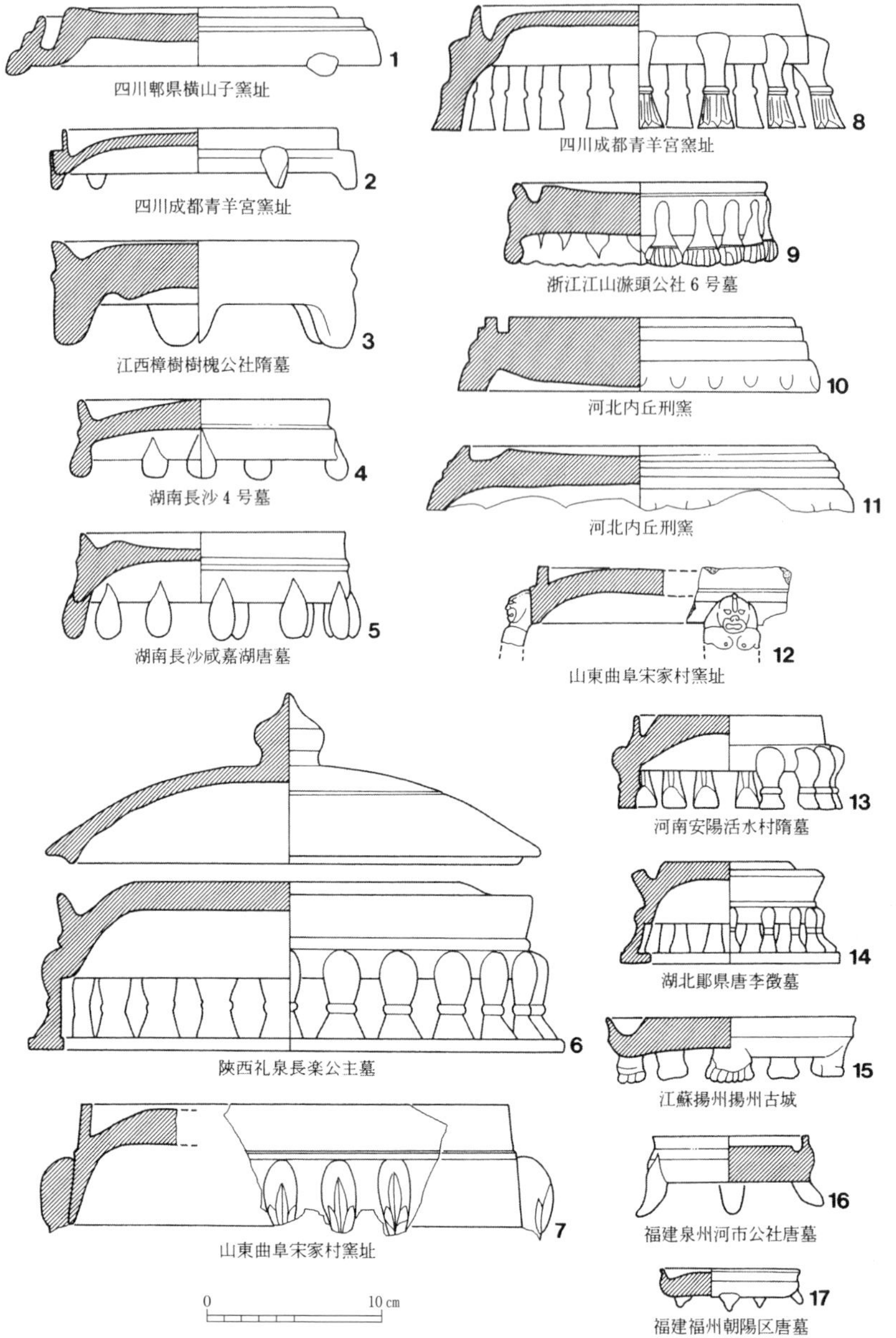

図2－16　隋唐三足・多足・蹄足円形硯実測図

ある。数量的には三足円形硯が激減し、一〇本以上の足を持つ多足円形硯が増加する。

硯面形態にはc・e・f・gの四種があり、三足円形硯と多足円形硯全体ではc種が最も多く、e種がこれに次ぎ、f・gの両種は少ない。これは隋唐になっても魏晋南北朝の伝統が残ったためであろう。

陸部と外堤の関係では、陸部が外堤より高い四川省郫都区横山子窯址出土四足硯、陸部と外堤の高さが等しい江蘇省揚州古城址出土五足硯、湖南省長沙市赤峰山二号墓出土二十足硯を除いて、他はすべて陸部が外堤より低い。

足の形態には、水滴足、錐足、乳足、馬蹄足、獣足等があり、八足以上の多足硯では水滴足が圧倒的に多い[25]。これらの足のうち、獣足以外は魏晋南北朝以来の形態である。なお、浙江省江山市淤頭公社六号墓出土硯はg種硯面形態に属し、足数は不明であるが、硯部外周に密に並んだ獣足の下端部が連結している（図2-16-9）。年代の特定できるものでは、江西省樟樹市清江樹槐公社隋墓が隋大業四年（六〇八）、湖南省湘陰県隋大業六年（六一〇）墓、陝西省西安市郭家灘隋田徳元墓が隋大業七年（六一一）、福建省泉州市河市公社唐墓が唐咸亨二年（六七一）、浙江省江山市淤頭公社六号墓が唐上元三年（六七六）で、三足円形硯と多足円形硯の大部分が隋から唐前期までに属する。

（二）獣足円形硯

高い獣足を持つ硯で、輪状の台の無いA類、輪状の台の付くB類、輪状の台を持つがB類とは形態を異にするC類の三類に大別できる（表2-12）。

A類には河南省安陽市博物館蔵硯がある。青磁製で、足は上半部が半球形、下半部が多指状を呈し、足中位に水平な突帯一条を配する。足上端部に接して一条の突帯が巡る。硯面形態はc種あるいはd種に属し、陸部と外堤の高さはほぼ等しい。

B類には陝西省乾県懿徳太子墓出土三彩硯（図版2-3-6）と江蘇省揚州市唐代木橋遺址出土青磁硯がある。い

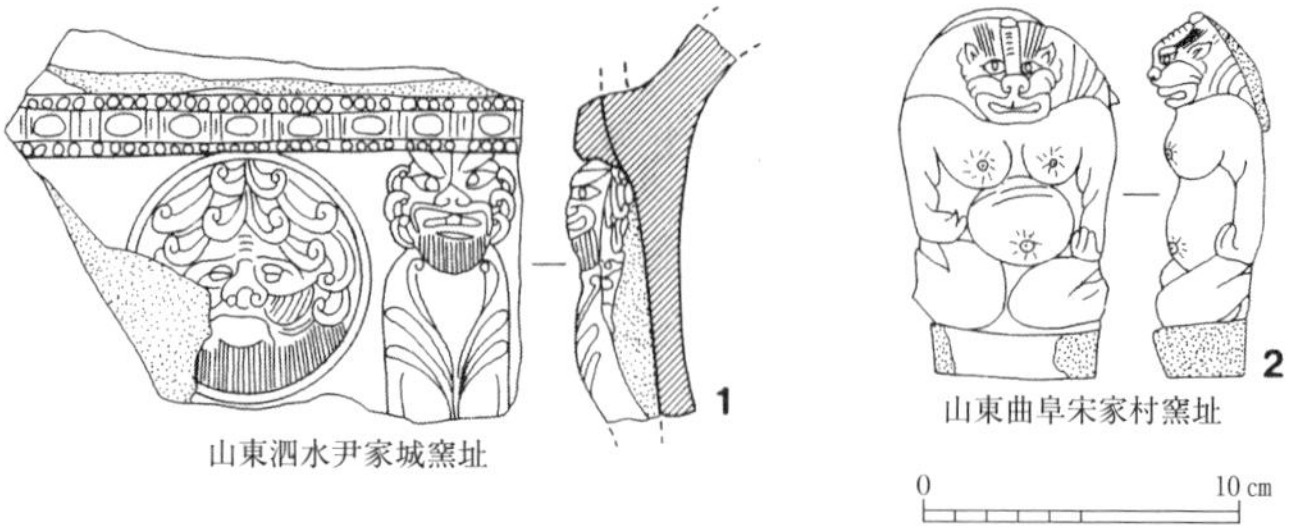

図２－17　人身像を表現した事例

ずれも足は中位に水平な突帯一条を配し、上半は半球形、下半は多指状を呈する。前者はe種硯面形態に属し、陸部は外堤より高い。後者はg種硯面形態に属し、陸部と外堤の高さはほぼ等しく、外堤外に筒形の筆立て二本が付く。

C類には洛陽市公安局収蔵硯と獣面多足大陶硯（図版２－３－４）がある。前者は足頭部に人頭文、裾広がりの硯側部に貝文と蓮弁文を有する。e種硯面形態に属し、陸部と外堤の高さはほぼ等しい。後者は足頭部に獣面文、裾広がりの硯側部に獣面文と円文、平行線文を有する。e種硯面形態に属し、陸部と外堤の高さはほぼ等しい。

獣足円形硯のうち年代の特定できるのは唐神龍二年（七〇六）の懿徳太子墓だけである。型式的にはA類が古く、B類とC類はA類の発展形態と見てよい。

なお、極めて特殊な例であるが、獣足の替りに人身像や鬼面人身像を持つものが山東省済寧市曲阜市宋家村窯址及び同泗水県尹家城窯址から出土している[26]（図２－17）。宋家村窯址は隋、尹家城窯址は隋末～晩唐に位置付けられている。

（三）蹄足円形硯

上半部が半球形、下半部が三角錐形の蹄足を持つ硯で、台の無いA類と輪状の台の付くB類に分けられる（表２－13）。

A類には黄釉製一点と青磁製四点がある。足中位に水平な突帯一条を配するのが原則であるが、江西省洪州窯址出土硯は三条の突帯を配し、下半部の断面形も半円形を呈し、外提外に筒形の筆立て二本が付く（図版２－３－２）。足外面は無文を原則とするが、四川省成都市青宮窯址出土硯の中には下半部に蓮弁文、弦文、縄文、上半部に円文、「王」字刻印を施したものがあり（図2－16－8）、山東省曲阜市宋家村窯址出土硯は類別不明であるが、上半部に忍冬文を施している（図2－16－7）。硯面形態にはe・fの二種があり、洪州窯址出土硯と青羊宮窯址出土硯は陸部が外堤より低く、河南省安陽市活水村隋墓出土硯（図2－16－13）は陸部と外堤の高さが等しい。

B類は九点あり、青磁、黄釉、緑釉製もあるが、白磁製が大半を占める。足の中位に水平な突帯一条を配するのを原則とし、装飾は無い。陝西省礼泉県長楽公主墓出土硯は宝珠形鈕付きの蓋を有し、硯面形態はg種に属する（図2－16－6）。本硯以外はすべてe種硯面形態に属し、本硯も含めてすべて陸部が外堤より高い。

墓誌等によって年代の特定できるものとして、A類では河南省安陽市活水村隋墓が隋開皇七年（五八七）、B類では陝西省西安市郭家灘隋田行達墓の隋大業一二年（六一六）、同省礼楽県長楽公主墓の唐貞観一七年（六四三）、湖北省鄖県唐李徽墓の唐永淳二年（六八三）、湖南省禹州市白沙一七一号唐墓の唐会昌六年（八四六）以後等がある。年代的にはA類がB類より古く、蹄足円形硯B類は蹄足円形硯A類の発展形と見てよい。蹄足円形硯A類は魏晋南北朝の馬蹄足を持つ多足円形硯の発展したものである。

(四) 圏足円形硯

脚台状の高い圏足を有する硯で、直立する高い外堤の付くA類と、外堤が極めて低く、外堤上端が幅広い平坦面をなすB類とに分かれる（表2－14）。

A類には青磁製六点と灰陶製一点がある（図2－18－1・2）。圏足は外反し、下端部の丸いものが多いが、広東省高州県良徳一号墓出土硯は下端部が幅広い凹端面をなしている（図版2－3－7）。圏足には長方形、半円形、円形、連円形等の透し孔が開く。[27] 透し孔の形態では長方形が最も古く隋に出現し、他は唐代に属する。筆立てや水池を

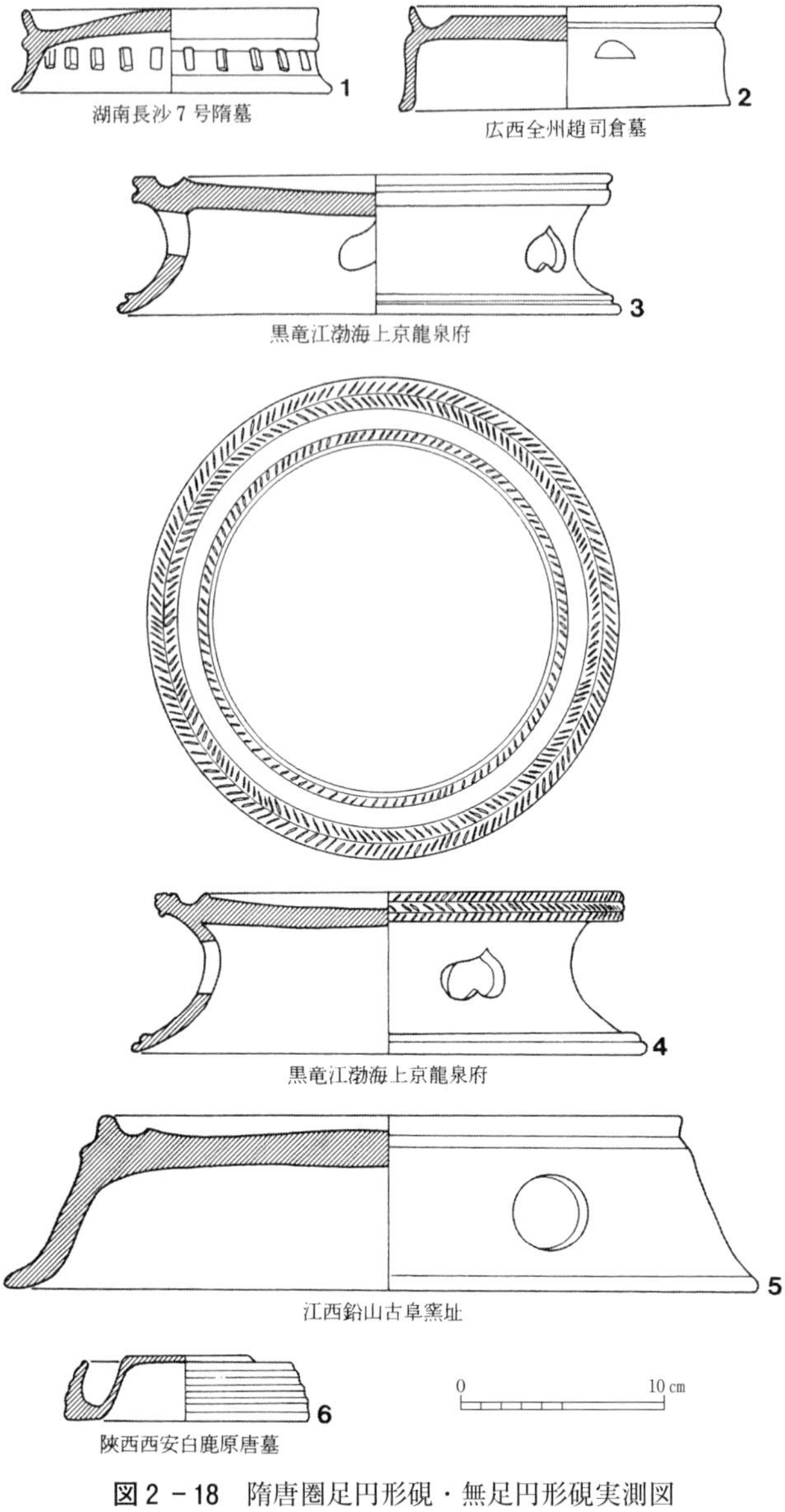

図2－18　隋唐圏足円形硯・無足円形硯実測図

付した組合せ硯が二点あり、広東省高州市良徳一号墓出土硯には壷形の水池の左右に二本の円筒形筆立て、広東省広州市華僑新村五〇号墓出土硯には隅丸方形の水池の左右に二本の円筒形筆立てが付く。

硯面形態にはc・e・f・gの四種があり、c種は隋、e・f・gの三種は唐に属する。陸部と外堤の関係では、両者の高さの等しいものと陸部が外堤より低いものに限られ、陸部が外堤より高いものはない。年代の特定できるものに広西壮族自治区全州県趙司倉墓があり、唐貞観一二年（六三八）の墓誌を伴う。

B類は二点ある（図2－18－3・4）。共に黒龍江省寧安県渤海上京龍泉府址発見の灰陶硯で、圏足下端部外面は幅広い凹端面をなし、猪目形の透しが開く。外堤上端は幅広い平坦面をなし、外堤外側面には一条ないし二条の沈線が巡る。二点中一点には外堤外側面及び外堤上端面、海部斜面に綾杉文の装飾がある。

硯面形態は二点ともg種に属し、うち一点には陸部外周に断面半円形の突帯が巡り、海陸が完全に分断されている。

圏足円形硯のうち、先ず出現するのはA類で、隋代には存在し、A類中圏足下端外面が幅広い凹端面をなすものや筆立て等を付した組合せ硯は唐に属する。B類は渤海の製品であり、年代的には唐に属する。

(五)　無足円形硯

無足円形硯は極めて少なく、陝西省西安市白鹿原唐墓から一点出土しているだけである[28]（図2－18－6）。硯部の形状は獣足円形硯c類に近く、外堤は内傾し、外面に沈線数条が巡る。硯面形態はe種に属し、陸部は外堤よりわずかに高い。

(六)　小　結

隋唐の陶製円形硯の硯面形態はc・e・f・gの四種に限られる。これら四種のうち、魏晋南北朝以来の伝統を引くc種を除けば、先ず出現するのはe種で、隋大業四年（六〇八）の江西省樟樹市清江樹槐公社隋墓出土硯にe種の初源的形態が見られる。f種はe種の発展形ないしc種とe種の中間形、g種はe種の発展形と見られ、年代的にも初唐を上限とし、隋に遡る例はない。ここで問題となるのは故駒井和愛博士が一九四三年に内蒙古和林格爾漢成楽城址において採集され、北魏の瓦硯とされている灰陶硯である[29]（図2－19）。本硯は硯下部に六個の半円形刳り抜きを

図２－19　内蒙古和林格爾成楽城址出土硯

有し、刳り抜き部中央に柱状の足を付けた六足硯で、他に例を見ない特殊なものである。しかし、硯面形態は明らかにg種であり、初唐以前に位置付けるのは困難である。しかも硯部下端を水平にし、外周に足を貼り付けて作る三足円形硯、多足円形硯、獣足円形硯、蹄足円形硯と異なり、硯部と共に圏足を一体として作った後に半円形の刳り抜きを行っている。これは圏足円形硯特有の技法であり、この点でも北魏まで遡らせることは不可能である。

硯面形態と器種の関係では、三足円形硯と多足円形硯にはc・e・f・gの四種、獣足円形硯にはc・e・gの三種、圏足円形硯にはc・e・f・gの四種が混在し、すべてc種を含んでいる。これに対し、蹄足円形硯はe・f・gの三種のみで、c種を含まない。c種が魏晋南北朝以来の形態であることからすれば、c種を含まない蹄足円形硯は前代の遺制を完全に払拭したものといえよう。獣足円形硯でもc種硯面形態を有するのはA類だけで、B類とC類はe・gの二種で、唐代になると前代の遺制は無くなる。(30) c種硯面形態を含む圏足円形硯でもc種は隋代に限られ、唐になるとe・gの二種に限られ、発生段階で受け継いだ前代の遺制が払拭されていく過程を読み取ることができる。

陸部と外堤との関係では、c種の場合陸部が外堤より高いもの一点、陸部が外堤より低いもの一六点で、陸部が外堤より低いものが圧倒的に多い。これは陸部が外堤より低いものが殆どであった魏晋南北朝の遺制が残ったためであろう。e種では陸部が外堤より高いもの一〇点、陸部と外堤の高さが等しいもの四点、陸部が外堤より低いもの八点で、陸部が外堤より高いものと低いものがほぼ拮抗している。しかし、陸部が外堤より低い八点中には三足円形硯と多足円形硯の六点が含まれ、獣足円形硯と蹄足円形硯では陸部が外堤より高いか等しいものに限られる。ｅ種でも隋のものは陸部が外堤より低く、唐になると陸部は外堤より高くなる。陸部が外堤より低い初期のｅ種はｃ種の影響を受けたものであろう。ｆ種には陸部が外堤より高いものと低いものの両者があり、これにも陸部が外堤より低いものから高いものへの変遷が見られる。ｇ種では四川省横山子窯址出土硯のように陸部が外堤より高いものもあるが、陸部の高さが外堤と同じか外堤より低いものが殆どを占め、陸部が外堤と同じかそれより低いのが原則であったようである。ただし、ｃ・ｅ・ｆの三種では陸部外周の凹みないし溝が海部として機能するのに対し、ｇ種では低く凹んだ陸部中央が海部として機能し、陸部外周の溝は海部としての機能を殆ど果たさない。これを究極まで押し進めたのが渤海上京龍泉府址出土硯で、陸部周縁に付された突帯（内堤）によって海陸は完全に分断されている。これは溝状の海部全体に墨汁が分散する無駄を省くためもあろうが、当時隆盛を極めていた硯面が傾斜する風字硯の影響を受けた可能性が高い。硯面外周の突帯も風字硯の内堤と軌を一にするものであろう。

硯全体の形態では、魏晋南北朝の多足円形硯から獣足円形硯Ａ類と蹄足円形硯Ａ類が派生し、これに輪状の台が加わって獣足円形硯Ｂ類・Ｃ類と蹄足円形硯Ｂ類が成立したと見てよい。これに対し、圏足円形硯は三足円形硯や多足円形硯とは形態を全く異にし、これらの発展形と見なすことはできない。

圏足円形硯の圏足が何に由来するかは定かでないが、その可能性を秘めるものに器座がある。隋唐の器座は例が少ないが、河南省隋張盛墓出土器座は白磁銭倉に伴うもので、垂直な脚台の上下両端に断面矩形の突帯が巡り、脚台部に長方形横長の透し孔が開く。年代は隋開皇一四年（五九四）[31]。陝西省西安市東郊洪慶村三〇五号唐墓出土灰陶彩絵器座は、裾広がりの脚台上端部外側が突出して面をなし、沈線一条が巡る（図２－20）。脚台下端外面は幅広い凹端面をなし、脚台全体が縦の突帯によって八区に分割され、象首と蹲踞する獣の全身像が付され、円形の透し孔が開く。上面は脚台上端より低い平坦面となっている。年代は盛唐の七世紀後晩期～八世紀初頭[32]。浙江省臨安県（現杭州

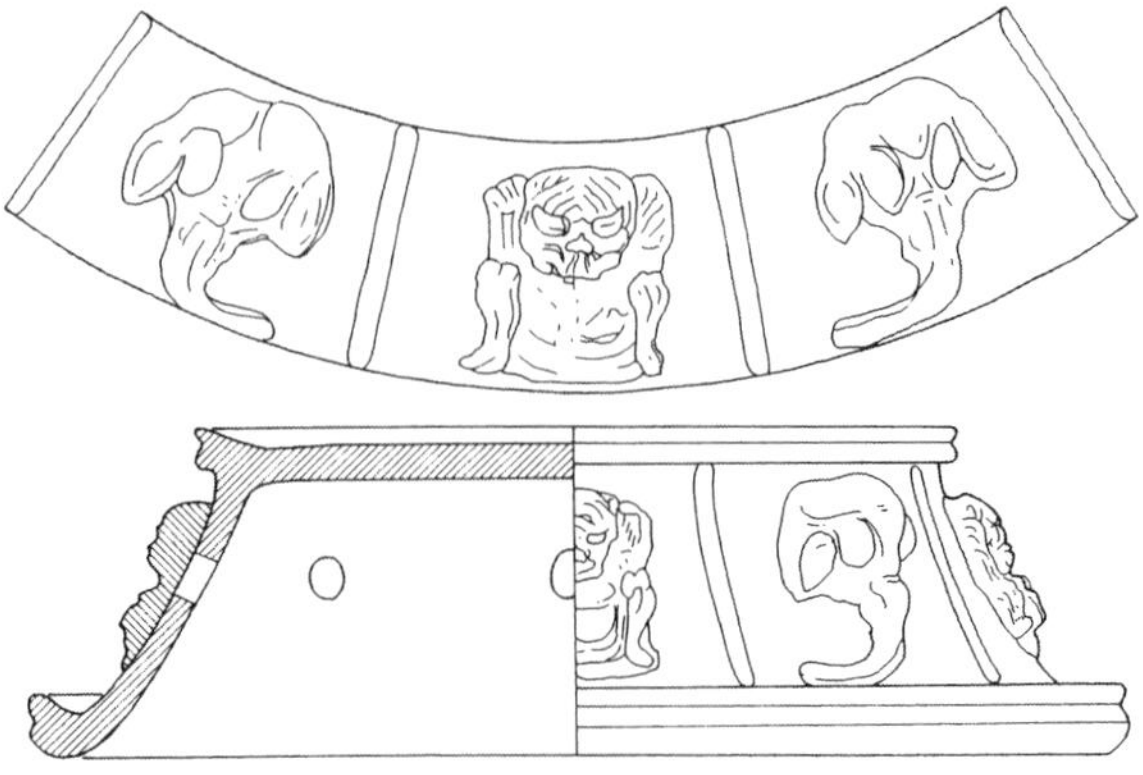

図２－20　陝西省洪慶村305号唐墓出土器座実測図（縮尺１/６）

市臨安区）文物管理委員会蔵灰陶褐彩雲文薫炉器座には、格座間形の透しが開く[33]。器座は受部と台脚とを一体として作る技法を有し、他の容器には無い透し孔を持つ点で、圏足円形硯と共通する点が多く、器座が圏足円形硯の祖形の一つであった可能性は高い。特に渤海上京龍泉府出土硯と陝西省洪慶村三〇五号唐墓出土器座とは、透し孔の形態と装飾の差を除けば、全体形は酷似しており、圏足円形硯B類と器座との間には密接な関係があったと考えている。g種硯面形態の陸部が外堤と同じかそれより低いのもこれに関係するものであろう。

五、五代・宋の円形硯

五代以後は風字硯や長方形硯が一世を風靡し、円形硯は極端に少なくなる。

福建省南平市邵武市沿山公社宋墓出土硯は石製で、硯面周縁に低い外堤を巡らせ、一端に三日月形の海部を設けている。下に短い足が三本付く。口径一二・五糎[34]。

江蘇省南京市浦口区黄悦嶺南宋張同之夫婦墓出土硯は石製で、足は無く、硯面周縁に極めて低い外堤を巡らせ、一端に三日月形の海部を設けている。口径一九・八糎、高さ四・五糎。南宋慶元元年（一一九五）[35]。

江西省萍郷市南坑古窯址出土硯は赤色を呈する灰陶製の無足円形硯で、硯面形態はg種に属する。口径一一糎、高さ二・六糎。年代は特定できず、南宋から元・明の間とされている[36]（図２－21－３）。

江西省贛州市七里鎮窯址出土硯は黒釉製で、切高台を有し、硯面形態はg種に属する（図2－21－1）。口径一○・三糎、高さ二・四糎。晩唐五代～元末[37]。

江西省贛州市七里鎮烏頭塘窯址出土硯は青磁製で、低い輪高台を有し、平坦な硯面内寄りに浅い溝を巡らせ、硯面中央がわずかに凹むg種硯面形態をとる（図2－21－2）。口径九・八糎、高さ二糎、高台径四糎。南宋[38]。

内蒙古自治区赤峰市敖漢旗白塔子遼墓出土硯は灰陶製で、硯面は一方に傾斜し、硯面の低い方に外堤、高い方に脚台を半周させている（図2－21－4）。口径一○糎、高さ二糎。この墓には、遼太康七年（一○八一）銘の石経幢座が追補されている[39]。

内蒙古自治区赤峰市巴林左旗四方城遼墓出土硯は三彩製の圏足円形硯で、硯面の一端を掘り凹めて海部としている。外面を印花文で飾り、裏面に花押ないし契丹文字風の墨書がある。口径二○数糎、高さ一○糎以内[40]。

遼寧省瀋陽市新民市巴図営子遼墓出土硯は黄釉製の圏足円形硯で、一ヶ所に透し孔が開く。口径一二・八糎、高さ四・八糎[41]。

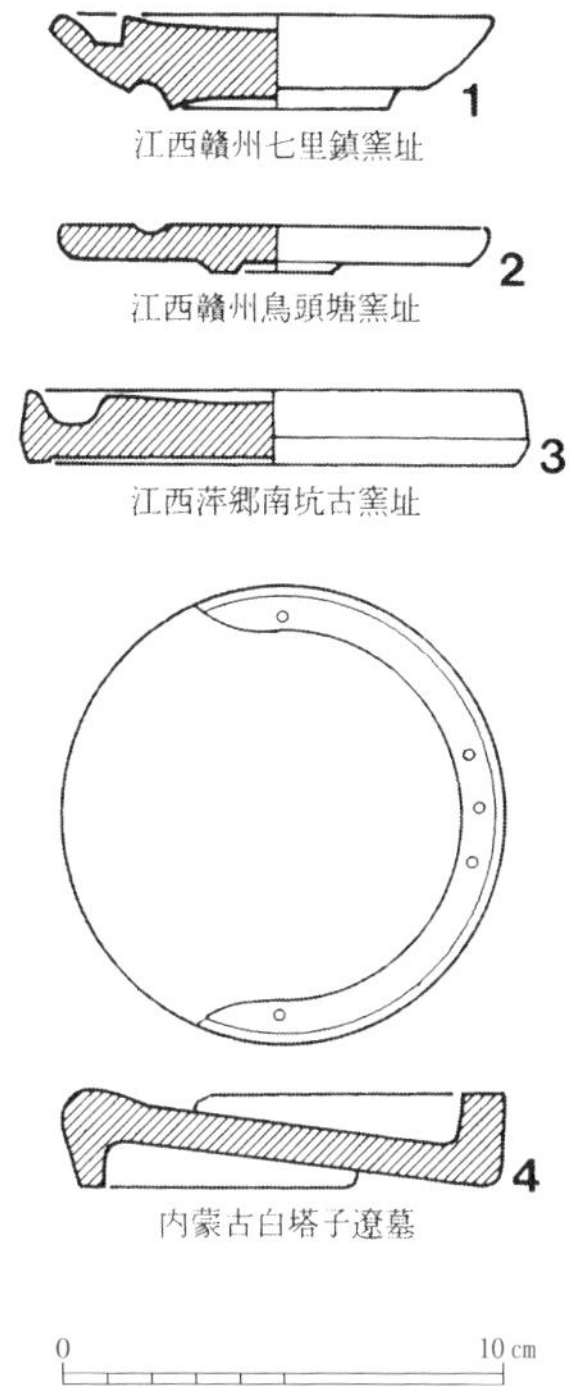

図2－21　宋・遼円形硯実測図

以上の硯のうち、隋唐の形制をほぼそのまま踏襲するのは江西省南坑窯址出土無足硯と遼寧省新民市遼墓出土圏足円形硯のみであり、他は碗皿類の高台を写したり、風字硯の形態を模した硯面となっている。材質的にも石製の比率が高まり、石製風字硯・長方形硯の影響を窺うことができる。

漢に発生し、魏晋南北朝に隆盛を極めた円形硯は、隋唐に多様な形態を生み出したが、唐と共にその使命を絶つ。円形の硯はその後清朝まで時として作られることはあっても、珍品奇品の範囲に留まり、漢から唐まで連綿と続いた系譜に連なるものではなく、漢から唐までの円形硯のような重大な影響を周辺諸国にもたらすことも無かった。

註

（1）前者の例に湖北省孝感市雲夢県睡虎地四号墓出土硯。後者の例に河北省承徳市平房出土硯がある。
湖北孝感地区第二期亦工亦農文物考古訓練班「湖北雲夢睡虎地十一座秦墓発掘簡報」『文物』一九七六年第九期。

河北省博物館・文物管理処編『河北省出土文物選集』文物出版社、一九八〇年五月。

（2）陝西省臨潼区姜寨遺址、山西省襄汾県陶寺墓址、河南省偃師市二里頭遺址等に類例があり、河南省洛陽市機瓦廠第一四号西周墓では牛型に彫刻した玉製品が出土している。
半坡博物館・陝西省考古研究所・臨潼県博物館『姜寨—新石器時代遺址発掘報告』文物出版社、一九八八年一〇月。

中国社会科学院考古研究所山西工作隊・臨汾地区文化局「一九七八—一九八〇年山西襄汾陶寺墓址発掘簡報」『考古』一九八三年第一期。

中国科学院考古研究所洛陽発掘隊「河南偃師二里頭遺址発掘簡報」『考古』一九六五年第五期。

洛陽市博物館「洛陽市十五年来出土的硯台」『文物』一九六五年第一二期。

（3）A　吉田惠二「日本古代陶硯の特質と系譜」『國學院大學考古学資料館紀要』第一輯、一九八五年三月（本書第Ⅰ部第2章）。
B　吉田惠二「陶製熊脚三足円面硯の発生とその意義」『國學院大學考古学資料館紀要』第三輯、一九八七年三月（本書第Ⅱ部第2章）。

（4）関野貞「石巌里第九号墳」『楽浪郡時代の遺跡』朝鮮総督府古蹟調査特別報告第四冊、一九二七年三月。
梅原末治・藤田亮策編『朝鮮古文化綜鑑』第二巻、一九四八年一二月。

なお、これら二書では年代が特定されていないが、漢の熊脚のうち本品と同じ様式を持つものに陝西省咸陽市龔家湾一号墓出土鎏金熊脚、故宮博物院蔵鎏金乗輿斛熊脚、フリーア美術館蔵灰陶奩熊脚があり、各々王莽期、後漢建武二一年（四五）、後漢一世紀とされる。特に龔家湾一号墓出土鎏金熊脚は本品と全く同じ形態、構造であり、本品は王莽期ないし前漢末期に位置付けられる。

孫徳潤・賀雅宜「龔家湾一号墓葬清理簡報」『考古与文物』一九八七年第一期。

小山富士夫・杉村勇造・関野雄・宮川寅雄編『故宮博物館』講談社、一九七五年四月。

方国錦「故宮博物院蔵鎏金銅斛」『文物参考資料』一九五八年第九期。

ジョセフィン＝H＝ナップ・エスィン＝エイティル編『フリーア美術館』東洋陶磁大観第一〇巻、講談社、一九七五年八月。
(5) 朝鮮古蹟研究会『楽浪彩篋塚』古蹟調査報告第一冊、一九三四年一二月。
原田淑人「硯との関連から見た中国古代の墨」『考古学雑誌』第四六巻第一号、一九六〇年六月。
(6) 朝鮮古蹟研究会『楽浪古墳昭和十年度古蹟調査概報』一九三六年一一月。
(7) 東京大学『文学部考古学研究室蒐集品考古図編』第一九輯、一九六一年三月。
(8) 中国科学院考古研究所編『洛陽焼溝漢墓』中国田野考古報告集考古学専刊丁種第六号、科学出版社、一九五九年一二月。
(9) 臨沂市博物館「山東臨沂金雀山周氏墓群発掘簡報」『文物』一九八四年一一期。
(10) 北魏太和八年（四八四）に死去した司馬金龍の墓から径一八・八糎、厚さ〇・七糎で外縁に連珠文を施した円形板石硯が一点出土しているが、例外的なものと言える。
山西省大同市博物館・山西省文物工作委員会「山西大同石家寨北魏司馬金龍墓」『文物』一九七二年第三期。
(11) 丁祖春「四川大邑県馬王墳漢墓」『考古』一九八〇年第三期。
(12) 四川省文物管理委員会・崇慶県文化館「四川崇慶県五道渠蜀漢墓」『文物』一九八四年第八期。なお、報告書はこれを灯座としているが、水滴の誤りである。
(13) 京都大学文学部『京都大学文学部博物館考古学資料目録』第三部、一九六三年三月。
なお、本品の年代を『世界考古学大系』第七巻（平凡社、一九五九年八月）では前漢、中野徹氏は三国時代としている（中野徹「金工」大阪市立美術館編『六朝の芸術』平凡社、一九七六年一〇月）。しかし、江蘇省徐州市土山後漢彭城王家族墓と安徽省合肥市肥東県漢墓から本品と形態が酷似した辟邪銅硯が出土しており、漢代のものと考える。

夏鼎「無産階級文化大革命中的考古新発現」『考古』一九七二年第一期。

名古屋市博物館・中日新聞社編『中華人民共和国南京博物院名宝展図録』一九八九年。

葛介屏「肥東、霍丘県発現漢墓」『文物』一九五九年第一〇期。
(14) 註3・Bに同じ。
(15) 鎮江博物館・劉建国「鎮江東晋墓」『文物資料叢刊』八、一九八三年一二月。
(16) 湖北省文物管理委員会「武昌蓮渓寺東呉墓清理簡報」『考古』一九五九年第四期。
(17) 鍾志成「江陵鳳凰山一六八号漢墓出土一套文書工具」『文物』一九七五年第九期。
(18) 広州象崗漢墓発掘隊「西漢南越王墓発掘初歩報告」『考古』一九八四年第三期。
文化部文物局・故宮博物院編『全国出土文物珍品選』文物出版社、一九八七年三月。
(19) 水野清一「すみ　墨」水野清一・小林行雄編『図解考古学辞典』東京創元社、一九五九年六月。
尹潤生「中国墨創始年代的商榷」『文物』一九八三年第四期。
(20) 山西省文物工作委員会・雁北行政公署文化局・大同市博物館「山西渾源華村西漢木槨墓」『文物』一九八〇年第六期。
(21) 黄河水庫考古工作隊「河南陝県劉家渠漢墓」『考古学報』一九六五年第一期。
(22) 江西省歴史博物館「江西南昌市東呉高栄墓的発掘」『考古』一九八〇年第三期。
(23) 江西省博物館「江西南昌晋墓」『考古』一九七四年第六期。
(24) 洛陽市博物館「洛陽市十五年来出土的硯台」『文物』一九六五年第一二期。
(25) 奈良県斑鳩町竜田御坊山古墳でも、ガラス製筆管に伴って水滴足を持った三彩有蓋十足硯が発見されている。
奈良県教育委員会『竜田御坊山古墳　付平野塚穴山古墳』奈良県史跡名勝天然記念物調査報告第三二冊　一九七七年三月。
(26) 宋百川・劉鳳君・杜金鵬「曲阜宋家村古代瓷器窯址的初歩調査」『景徳鎮陶瓷』第二輯、一九八四年。
宋百川・劉鳳君「山東曲阜、泗水隋唐瓷窯址調査」『考古』一九八五年第一期。
(27) 連円形透しは長寿二年（六九三）に死亡した張思忠と長安二年（七〇二）に死亡した夫人趙氏の合葬墓である河南省偃師市揺頭村唐墓出土竈形長方形硯の台脚部にも見られる。
偃師県文物管理委員会「河南偃師県隋唐墓発掘簡報」『考古』一九八六年一一期。
(28) 兪偉超「西安白鹿原墓葬発掘報告」『考古学報』一九五六年第三期。
(29) 東京大学『文学部考古学研究室蒐集品考古図編』第二〇集、一九六四年二月。
(30) 唐永徽二年（六五一）に昭陵に陪葬された段蕳壁墓出土獣足円形硯は足を欠くため類別不能であるが、g種硯面形態に属している。

(31)　昭陵博物館「唐昭陵段萠壁墓清理簡報」『文博』一九八九年第六期。
(32)　河南省博物館編『河南省博物館』中国博物館叢書第七巻、文物出版社、一九八五年一〇月。
(33)　中国科学院考古研究所編『西安郊区隋唐墓』中国田野考古報告集考古学専刊丁種第一八号、科学出版社、一九六六年六月。
(34)　中国美術全集編輯委員会編『陶瓷（中）』中国美術全集工芸美術編二、上海人民美術出版社、一九八八年一二月。
(35)　福建省博物館「福建邵武沿山宋墓」『考古』一九八一年第五期。
(36)　南京市博物館「江浦黄悦嶺南宋張同之夫婦墓」『文物』一九七三年第四期。
(37)　江西省文物工作隊「江西萍郷南坑古窯調査」『考古』一九八四年第三期。
(38)　江西省文物考古研究所・贛州地区博物館・贛州市博物館「江西贛州七里鎮窯址発掘簡報」『江西文物』一九九〇年第四期。
(39)　李海根「贛州七里窯烏頭塘出土瓷器」『江西文物』一九九〇年第四期。
(40)　敖漢旗文化館「敖漢旗白塔子遼墓」『考古』一九七八年第二期。
(41)　李文信「遼瓷簡述」『文物参考資料』一九五八年第二期。
(42)　馮永謙「遼寧省建平、新民的三座遼墓」『考古』一九六〇年第二期。

表２－７　漢円形板石硯一覧表

	遺跡名	材質	法量cm 直径	法量cm 厚さ	研石	年代	文献
1	湖北省荊州市鳳凰山一六八号漢墓	細砂岩	九・五	一・六	有	前漢　文帝一三年	1
2	湖北省荊州市張家山四二七号漢墓					前漢　初期	2
3	陝西省銅川市耀州区八号漢墓	紅砂岩	一〇・〇		有	前漢　初期	3
4	陝西省宝鶏市扶風県石家一号漢墓	砂岩	二三・〇	四・七	有	前漢　早期	4
5	湖南省長沙市沙湖橋F五号墓	青石	一五・五	一・五	有	前漢　中期	5
6	陝西省安康市旬陽県王君墓	細砂石	一二・一	一・三	有	前漢　中～晩期	6
7	陝西省西安市灞橋区洪慶村一二八号墓	砂石	一〇・一	二・五		前漢　中期～後漢初期	7

8	陝西省西安市西郊土門村漢墓		一五・五	三・八	有	前漢 晩期	8
9	上海市福泉山二〇号墓	砂頁岩	九・五	〇・六	有	前漢	9
10	広東省広州市四〇二五号墓		九・八			後漢 前期	10
11	河南省三門峡市霊宝市張湾三号墓		一五・八	〇・九		後漢 後期	11
12	広東省広州市五〇八〇号墓	灰色頁岩	一二・二		有	後漢 後期	10
13	河北省		一六・六	一・〇	有	後漢 和光五年以前	12
14	江西省南昌市南郊一号墓	青石	一九・五	一・一	有	後漢 晩期	13
15	河北省定州市北荘漢墓	砂岩	一五・三～一六・九	〇・五～一・〇	有	後漢	14 15
16	河北省石家荘北郊後漢墓	砂質頁岩	一七・〇	一・〇	有	後漢	16
17	河南省洛陽市三〇工区一五号墓	砂石	一五・〇	五・〇		後漢	17
18	河南省洛陽市一二工区六・一三・四号墓	砂石	一六・〇	三・五	有	後漢	17
19	四川省成都市簡陽市東渓公社漢墓	青灰色岩	一九・五	二・〇		漢	18
20	遼寧省遼陽市遼陽石槨墓		一五・三			漢	19
21	朝鮮平壌石巌里第九号墳		一三・一	〇・五	有	漢	20 21
22	朝鮮旧大同郡龍淵面道済里第五〇号墳		一五・二	一・三		漢	21 22

表2-8　漢三足円形硯一覧表

		遺跡名	材質	法量cm 口径	法量cm 高さ	硯面	年代	脚	備考	文献
有蓋	1	河南省洛陽市一二工区六・一二・三号墓	石	一四・八	（二・八）	A	前漢	熊脚		17
	2	河南省濮陽市南楽県宋耿洛村一号墓	石	三二・三	一二・八	A	後漢 延熹三年	熊脚	水池 蓋	23 24
	3	伝甘粛省天水市隗囂宮遺址	石	一三・五	一二・五	A	後漢	熊脚	蓋	25 26
	4	陝西省長安市長安区樊川農業機械学校校地	石	一一・二	一三・〇	A	漢	熊脚	蓋	8
	5	獣足石硯	石	一九・六	（三・〇）	A	漢	熊脚		27
	6	大蔵集古館蔵硯	石			A	漢	熊脚	蓋	20

	7	安徽省阜陽市太和県税鎮馬古堆漢墓	石	二一・一	（四・五）	A	後漢		水池	35
	8	広東省広州市沙河区漢墓	灰陶			A	後漢 中期		蓋	28
	9	広東省広州市五〇八〇号墓	緑釉	一六・五	八・〇	A	後漢 後期		蓋	10
	10	湖北省宣昌市当陽市劉家塚子後漢画像石墓	灰陶	三〇・〇	一三・〇	A	後漢 末期		蓋	29
	11	甘粛省張掖市黒水園漢墓	緑釉	九・〇	九・〇	A	漢		蓋	30
	12	河南省偃師市杏園村六号墓	石	一一・二	七・〇	B	後漢 晩期		水池 蓋	31
	13	河北省滄州市滄県四荘村漢墓	石	一六・〇	一五・五	B	後漢		蓋	32
	14	河南省周口市淮陽県七里棚漢墓	石	一六・〇	（三・七）	B	漢	熊脚		33
	15	天津市芸術博物館蔵熊足円石硯	石	二一・九	一〇・〇	B	漢	熊脚	水池	34
	16	安徽省阜陽市太和県李閣郷双古堆空心磚墓	石	一五・六	一四・三	不明	後漢	熊脚	蓋	35
	17	三熊足帯蓋石硯	石	一三・五	一五・〇	不明	漢	熊脚	蓋	36
	18	双鳩蓋三足石硯	石	一四・六	一一・五	不明	漢		蓋	36
硯　蓋	19	河南省洛陽市焼溝一〇三八号墓	石	一二・〇	八・三		後漢 晩期			17 37
	20	湖南省長沙市南塘冲三号墓	石				後漢末～六朝			38
	21	安徽省阜陽市太和県李閣郷双古堆磚墓	石	一〇・七	二・四		後漢			35
	22	河北省出土立獅硯蓋	石	二二・五	二二・五		漢			12
	23	河北省出土盤竜石硯蓋	石	二五・一	八・一		漢			12
無　蓋	24	寧夏回族自治区呉忠市関馬湖三号漢墓	石	一二・〇	四・四		前漢末～後漢			39
	25	四川省成都市簡陽市東渓公社園芸場古墓	石	二三・五	三・〇		漢			18
			石	一七・〇	二・六					

（　）内は硯部の高さ

表２－９　魏晋南北朝三足円形硯一覧表

	遺跡名	材質	法量cm 口径	法量cm 高さ	硯面 類種	年代	備考	文献
1	江蘇省南京市石門坎魏墓	青磁			Ⅰa	魏 正始二年以後	熊脚	40

2	江蘇省鎮江市句容市西晋元康四年墓	青磁	一一・九	四・四	I	a	西晋　天康四年	熊脚	41
3	江蘇省無錫市宜興市一号晋墓				I	a	西晋　元康七年	熊脚　蓋	42
4	江蘇省南京市栖霞山甘家港五号墓	青磁			I	a	西晋	熊脚	43
5	安徽省晋墓	青磁	一一・三	三・七	I	a	晋	熊脚	44
6	江蘇省鎮江市高・金一号墓	灰陶	二三・六	七・〇	I	a	東呉	熊脚	45
7	湖北省鄂州市一二七六号墓	青磁	二三・二		I	a	呉~晋	蓋	46
8	江蘇省南京市象坊村一号墓	青磁	一七・一	四・〇	I	a	東晋　大興二年	熊脚	47
9	江蘇省南京市郭家山二号墓	青磁			I	a	東晋		48
10	江蘇省南京市呂家山一号墓	灰陶	一五・三	四・一	I	a	東晋　永和以後		49
11	江蘇省鎮江市諫壁油庫一号墓	青磁	一二・〇	四・五	I	a	東晋　泰和元年頃		50
12	江蘇省南京市娘娘山一号墓	青磁	一一・五	四・〇	I	a	東晋		49
13	江蘇省鎮江市丹・沙一号墓	青磁			I	a	晋		45
14	湖南省長沙市三号晋墓	青磁	七・〇		I	a	晋		51
15	広東省広州市塘望岡三号墓				I	a	東晋　以後		52
16	広東省梅州市梅畲二号墓	灰陶	一〇・二	四・五	I	a	南朝　早期		53
17	広東省韶関市曲江区南華寺南朝墓	青磁	一一・〇	三・五	I	a	南朝　早期		54
		青磁	一〇・八	二・九	I	a			
18	江蘇省南京市江寧区東善橋三号墓	青磁			I	a	南朝　晩期		55
19	江蘇省南京市江寧区上坊一号墓	灰陶	二〇・八	五・三	I	b	呉　天冊元年	水池	56
20	湖南省長沙市黄泥塘三号墓	灰陶	一四・四	四・五	I	b	西晋末~東晋初		57 58
21	江蘇省鎮江市燕子山三号墓	青磁	一三・六	四・六	I	b	東晋　早期		59
		灰陶			II	b			
22	湖北省宜昌市枝江市姚家港二号墓	灰陶	一六・四	三・六	I	b	東晋		60
23	江西省吉安市新幹県金鶏嶺三三号墓	青磁	一三・二	三・〇	I	b	晋		61
24	江蘇省南京市老虎山二号墓	青磁	一三・〇	四・二	I	b	東晋		62
		灰陶	二五・〇		I				
25	江蘇省南京市郭家山二号墓	青磁	一二・〇	四・六	I	b	東晋		48
26	江蘇省鎮江市陽彭山二号墓	青磁	一七・二	五・二	I	b	東晋　晩期		59
27	江蘇省南京市五塘村一号墳	青磁			I	b	東晋　晩期		49

28	江蘇省南京市涂家村南朝墓	灰陶	一四・八	五・四	I	b	南朝 初期	蓋	63
29	広東省深圳市宝安区鉄子山一二号墓				I	b	南朝 早期		87
30	広西壮族自治区梧州市藤県跑馬坪一号墓	青磁	一二・二	四・〇	I	b	南朝		156
31	広西壮族自治区桂林市銀山嶺一四〇号墓	青磁	一二・〇	四・五	I	b	東晋		64
32	青瓷三足硯	青磁	一三・二	五・四	I	b	晋		65
33	青瓷三足硯	青磁	一六・五	五・八	I	b	晋		65
34	江西省贛州市贛県区上高村宋墓	青磁	一四・〇	三・八	I	b	宋 景平年間		86
35	湖北省荊州市江陵県黄山南朝宋劉氏墓	青磁	一一・二	三・六	I	b	宋 元嘉三年		66
36	湖南省湘陰県濠河重華城南朝墓	青磁	一三・二	三・二	I	b	宋～斉		67
			～	～					
			一四・六	四・〇					
37	湖北省武漢市一九三号墓	青磁	一五・二	五・二	I	b	斉 永明三年		68
		黒陶	一二・六	四・〇	I	c			
38	江蘇省南京市梁桂陽王蕭象墓	灰陶	九・八	三・二	I	b	梁		69
39	江蘇省南京市象山二号墓	灰陶	一七・二	五・五	I	b	南朝		70
40	浙江省金華市古方三三号墓	青磁	二二・八	五・二	I	b	南朝		71
41	江蘇省鎮江市磚瓦廠劉剋墓	黒陶	七・八	四・五	I	c	東晋 升平元年		80
42	江蘇省鎮江市汝山賈泉湾二号墓		一八・〇	五・六	I	c	東晋 中期		59
			一八・三	四・八	II	a			
43	江蘇省鎮江市汝山賈泉湾五号墓		一〇・八	二・一	I	c	東晋 中期		59
44	江西省贛州市贛県区四号墓	青磁	九・五	二・五	I	c	斉		72
45	福建省福州市閩侯県南嶼南朝墓	青磁	一四・四	三・九	I	c	斉～梁		73
46	江西省贛州市寧都県塘泥排村梁墓	青磁	一四・〇	二・〇	I	c	梁 大同七年		74
47	江蘇省南京市堯化門梁墓	灰陶	一六・〇	六・〇	I	c	梁		75
48	江蘇省南京市対面山南朝墓	青磁	一六・四	四・二	I	c	南朝		76
49	江蘇省南京市仏鶴門南朝墓	黄陶	一四・一	四・七	I	c	南朝 中～晩期		77
50	浙江省湖州市徳清県徳清窯址	青磁			I	c	南朝 後期		78
51	江蘇省南京市高廟墓				I	c			157
52	湖南省湘陰県湘陰古窯址				I	c			158

53	広東省肇慶市高要区東晋墓	青磁	一二・〇	四・〇	Ⅰ		東晋 建元～永和		79
54	江蘇省南京市老虎山三号墓	灰陶	一五・〇	四・三	Ⅰ		東晋		62
55	江蘇省南京市老虎山四号墓	灰陶			Ⅰ		東晋		62
56	湖南省長沙市麻城橋徐副墓	青磁			Ⅰ		宋 元嘉一〇年		81
57	福建省南平市建甌市木墩梁墓				Ⅰ		梁 天監五年		82
58	江蘇省南京市邁皐橋西晋墓	青磁	一八・二	三・五	Ⅱ	a	西晋 永嘉二年	熊脚	83
59	江蘇省鎮江市鎮・磚三号墓	灰陶	二六・〇	五・八	Ⅱ	a	西晋		45
60	江蘇省南京市郭家山三号墓	青磁	一〇・八	三・二	Ⅱ	a	東晋 咸和元年	熊脚	48
61	江蘇省南京市象山七号夏金虎墓	灰陶	二二・八	四・五	Ⅱ	a	東晋 大元一七年	水池	84
62	広東省韶関市始興県赤東一号墓	青磁	一六・〇	四・五	Ⅱ	a	東晋		85
63	江蘇省南京市象山五号王閩之墓	灰陶	一四・七	三・九	Ⅱ	b	東晋 升平二年		84
64	湖北省宜昌市枝江市姚家港三号墓	灰陶	一九・五	四・五	Ⅱ	b	東晋		60
65	江蘇省鎮江市丹徒焦湾一号墓	青磁	二〇・〇	三・六	Ⅱ	c	東晋 晩期		59
66	福建省福州市西門外一号墓	青磁	一三・〇	四・〇		a	南朝		88
67	浙江省温州市瑞安市蘆蒲一六〇号墓	青磁	一三・〇	三・〇		b	東晋 太和三年		89
68	福建省泉州市南安市獅子山二号墓	青磁	一七・五	四・〇		b	東晋 寧康三年		90
69	浙江省寧波市鄞州区鄞県古窯址	青磁				b	東晋	蓋	91
70	広東省韶関市始興県老虎鎮三号墓	青磁	一二・〇	二・八		b	東晋		92
71	広東省韶関市河西二九号墓					b	東晋		93
72	広西壮族自治区梧州市藤県跑馬坪一号墓	青磁	一二・二	四・〇		b	南朝 早期		94
73	広西壮族自治区桂林市新街長茶地南朝墓	青磁	一四・〇	二・五		b	南朝		95
74	安徽省宜城市郎渓県二号晋墓	灰陶					西晋		96
75	広東省韶関市ＳＳＧ一〇号墓	青磁	二一・八	六・二			東晋 永和二年		97
76	浙江省台州市黄岩区秀嶺水庫一〇号墓	青磁					東晋 永和三年	蓋	98
77	江蘇省鎮江市磨笄山一号墓	灰陶					東晋 早期		59
78	江蘇省鎮江市跑馬山八号墓	灰陶					東晋 早期		59
79	浙江省紹興市新昌県二〇号墓	青磁	一一・〇				東晋 太元一八年		99
80	江蘇省南京市老虎山一号墓	灰陶	二〇・〇	四・五			東晋		62
81	江蘇省南京市童家山一号墓	青磁	一六・七	五・五			東晋		100

表2-10　魏晋南北朝多足円形硯一覧表

	遺跡名	足数	材質	法量cm 口径	法量cm 高さ	硯面 類	硯面 種	年代	備考	文献
1	浙江省紹興市柯橋区西晋墓	四	青磁	二〇・三	四・〇	I	a	西晋　前~中期	熊脚	101
2	浙江省杭州市蕭山区上薫窯址	四	青磁	三〇・五	七・一	I	a	晋		102
3	貴州省貴陽市清鎮市平壩一〇五号墓	四	青磁	一三・八	三・〇	I	a	三国~南朝		103
4	江蘇省南京市童家山南朝墓	四	青磁			I	b	南朝　中~晩期		104
5	広東省深圳市宝安区鉄子山二一号墓	四	青磁	一四・八	四・六	I	c	南朝　早期		87
6	浙江省寧波市雲湖窯址	四	青磁	一六・二	六・六	I	c	南朝早期~梁		105
7	浙江省温州市瑞安市桐渓一二四号墓	四	青磁	一二・〇	五・五	I	c	梁　大同八年		89
8	江西省宜春市樟樹市清江県潭埠二号墓	四	青磁	一四・四	三・五	I	c	梁		106
9	湖北省黄石市大冶市瓦窯塘村二号墓	五	青磁	一五・二	五・六	I	b	斉	馬蹄足	107
10	湖南省長沙市野坡一号墓	五	青磁	一四・一	四・八		b	南朝		108
11	江西省吉安市永豊県蟠竜山南朝墓	五	青磁	二二・〇	一四・〇	I	c	南朝	馬蹄足	109 110
12	広西壮族自治区桂林市恭城県長茶地一号墓	五	青磁	八・七	七・〇	I	c	南朝		95 111
13	浙江省紹興市尹相公山磚室墓	五	青磁	二〇・三	五・六			南朝		112
14	広東省掲陽市掲仙赤南朝三号墓	六	青磁	二五・〇	九・一	I	a	南朝	馬蹄足	113
15	福建省福州市西門外南朝三号墓	六	青磁	九・五	三・〇	I	a	南朝		88
16	湖南省長沙市南朝墓	六	青磁	一四・〇	五・二	I	c	南朝		51
17	湖北省武昌市水果湖五四三号墓	六	青磁		四・七	I	c	六朝　中~晩期		114
18	湖南省長沙市爛泥冲斉劉氏墓	六	青磁			I	c	斉　永元元年		115
19	山西省大同市小南頭郷北魏元淑墓	六	灰陶	二〇・四	七・〇	I	c	北魏　永平元年	馬蹄足	116
20	福建省福州市天山馬嶺南朝窯址	八	青磁			I	c	梁　大同三年以後		117
21	広西壮族自治区柳州市融安県二号南朝墓	八	滑石	七・七	二・九			梁　天監一八年		119
22	福建省福州市閩侯県荊山南朝墓	一〇	青磁	二一・〇	六・二		b	南朝		118
23	広西壮族自治区柳州市融安県二号南朝墓	一二	青磁	二四・〇	五・二	Ⅲ	d	梁　天監一八年	水滴足	119

表2-11　隋唐三足・多足円形硯一覧表

	遺跡名	足数	材質	法量cm 口径	法量cm 高さ	硯面	年代	備考	文献
1	福建省寧徳市福安市渓北村唐墓	三	青磁	一〇・〇	二・四	c	初唐		120
2	湖南省長沙市赤岡冲	三	黄釉	一一・五	二・八	c	唐		57
3	福建省泉州市河市公社唐墓	三	磁器			e	唐　咸亨二年		121
4	江西省宜春市樟樹市清江県黄金坑三一号墳	四	青磁	一三・〇	四・〇	c	隋		122
5	福建省福州市閩侯県杜武唐墓	四	青磁	一三・三	四・二	c	唐　早期		118
6	青瓷四足円硯	四	青磁	一二・〇	四・二	c	唐		123
7	江西省撫州市黎川県荊頭村八号墓	四	青磁	九・〇	二・〇	f	初唐	乳足	124
8	四川省成都市郫都区横山子窯址	四	褐釉			g	唐～宋		125
9	湖南省長沙市四号墓	五	青磁	一四・七	四・二	c	隋	水滴足	51
10	福建省福州市朝陽区唐墓	五	青磁	九・二	三・五	c	唐		120
11	四川省成都市青羊宮窯址	五	褐釉			c	唐～宋	錐足	126
12	江西省宜春市樟樹市清江県樹槐公社隋墓	五	青磁	九・〇	三・〇	e	隋　大業四年	乳足	127
13	陝西省西安市郭家灘隋田徳元墓	五	黄釉	一三・五	三・五	e	隋　大業七年		8
14	江西省宜春市樟樹市清江県黄金坑八号墓	五	褐釉	一三・〇	三・八	e	隋		122
15	江蘇省揚州市揚州古城	五	青磁	一四・〇	四・五	e	唐	獣足	128
16	福建省福州市東郊唐墓	五	瓷	九・二	二・五	f	唐	錐足	129
17	青瓷六足円硯	六	青磁	一三・五	三・四	c	唐	錐足	123
18	湖南省長沙市赤峰山三号墓	八	青磁		三・〇	c	南朝末～隋唐	水滴足	130
19	広東省梅州市梅畲八号墓	八	青磁	三五・五	一〇・五	c	唐	馬蹄足	53
20	広東省清遠市連州市陽山鎮李屋村古墓	一〇	青磁	二〇・〇		c	初唐	水滴足	131
21	湖南省湘陰県隋大業六年墓	一〇	褐釉	一八・三	四・八	e	隋　大業六年	水滴足	132
22	四川省重慶市万州区駙馬公社唐冉仁才墓	一二	青磁	五・〇	一・八	c	唐　早期	水滴足	133
23	湖南省長沙市咸嘉湖唐墓	一三	瓷	七・五	三・〇	g	初唐	水滴足	134

24	湖北省武昌市南郊二四号墓	一五	瓷			c	隋		135
25	湖北省武昌市南郊四四号墓	一五	青磁			e	隋		135
26	湖南省長沙市赤峯山二号墓	二〇	褐釉	一四・〇		e	唐 前期	水滴足	136
27	浙江省衢州市江山市游頭公社六号墓	不明	青磁			g	唐 上元三年	獣足	138

表2-12 隋唐獣足円形硯一覧表

	遺跡名	材質	法量cm 口径	法量cm 高さ	類	種	年代	足数	備考	文献
1	河南省安陽市博物館蔵硯	青磁	一八・六	六・八	A	c	隋〜初唐	二二		137
2	陝西省咸陽市乾県懿徳太子墓	三彩			B	e	唐 神龍二年			140
3	江蘇省揚州市唐代木橋遺址	青磁			B	g	唐 中〜晩期		筆架	141
4	獣面多足大陶硯	灰陶	二一・〇	一二・九	C	e	隋〜唐			139
5	河南省洛陽市公安局収蔵硯	灰陶	二七・〇	一一・五	C	e	唐	二一		142

表2-13 隋唐蹄足円形硯一覧表

	遺跡名	材質	法量cm 口径	法量cm 高さ	類	種	年代	足数	備考	文献
1	河南省安陽市活水村隋墓	青磁	一〇・五	五・〇	A	e	隋 開皇七年	一五		143
2	江西省宜春市豊城市洪州窯址	黄釉	一六・〇	五・五	A	e	唐	二〇	筆架	23 144
3	四川省成都市青羊宮窯址	青磁	二二・八	八・〇	A	e	南北朝〜唐末五代	二一		145
4	四川省成都市青羊宮窯址	青磁	一八・二	六・八	A	f	南北朝〜唐末五代	一五		145
5	四川省成都市青羊宮窯址	青磁	二七・〇	八・四	A	f	南北朝〜唐末五代	二二		145

6	陝西省西安市郭家灘隋田行達墓	青磁	一一・八	四・五	B	e	隋 大業一二年	一六		8
7	陝西省宝鶏市扶風県周家南荘隋墓	緑釉	五・五	二・八	B	e	隋	九		146
8	青瓷多足大円硯	青磁	二九・一	一二・一	B	e	隋〜唐			139
9	陝西省咸陽市礼泉県長楽公主墓	白磁	二七・五	九・四	B	g	唐 貞観一七年	二五	蓋	148
10	湖北省十堰市鄖陽区唐李徽墓	白磁		五・六	B	e	唐 永淳二年	一五		147
11	河南省許昌市禹州市白沙一七一号唐墓	黄釉			B	e	唐 会昌六年以後	一七		149
12	陝西省西安市文物管理委員会蔵硯	白磁	五・五	二・七	B	e	唐	一二		150
13	陝西省西安市文物管理委員会蔵硯	白磁	五・〇	二・〇	B	e	唐	一三		150
14	陝西省西安市文物管理委員会蔵硯	白磁	五・〇	二・四	B	e	唐	一八		150
15	陝西省西安市羊頭鎮唐李爽墓	青磁	一一・五			e	唐 総章元年	一六		159

表2-14　隋唐圏足円形硯一覧表

	遺跡名	材質	法量cm 口径	法量cm 高さ	類	種	年代	透し 形	透し 数	備考	文献
1	湖南省長沙市黄泥坑九五号墓	青磁	一四・三	四・五	A	c	隋	長方形	二一		57
2	湖南省長沙市七号隋墓	青磁	一四・五	五・〇	A	c	隋	長方形			51
3	広東省茂名市高州市良徳一号墓	青磁		一一・五	A	f	唐	長方形	三三	筆架 水池	152
4	広西壮族自治区桂林市全州県趙司倉墓	青磁	一五・三	五・〇	A	e	唐 貞観一二年	半円形	五		151
5	広東省梅州市畬四号墓	青磁	二二・五	六・〇	A	e	唐 晩期	円形	一二		53
6	江西省上饒市鉛山県古埠窯址	青磁	二八・五	七・四	A	g	唐	円形	四		153
7	広東省広州市華僑新村五〇号墓	灰陶			A	e	唐	連円形	四	筆架 水池	154
8	黒龍江省牡丹江市寧安県渤海上京龍泉府址	灰陶	二二・八	七・八	B	g	渤海	猪目形			155
9	黒龍江省牡丹江市寧安県渤海上京龍泉府址	灰陶	二三・四	六・八	B	g	渤海	猪目形			155

文献一覧

1 鍾志成「江陵鳳凰山一六八号漢墓出土一套文書工具」『文物』一九七五年第九期。
2 荊州地区博物館「江陵張家山三座漢墓出土大批竹簡」『文物』一九八五年第一期。
3 馬建熙「陝西耀県戦国、西漢墓葬清理簡報」『考古』一九五九年第三期。
4 羅西章「陝西扶風石家一号漢墓発掘簡報」『中原文物』一九八五年第一期。
5 李正光・彭青野「長沙沙湖橋一帯古墓発掘報告」『考古学報』一九五七年第四期。
6 旬陽県博物館・張沛「旬陽西漢〝王君〟墓出土的器物」『考古与文物』一九八九年第六期。
7 陝西省文物管理委員会「陝西長安洪慶村秦、漢墓第二次発掘簡記」『考古』一九五九年第一二期。
8 朱捷元・黒光「陝西省博物館収蔵的幾件硯台」『文物』一九六五年第七期。
9 王正書「上海福泉山西漢墓群発掘」『考古』一九八八年第八期。
10 広州市文物管理委員会・広州市博物館『広州漢墓』中国田野考古報告集考古学専刊丁種第二一号、文物出版社、一九八一年一二月。
11 河南省博物館「霊宝張湾漢墓」『文物』一九七五年第一一期。
12 鄭紹宗「漢硯資料四則」『文物』一九六四年第一〇期。
13 江西省博物館「江西南昌市南郊漢六朝墓清理簡報」『考古』一九六六年第三期。
14 河北省文化局文物工作隊「定県北荘漢墓出土文物簡報」『文物』一九六四年第一二期。
15 河北省文化局文物工作隊「河北定県北荘漢墓発掘報告」『考古学報』一九六四年第二期。
16 石家荘市文物保管所「石家荘北郊東漢墓」『考古』一九八四年第九期。
17 洛陽市博物館「洛陽市十五年来出土的硯台」『文物』一九六五年第一二期。
18 蜀遅「四川簡陽出土的石硯」『考古与文物』一九八三年第二期。
19 東京大学『文学部考古学研究室蒐集品考古図編』第一九輯、一九六一年三月。
20 関野貞「石巌里第九号墳」『楽浪郡時代の遺蹟』朝鮮総督府古蹟調査特別報告第四冊、一九二七年三月。
21 梅原末治・藤田亮策編『朝鮮古文化綜鑑』第二巻、一九四八年一一月。
22 朝鮮古蹟研究会『楽浪古墳昭和十年度古蹟調査概報』一九三六年一月。

23 文化部文物局・故宮博物院編『全国出土文物珍品選』文物出版社、一九八七年三月。
24 史国強「河南南楽出土的東漢石硯」『考古与文物』一九八七年第四期。
25 甘粛省博物館・宋涛「漢螭蓋三足石硯」『文物』一九八九年第五期。
26 秋田県教育委員会・甘肅省博物館編『中国甘粛省文物展』秋田県・中華人民共和国甘粛省、一九九〇年二月。
27 「硯史資料（一）」『文物』一九六四年第一期。
28 広州市文物管理委員会「広州市東郊東漢磚室墓清理記略」『文物参攷資料』一九五五年第六期。
29 沈宜陽「湖北当陽劉家塚子東漢画像石墓発掘簡報」『文物資料叢刊』一、一九七七年一二月。
30 蕭雲蘭「甘粛張掖漢墓出土緑釉陶硯」『考古与文物』一九九〇年第四期。
31 中国社会科学院考古研究所河南第二工作隊「河南偃師杏園村的両座魏晋基」『考古』一九八五年第八期。
32 河北省博物館・河北省文物管理処編『河北省出土文物選集』文物出版社、一九八〇年五月。
33 周到「記淮陽出土的幾件石刻」『河南文博通訊』一九七九年第四期。
34 天津市芸術博物館編『天津市芸術博物館蔵硯』文物出版社、一九七九年一二月。
35 王歩芸「安徽太和県漢墓出土的石硯等文物」『文物参攷資料』一九五八年第一二期。
36 「硯史資料（一二）」『文物』一九六四年第一二期。
37 洛陽区考古発掘隊『洛陽焼溝漢墓』中国田野考古報告集考古学専刊丁種第六号、科学出版社、一九五九年一二月。
38 湖南省文物管理委員会「湖南長沙南塘冲古墓清理簡報」『考古通訊』一九五八年第三期。
39 寧夏博物館関馬湖漢墓発掘組「寧夏呉忠県関馬湖漢墓」『考古与文物』一九八四年第三期。
40 尹煥章「南京石門坎発現魏正始二年的文物」『文物』一九五九年第四期。
41 南波「江蘇句容西晋元康四年墓」『考古』一九七六年第六期。
42 羅宗真「江蘇宜興晋墓発掘報告」『考古学報』一九五七年第四期。
43 南京博物院・南京市文物保管委員会「南京栖霞山甘家巷六朝墓群」『考古』一九七六年第五期。
44 王業友「略談安徽出土的六朝青瓷」『中国考古学会第三次年会論文集』、文物出版社、一九八四年四月。
45 鎮江博物館「鎮江東呉西晋墓」『考古』一九八四年第六期。
46 蔣賛初・熊海堂・賀中香「湖北鄂城六朝考古的主要収穫」中国考古学会編『中国考古学会第四次年会論文集一九八三』、文物出版社、一九八五年一二月。
47 江蘇省文物管理委員会「南京象坊村発現東晋墓和唐墓」『考古』一九六六年第五期。
48 南京市博物館「南京北郊郭家山東晋墓葬発掘簡報」『文物』一九八一年第一二期。
49 南京市博物館考古組「南京郊区三座東晋墓」『考古』一九八三年第四期。
50 林留根「江蘇鎮江東晋紀年墓清理簡報」『東南文化』一九八九年第二期。
51 湖南省博物館「長沙両晋南朝隋墓発掘報告」『考古学報』一九五九年第三期。
52 広州市文物管理委員会「広州六朝磚室墓清理簡報」『考古通訊』一九五六年第三期。
53 広東省博物館「広東梅県古墓葬和古窯址調査、発掘簡報」『考古』一九八七年第三期。
54 広東省博物館「広東曲江南華寺古墓発掘簡報」『考古』一九八三年第七期。
55 呉学文「江蘇江寧東善橋南朝墓」『考古』一九七八年第二期。
56 南京市博物館「南京郊県四座呉墓発掘簡報」『文物資料叢刊』八、一九八三年一二月。
57 主啓初「湖南省博物館的幾方蔵硯」『文物』一九六五年第一二期。
58 湖南省博物館「長沙南郊的両晋南朝隋代墓葬」『考古』一九六五年第五期。
59 劉建国「鎮江東晋墓」『文物資料叢刊』八、一九八三年一二月。
60 姚家港古墓清理小組「湖北枝江姚家港晋墓」『考古』一九八三年第六期。
61 江西省文物管理委員会「江西新干金鶏嶺晋墓南朝墓」『考古』一九六六年第二期。
62 南京市文物保管委員会「南京老虎山晋墓」『考古』一九五九年第六期。
63 南京博物院「南京北郊涂家村六朝墓清理簡報」『考古』一九六三年第六期。
64 広西壮族自治区文物工作隊「平楽銀山嶺漢墓」『考古学報』一九七八年第四期。
65 「硯史資料（一二）」『文物』一九六四年第二期。
66 江陵県文物局「江陵黄山南朝墓」『江漢考古』一九八六年第二期。
67 張中一「湘陰県南朝、隋墓出土的青瓷器」『湖南考古輯刊』二、一九八四年九月。
68 湖北省博物館「武漢地区四座南朝紀年墓」『考古』一九六五年第四期。
69 南京博物院「梁朝桂陽王蕭象墓」『文物』一九九〇年第八期。

70　南京市文物保管委員会「南京象山東晋王丹虎墓和二、四号墓発掘簡報」『文物』一九六五年第一〇期。
71　金華地区文管会「浙江金華古方六朝墓」『考古』一九八四年第九期。
72　贛州市博物館「江西贛県南斉墓」『考古』一九八四年第四期。
73　福建省博物館「福建閩侯嶼南朝墓」『考古』一九八〇年第一期。
74　唐昌樸「江西寧都発現南朝梁墓」『文物』一九七三年第一一期。
75　南京博物院「南京堯化門南朝梁墓発掘簡報」『文物』一九八一年第一二期。
76　南京市文物保管委員会「南京郊区両座南朝墓清理簡報」『文物』一九八〇年第二期。
77　南京市博物館「南京郊区両座南朝墓」『考古』一九八三年第四期。
78　浙江省文物管理委員会「徳清窯瓷器」『文物』一九五九年第一二期。
79　広東省博物館「広東高要晋墓和博羅唐墓」『考古』一九六一年第九期。
80　鎮江市博物館「鎮江市東晋劉剋墓的清理」『考古』一九六四年第五期。
81　長沙市文物工作隊「長沙出土南朝徐副買地券」『湖南考古輯刊』一、一九八二年一一月。
82　許清泉「福建建甌木墩梁墓」『考古』一九五九年第一期。
83　南京市文物保管委員会「南京邁皋橋西晋墓清理」『考古』一九六六年第四期。
84　南京市博物館「南京象山五号、六号、七号墓清理簡報」『文物』一九七二年第一一期。
85　広東省博物館「広東始興晋―唐墓発掘報告」『考古学集刊』二、一九八二年一二月。
86　贛州地区博物館・贛県博物館「江西贛県南朝宋墓」『考古』一九九〇年第五期。
87　深圳博物館「広東深圳宝安南朝墓発掘簡報」『文物』一九九〇年第一一期。
88　曽凡「福州西門外六朝墓清理簡報」『考古通訊』一九五七年第五期。
89　浙江省文物管理委員会「浙江瑞安桐渓与蘆蒲古墓清理」『考古』一九六〇年第一〇期。
90　泉州市文物管理委員会「福建南安豊州獅子山東晋古墓（第一批）発掘簡報」『文物資料叢刊』一、一九七七年一二月。
91　浙江省文物管理委員会「浙江鄞県古瓷窯址調査記要」『考古』一九六四年第四期。
92　始興県博物館「広東始興県老虎嶺古墓清理簡報」『考古』一九九〇年第一二期。
93　広東省文物管理委員会「広東韶関六朝隋唐墓葬清理簡報」『考古』一九六五年第五期。

94　藤県文化局・藤県文物管理所「広西藤県跑馬坪発現南朝墓」『考古』一九九一年第六期。
95　広西壮族自治区文物工作隊「広西恭城新街長茶地南朝墓」『考古』一九七九年第二期。
96　宋永祥「安徽郎渓的三座晋墓」『東南文化』一九八九年第二期。
97　広東省博物館「広東韶関市郊古墓発掘報告」『考古』一九六一年第八期。
98　浙江省文物管理委員会「黄岩秀嶺水庫古墓発掘報告」『考古学報』一九五八年第一期。
99　新昌県文管会「浙江新昌県七座両晋墓清理概況」『文物資料叢刊』八、一九八三年一二月。
100　金琦「南京甘家港和童家山六朝墓」『考古』一九六三年第六期。
101　紹興市文物管理処考古組「浙江紹興県西晋墓」『文物』一九八七年第四期。
102　黨華「浙江蕭山県上董越窯窯址発現記」『文物参攷資料』一九五五年第三期。
103　貴州省博物館「貴州清鎮平壩漢至宋墓発掘簡報」『考古』一九六一年第四期。
104　南京博物院「南京童家山南朝墓清理簡報」『考古』一九八五年第一期。
105　林士民「浙江寧波雲湖窯調査」『中国古代窯址調査発掘報告集』一九八四年一〇月。
106　江西省博物館考古隊「江西清江南朝墓」『考古』一九六二年第四期。
107　大冶県博物館「大冶瓦窯塘村南朝墓清理簡報」『江漢考古』一九八五年第四期。
108　湖南省博物館「長沙南郊的両晋南朝隋代墓葬」『考古』一九六五年第五期。
109　江西省文物管理委員会・彭適凡「江西永豊出土一批青瓷器」『文物』一九六四年第一期。
110　范鳳妹・呉志紅「江西南朝墓出土青瓷総述」『考古与文物』一九八五年第四期。
111　賈義生「広西出土的六朝青瓷」『考古』一九八九年第四期。
112　紹興県文物管理委員会「紹興県南池公社尹相公山出土一批南朝青瓷器」『文物』一九七七年第一期。
113　広東省博物館・汕頭地区文化局・掲陽県博物館「広東掲陽東晋、南朝、唐墓発掘簡報」『考古』一九八四年第一〇期。
114　湖北省文物管理委員会「武昌東北郊六朝墓清理」『考古』一九六六年第一期。
115　湖南省文物管理委員会「長沙爛泥冲斉代磚室墓清理簡報」『文物参攷資料』一九五七年第一二期。
116　大同市博物館「大同東郊北魏元淑墓」『文物』一九八九年第八期。
117　曽凡「福建南朝窯址発現的意義」『考古』一九八九年第四期。

118 黄漢傑「福建閩侯荊山、杜武南朝、唐墓清理記」『考古』一九五九年第四期。
119 広西壮族自治区文物工作隊「広西壮族自治区融安県南朝墓」『考古』一九八三年第九期。
120 福建省博物館「福建福安、福州郊区的唐墓」『考古』一九八三年第七期。
121 黄炳元「泉州河市公社発現唐墓」『考古』一九八四年第十二期。
122 江西省文物管理委員会「江西清江隋墓発掘簡報」『考古』一九六〇年第一期。
123 「硯史資料（二）」『文物』一九六四年第二期。
124 薛堯「江西南昌、贛州、黎川的唐墓」『考古』一九六四年第五期。
125 林向「成都付近古窯址調査記略」『文物』一九六六年第二期。
126 江学礼・陳建中「青羊宮古窯址試掘簡報」『文物参攷資料』一九五六年第六期。
127 清江博物館「江西清江隋墓」『考古』一九七七年第二期。
128 南京博物院「揚州古城一九七八年調査発掘簡報」『文物』一九七九年第九期。
129 福州市文物管理委員会「福州東郊清理一座唐代墓葬」『考古』一九八七年第五期。
130 周世栄「長沙赤峰山三、四号墓」『文物』一九六〇年第二期。
131 広東省文物管理委員会・華南師範学院歴史系「広東英徳、連陽南斉和隋唐古墓的発掘」『考古』一九六一年第三期。
132 熊伝新「湖南湘陰県隋大業六年墓」『文物』一九八一年第四期。
133 四川省博物館「四川万県唐墓」『考古学報』一九八〇年第四期。
134 湖南省博物館「湖南長沙咸嘉湖唐墓発掘簡報」『考古』一九八〇年第六期。
135 全錦雲「武昌隋唐墓葬出土陶瓷器初析」『景徳鎮陶瓷』第二六期、一九八四年。
136 湖南省博物館「長沙赤峯山二号唐墓簡介」『文物』一九六〇年第三期。
137 安陽市博物締「介紹一件青瓷円形硯」『中原文物』一九八六年第三期。
138 江山県文物管理委員会「浙江江山隋唐墓清理簡報」『考古学集刊』第三集、一九八三年一一月。
139 「硯史資料（三）」『文物』一九六四年第三期。
140 陝西省博物館乾県文教局唐墓発掘組「唐懿徳太子墓発掘簡報」『文物』一九七二年第七期。
141 揚州博物館「揚州唐代木橋遺址清理簡報」『文物』一九八〇年第三期。

142　洛陽市文物工作隊「洛陽近幾年来捜集的珍貴歴史文物」『中原文物』一九八四年第三期。
143　安陽市博物館「安陽活水村隋墓清理簡報」『中原文物』一九八六年第三期。
144　江西省歴史博物館・豊城県文物陳列室「江西豊城蜀湖窯発掘簡報」『中国古代窯址調査発掘報告集』一九八四年一〇月。
145　翁善良「成都青羊宮窯址調査」『景徳鎮陶瓷』一九八四年Ｓ一期。
146　羅西章「扶風出土的古代瓷器」『文博』一九八六年第四期。
147　湖北省博物館・鄖県博物館「湖北鄖県唐李徽、閻婉墓発掘簡報」『文物』一九八七年第八期。
148　昭陵博物館「唐昭陵長楽公主墓」『文博』一九八八年第三期。
149　陳公柔「白沙唐墓簡報」『考古通訊』一九五五年第一期。
150　王長啓「西安市文管会収蔵的幾件文物」『考古与文物』一九八七年第六期。
151　広西壮族自治区博物館・全州県文物管理所「広西全州県発現紀年唐墓」『考古』一九八七年第三期。
152　湛江地区博物館「広東高州良徳唐墓」『文物資料叢刊』六、一九八二年七月。
153　陳定栄「江西鉛山県古埠唐代瓷窯」『考古』一九九一年第三期。
154　麦英豪「広州華僑新村発現漢唐古墓十座」『文物参攷資料』一九五八年第五期。
155　朱栄憲・在日本朝鮮人科学者協会歴史部会訳『渤海文化』考古学選書一六、雄山閣、一九七九年三月。
156　藤県文化局・藤県文物管理所「広西藤県跑馬坪発現南朝墓」『考古』一九九一年第六期。
157　魏正瑾・易家勝「南京出土六朝青瓷分期探討」『考古』一九八三年第四期。
158　周世栄「従湘陰古窯址的発掘看岳州窯的発展変化」『文物』一九七八年第一期。
159　陝西省文物管理委員会「西安羊頭鎮唐李爽墓的発掘」『文物』一九五九年第三期。

【図版2－1】

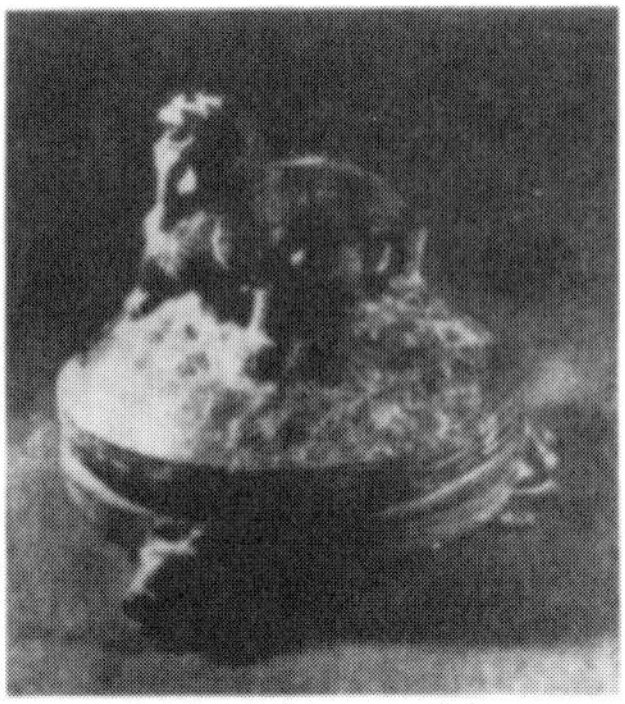

1　三熊足帯蓋石硯

2　双鳩蓋三足石硯

3　陝西樊川農業機械学校

4　3の内部

5　河南宋耿洛村1号墓

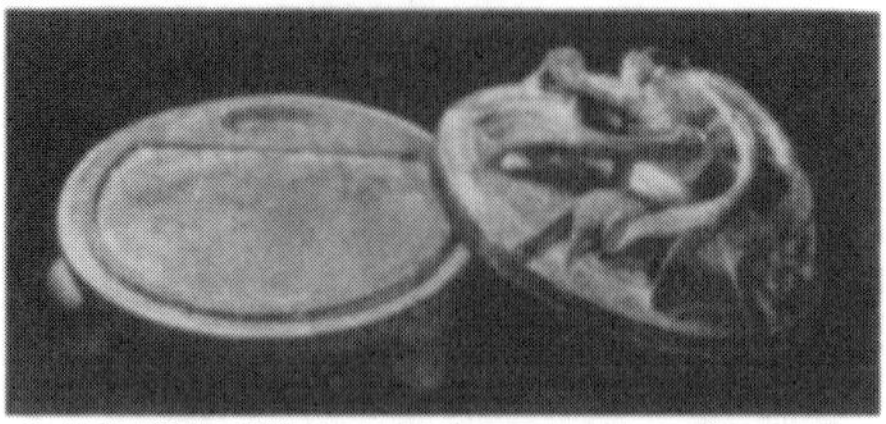

6　河南杏園村6号墓

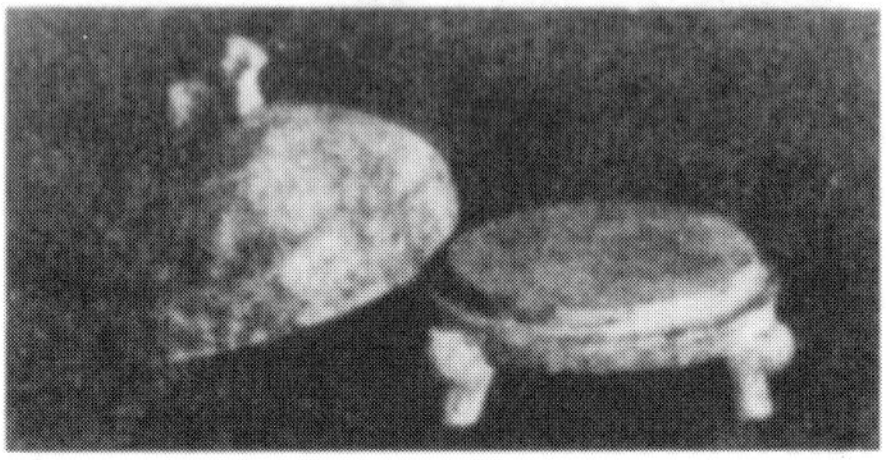

7　甘粛黒水園漢墓

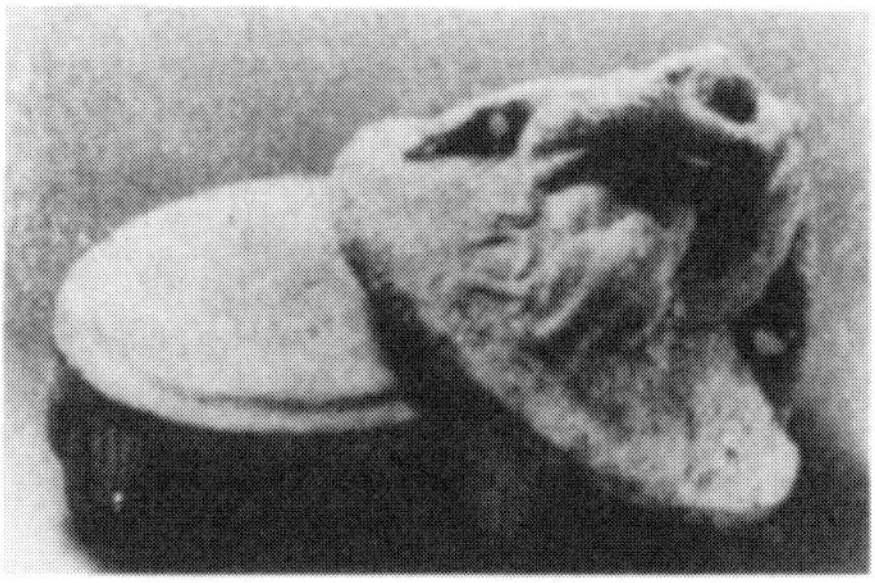

8　伝甘粛隗囂宮遺址

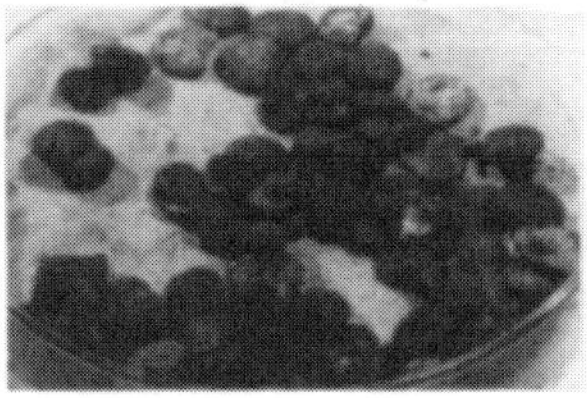

9　広東南越王墓出土墨丸

【図版2-2】

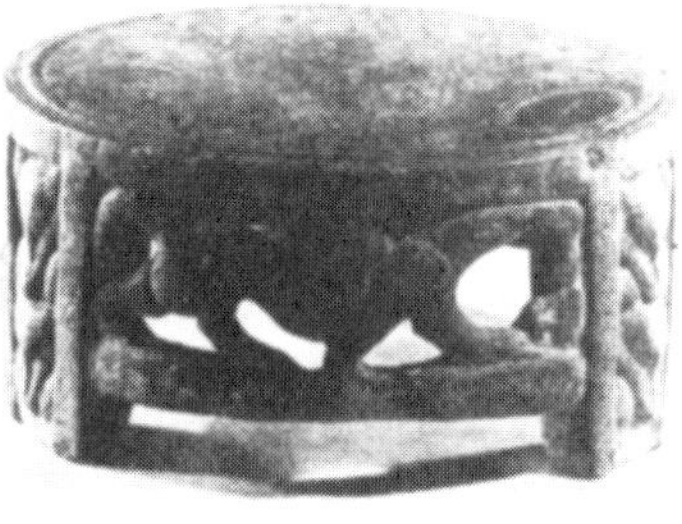

1　天津市芸術博物館熊足円石硯

2　江蘇南京汝家村南朝墓

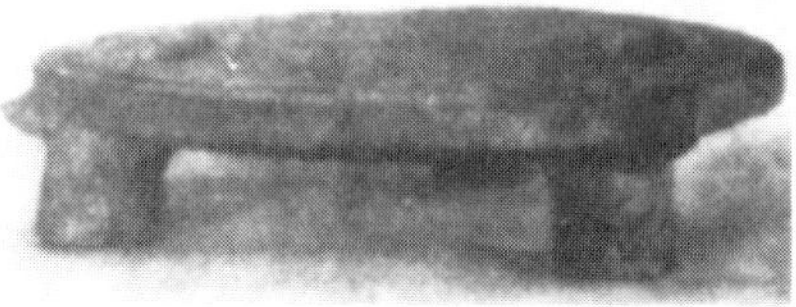

3　安徽太和税鎮馬古堆漢墓

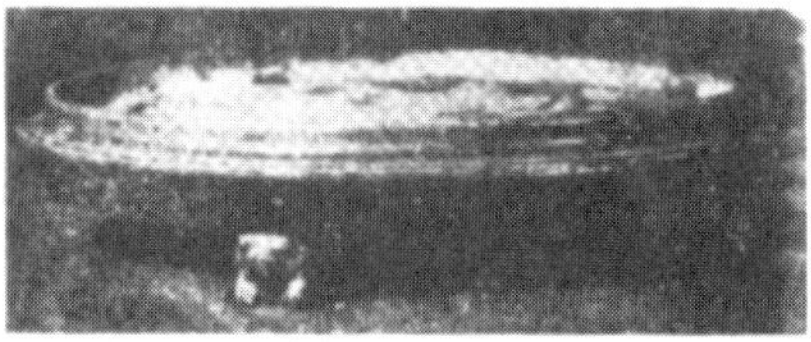

4　江蘇南京石門坎魏墓

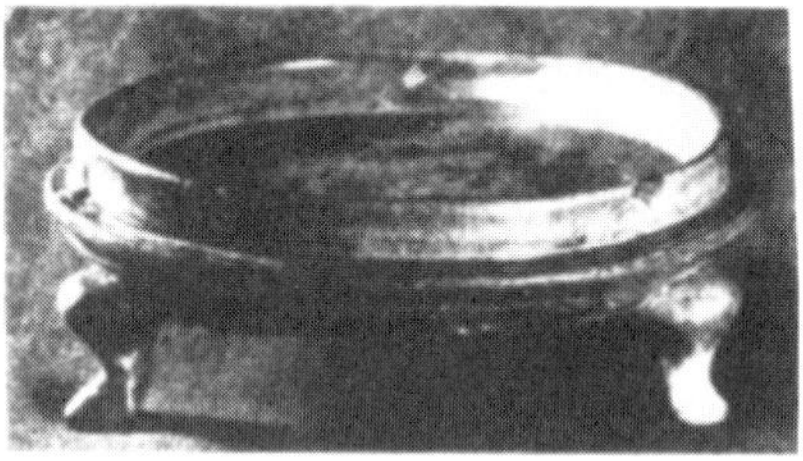

5　青瓷三足硯

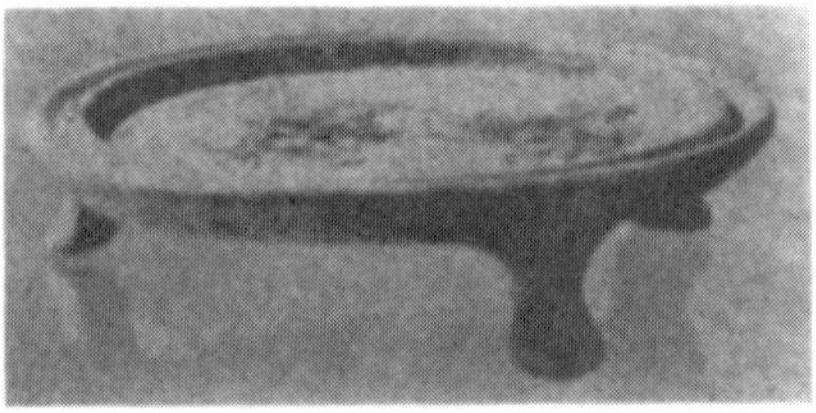

6　江蘇南京象山5号墓

7　四川万州区唐冉仁才墓

8　河南淮陽七里棚漢墓

9　江西永豊蟠竜山

【図版2－3】

1　湖南長沙黄泥坑 95 号墓

2　江西洪州窯址

3　青瓷多足大円硯

4　獣面多足大陶硯

5　陝西郭家灘隋田行達墓

6　陝西乾県懿徳太子墓

7　広東良徳 1 号墓

8　陝西郭家灘隋田徳元墓

第4章　長方形硯の成立

硯の一種に長方形硯と呼ばれるものがある。平坦な陸部と深い海部からなり、周縁に低い周堤が巡るもので、我が国では平安時代末期に出現し、現在も硯の主流をなしている。我が国の長方形硯が宋代の中国に出現した長方形硯に由来することは論をまたず、宋代の長方形硯が唐代の中国で発生した風字硯の発達したものであることも広く知られている。しかし、中国における風字硯や長方形硯に関する研究は、我が国はもちろん中国においても未だにこれをみない(1)。中国の風字硯や長方形硯は我が国の硯制に多大な影響を与えたものであり、我が国上代文化を研究する上でも看過できない問題である。そのため、ここでは中国の風字硯と長方形硯を紹介し、あわせて風字硯から長方形硯への型式発展の過程を跡付けてみたい。なお、ここでは発掘資料を中心に論を進めるが、発掘報告の中には実測図の未発表のものや写真の不鮮明なものがあって、細部にわたる検討に耐えないものが少なからずあり、使用可能な資料数に限界のあることを諒とされたい(補註)。

一、風字硯の諸形態

風字硯は基本的属性として、平面形が風ないし鳳字形を呈し、硯尾から硯頭に向って直線的に傾斜し、陸部と海部が一連の平坦面をなして海部と陸部の区別がなく、硯尾下部に二本の脚を有する。しかし、この基本的属性の中でも様々な形態があり、基本的属性を大きく離脱するものもある。

(一) 形態分類

風字硯は平面形によって、円弧状の小さな硯頭と弧状に張り出す大きな硯尾、内湾する硯側からなる一類、円弧状の小さな硯頭と弧状に張り出す硯尾、わずかに外湾する硯側からなる二類、弧状に張り出す硯頭と硯尾、弧状に内湾する硯側からなり、硯頭と硯尾の境が明瞭な稜をなす三類、直線的で両端の丸い硯頭、内湾する硯側、弧状に張り出す硯尾からなる四類、直線的ないし僅かに弧状に張り出す硯頭、弧状に内湾する硯側、直線的な硯尾からなり、硯頭と硯側の接点が丸い五類、尖った硯頭と外湾する硯側、直線的な硯尾からなる六類、硯頭と硯尾が共に直線的で、硯側が内湾する七類、長方形を呈する八類、長方形を呈し、硯尾に縁堤をもつ九類、隅丸長方形を呈する一〇類、僅かに弧状を呈する硯頭、外湾する硯側、直線的な硯尾からなる一一類、連弧状の硯頭と円形の硯尾からなる一二類、連弧状の硯頭、外湾する硯側、直線的な硯尾からなる一三類、中央が突出した葉状の硯頭、外湾する硯側、直線的な硯尾からなる一四類に細分できる。

硯尾部の形態は、外湾する甲類、直線的な乙類に区分できる。

脚の形態は側面形と横断面形によって、側面が方形ないし長方形を呈し、低く、断面形が長方形を呈する一類、側面が縦長長方形を呈し、高く、断面方形ないし多角形の二類、側面が三角形状を呈し、断面が円形に近い三類、側面が横長長方形で、台脚状を呈する四類に区分できる。

脚の付く位置は、硯尾と硯側の両者より内側にあるa類、硯尾の両端にあるb類、硯側全体にわたるc類に区分できる。

他方、これらの硯の中には硯面に内堤をもつものがあり、内堤の形態は硯面を横断するa種、硯面中央部のみのb種に分けられる（表2－15）。

⑴　**風字硯一類**　風字硯一類には陝西省西安市白鹿原墓出土灰陶硯、河南省洛陽市出土灰陶硯、同省新郷市平原路宋墓出土澄泥硯、北京市西郊遼壁面墓出土灰陶硯などがある（図2－22－1・2）。

いずれも陶硯で、石硯はない。硯尾は共に甲類で、脚位はa類二点、脚形は一類一点であるが、北京市西郊遼壁面墓出土灰陶硯は脚位c類、脚形四類の形態をとる。河南省新郷市平原路宋墓出土澄泥硯二点には頭部に線刻文様がある。年代は唐、宋、遼としか報告されていない。

⑵　**風字硯二類**　風字硯二類には河南省偃師市杏園村唐李存墓出土紫石硯、同省洛陽市機瓦廠採集灰陶硯、湖南省長沙市仰天湖七〇五号墓出土紫石硯、江蘇省揚州市五台山一〇号墓出土灰陶硯、陝西省宝鶏市五六〇四工地出土緒石硯、唐邛瓷硯などがある（図2－22－3・4）。

石硯三点、陶硯六点で、陶硯がやや多い。硯尾の形態には甲類四点と乙類五点があるが、脚位はすべてa類で、脚形もすべて一類である。年代は晩唐から五代で、河南省偃師市杏園村唐李存墓には唐会昌五年（八四五）の墓誌が伴う。しかし、唐長安三年（七〇三）銘の墓誌を伴う河南省偃師市杏園村唐張思忠夫婦墓から風字硯二類の硯面形態を模した箱形硯が出土しており、起源は古い。

⑶　**風字硯三類**　風字硯三類には陝西省西安市郊五〇四号墓出土紫石硯、安徽省巣湖市唐伍鈞墓出土紫紅石硯、広

東省広州市動物園古墓出土端渓硯、天津市芸術博物館蔵伝洛陽出土紫石硯、河南省洛陽市楊嶺出土石硯、同市機瓦五七九墓出土灰陶硯、同市二九工区四〇三号墓出土褐陶硯、同二九工区五八七号墓出土灰陶硯、同二九工区四九二号墓出土灰陶硯、同市二九工区四七三号墓出土灰陶硯、同機瓦廠採集褐陶硯、湖南省長沙市絲茅冲工区古墓出土石硯、同市郊三七号墓出土紫石硯、同市長五公鉄四号墓出土石硯、同市九尾冲四号墓出土石硯などがある（図2－22－5～11）。石硯九点と陶硯六点がある。硯尾の形態は甲類一一点、乙類二点で、甲類が多い。脚位はすべてａ類である。脚形は一類一一点、二類二点で、一類が圧倒的に多い。蓋のないのが普通であるが、洛陽市楊嶺出土石硯には石製の蓋がつく。年代は漠然としており、唐から宋とされているが、安徽省巣湖市唐伍鈞墓には唐会昌二年（八四二）の墓誌が伴う。

⑷　**風字硯四類**　風字硯四類には唐大型箕形斜面澄泥硯、陝西省乾県北街四郷宋墓出土灰陶硯がある。共に硯尾は甲類、脚位はａ類で、脚形は一類と三類に分かれる。年代は唐宋とされている。

⑸　**風字硯五類**　風字硯五類には江蘇省揚州市城東公社唐墓出土石硯、河南省三門峡市唐張弘慶墓出土灰陶硯、安徽省合肥市唐劉玉墓出土石硯、陝西省西安市郊四一六号墓出土灰陶硯、同省出土唐陶硯、同省西安市東方機械廠唐墓出土陶硯、唐石硯、唐邛瓷硯、浙江省紹興市官山窯址出土磁硯、湖南省長沙市石渚長沙窯址出土陶硯、天津市芸術博物館蔵安再遇陶硯、同博物館蔵邛瓷硯、内蒙古自治区遼陳国公主駙馬合葬墓出土玉硯などがある（図2－22－12～15）。陶硯一一点、石硯三点、玉硯二点で、陶硯が多い。硯尾の形態は甲類四点、乙類一一点で、乙類が多い。脚位はａ類一三点、ｂ類二点で、ａ類が多い。脚形は一類九点、二類三点で、一類が多い。年代は唐前期から晩唐、五代に及ぶが、安徽省合肥市唐劉玉墓には唐開成五年（八四〇）の墓誌、遼陳国公主駙馬合葬墓には遼開泰七年（一〇一八）の墓誌が伴い、江蘇省揚州市城東公社古墓は唐前期、河南省三門峡市唐張弘慶墓は八世紀末ないし九世紀初頭に位置付けられている。

(6)　**風字硯六類**　風字硯六類には河南省洛陽市一二工区六二二号墓出土灰陶硯（図２－22－16）、唐陶硯、天津市芸術博物館蔵三角紅陶硯などがある。いずれも陶硯で、硯尾の形態は乙類、脚位はｂ類で、脚形は前二者が二類、後者が写実的な獣脚に分かれる。年代はいずれも唐とされ、洛陽市一二工区六二二号墓出土灰陶硯にはａ種、他の二点はｂ種の内堤がつく。

(7)　**風字硯七類**　風字硯七類には陝西省大茘県南郷念橋村出土灰陶硯、湖南省益陽市赫山廟唐墓出土灰陶硯、江蘇省連雲港市二号宋墓出土灰陶硯がある（図２－22－17、23－18）。脚位は共にａ類で、脚形は一類二点と三類一点に分かれる。陝西省大茘県南郷念橋村出土灰陶硯の硯頭部内面には虫魚蔓草文の表現、江蘇省連雲港市二号宋墓出土灰陶硯には頭部装飾がある。年代は唐から北宋初期とされ、湖南省益陽市赫山廟唐墓には唐宝応二年（七六三）の墓誌が伴う。

(8)　**風字硯八類**　風字硯八類には浙江省蘇州市七子山一号墓出土石硯、同省邛江区蔡荘五代墓出土端石硯、天津市芸術博物館蔵宋芝麻歙石硯、同博物館蔵虢州裴氏澄泥硯、湖北省英山県孔家望郷宋墓出土灰陶硯、上海博物館蔵張思浄造陶硯、河南省新郷市平原路宋墓出土澄泥硯、安徽省郎渓県一六号墓出土石硯、四川省簡陽県東渓公社古墓出土石硯、湖南省長沙市祇園冲八一号墓出土石硯などがある（図２－24－41・42）。

灰陶硯一点、澄泥硯三点、石硯七点で、石硯が多い。すべて硯尾の形態は乙類、脚位はｃ類、脚形は四類である。浙江省蘇州市七子山一号墓出土石硯は漆塗りの硯箱中に納められ、天津市芸術博物館虢州裴氏澄泥硯には下面に「虢州裴第三羅土澄泥造」の陽文の印刻がある。虢州は河南省内の地名で、裴第三は作者、羅土は土を細かく飾ったことを示す。上海博物館蔵張思浄造陶硯の下面には「己巳元祐四祀姑洗月中旬一日、雕造是者、蘿土澄泥、打模割刻、張思浄」の文字が刻まれ、北宋晩期の元祐四年（一〇八九）の造硯による。湖南省長沙市祇園冲八一号墓出土硯の下面には「吉硯子」云々の文字が刻まれている。年代は五代から宋で、湖北省英山県孔家望郷宋墓には北宋熙寧一〇年（一〇七七）の墓誌が伴う。

(9)　**風字硯九類**　風字硯九類には天津市芸術博物館蔵芝麻歙石硯がある。硯尾の形態は乙類、脚位はc類、脚形は四類で、硯面は極めて僅かな凸面となっている。年代は宋とされる。しかし、風字硯九類の硯面形態を模した箱形硯が出光美術館蔵伝洛陽東郊呂家村出土硯と白鶴美術館蔵硯中にあり、風字硯九類の起源が唐前期まで遡る可能性が高い。

(10)　**風字硯一〇類**　風字硯一〇類には河南省洛陽市一六工区七六号墓出土灰陶硯、同一六工区二六号墓出土灰陶硯、同市機瓦廠採集灰陶硯、同省偃師市杏園村唐鄭紹方墓出土灰陶硯、山西省長治市長治県郝家荘唐郭密墓出土灰陶硯、湖南省長沙市九尾冲三号墓出土灰陶硯、同省衡陽市蔣家窯址出土磁硯、陝西省西安市白鹿原墓出土灰陶硯、宝鶏市博物館蔵石硯などがある（図2-23-19～23）。

すべて陶硯で、硯尾の形態は甲類、脚位はa類、脚形は三類である。年代は唐宋とされ、洛陽市一六区七六号墓には唐乾元二年（七五九）、河南省偃師市杏園村唐鄭紹方墓には唐元和五年（八一〇）、山西省長治市郝家荘唐郭密墓には唐大中三年（八四九）の墓誌が伴う。

(11)　**風字硯一一類**　風字硯一一類には新疆吉木薩爾北庭古城出土灰陶硯、河南省洛陽市機瓦廠七三号墓出土灰陶硯、同市鋼廠三二号墓出土灰陶硯、広東省広州市唐張九齢墓出土灰陶硯、同省始興県赤南一三号墓出土灰陶硯、陶小硯などがある（図2-23-24～27）。

すべて灰陶製で、硯尾の形態には甲類三点、乙類三点がある。脚位はすべてb類、脚形もすべて二類である。広東省広州市張九齢墓出土灰陶硯と唐陶小硯にはa類の内堤が付く。年代は唐あるいは盛唐とされ、広東省広州市張九齢墓には唐開元二八年（七四〇）の墓誌が伴う。

⑿ **風字硯一二類**　風字硯一二類には河南省平頂山市唐劉氏墓出土灰陶硯、同省洛陽市鋼廠三五号墓出土灰陶硯（図2－23－28）、唐陶硯がある。

いずれも灰陶硯で、すべて硯尾の形態は甲類、脚位はa類、脚形は三類で、河南省平頂山市唐劉氏墓出土灰陶硯と唐陶硯にはa種の内堤が付く。年代は唐、盛唐とされ、河南省平頂山市唐劉氏墓には唐天宝一一年（七五二）の墓誌が伴う。

⒀ **風字硯一三類**　風字硯一三類には河南省偃師市杏園村唐宋禎墓出土灰陶硯、同省洛陽市一七工区九三号墓出土褐陶硯、同二九工区六五八号墓出土褐陶硯、内蒙古敖漢旗沙子溝一号墓出土灰陶硯などがある（図2－23－29～31）。

いずれも灰陶ないし褐陶で、硯尾の形態は乙類である。脚位はa類一点、b類三点、脚形は一類一点、二類三点である。河南省偃師市杏園村唐宋禎墓出土灰陶硯にはb種の内堤が付く。年代は盛唐、晩唐、五代、遼早期とされ、河南偃師市唐宋禎墓には唐神龍二年（七〇六）の墓誌が伴う。

⒁ **風字硯一四類**　風字硯一四類には陝西省鳳翔県唐墓出土灰陶硯がある。硯尾の形態は乙類、脚位はa類、脚形は三類で、年代は盛唐とされている。

⒂ **その他の風字硯**　通常の形態とは趣を異にするもので、以下の諸例がある。

a　湖南省長沙子塘中医院四号墓出土石硯は、僅かに弧状に張り出す硯頭と直線的な硯側からなり、下面中央のやや硯尾よりに下端の尖った円錐形状の脚一本が付く。下面には四周に条辺文一条、四隅に不規則な半円文、中央に宮服を付けた仕女が線刻されている。唐代[2]。

b　吉林省和龍市四号渤海墓出土紅陶硯（図2－23－32）は、硯頭が小さく、硯尾が幅広い偏楕円形を呈し、硯頭に円形の水池がある。脚は円柱形で、硯頭に一本、硯尾に二本付く。渤海期[3]。

c　江蘇省南京市浦口区黄悦嶺南宋張同之夫婦墓出土端石硯は、弧状に大きく張り出した硯頭と硯尾、大きく内湾した硯側からなり、硯尾下面に二本の脚が付く。平面形態は典型的な風字硯であるが、硯頭の海部は長方形硯に特有な形態をとる。張同之は南宋慶元元年（一一九五）、夫人の章氏は慶元五年（一一九九）に死去している(4)。

d　陝西省銅川市燿州窯址出土黒磁硯（図2－24－38）は箱型を呈し、上面に風字硯二類の硯面形態をしつらえたもので、硯頭部先端の三ヶ所に筆架の剥落した痕跡がある。側面の四周に長方形の溝があり、硯尾下部に長方形の低い脚二本が付く。硯部と脚は施釉されず、露胎となっている。長さ一五・四糎、幅一二・五糎、高さ四・八糎。唐代(5)。

e　河南省偃師市唐張思忠夫婦墓出土灰陶硯（図2－24－45）は、箱形を呈し、側面に壺門状の透かしを開け、周囲に斜格子文と直線文を線刻したもので、上面手前に風字硯二類を模した硯部、左右に筆形の筆置き、奥に八花型の墨置きと筆立て用の垂直な円孔一対がある。唐長安三年（七〇三）の墓誌を伴い、墓誌銘中に則天文字が認められる(6)。

f　出光美術館蔵伝洛陽東郊呂家廟村出土灰陶硯(7)は、箱形の側面に蓮弁形の格狭間をあけ、上面の手前に風字硯九類の形態を模した硯部、左右に筆形の筆置き、奥に雲形の墨置きと筆立て用の垂直な円孔一対がある。全体に精巧な作りで、硯面には布目が付され、研墨しやすいように配慮されている。隋代ないしそれ以降のものとされているが、本硯と酷似する灰陶硯が白鶴美術館蔵品中(8)にあり、唐代とされていること、基本的形態が唐代の陝西省銅川市燿州窯址出土黒磁硯や唐長安三年（七〇三）の墓誌に伴う河南省偃師市杏園村唐張思忠夫婦墓出土灰陶硯と共通することから、本硯も唐代のものと考えたい。

(二)　型式組列

風字硯各類間の系譜関係を考えるに際し、まず問題になるのは陝西省西安市郭家灘工地唐墓出土灰陶硯と河南省洛陽市鋼廠二四号墓出土灰陶硯である。

陝西省西安市郭家灘工地唐墓出土灰陶硯は、下面が平坦で、風字硯に通有な脚がないが、半円形の小さな硯頭、大きく弧状に張り出す硯尾、僅かに内湾する硯側からなり、平面形は風字硯一類に近似する。下面の硯頭寄りに仏教説話の神鳥である迦陵頻伽図と「武定七年　為廟造」の七文字が焼成前に刻印されている。武定七年は東魏孝静帝の西暦五四九年にあたり、銘文を信ずるならば、墓は唐代の造営にかかるものの、本硯は隋以前の東魏時代の作になる。全長一五・七糎、幅一一糎、高さ二・五糎。

河南省洛陽市鋼廠二四号墓出土灰陶硯（図2－24－40）も脚がなく、下面は平坦である。半円形の小さな硯頭、大きく弧状に張り出す硯尾、僅かに内湾する硯側からなり、陝西省西安市郭家灘工地唐墓出土灰陶硯同様、平面形は風字硯一類に近似する。下面に「吉祥」の二字が焼成以前に刻印されており、この点の類似性からも、陝西省西安市郭家灘工地唐墓出土品に近い北朝末期に比定されている。全長一六・五糎、幅一一糎、高さ二・三糎。

現在、上記二硯より年代の古い風字硯は発見されておらず、また、唐代の石製風字硯の中にこれらと同形態のものがみられることから、これらが風字硯の祖形となった可能性は極めて高い。これが認められるとすれば、これら二硯と平面形が近似する風字硯一類を風字硯の初現形態とすることができる。すなわち、形式的には、①硯頭では弧状に張り出すものが古く、広く直線的なものが新しい。②硯尾では弧状に張り出す甲類が古く、直線的な乙類が新しい。③硯側では弧状に内湾するものが古く、外湾するものや直線的なものは新しい。④硯頭部と硯尾部の幅の比率では、硯頭部に比して硯尾部の大きいものほど古く、硯頭部に比して硯尾部が小さいものほど新しい。⑤脚位では内側にあって上からは見えにくいａ類が古く、硯尾両端にあって上から明瞭にみえるｂ類がこれに次ぎ、硯側全体に及び、長方形硯に近いｃ類が最も新しい。⑥脚形では方形ないし長方形で低い一類が最も古く、多角柱形で高い二類がこれに次ぎ、円錐形の三類が最も新しい、とすることができる。

以上のことから、風字硯中、最初に出現したのは風字硯一類であり、風字硯一類から風字硯二類、三類、五類が派生したと見ることができる。風字硯二類、三類、五類の中では、硯尾甲類、脚位a種、脚形一類が圧倒的多数を占める三類が最も古く、硯尾の形態に甲乙二類が混じる二類と五類では、脚位a種、脚形一類がすべてを占める二類が古く、脚位にa種とb種、脚形に一類と二類の混在する五類が新しいとすることができる。二類は五類から派生したものであろう。

これらに対し、六類、一二類、一三類、一四類は一類から五類までとは形式的に直結しない。しかし、六類、一二類、一三類、一四類は内堤を持つ点で共通しており、同一系譜上にあるものと推測される。内堤こそ欠くが、一四類もこれらと一連のものであろう。また、七類は三類の、一〇類は一類の系譜につながるものと考えたい。

次に、内堤について触れておきたい。風字硯の内堤には硯面を横断するa種と硯面中央部のみのb種の二種類がある。a種内堤を有するものに唐陶硯、天津市芸術博物館蔵三角紅陶硯、河南省洛陽市鋼廠三五号墓出土灰陶硯、唐陶硯、河南省偃師市杏園村唐宋禎墓出土灰陶硯、b種内堤を有するものに河南省洛陽市一二工区六二二号墓出土灰陶硯、広東省広州市唐張九齢墓出土灰陶硯、唐陶小硯がある。このうち、伴出した墓誌で絶対年代のわかるものに、a種内堤では河南省偃師市杏園村唐宋禎墓の神龍二年（七〇六）、b種内堤では広東省広州市唐張九齢墓の開元二八年（七四〇）がある。他方、これら風字硯とは別に内堤をもつものとして亀形硯がある。

a　河南省駐馬店市上蔡県賈荘唐墓出土亀形硯（図2－24－46）は灰陶製で、蓋が残り、身には眉、目、耳、鼻、口、手足、蓋には亀甲文が写実的に表現され、身部にa種の内堤が付く。全長二一・五糎。年代は盛唐とされている(9)。

b　河南省洛陽市唐洛陽城址出土亀形硯は澄泥硯で、目、耳、鼻、口、手が写実的に表現され、身部にa種の内堤が付く。伴出遺物から初唐とされている。破片のため、全長は不明(10)。

c　上海博物館蔵亀形硯は灰陶製で、眉、目、耳、鼻、口、手足が写実的に表現され、身部にb種の内堤が付く。全長二二・二糎。唐代とされている[11]。

d　屈頸単亀陶硯は灰陶製で、身には眉、目、耳、口、手足が、蓋には亀甲文が写実的に表現され、身部にb種の内堤がある。ただし、通常のb種内堤が硯面中央部のみであるのに対し、本硯のb種内堤の両端は両硯側に接している。なお、本硯を紹介した冶秋氏はこれを漢代のものとしているが、本硯は漢代の硯制から大きく離脱しており、明らかに唐代のものである。全長二四糎[12]。

以上、内堤をもつ亀形硯の例をあげたが、a種内堤をもつ三点に比べて、b種内堤をもつ上海博物館蔵硯の表現法は簡略化されており、四点中では後出的な雰囲気を有している。絶対年代のわかる資料が少ない現時点では、a種とb種の前後関係を軽々に論じるべきではないが、亀形硯ではa種内堤が初唐まで遡ること、風字硯中、絶対年代のわかるものではa種内堤がb種内堤に先行することなどから、亀形硯の内堤を母体として風字硯にa種内堤が採用され、次第に洗練されて見た目にも美しく機能的にも優れたb種内堤へと発展していったと考えられる。中国硯の影響下に展開した日本硯でも、a種内堤がほぼ奈良時代の亀形硯や羊形硯などの形象硯に限られるのに対し、平安時代の風字硯や鳥形硯の内堤がb種に限られるのも、中国における亀形硯と風字硯の内堤の動きと連動するものであろう。

二、長方形硯の諸形態

長方形硯は基本的属性として、平面形、側面形ともに長方形を呈し、硯面は長方形で、周縁に低い周堤が巡る。脚は風字硯のような形態をとらず、硯側の両側に台脚の長い脚が付き、安定性に富む。しかし、この属性を基本として様々な形態が展開する。

(一) 形態分類

長方形硯は硯尾に堤のないA類と堤のあるB類に大別される。さらに硯面の断面形によって、硯面全体が傾斜する平坦面をなす一類、硯面中央部を境にして硯尾側が水平な平坦面、硯頭側が直線的ないし緩やかな弧状に傾斜する二類、硯面のほぼ全体が水平な平坦面をなし、硯頭に急傾斜する深い海部のある三類に細分でき、A一類からB三類の六種類に分かれる（表2－16）。

⑴ **長方形硯A一類**　長方形硯A一類には江蘇省蘇州市七子山一号五代墓出土石硯、同省邗江区蔡荘五代墓出土端石硯、湖北省英山県孔家望郷宋墓、安徽省郎渓県一六号墓出土石硯、四川省簡陽市東渓公社古墓出土石硯、湖南省長沙市祇園冲八一号宋墓出土石硯、上海博物館蔵北宋張思浄造灰陶硯、天津市芸術博物館蔵裴氏澄泥硯、同博物館蔵歙石硯などがある（図2－24－41・42）。

灰陶や澄泥硯もあるが、石硯が多く、端渓石、歙州石などの名石を用いたものがある。このうち、江蘇省蘇州市七子山一号五代墓出土石硯は漆塗りの硯箱中に納められていた。年代は五代から宋で、上海博物館蔵北宋張思浄造硯には元祐四年（一〇八九）の銘がある。

⑵ **長方形硯A二類**　長方形硯A二類には河南省洛陽市一三工区九七一号墓出土石硯（図2－24－44）、江西省南豊県桑田宋墓出土石硯、江蘇省無錫市興竹一号宋墓出土歙石硯、同省鎮江市溧陽市北宋李彬夫婦墓出土石硯、四川省簡陽市東渓公社古墓出土歙石硯、安徽省鳳台県連城址出土灰陶硯、宋陶硯、天津市芸術博物館蔵北宋洮河石硯などがある。

灰陶硯一点以外、すべて石硯で、歙州石、洮河石を用いたものがある。年代はすべて宋代で、江蘇省鎮江市溧陽県北宋李彬墓は北宋元祐年間（一〇八六～一〇九四）以後、同省無錫市興竹一号宋墓には北宋熙寧四年から六年（一〇七一～一〇七三）の墓誌が伴う。

(3) **長方形硯A三類**　長方形硯A三類には広東省広州市出土石硯、同省深圳市南二号宋墓出土石硯（図2－24－43）、卞夫子押文澄泥硯、長方形端石硯などがある。

澄泥硯一点以外はすべて石硯で、端渓石を用いたものがある。年代はいずれも宋代で、広東省深圳市南二号宋墓は北宋晩期の一一一一年以後とされている。

(4) **長方形硯B一類**　長方形硯B一類には天津市芸術博物館蔵芝麻歙石硯がある。蓋を欠くが、周堤内縁に蓋受けの突起が巡っており、蓋付きの硯である。年代は宋とされている。

(5) **長方形硯B二類**　長方形硯B二類には湖南省衡陽市磚瓦廠出土石硯、北宋元符三年銘瓷硯、唐宋石硯、長方形芝麻歙石硯、北宋熙寧三年銘陶硯、北京市海淀区南辛庄二号金墓出土灰陶硯などがある。灰陶硯、磁硯、石硯の三者があり、石硯には歙州石を用いたものがある。年代は宋から金で、北宋元符三年銘瓷硯が一一〇〇年、北宋熙寧三年銘陶硯が一〇七〇年である。北京市海淀区南辛荘二号金墓は金貞元元年（一一五三）ないしこれよりやや早い時期とされている。

(6) **長方形硯B三類**　長方形硯B三類には浙江省抗州市北大橋南宋墓出土石硯がある。年代は南宋とされている。

(二) 小　結

長方形硯A類と長方形硯B類では、硯尾に周堤の無いA類が硯尾にも周堤のあるB類に比して形態的に風字硯に近く、A類が古く、B類が新しいとすることができる。硯面の断面形では硯頭に向って直線的に傾斜し、風字硯と同じ形態をとる一類が最も古く、硯面中央部を境にして硯尾側が水平な平坦面、硯頭側が直線的ないし緩やかな弧状を呈して傾斜する二類がこれに次ぎ、硯面の大部分が水平な平坦面をなし、硯頭部が急傾斜して深い海部を形成する三類が最も新しいとみることができる。すなわち、長方形硯の中で最初に出現したのはA一類であり、A二類、A三類へと発展し、この間にB一類が出現し、B二類、B三類へと変貌していったと結論付けられる。現在の資料ではA一類が五代、A二類とA三類が北宋、B一類とB二類が南宋に出現したことになるが、B三類に関してはなお実年代の明確な資料が絶対的に不足しており、北宋まで遡る可能性を残している。

三、風字硯・長方形硯出現の歴史的意義

硯が初めて出現した戦国時代末期には石製の硯しかなく、次の漢代になって石硯に加えて灰陶製、緑釉陶器製、金銅製、木製、木製漆塗製、夾紵製など、様々な材質の硯が作られた。しかし、三国時代から魏晋南北朝時代になると石製、銅製の硯は激減し、もっぱら灰陶製、青磁製の硯が用いられた。形態的にも漢代に流行した長方形硯は姿を消し、後漢代に出現した円形硯が圧倒的になる。円形硯の伝統は隋唐時代にも受け継がれ、青磁・白磁の完成とも相俟って青磁製、白磁製、唐三彩製、灰陶製などの陶硯が作られた[13]。しかし、青磁・白磁・唐三彩の硯は円形硯に限られ、しかも少数で、唐代を風靡した風字硯や形象硯は専ら灰陶と石で作られた。三国時代以来連綿と続いてきた磁器製硯の伝統はここにほぼ終焉を迎え、以後、硯の本流は石製に取って代わられる。

唐代における石硯の台頭と磁硯の衰退の最大の原因が、唐代初期に始まったとされる名石による硯の製作にあったことはいうまでもないが、唐代以後の磁器自身にも問題を抱えていた。

硯には美観も必要であるが、墨を巧く磨るための実用的機能がなければならない。それには硯面に微妙な凹凸が必要であり、ただ平滑堅緻であればよいというものではない。漢代の木製漆塗硯や夾紵硯で、硯面以外の部分には普通の漆が用いられているのに対し、硯面には微細な砂を混ぜた漆が使われているのも、このためである。唐代の青磁・白磁は磁器としては完成の域にあり、釉薬が青玉や白玉に近い色調を帯びるだけでなく、釉薬を施すべき胎土も精選

され、平滑堅緻に焼きあげられた。焼き物としては理想的なこの技術的到達が、逆に墨の磨り易さを減じる結果を招き、硯世界からの撤退を早めることとなった。磁器よりも質的に劣る灰陶が表面に凹凸があるがゆえに、三国時代から宋代まで作り続けられたのと好対照をなしている。

他方、硯面の傾斜の有無からいえば、戦国時代末期に出現した初期の硯は硯面が水平な水平硯であった。次の漢代には硯面が硯頭に向って斜めに下がる傾斜硯も作られたが、これは特例で、水平硯がすべてであったといってよい。魏晋南北朝時代の陶製円形硯では硯面中央部が隆起して高くなっていくが、原理的には水平硯である。隋唐の円形硯もこの伝統を踏襲する。こうした戦国時代以来の水平硯の制度を根本的に覆し、傾斜硯を定着させたのが風字硯である。

傾斜硯である風字硯が、水平硯であるそれまでの円形硯に代わって流行した理由の一つとして、唐代の円形硯では墨汁の溜まる海部の幅が狭く、海部に流れ落ちた水や墨汁を再度陸部に上げて磨りなおすのに不便であったことが挙げられよう。陸部からの水や墨汁の流れ落ちを防ぐため、陸部中央を凹ませたり、陸部の周縁に堤を巡らせた円形硯も現れたが、この問題を抜本的に解決したのが風字硯である。しかし、戦国時代以来ずっと水平硯が用いられてきたことが如実に示すように、墨を磨るには傾斜硯より水平硯の方が優っており、陸部の水平な長方形硯の登場によって風字硯はその歴史的使命を終え、終焉を迎える。長方形硯初期のＡ一類にみられる硯面形態はなお風字硯の残映を留めているが、二類の硯面形態は水平硯と傾斜硯両者の利点を合体させたものであり、この段階で硯尾からの墨汁の流出を防ぐ施設として硯尾部に周堤をもった長方形硯Ｂ一類が出現する。そして、風字硯出現以来の創意工夫と型式発展の最終形態として現れたのが、長方形硯Ｂ三類である。

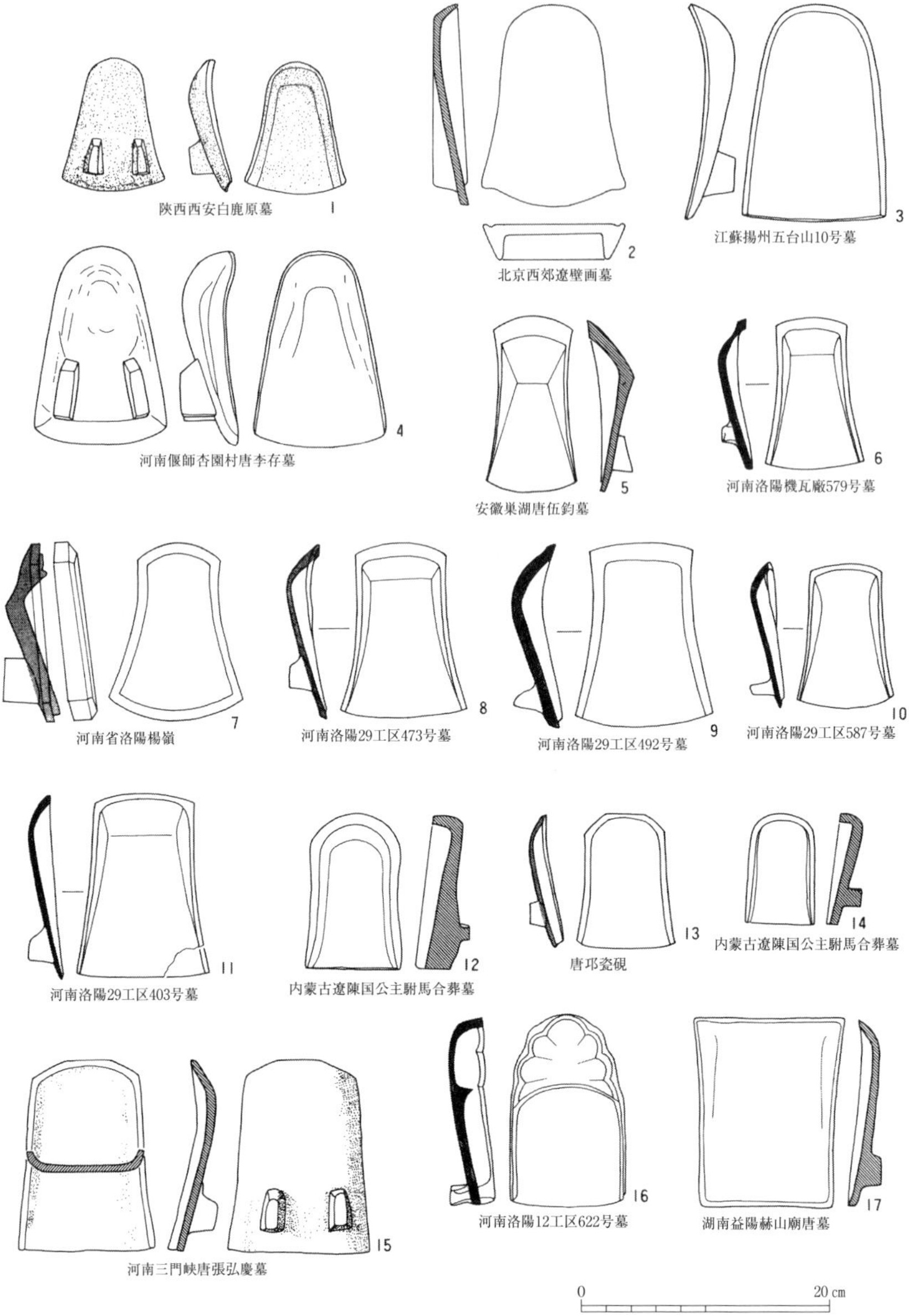
陝西西安白鹿原墓 1
2
北京西郊遼壁画墓
3
江蘇揚州五台山10号墓
4
河南偃師杏園村唐李存墓
5
安徽巣湖唐伍鈞墓
6
河南洛陽機瓦廠579号墓
7
河南省洛陽楊嶺
8
河南洛陽29工区473号墓
9
河南洛陽29工区492号墓
10
河南洛陽29工区587号墓
11
河南洛陽29工区403号墓
12
内蒙古遼陳国公主駙馬合葬墓
13
唐邛瓷硯
14
内蒙古遼陳国公主駙馬合葬墓
15
河南三門峡唐張弘慶墓
16
河南洛陽12工区622号墓
17
湖南益陽赫山廟唐墓
0
20㎝

図２－22　風字硯実測図

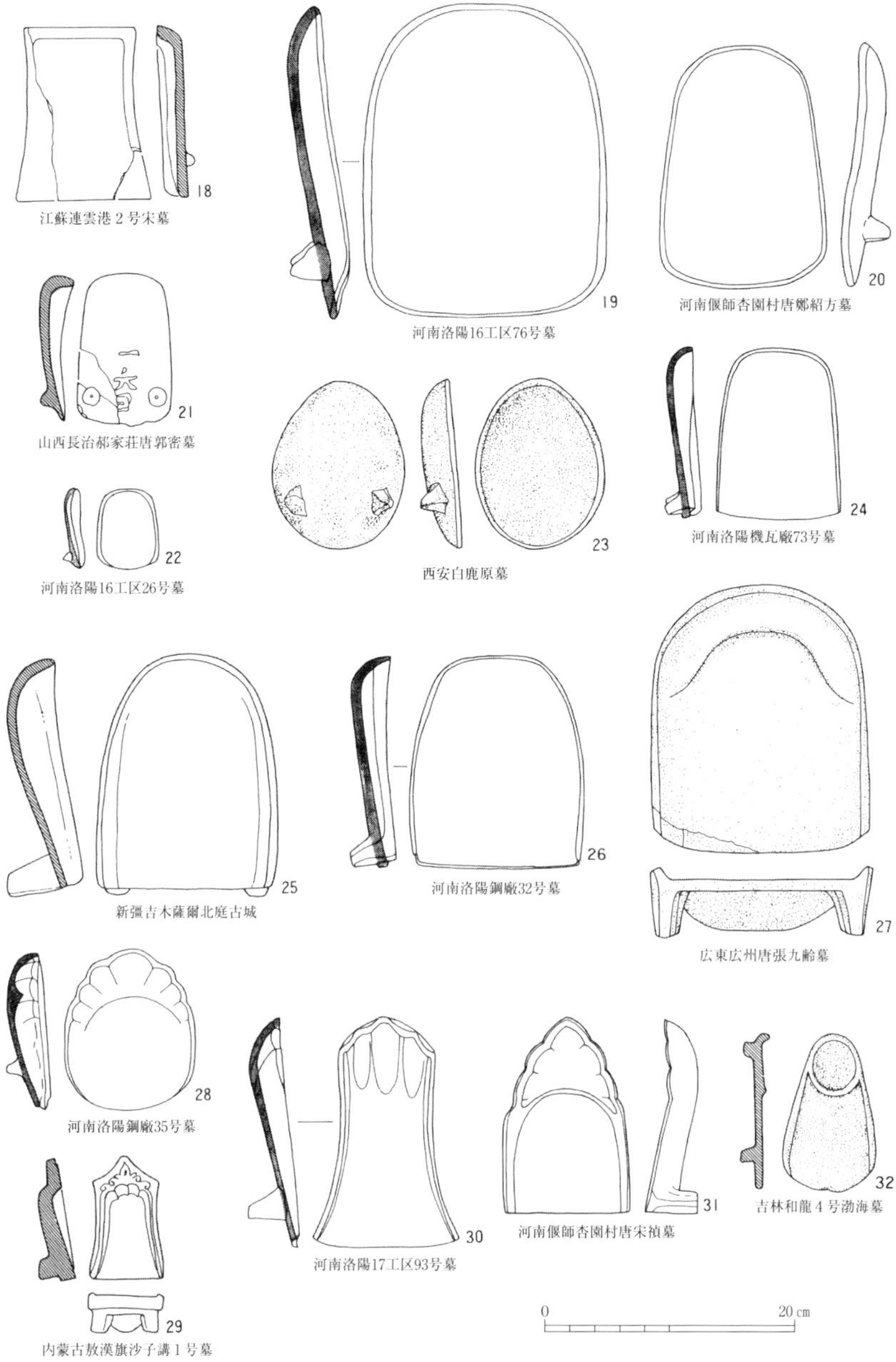

図２－23　風字硯・特殊硯実測図

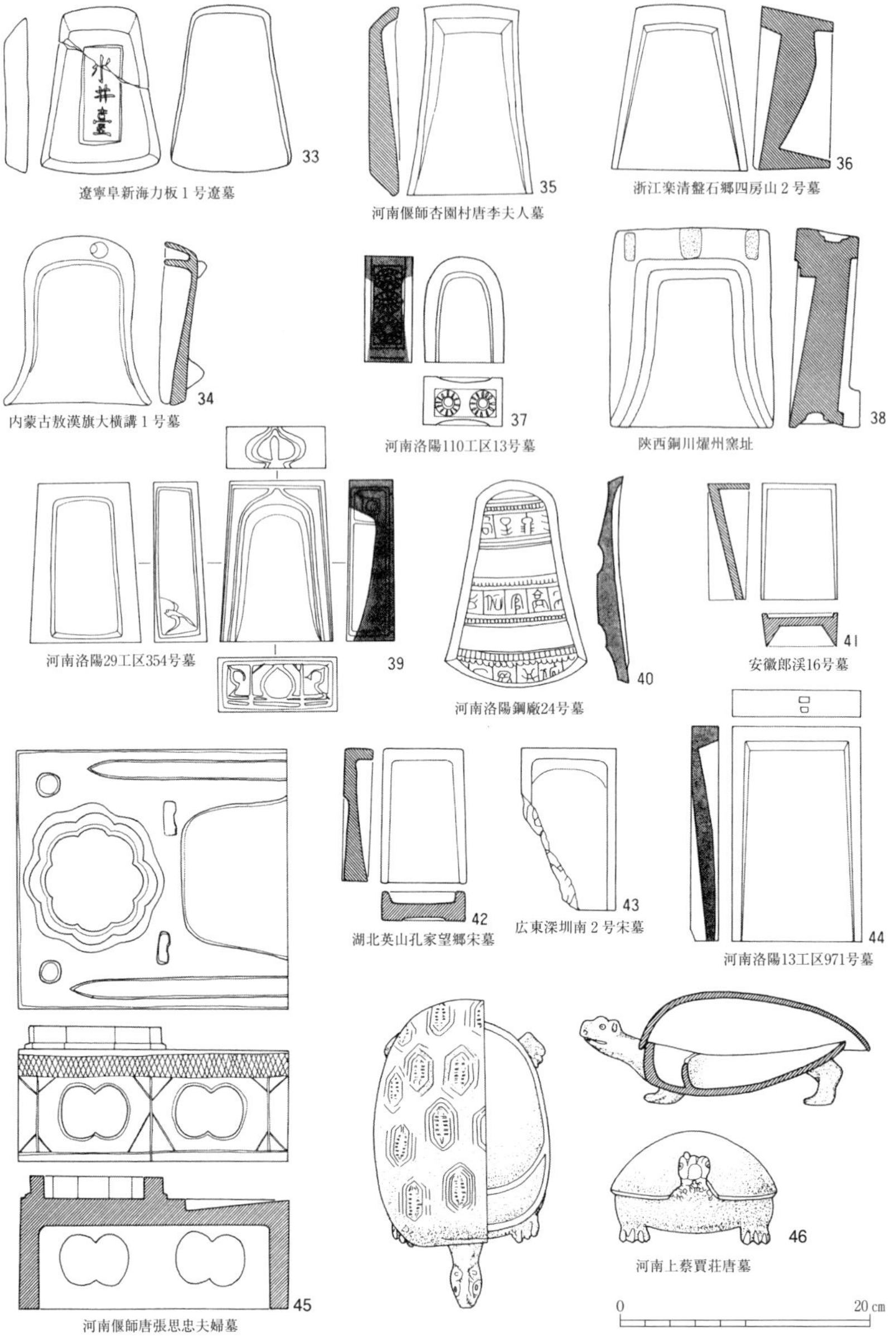

図２－24　風字硯・長方形硯・特殊硯実測図

註

（1）日本出土長方形硯に関しては水野和雄・楢崎彰一氏らの論考がある。
水野和雄「日本石硯考―出土品を中心として」『考古学雑誌』第七〇巻第四号、一九八五年三月。

楢崎彰一「日本古代の陶硯」『考古学論考』小林行雄博士古稀記念論文集、平凡社、一九八二年五月。

横田賢次郎「福岡県内出土の硯について―分類と編年に関する一試案」『九州歴史資料館研究論集』九、一九八三年三月。

（2）王啓初「湖南省博物館的幾方蔵硯」『文物』一九六五年第一〇期。

（3）延辺朝鮮族自治州博物館・和龍県文化館「和龍旗大渤海墓葬清理簡報」『東北考古与歴史』第一輯、一九八二年九月。

（4）南京市博物館「江浦黄悦嶺南宋張同之夫婦墓」『文物』一九七三年第四期。

（5）禚振西「耀州窯遺址陶瓷的新発現」『考古与文物』一九八七年第一期。

（6）偃師県文物管理委員会「河南偃師県隋唐墓発掘簡報」『考古』一九八六年第一一期。

（7）「瓦硯」『出光美術館館報』四八、一九八四年一〇月。

（8）五島美術館『日本の陶硯』、一九七八年九月。

（9）河南省文化局文物工作隊「河南上蔡県賈荘唐墓清理簡報」『文物』一九六四年第二期。

（10）李徳方「隋唐東都城遺址出土一件亀形澄泥残硯」『文物』一九八四年第八期。

（11）呉朴「介紹上海市博物館所蔵的幾方古硯」『文物』一九六五年第一〇期。

（12）冶秋「刊登硯史資料説明」『文物』一九六四年第一期。

（13）吉田恵二「日本古代陶硯の特質と系譜」『國學院大學考古学資料館紀要』第一輯、一九八五年三月（本書第Ⅰ部第2章）。
吉田恵二「陶製熊脚三足円面硯の発生とその意義」『國學院大學考古学資料館紀要』第三輯、一九八七年三月（本書第Ⅱ部第2章）。

吉田恵二「中国古代に於ける円形硯の成立と展開」『國學院大學紀要』第三〇巻、一九九二年三月（本書第Ⅱ部第3章）。

吉田恵二「漢長方形板石硯考」『論苑考古学』、天山舎、一九九三年四月（本書第Ⅱ部第1章）。


（補註）本章に掲げた図2-22〜24は、本文に示された風字硯・長方形硯の分類体系との対照を容易にするため、原著における割付を大幅に変更した。

表2-15　風字硯一覧表

No.	出土地	材質	類別	硯尾	脚位	脚形	長さ（cm）	幅（cm）	高さ（cm）	年代	文献
1	陝西省西安市白鹿原墓	灰陶	一類	甲	a	一	一〇・三			唐	1
2	河南省洛陽出土	灰陶	一類	甲	a		一四・四	九・六	三・八	唐	2
3	河南省新郷市平原路宋墓	澄泥	一類	甲			一三・七	七・〇	二・〇	宋　頭部装飾	3
4	河南省新郷市平原路宋墓	澄泥	一類	甲			一〇・〇	六・〇	一・七	宋　頭部装飾	3
5	北京市西郊遼壁画墓	灰陶	一類	甲			一五・五	一一・〇	三・〇	遼	4
6	河南省偃師市杏園村唐李存墓	紫石	二類	甲	a	一	一五・〇	一一・〇		唐会昌五年（八四五）	5
7	湖南省長沙市仰天湖七〇五号墓	紫石	二類	甲	a	一	一三・五	九・六	三・六	唐	6
8	江蘇省揚州市五台山一〇号墓	灰陶	二類	甲	a	一	一七・二			五代	7
9	陝西省宝鶏市五六〇四廠工地	緒石	二類	甲	a	一	一六・三			五代	8
10	唐　邛瓷硯	磁器	二類	乙	a	一	二二・九	二〇・八	五・三	唐	9
11	唐　邛瓷硯	磁器	二類	乙	a	一	一六・八	一三・七	四・〇	唐	9
12	河南省洛陽市機瓦廠採集	灰陶	二類	乙	a	一	一六・五	一一・〇	四・五	晩唐	10
13	河南省洛陽市機瓦廠採集	灰陶	二類	乙	a	一	一六・五	一一・二	四・五	晩唐	10
14	河南省洛陽市機瓦廠採集	灰陶	二類	乙	a	一	九・五	六・八	二・二	晩唐～五代	10
15	陝西省西安市郊五〇四号墓	紫石	三類	甲	a	一	一一・四	七・五		中・晩唐	11
16	安徽省合肥市巣湖市唐伍鈞墓	紫紅石	三類	甲	a	一	一四・一			唐会昌二年（八四二）	12
17	河南省偃師市杏園村李棁墓	灰陶	三類	甲	a	二	九・八			唐咸通一〇年（八六九）	39
18	広東省広州市動物園古墓	端渓	三類	甲	a	一	一八・九	一二・六	三・三	唐	13 14
19	天津市芸術博物館蔵伝洛陽出土硯	紫石	三類	甲	a	一	一三・五	一一・五	三・三	唐	15
20	河南省洛陽市楊嶺	石	三類	甲	a	一	一三・五	一〇・五	四・三	晩唐　蓋	10
21	河南省洛陽市機瓦廠五七九号墓	灰陶	三類	甲	a	一	一一・七	八・〇	二・三	晩唐～宋	10
22	河南省洛陽市機瓦廠採集	褐陶	三類	甲	a	一	一〇・二	七・六	二・六	晩唐～宋	10
23	河南省洛陽市二九工区四七三号墓	灰陶	三類	甲	a	一	一三・五	一〇・〇	二・九	宋	10
24	湖南省長沙市郊三七号墓	紫石	三類		a	一	一三・〇			五代	16
25	河南省洛陽市二九工区四九二号墓	灰陶	三類	甲	a	二	一四・〇	一〇・八	三・七	五代～宋	10
26	河南省洛陽市二九工区五八七号墓	灰陶	三類	甲	a	二	一一・三	八・〇	二・八	晩唐～五代	10

27	湖南省長沙市長五公鉄四号墓	石	三類	甲						宋	17
28	河南省洛陽市二九工区四〇三号墓	褐陶	三類	乙	a	一	一四・二	一〇・五	三・〇	晩唐〜五代	10
29	湖南省長沙市絲茅冲工地古墓	石	三類	乙						唐〜宋	18
30	湖南省長沙市九尾冲四号墓	紅砂石	三類		a	一	一四・〇	一〇・〇	二・〇	宋	6
31	唐大型箕型斜面澄泥硯	澄泥	四類	甲	a	一	三三・五	二六・〇	六・三	唐	19
32	陝西省咸陽市乾県北街四郷宋墓	灰陶	四類	甲	a	三	一七・三	一五・五	四・八	宋	20
33	河南省洛陽市一六工区四三号墓	灰陶	五類	甲	a	一	一一・五	八・五	二・七	晩唐	10
34	内蒙古自治区通遼市遼陳国公主駙馬合葬墓	玉	五類	甲	a	一	一二・〇	七・一	二・六	遼開泰七年（一〇一八）	21
35	内蒙古自治区通遼市遼陳国公主駙馬合葬墓	玉	五類	甲	a	一	八・五	五・二	一・九	遼開泰七年（一〇一八）	21
36	天津市芸術博物館蔵邛瓷硯	褐釉	五類	甲	a		一四・〇	一一・六	三・一	唐	15
37	江蘇省揚州市城東公社唐墓	石	五類	乙	a	一				唐前期	22
38	河南省三門峡市唐張弘慶墓	灰陶	五類	乙	a	一	一五・〇	一一・〇	四・〇	八世紀末〜九世紀初頭	23
39	安徽省合肥市唐劉玉墓	石	五類	乙	a		二〇・〇	一五・〇	三・五	唐開成五年（八四〇）	24
40	陝西省西安市郊四一六号墓	灰陶	五類	乙	a	一	二一・三	一五・六		唐	11
41	唐　石硯	石	五類	乙	a	一	一三・四	九・六	二・一	唐	25
42	陝西省出土唐陶硯	灰陶	五類	乙	a	一	一二・六	九・三	二・〇	唐	25
43	陝西省西安市東方機械廠唐墓	陶器	五類	乙	a	一	一三・六	九・一	三・三	晩唐	26
44	湖南省長沙市石渚長沙窯址	陶器	五類	乙	a	二				晩唐〜五代	27
45	天津市芸術博物館蔵安再遇陶硯	灰陶	五類	乙	a		一一・四	一一・三		唐	15
46	唐　邛瓷硯	磁器	五類	乙	b	二	一〇・六	九・四	二・九	唐	9
47	唐　邛瓷硯	磁器	五類	乙	b	二	一四・五	一三・八	四・〇	唐	9
48	浙江省紹興市官山窯址	磁器	五類							晩唐〜宋	28
49	河南省洛陽市一二工区六二二号墓	灰陶	六類	乙	b	二	一四・五	九・〇	三・五	盛唐　内堤b	10
50	唐　陶硯	陶器	六類	乙	b	二	一四・五	九・〇	三・五	唐　内堤a	25
51	天津市芸術博物館蔵三角紅陶硯	紅陶	六類	乙	b	獣脚	二〇・〇	二〇・〇	五・七	唐　内堤a	15
52	陝西省渭南市大荔県南郷念橋村	灰陶	七類	甲	a	一	二〇・〇	一九・〇	三・〇	唐	20
53	湖南省益陽市赫山廟唐墓	灰陶	七類	乙	a	一	一四・五	一三・〇	三・〇	唐宝応二年（七六三）	29
54	江蘇省連雲港市二号宋墓	灰陶	七類	乙	a	三	一三・二	八・四	三・〇	北宋初期　頭部装飾	30
55	江蘇省蘇州市七子山一号墓	石	八類	乙	c	四	二〇・二	一四・七	三・七	五代　漆箱中	31
56	江蘇省揚州市邗江区蔡荘五代墓	端石	八類	乙	c	四	一二・〇	八・〇	一・六	五代	32

57	湖北省黄岡市英山県孔家望郷宋墓	灰陶	八類	乙	c	四	一二・○	八・一	二・七	北宋熙寧一○年（一○七七）	33
58	上海博物館蔵張思浄造硯	澄泥	八類	乙	c	四				北宋元祐四年（一○八九）	34
59	河南省新郷市平原路宋墓	澄泥	八類	乙	c	四	一一・八	八・五	二・五	宋	3
60	天津市芸術博物館蔵歙石硯	歙石	八類	乙	c	四				宋	35
61	天津市芸術博物館蔵虢州裴氏硯	澄泥	八類	乙	c	四	二○・一	一二・九	四・三	宋	15
62	安徽省宣城市郎渓県一六号墓	石	八類	乙	c	四	九・○	六・○	二・六	北宋晩期	36
63	四川省成都市簡陽県東渓公社古墓	紅沙石	八類	乙	c	四	二○・三	一二・五	三・四	宋	37
64	四川省成都市簡陽県東渓公社古墓	青石	八類	乙	c	四	二四・五	一六・○	四・○	宋	37
65	湖南省長沙市祇園冲八一号墓	石	八類	乙	c	四				宋	38
66	天津市芸術博物館蔵歙石硯	歙石	九類	乙	c	四	二二・三	一四・六	三・○	宋	15
67	河南省洛陽市一六工区七六号墓	灰陶	一○類	甲	a	三	二四・○	一九・○	四・五	唐乾元二年（七五九）	10 39
68	河南省偃師市杏園村唐鄭紹方墓	灰陶	一○類	甲	a	三	一八・八	一三・三	四・○	唐元和五年（八一○）	40
69	山西省長治市郝家荘唐郭密墓	灰陶	一○類	甲	a	三	一一・六	六・六	二・二	唐大中三年（八四九）	41
70	湖南省長沙市九尾冲三号墓	灰陶	一○類	甲	a	三	一一・○	九・○	二・三	唐	6
71	河南省洛陽市一六工区二六号墓	灰陶	一○類	甲	a	三	六・○	四・八	一・五	唐	10
72	河南省洛陽市機瓦廠採集	灰陶	一○類	甲	a	三	一一・八	八・七	二・二	唐	10
73	陝西省西安市白鹿原墓	灰陶	一○類	甲	a	三				唐	1
74	陝西省宝鶏市博物館蔵硯	陶器	一○類	甲	a	三	一二・二			唐	8
75	湖南省衡陽市蔣家窯址	磁器	一○類							唐～宋	42
76	河南省洛陽市機瓦廠七三号墓	灰陶	一一類	甲	b	二	一一・五	一○・○	二・五	盛唐	10
77	広東省広州市唐張九齢墓	灰陶	一一類	甲	b	二	二○・五	一八・三	五・○	唐開元二八年（七四○）内堤b	43
78	唐　陶小硯	灰陶	一一類	甲	b	二	八・○	六・○	二・四	唐　内堤b	25
79	河南省洛陽市鋼廠三二号墓	灰陶	一一類	乙	b	二	一六・二	一三・七	三・六	盛唐	10
80	新疆維吾爾自治区昌吉州吉木薩爾県北庭古城	灰陶	一一類	乙	b	二	一八・○	一四・五		唐	44
81	広東省韶関市始興県赤南一三号墓	灰陶	一一類	乙	b	二	一一・○	八・○		中唐	45
82	河南省平頂山市唐劉氏墓	灰陶	一二類	甲	a	三				唐天宝一一年（七五二）内堤a	46
83	河南省洛陽市鋼廠三五号墓	灰陶	一二類	甲	a	三	一二・○	一○・四	二・七	盛唐　内堤a	25
84	唐　陶硯	灰陶	一二類	甲	a	三	一四・○	一○・九	三・○	唐　内堤a	10
85	河南省洛陽市一七工区九三号墓	褐陶	一三類	乙	a	一	一七・七	一一・八	四・○	晩唐～五代	10
86	河南省偃師市杏園村唐宋禎墓	灰陶	一三類	乙	b	二	一五・○	一○・○	四・二	唐神龍二年（七○六）内堤a	40

87	河南省洛陽市二九工区六五八号墓	褐陶	一三類	乙	b	二	一七・〇	一一・〇	四・五	晩唐～五代	10
88	内蒙古自治区赤峰市敖漢旗沙子溝一号墓	灰陶	一三類	乙	b	二	一〇・三	六・五	三・五	遼早期　頭部装飾	47
89	陝西省宝鶏市鳳翔県唐墓	灰陶	一四類	乙	a	三	一一・六	七・七	三・〇	盛唐	48
90	唐　邛瓷硯	磁器	他	甲	a	一	一六・八	一三・七	四・〇	唐	63
91	唐　邛瓷硯	磁器	他	甲	a	一	二二・九	二〇・八	五・三	唐	63
92	浙江省麗水市城関鎮唐墓	石	他		a	一	一四・〇			唐　晩期？	49
93	吉林省延辺州和龍市四号渤海墓	灰陶	他	甲	a	二	一二・〇	七・五	二・三	渤海　三脚	50
94	江蘇省南京市浦口区南宋張同之夫婦墓	端石	他	甲	a		一三・三	一〇・七	一・〇	南宋慶元元年（一一九五）	51
95	江蘇省南京市銭家渡丁山唐墓	黄陶	他		a	三	八・〇	六・二	一・八	唐貞元元年（七八五）か	52
96	河北省保定市曲陽県澗磁	陶器	他	甲	b	二	一四・六	九・七		金崇慶元年（一二一二）銘	53
97	遼寧省朝陽市北票市水泉一号墓	青石	他	甲			一四・〇	一三・〇	四・〇	宋	54
98	河南省洛陽市一七工区八八号墓	灰陶	他	乙	a	三	二四・五	一八・七	五・五	唐	10
99	内蒙古自治区赤峰市敖漢旗大横溝一号墓	黒陶	他	乙	a	三	一二・七	一一・〇	三・六	遼早期　三脚　筆立て	47
100	陝西省銅川市燿州窯址	黒磁	他	乙	b	一	一五・四	一二・五	四・八	唐　箱形	55
101	河南省洛陽市二九工区三七八号墓	灰陶	他	乙	c	四	一九・二	一二・二	二・八	宋	10
102	内蒙古自治区赤峰市遼尚暐符墓		他	乙	c	四	一八・三	一〇・三	二・二	遼寿昌五年（一〇九九）	56
103	湖南省長沙市塘中医院四号墓	青石	他	乙		三	一五・八	一一・〇		唐　一本脚	6
104	河南省洛陽市一一〇工区一三号墓	紅陶	他	乙			八・五	六・五	四・〇	唐	10
105	河南省洛陽市二九工区三五四号墓	灰陶	他	乙			一二・〇	九・五	四・二	後晋天福二年（九三七）	10
106	河南省偃師市杏園村唐李夫人墓	紫黒石	他				一四・五	九・六	二・四	唐乾寧三年（八九六）　無脚	57
107	内蒙古自治区赤峰市大営子遼駙馬贈衛国王墓	滑石	他			一		一六・〇		遼応暦九年（九五九）	58
108	陝西省西安西郊熱電廠六三号墓	灰陶	他			三				唐　八二四年以前	59
109	陝西省宝鶏市鳳翔県城南郊三四号墓	陶器	他			三	一三・〇	九・八	三・〇	唐	60
110	浙江省温州市楽清市盤石郷四房山二号墓	陶器	他				一二・八	一〇・四	六・四	五代	61
111	遼寧省阜新市海力板一号遼墓	灰陶	他				一八・〇	一三・二	二・四	遼　九五九年前後	62
112	遼寧省阜新市海力板一号遼墓	灰陶	他				一三・一	九・七	一・八	遼　九五九年前後	62
113	河南省偃師市唐張思忠夫婦墓	灰陶	他				二一・四	二〇・〇	一〇・二	唐長安三年（七〇三）	74
114	出光美術館蔵伝洛陽東郊呂家廟村出土	灰陶	他							唐	75

表2-16　長方形硯一覧表

No.	出土地	材質	類別	周堤	硯面形	長さ（cm）	幅（cm）	高さ（cm）	年代	文献
1	江蘇省蘇州市七子山一号五代墓	石	A1	a	一類	二〇・二	一四・七	三・七	五代　漆箱中	31
2	江蘇省揚州市邗江区蔡荘五代墓	端石	A1	a	一類	一二・〇	八・〇	一・六	五代　乾元重宝以後	32
3	上海博物館蔵北宋張思造硯	灰陶	A1	a	一類	一八・二	一一・九	二・九	北宋元祐四年（一〇八九）	35
4	安徽省宣城市郎渓県一六号宋墓	石	A1	a	一類	九・〇	六・〇	二・六	北宋晩期	36
5	四川省成都市簡陽市東渓公社古墓	石	A1	a	一類	二〇・三	一二・五	三・四	宋	37
6	湖南省長沙市祇園冲工地八一号墓	石	A1	a	一類				宋　祥符元宝以後	38
7	天津市芸術博物館蔵裴氏澄泥硯	澄泥	A1	a	一類	二〇・一	一二・九	四・三	宋	15
8	天津市芸術博物館蔵歙石硯	歙石	A1	a	一類				宋	35
9	江蘇省常州市溧陽市北宋李彬夫婦墓	石	A2	a	二類	二二・二	一四・二	四・〇	北宋　元祐以後	64
10	河南省洛陽市一三工区九七一号墓	石	A2	a	二類	一六・六	一〇・二	二・三	宋　景徳元宝あり	10
11	江西省撫州市南豊県桑田宋墓	石	A2	a	二類	一四・二	九・七	二・〇	北宋晩期	65
12	江蘇省無錫市竹興宋墓	歙石	A2	a	二類	二〇・〇	一一・四		北宋　熙寧四～六年（一〇七一～七三）	66
13	四川省成都市簡陽市東渓公社古墓	歙石	A2	a	二類	二四・五	一六・〇	四・〇	宋	37
14	安徽省淮南市鳳台県連城址	灰陶	A2	a	二類				宋	67
15	天津市芸術博物館蔵洮河石硯	洮石	A2	a	二類	二三・五	一五・三	三・八	宋	15
16	広東省深圳市南二号宋墓	石	A3	a	三類	一二・五	七・六	一・五	北宋晩期一一一一年以後	68
17	広東省広州市	石	A3	a	三類	一七・三	一一・四	三・〇	宋	69
18	卞夫子押文澄泥硯	澄泥	A3	a	三類	二四・五	一五・〇	一・八	宋	19
19	長方形端石抄手硯	端石	A3	a	三類	一八・三	一一・〇	七・〇	宋	70
20	長方形端石抄手硯	端石	A3	a	三類	一七・七	一一・〇	七・五	宋	70
21	湖南省衡陽市磚瓦廠出土硯	石	B1	b	二類	一六・八	九・八	二・三	宋	6
22	唐－宋石硯	石	B2	b	二類	一四・一	八・九	三・四	唐～宋	25
23	長方形芝麻歙石硯	歙石	B2	b	二類	二二・三	一四・六	三・〇	宋	15
24	宋元符三年瓷硯	瓷	B2	b	二類	九・五	五・〇	三・〇	宋元符三年（一一〇〇）	71
25	宋熙寧三年陶硯	灰陶	B2	b	二類	一三・〇	七・五	一・二	宋熙寧三年（一〇七〇）	71
25	北京市海淀区南辛荘二号金墓	灰陶	B2	b	二類	一〇・六	七・八		金　一一五〇年前後	72
26	浙江省杭州市北大橋宋墓	石	B3	b	三類	一八・一	一〇・七		南宋	73

文献

1　俞偉超「西安白鹿原墓葬発掘報告書」『考古学報』一九五六年第三期。
2　「硯史資料（三）」『文物』一九六四年第三期。
3　傅山泉・王春玲「新郷出土宋代澄泥硯」『文物』一九八六年第二期。
4　北京市文物工作隊「北京西郊遼壁画墓発掘」『北京文物与考古』一、一九八三年四月。
5　中国社会科学院考古研究所河南第二工作隊「河南偃師杏園村的両座唐墓」『考古』一九八四年第一〇期。
6　王啓初「湖南省博物館的幾方蔵硯」『文物』一九六五年第一〇期。
7　江蘇省文物管理委員会・南京博物院「江蘇揚州五台山唐五代宋墓発掘簡報」『考古』一九六四年第一〇期。
8　高次若・劉明科「宝鶏市博物館蔵硯選介」『文物』一九九四年第五期。
9　「硯史資料（五）」『文物』一九六四年第五期。
10　洛陽市博物館「洛陽市十五年来出土的硯台」『文物』一九六五年第一二期。
11　中国科学院考古研究所編『西安郊区隋唐墓』中国田野考古報告集考古学専刊丁種第一八号、科学出版社、一九六六年六月。
12　巣湖地区文物管理所「安徽巣湖市唐代磚室墓」『考古』一九八八年第六期。
13　劉演良「端硯浅談」『文物』一九八一年第四期。
14　広州市文物志編委会『広州市文物志』、嶺南美術出版社、一九九〇年二月。
15　天津市芸術博物館編『天津市芸術博物館蔵硯』、文物出版社、一九七九年一二月。
16　湖南省博物館「湖南省長沙市郊五代墓清理簡報」『考古』一九六六年第三期。
17　湖南省博物館「長沙市東北郊古墓葬発掘簡報」『考古』一九五九年第一二期。
18　絲茅冲工作小組「長沙北郊絲茅冲工地第一工区的古代墓葬」『文物参考資料』一九五五年第一一期。
19　「硯史資料（十七）」『文物』一九六五年第五期。
20　朱捷元・黒光「陝西省博物館収蔵的幾件硯台」『文物』一九六五年第七期。
21　内蒙古自治区文物考古研究所・哲里木盟博物館『遼陳国公主墓』、文物出版社、一九九三年四月。
22　李万・張亜「揚州出土一批唐代彩絵俑」『文物』一九七九年第四期。
23　三門峡市文物工作隊「三門峡市両座唐墓発掘簡報」『華夏考古』一九八九年第三期。

24　合肥市文管処「合肥市発現明代瓷窯蔵和唐代邛窯瓷」『文物』一九七八年第八期。
25　「硯史資料（四）」『文物』一九六四年第四期。
26　陳安立・馬志祥「西安東郊発現一座唐墓」『考古』一九九一年第三期。
27　周世栄「石渚長沙窯出土的瓷器及其有関問題的研究」文物編輯委員会編『中国古代窯址調査発掘報告集』、文物出版社、一九八四年一〇月。
28　紹興市文物管理委員会「紹興上灶官山越窯調査」『文物』一九八一年第一〇期。
29　益陽県文化館「湖南益陽県赫山廟唐墓」『考古』一九八一年第四期。
30　南京博物院・連雲港市博物館「江蘇連雲港市清理四座五代、北宋墓葬」『考古』一九八七年第一期。
31　蘇州市文管会・呉県文管会「蘇州七子山五代墓発掘簡報」『文物』一九八一年第二期。
32　揚州市博物館「江蘇邗江蔡荘五代墓清理簡報」『文物』一九八〇年第八期。
33　黄岡地区博物館・英山県博物館「湖北英山三座宋墓的発掘」『考古』一九九三年第一期。
34　呉朴「介紹上海市博物館所蔵的幾方古硯」『文物』一九六五年第一二期。
35　蔡鴻茹「古硯浅談」『文物』一九七九年第九期。
36　宋永祥「安徽郎渓唐宋墓」『考古』一九九二年第四期。
37　蜀遅「四川簡陽出土的石硯」『考古与文物』一九八三年第二期。
38　湖南省文物管理委員会「湖南長沙祇園冲工地古墓清理小結」『考古通迅』一九五七年第五期。
39　河南省文化局文物工作隊第二隊「洛陽一六工区七六号唐墓清理簡報」『文物参考資料』一九五六年第五期。
40　中国社会科学院考古研究所河南第二工作隊「河南偃師杏園村的六座紀年唐墓」『考古』一九八六年第五期。
41　王進先・朱暁芳「山西長治県郝家荘唐郭密墓」『考古』一九八九年第三期。
42　周世栄・馮玉輝・向開旺・張祖愛・唐先華「湖南青瓷与青花古窯址調査報告」『湖南考古輯刊』第二集、一九八四年九月。
43　広東省文物管理委員会・華南師範学院歴史系「唐代張九齢墓発掘簡報」『文物』一九六一年第六期。
44　中国社会科学院考古研究所新疆工作隊「新疆吉木薩爾北庭古城調査」『考古』一九八二年第二期。
45　広東省博物館「広東始興晋—唐墓発掘報告」『考古学集刊』二、一九八二年一二月。
46　平頂山市文管会・張肇武「河南平頂山苗侯唐墓発掘簡報」『考古与文物』一九八二年第三期。

47　敖漢旗文物管理所「内蒙古敖漢旗沙子溝、大横溝遼墓」『考古』一九八七年第一〇期。
48　趙叢蒼「鳳翔出土的一批唐三彩和陶俑」『文博』一九八九年第三期。
49　麗水県文物管理委員会「浙江麗水唐代土坑墓」『考古』一九六四年第五期。
50　延辺朝鮮族自治州博物館・和龍県文化館「和龍北大渤海墓葬清理簡報」『東北考古与歴史』第一輯、一九八二年九月。
51　南京博物院「江浦黄悦嶺南宋張同之夫婦墓」『文物』一九七三年第四期。
52　南京市文物保管委員会「南京銭家渡丁山発現唐墓」『考古』一九六六年第四期。
53　河北省博物館・文物管理処編『河北省出土文物選集』、文物出版社、一九八〇年五月。
54　遼寧省博物館文物隊「遼寧省北票水泉一号遼墓発掘簡報」『文物』一九七七年第一二期。
55　挋振西「燿州窯址陶瓷的新初現」『考古与文物』一九八七年第一期。
56　鄭隆「昭烏達盟遼尚暐符墓清理簡報」『文物』一九六一年第九期。
57　偃師商城博物館「河南偃師県四座唐墓発掘簡報」『考古』一九九二年第一一期。
58　前熱河省博物館準備組「赤峰県大営子遼墓発掘報告」『考古学報』一九五六年第三期。
59　西安市文物管理処「西安西郊熱電廠基建工地陪唐墓葬清理簡報」『考古与文物』一九九一年第四期。
60　尚志儒・趙叢蒼「陝西鳳翔県城南郊唐墓群発掘簡報」『考古与文物』一九八九年第五期。
61　温州市文物処「浙江楽清県発現五代土坑墓」『考古』一九九二年第八期。
62　遼寧省文物考古研究所・阜新市文化局文物組・阜新県文物管理所「阜新海力板遼墓」『遼海文物学刊』一九九一年第一期。
63　文物編集部「硯史資料（五）」『文物』一九六四年第五期。
64　鎮江市博物館・溧陽県文化館「江蘇溧陽竹簀李彬夫婦墓」『文物』一九八〇年第五期。
65　江西省文物工作隊・南豊県博物館「江西南豊県桑田宋墓」『考古』一九八八年第四期。
66　無錫市博物館「江蘇無錫興竹宋墓」『文物』一九九〇年第三期。
67　南京博物院「安徽鳳台連城遺址内発現一批唐—元代的文物」『文物』一九六五年第一期。
68　深圳博物館「広東深圳宋墓清理簡報」『考古』一九九〇年第二期。
69　広州市文物誌編委会『広州市文物誌』、嶺南美術出版社、一九九〇年二月。
70　「硯史資料（十四）」『文物』一九六五年第二期。

71　「硯史資料（十一）」『文物』一九六四年第一期。

72　北京市海淀区文化文物局「北京市海淀区南辛荘金墓清理簡報」『文物』一九八八年第七期。

73　浙江省文物考古研究所「杭州北大橋宋墓」『文物』一九八八年第一一期。

74　偃師県文物管理委員会「河南偃師県隋唐墓発掘簡報」『考古』一九八六年第一一期。

75　「瓦硯」『出光美術館館報』四八、一九八四年一〇月。

第5章　暖硯考

宋代の中国の硯に暖硯と称される遺品がある。(1)鉄製で、透かしのある高い台脚の内側が中空になっており、厳寒時、ここに炭火を置いて硯水の凍結を防いだという。また、明の屠隆が著したとされる『考槃余事』にも、厳寒時の硯水の凍結や硯水の凍結による硯の破損を防ぐため、佳硯を用いず、青州の「塾鉄研」を用いることが記されているという。(2)ひるがえって、我が奈良時代の『正倉院文書』中の写経所関係文書中に「温硯」あるいは「炰硯」のために炭を用いたとする記事がある。「温」、「炰」はいずれも物を暖める意であり、これを文字どおりに解釈すれば、造東大寺司の写経所では炭を用いて硯を暖めることが行なわれたことになる。本稿では、『正倉院文書』を中心に本邦古代の暖硯習俗について考えてみたい。

一、「正倉院文書」中の温硯記事

正倉院文書中に硯に関する記事のあることは、我が上代硯研究の基礎を築いた内藤政恒博士が夙に説いたところであり、石井則孝氏の研究もある。(3)これら正倉院文書中の温硯関係記事には以下の例がある。

(1)

「写書所解」(大日本古文書　巻一一　五三八頁)

写書所解　申二月行事事

合奉写経并疏捌佰参拾壹巻

(中略)

月中請物

(中略)

鹿毛筆一十筒千部法華経界料

炭三斛五斗 (焦)硯料

以前、起二月一日、盡卅日、行事并請物、顕注如前、以解

天平勝宝三年四月五日鴨書手

他田水主

呉原生人

(2)

「写書所解」(大日本古文書　巻三　五〇〇頁)

写書所解　申正月行事事

合奉写経并疏肆佰肆拾肆巻

(中略)

月中請物

菟毛筆廿筒

墨廿挺已上並千部料者部

炭二斛五斗煴硯料者

以前、起正月一日、盡廿九日、行事并請物顕注如前、以解

天平勝宝三年四月五日鴨書手

他田水主

呉原生人

(3)

「奉写一切経所告朔解」（大日本古文書　巻六　四一四頁）

奉写一切経所写解　申十月告朔事

合奉写一切経陸仟参佰拾伍巻

（中略）

菟毛筆卅五管買月中

（中略）

荒炭一石五升《斗》硯温料

（中略）

以前、起今月一日迄廿九日、請用雑物并残等及食口顕注如件、以解

宝亀三年十月廿九日案主上

主典葛井連

(4)

「奉写一切経所告朔解」（大日本古文書　巻六　四二〇頁）

□□□□□□□　□十一月告朔事

合奉写経六千六百卌七巻

（中略）

荒炭四石

用盡温硯并紙屋縫帙所

（中略）

以前、起今月一日迄卅日、請用雑物并残等及食口如件、以解

宝亀三年十一月卅日案主上

主典葛井連

(5)　「奉写一切経所告朔解」（大日本古文書　巻二三　三二〇頁）

奉写一切経所解　申正月告朔事

合応奉写一切経一部四千六百九巻

（中略）

「合」荒炭一斛請月中

用盡経師等堂硯温料

（後略）

以上が『正倉院文書』中にみられる暖硯関係記事である。これら(1)から(5)までの文書では暖硯の材料として炭が用いられている。その使用期間と使用量をみると、文書(1)では二月一日から三〇日までの三〇日間で三石五斗、文書(2)では一月一日から二九日までの二九日間で二石五斗、文書(3)では一〇月一日から二九日までの二九日間で一石五斗、文書(4)では一一月一日から三〇日までの三〇日間で四石、文書(5)では期間と時期は不明だが一石となっている。造東大寺司では消費される物品の出納は原則として一ヵ月単位で行なわれており、使用期間が不明な(5)の文書も一ヵ月を

単位としたものと見なしてよい。とすれば、一ヵ月間の炭の使用量は最高四石から最低一石まで、相当な開きがある。しかし、ここでは炭で硯を暖めたことだけを確認しておけばよい。問題は使用時期である。

上記五文書での炭の使用時期は一月、二月、一〇月、一一月であり、これらはすべて寒期にあたる。わざわざ、炭火で硯を暖める必要が生じるのは、硯水が凍り付くような厳寒時に限られるであろうことから、これは当然のことであろう。また、月々の用度品の管理が厳密に行なわれた造東大寺司にあって、炭の消費量が月によって大きな差が生じているのは、暖硯がその時々の気候状況に応じて行なわれたためであろう。

二、造東大寺司写経所の硯

造東大寺司の写経所で温硯が行なわれた奈良時代には、蹄脚円面硯、圏脚円面硯、低圏脚円面硯、無脚円面硯、二脚円面硯、三脚円面硯、多脚円面硯、中空円面硯、異形円面硯、風字硯、形象硯、猿面硯などの国産硯や、新羅・唐などから将来された舶載硯が用いられていた。『正倉院文書』写経所関係文書中には、硯そのものや陶器（須恵器）の杯や椀、さらにこれらの蓋を硯として用いた記事も少なくない。今、その一部を掲げると以下のとおりである。

(1)「写疏所雑用帳」（大日本古文書　巻二一　三五〇頁　天平一五年七月四日）

七月廿日　受研八口疏料円座八枚反上七枚机十前十五年十二月二十四日反上已上疏料　酒主

八月四　受研十口　坏六口　下経十箇　手巾一条長四尺

(2)「写法華経所解」（大日本古文書　巻二四　二四二頁　天平一五年一〇月）

研十口　苔坏六口

(3)「写疏所解案」（大日本古文書　巻二四　二三四頁　天平一五年一〇月一五日）

研八口

(4)「写疏所見在雑物申送文案」（大日本古文書　巻八　三七七頁　天平一五年一二月二四日）

古筆廿五箇　墨五挺各小用始又頭五頂　研一三口

(5)「起信論疏及雑物出蔵注文」（大日本古文書　巻八　四二八頁　天平一六年一月八日）

天平十六年閏正月八日出起信論疏二巻

右、依小野令使宣、即付蜂田老人、人成

又出研一口書枕一柄即充蜂田

又古筆一箇　墨三分之一即充蜂田

(6)「経師等調度充帳」（大日本古文書　巻八　五七九頁　天平一七年一一月一〇日）

折薦畳七十八枚　研

(7)「後一切経検受雑物」（大日本古文書　巻九　二頁　天平一八年二月二一日）

研六十口　筆漬坏十口　経紙四百八十七張　辛櫃四合一着鏁

（中略）

布巾四條　由加一口　杓二枝

(8)「東大寺写経所解案」（大日本古文書　巻一〇　五四二頁　天平二一年二月一五日）

硯弐面

由加弐口

(9)「弓削弟広請研注文」（大日本古文書　巻四　四三二頁　天平宝字四年九月一八日）

請研十口

⑽　「奉写二部大般若経用度解案」（大日本古文書　巻一六　六七頁　天平宝字六年一二月一六日）

片埦百廿口　硯卌口

砥五顆　竹卅枝

⑾　「石山院奉写大般若経用度雑物帳」（大日本古文書　巻五　二九八頁　天平宝字六年一二月一六日）

片埦百廿口　硯卌口

砥五顆　竹卌枝

⑿　「造東寺司解案」（大日本古文書　巻一六　五一三頁　天平宝字八年七月二九日）

片埦八十口　砥二果　研卅口

⒀　「筥陶司充器注文」（大日本古文書　巻五　一〇四頁　天平宝字六年二月九日）

即戸伍口　坏蓋研弐拾口已上前充

⒁　「奉写一切経所告朔解」（大日本古文書　巻六　三〇五頁　宝亀三年三月三〇日）

陶椀廿合二月廿四日請

用盡

硯并筆漬料

⒂　「奉写一切経所告朔解」（大日本古文書　巻六　三九三頁　宝亀三年八月三〇日）

陶水椀十四合

用盡硯并筆漬料

⒃　「奉写一切経所告朔解」（大日本古文書　巻六　四九九頁　宝亀四年三月三〇日）

冊文硯料陶椀十合直　合別四文

⒄　「奉写一切経所雑物納帳」（大日本古文書　巻二〇　三二三頁　年月不詳）
　　廿日納折櫃十合　陶水埦廿合　硯料　布浄衣漆具

以上、文書⑴から文書⑿までが研（硯）の授受に関する記事、文書⒀から文書⒄が硯として用いた陶器の椀や蓋に関する記事である。後者がいわゆる転用硯として須恵器椀や椀の蓋を硯として用いたものであることは、古く内藤政恒氏が説いた所であり、(4) 須恵器甕の内面を硯として用いたものも含め、多数の実例がある。

写経所で写経に従事した写経生や校生らが最下級官吏であったことは周知の事実であり、であるからこそ、本来硯として作られたもの以外に転用硯まで使わざるを得なかったのであり、考古遺物としての転用硯が中央と地方を問わず、各種官衙跡から出土するのも、これらの官衙に下級官吏がいたことの証明でもある。

こうした当時の硯の使用状況からすれば、造東大寺司の写経所で、高級品である蹄脚円面硯や中国・新羅・渤海などからの舶載硯、特殊な形態を示し全国的に出土例の少ない多脚円面硯、中空円面硯、形象硯、猿面硯が用いられた可能性はきわめて少ないといわざるを得ない。造東大寺司写経所で用いられた可能性の最も高い硯としては、全国的に流行し、当時最も一般的な形態であった圏脚円面硯が挙げられる。しかし、圏脚円面硯、転用硯をはじめ、奈良時代の硯の中に中国宋代の暖硯のような暖房設備を備えたものはなく、硯面下部に炭火を置いて暖房することは不可能である。正倉院文書中には温硯の具体的方法は記されていず、真相は不明であるが、磨墨に先立ち、炭櫃の炭火で硯を暖めたと推測するのが妥当であろう。

このように、奈良時代に我が国で作られた硯には硯面下部に炭火を置く中国の暖硯のような硯はない。しかし、我が国古代の硯の中に熱湯で硯を暖めたと推測されるものに中空円面硯がある。

三、中空円面硯の再検討

中空円面硯は硯本体が中空になっている円面硯で、現在までに約一三例が知られており、その特異な形態と出土例の少なさの点で注目されてきた。しかし、その用途としては特殊な形態の硯としてしか見倣されず、これを対象とした研究はきわめて少なく、本格的な研究としては楢崎彰一氏と杉本宏氏の研究がある程度である(5)。細部の形態を基とした型式分類も行なわれているが、基本的に把手の付かない中空円面硯Aと把手の付く中空円面硯Bに大別される(6)。

(一) 中空円面硯A

中空円面硯Aには、福岡県太宰府市大宰府政庁跡出土中空硯の一例しかない（図2－25－1）。大宰府政庁跡出土中空円面硯は完形品で、断面逆台形の硯本体の下部に高台がつき、硯本体の上面の一端に長径二・四糎、短辺一・九糎の楕円形の孔があく。硯本体の径一二・五糎、高さ二・三糎(7)。

(二) 中空円面硯B

中空円面硯Bは約一二点発見されているが、断片が多く、ある程度全体の形態のわかるものは静岡県沼津市上香貫宮原古墳、京都府宇治市隼上り瓦窯跡、長野県上田市長瀬勝負沢遺跡、島根県雲南市松本四号墳、福岡県春日市惣利北遺跡、同春日市浦ノ原四号窯跡、奈良県奈良市平城京長屋王邸宅跡、静岡県湖西市吉美中村遺跡などからの出土品である。

静岡県沼津市上香貫宮原古墳出土把手付中空円面硯は、高台のつく円筒形の硯本体の側面に把手と筆立ての付くも

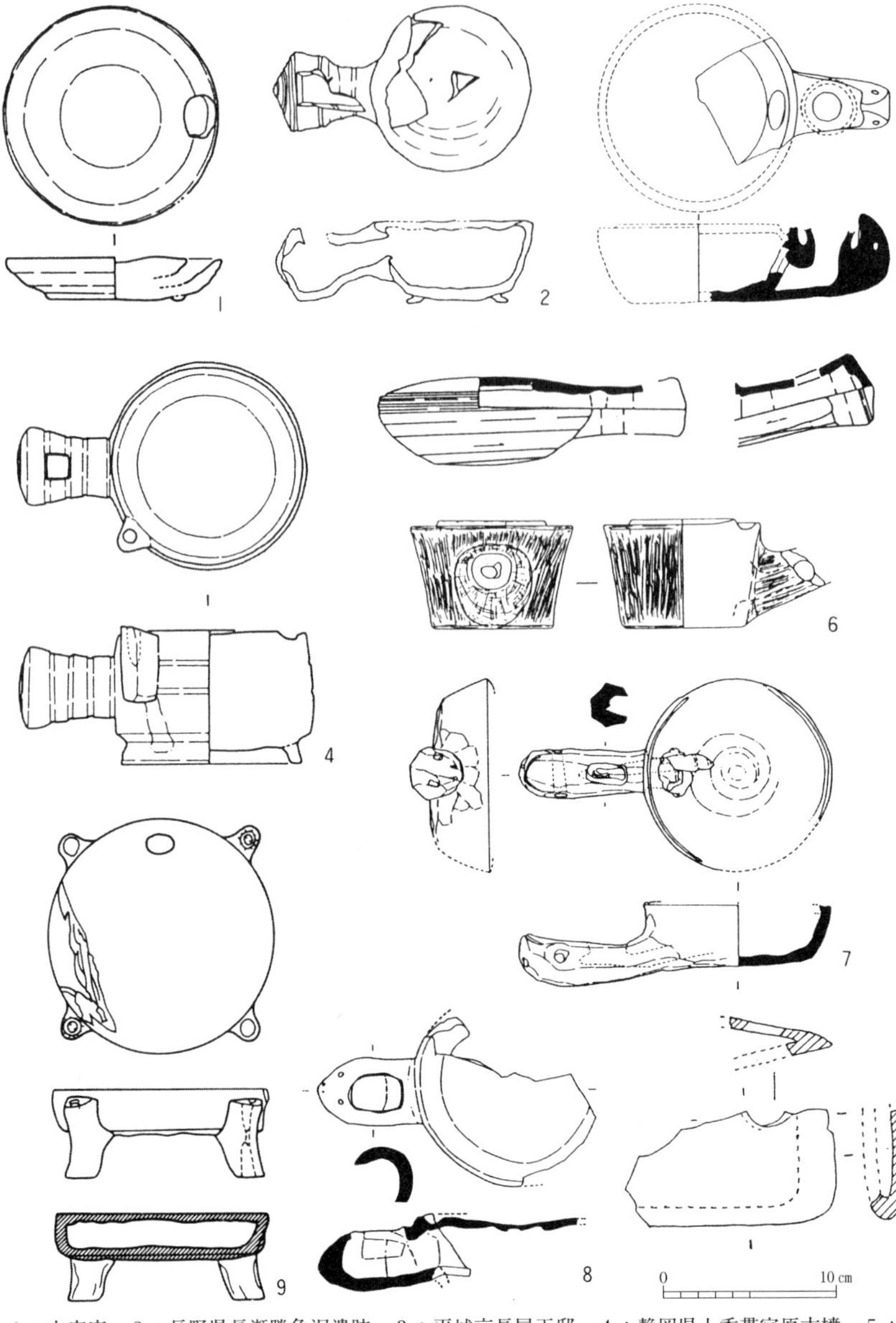

1：大宰府、2：長野県長瀬勝負沢遺跡、3：平城京長屋王邸、4：静岡県上香貫宮原古墳、5：静岡県吉美中村遺跡、6：島根県松本4号墳、7：福岡県浦ノ原4号窯、8：福岡県惣利北遺跡、9：韓国慶州市仁容寺址推定地、10：中国吉林省渤海遺跡

図2－25　中空円面硯の代表例

ので、完形品である（図2－25－4）。把手は断面円形で端は閉じられ、端近くの上面に縦横約一・五糎の方形の孔があく。硯本体、把手ともに中空で、かつ両者間に隔壁がなく、両者が相通じている。硯本体上面に孔はない。硯本体の口径一一・二糎、高さ六・六糎、把手の径約四糎、長さ五・六糎。七世紀前半(8)。

京都府宇治市隼上り瓦窯跡出土把手付中空円面硯は、上径より下径の小さな円筒形の硯本体の側面に断面円形の把手が付くもので、把手の先端を欠く。硯本体、把手ともに中空で、かつ両者間に隔壁がなく両者が相通じている。硯本体に孔がないことから把手に孔が開いていたと推測されている。硯本体の口径一一・五糎、高さ四・二糎、把手の径約四・五糎、長さは不明。七世紀前半(9)。

長野県上田市長瀬勝負沢遺跡出土把手付中空円面硯は、断面逆台形状の円形の硯本体の側面に断面円形の把手の付くもので、ほぼ完形である（図2－25－2）。把手の端は閉じられ、端近くの上面に短辺一・六糎、長辺二・〇糎の方形の孔があく。硯本体、把手ともに中空で、かつ両者間に隔壁がなく、両者が相通じている。硯本体上面に孔はない。硯本体の口径九・七糎、高さ四・五糎、把手の径約四糎、長さ六・四糎(10)。

島根県雲南市松本四号墳出土把手付中空円面硯は、断面逆台形の円形の硯本体の側面に断面円形の把手の付くもので、把手の先端を欠く（図2－25－6）。硯本体、把手ともに中空で、かつ両者の間に隔壁がなく、両者が相通じている。硯本体上面に孔はない。硯本体の口径八・九糎、高さ五・九糎、把手の径約三糎。七世紀後半(11)。

福岡県春日市惣利北遺跡出土亀形把手付き中空円面硯は、断面逆台形状の円形の硯本体の側面に亀頭形の把手の付くものである（図2－25－8）。把手は断面円形で、端は閉じられ、端近くの上面に長辺二・八糎、短辺二糎の長方形状の孔があく。硯本体、把手ともに中空で、かつ両者の間に隔壁がなく、両者が相通じている。硯本体の上面に孔はない。硯本体の径一〇・八糎、高さ約四糎、把手の径約四糎、長さ約五・五糎。七世紀後半(12)。

福岡県春日市浦ノ原四号窯出土亀形把手付き中空円面硯は、断面逆台形状の円形の硯本体の側面に亀頭状の把手の付くものである（図2－25－7）。把手は上面が水平、下部が円形の断面形を呈し、端は閉じられ、端近くの上面に長辺二・四糎、短辺一・二糎の隅丸長方形状の孔があく。硯本体の上面を欠く。硯本体の径一〇・八糎、高さ三・四糎、把手の径約四糎、長さ約七糎。七世紀後半[13]。

奈良県奈良市平城京長屋王邸宅跡出土鳥形把手付中空円面硯は、把手部とこれに連接する硯部のごく一部のみの破片である（図2－25－3）。把手は上向きの鳥頭形を呈し、断面方形で、端は閉じられ、端近くの上面に孔があく。硯本体、把手ともに中空でかつ両者の間に隔壁がなく、両者が相通じている[14]。

静岡県湖西市吉美中村遺跡出土把手付中空円面硯は、断面逆台形状の円形の硯本体の側面に断面円形の把手の付くもので、把手は端が閉じられ、端近くの上面に孔があく（図2－25－6）。硯本体、把手ともに中空で、かつ両者間に隔壁がなく、両者相通じている。硯本体上面に孔はない。硯本体の径一二糎、高五・一糎、把手の径約三糎、長さ約六糎～八糎[15]。

以上、現在までに日本で発見されている中空円面硯のうち、完形ないしそれに近いものをあげたが、中空円面硯Aの基本的属性は、硯本体が密閉され、かつ硯本体上面の一端にのみ孔があることである。

一方、中空円面硯Bの基本的な属性は、硯本体と把手がともに中空で、硯部と把手の間に仕切りがなく、両者が連結され、把手の上面に穴があることである。硯本体上面に孔のないことも中空円面硯Bに共通する特徴である。しかも、硯本体の把手との接合部が単に相通じているのではなく、把手の内径と同じ大きさの孔が硯本体にあけられており、把手上面の穴から何かの液体を注入すれば、それが把手の中を通ってすみやかに硯本体の内部に納まる構造となっている。逆に硯本体内部に注いだ液体をすみやかに排出することも可能である。中空円面硯Bのこの特性は中空円面硯Aにもあてはまり、把手の有無にかかわらず、両者に共通する特性といえる。

では、把手上面の穴や硯本体上面の孔から注入するものは何か。可能性として墨汁も考えられるが、墨汁をわざわざ硯本体の内部に貯蔵する必要性はなく、また、硯部内面に墨汁の痕跡を残すものもない。『正倉院文書』では炭火で硯を暖めているが、中空円面硯の場合、硯本体内部に熱湯を注いで硯を暖めたと推測され、もしもこの仮定が許されるなら、我が国古代にも中空円面硯という暖硯の一種があったとすることができる。

他方、中空円面硯Bにはみられないが、中空円面硯Aにはほぼ同時期の中国、朝鮮に類例がある。韓国発見の中空円面硯は、断面逆台形状の円形の硯本体の上面の一端に楕円形の穴があくもので、硯本体の側面の四方に筆立てを兼ねた四本の高い脚がつく（図2－25－9）。口径約一三糎、高さ約五糎。慶州市仁容寺址推定地から出土し、統一新羅時代のものと推定されている[16]。

中国発見のものは、平坦な上面と斜めにすぼまる側面からなる泥質褐陶製の断片で、平面形は隅丸方形ないし隅丸長方形をなし、上面の一端に円形ないし楕円形の穴があく（図2－25－10）。この遺物は報告書の中では器種不明品とされているが、形態的に中空硯の可能性が高い。吉林省吉林市蛟河市の渤海遺跡から出土し、渤海時代としか報告されていない[17]。

ここで注目されるのは、中空円面硯Aが発見されているのが中原地域を始めとする中国中心部ではなく、冬期に厳寒となる渤海地域や朝鮮半島であり、ここで生み出された中空硯が我が国に伝わったと考えることができよう。

註

（1）冶秋「硯史資料（24）」『文物』一九六五年第一二期。
（2）藤木正次編『硯の辞典』、秋山書房、一九八四年八月。
（3）内藤政恒『本邦古硯考』、養徳社、一九四四年六月。石井則孝『陶硯』考古学ライブラリー四二、ニューサイエンス社、一九八五年一二月。

（4）内藤政恒「須恵器利用の硯について」『考古学雑誌』第五〇巻第一号、一九六四年七月。

（5）楢崎彰一「古代陶硯に関する一考察―有孔把手付円面硯と宝珠硯」『名古屋大学総合研究資料館報告』№一、一九八六年。

杉本宏「飛鳥時代初期の陶硯」『考古学雑誌』第七三巻第二号、一九八七年一二月。

（6）従来、中空円面硯とされてきたものの中に底部に大きな孔のあくものも含まれているが、中空円面硯の基本的属性と異なるため、これらを中空円面硯から除外した。

（7）福岡県教育委員会『大宰府史跡昭和45年度発掘調査概報』、一九七一年三月。

（8）内藤政恒『本邦古硯考』、養徳社、一九四四年六月。

楢崎彰一「日本古代の陶硯―とくに分類について―」『考古学論考』小林行雄博士古稀記念論文集、平凡社、一九八二年五月。

（9）宇治市教育委員会『隼上り瓦窯跡発掘調査概報』宇治市埋蔵文化財発掘調査概報第三集、一九八三年三月。

（10）小林真寿「丸子町長瀬勝負沢出土の須恵器」『上小考古』一〇、一九八二年。

（11）島根県教育委員会『松本古墳調査報告』、一九六五年一二月。

（12）春日市教育委員会『春日地区遺跡群Ⅳ』春日市文化財調査報告書第一六集、一九八六年三月。

（13）春日市教育委員会『浦ノ原窯跡群』春日市文化財調査報告書第一一集、一九八一年三月。

（14）奈良国立文化財研究所編『平城京長屋王邸宅と木簡』、吉川弘文館、一九九一年一月。

奈良国立文化財研究所『平城京二条二坊・三条二坊発掘調査報告一一　長屋王邸・藤原麻呂邸の調査一』、一九九五年三月。

（15）静岡県教育委員会『静岡県の窯業遺跡』静岡県文化財調査報告書第四二集、一九八九年三月。

（16）朴日薫「新羅陶硯三例」『考古美術』第二巻第七号、一九六一年三月。

（17）吉林市博物館「吉林省蛟河市七道河村湖海建築遺祉清理簡報」『考古』一九九三年第二期。

コラム

中国における中空硯の一例

我が国の飛鳥時代から奈良時代の硯の中に内部が中空になった硯がある。この中空硯に対して最初に考察を加えたのは杉本宏氏で、氏は内部に墨汁を貯めるものとしている[1]。これに対して、筆者は『正倉院文書』の中に硯を暖めるための炭の支給に関する記録があることから、厳冬期に硯が凍結するのを防ぐために中空部に熱湯を入れたのではないかとする見解を示したことがある[2]（本書第Ⅱ部第5章）。その理由の一つとして論文執筆当時中空硯が発見されていたのは日本と韓国の新羅であり、中国では未発見であること、中国で中空硯の可能性を秘めた陶器の断片が中国東北部の吉林省にあること、これら中空硯やその可能性を秘めたものがいずれも冬季には厳冬になる地で発見されていること、をあげた。その後、中国社会科学院考古研究所の資料室で文献検索を行う機会があり、『文物』一九八四年第一期に完全な中空硯が報告されていることを知った[3]。中空硯に対する見解は変わらないが、論文執筆時の不徳をお詫びすると共に、ここに紹介し、前論文の不備を補っておきたい。

該当する資料は吉林省通化市集安市気象站から出土した泥質灰陶製の円形平底の硯で、上面周囲が凹み中央が高いもので、上面の一端に楕円形の穴一個、他端に小さな円形の穴二個があく。上面径一一・一糎、下面径九・二糎、高さ四・八糎。時期は高句麗晩期から渤海とされているが、硯

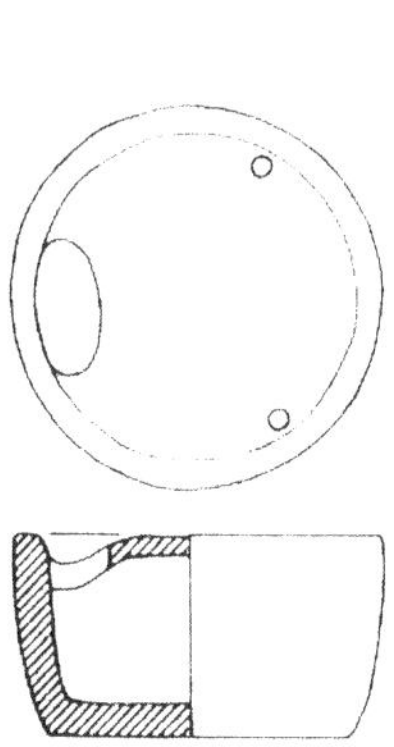

図２－26　集安出土中空硯

面中央がゆるやかに隆起することから、唐以前のものと考えられる。
中国で生まれた硯の多くは韓半島で変形し、その後我が国に入るという経路を取っている。中空硯もまた厳冬期を有する中国東北部で生まれ、韓半島を経由して我が国に伝わったものであろう。

註

（1）杉本宏「飛鳥時代初期の陶硯」『考古学雑誌』第七三巻第二号、一九八七年一二月。
（2）吉田惠二「暖硯考」『國學院大學考古学資料館紀要』第一三輯、一九九七年三月（本書第Ⅱ部第5章）。
（3）耽鉄華・林至徳「集安高句麗陶器的初歩研究」『文物』一九八四年第一期。

第Ⅲ部

硯をとりまく文房具

第1章　中国古代筆墨考

中国では新石器時代の彩陶への文様描写に筆が用いられ、陳夢家氏らによって殷墟出土甲骨中に筆と墨で文字が書かれたものがあること、[1]西周時代の青銅器の銘文中に筆で文字を下書きした後にこれを忠実に彫り込んだものであることが林巳奈夫氏によって指摘されている。[2]殷周以前の筆や墨は未発見であり、それらがどのようなものであったかは依然として不明であるが、戦国時代末期になると硯と共に筆や墨が確認されるようになる。このうち墨についてはかつて原田淑人氏が論及されているが、[3]それ以後の新資料も多く、また、筆に関しては若干例が紹介されているにすぎないのが実情である。そのため、本章では考古学的発見品を中心に戦国時代から宋代までの筆と墨について論述してみたい[補註]（表3－1・2）。

一、墨

(一) 戦国時代

戦国時代の墨は現在までに二ヶ所の遺跡から出土している。

①　湖北省荊州市九店五六号楚墓出土墨は木胎漆器墨盒に納められていたもので、塊墨一点と粉状の墨とがある。塊墨は長辺両側が凹んだ直方体に近い形態を呈している。長さ二・一糎、幅一・三糎、厚さ〇・九糎、粉状の墨と合わせた総重量一・五グラム。木胎漆器墨盒は平面楕円形の合子状を呈するもので、身と蓋とからなり、黒漆が塗られている。長径五・三糎、短径二・二糎、高さ六・一糎、戦国時代晩期でも古い時期の墓とされ、現存する中国最古の墨である。(4)

②　湖北省孝感市雲夢県睡虎地四号秦墓出土墨は径二・一糎の円柱状を呈する墨錠の断片で、高さ一・二糎まで残っている。始皇帝統一以前。(5)

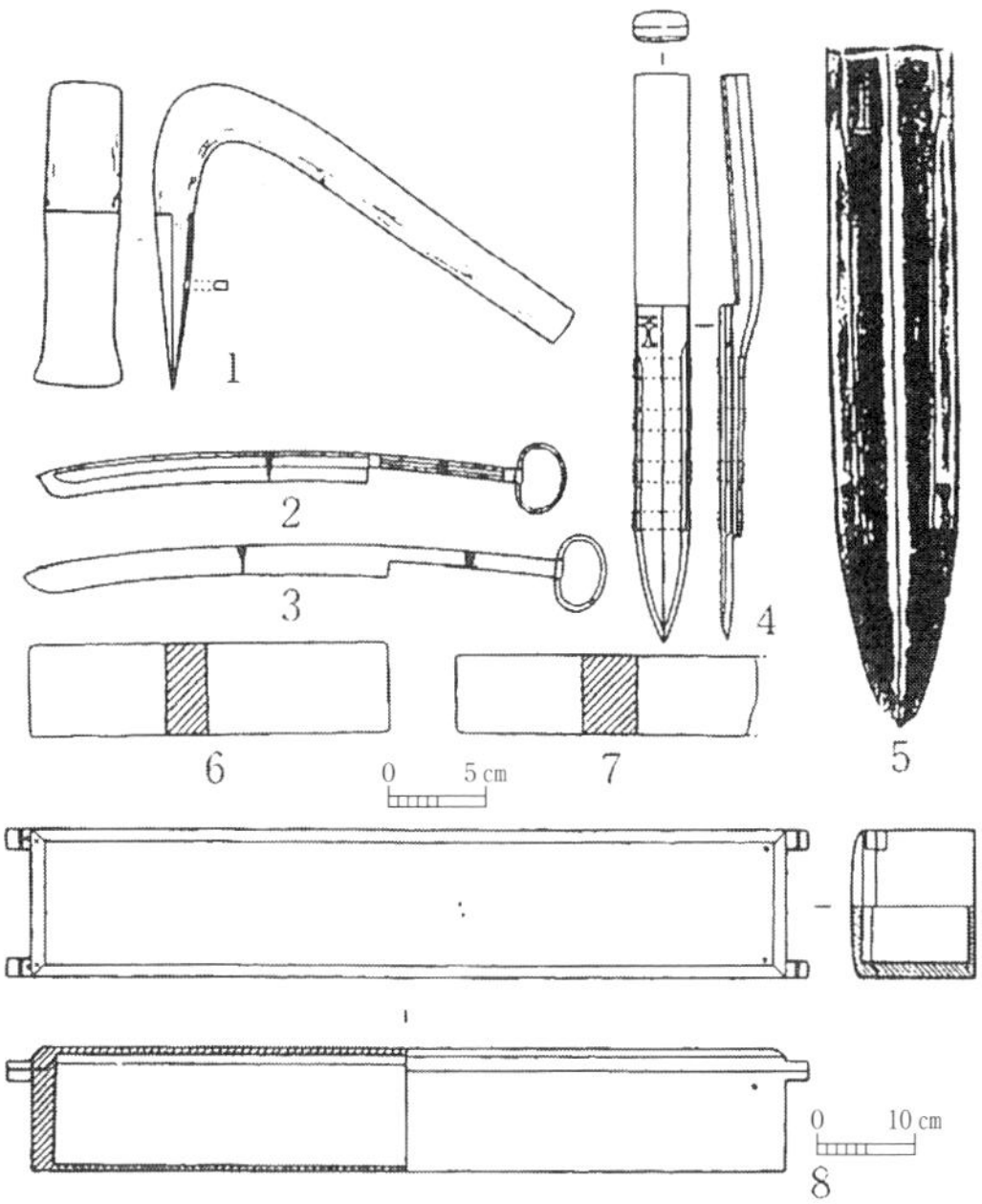

図３－１　湖北省江陵望山１号楚墓出土戦国時代末期の文房具
1：銅斧、2・3：銅刀、4・5：鉇、6・7：砥石、8：木製漆塗り文房具箱

以上の他、湖南省長沙市楊家湾から竹筐に納められた墨塊が出土しているようであるが、詳細は不明である。(6)

(二)　漢　代

漢代の墨は現在までに七ヶ所の遺跡から出土している。

①　広東省広州市南越王墓西耳室出土墨丸はわずかに赤味を帯びた黒色を呈する薄い円板状のもので、合計四三八五点出土した。下面が平坦であるのに対し上面が弧状を呈すること、同形同大のものが無

いことから、糊状の原料を平らな面に滴り落として成形したと考えられている。直径一・三一糎〜〇・八糎、厚さ四・二粍〜二・二九粍。出土時には径約三五糎の範囲に固まって堆積しており、木や漆膜が付着するものがあることから、木製漆塗容器に一括して納められていたと考えられている。漢代の墨制を示す好例である。前漢初期。(7)

② 湖北省荊州市鳳凰山一六八号漢墓出土墨丸は破片になっていたが、比較的大きな破片が接合復元されており、長さ一・五糎、幅一・一糎〜幅〇・六糎の西瓜の種形を呈する。未使用の無字木牘四点、環頭小刀一点、硯などと共に竹籠に納められていた。無字木牘には大小の二種があり、大型品は長さ二三・一糎、幅五・八糎、厚さ〇・二糎〜〇・四糎で、長さは漢代の一尺に相当する。小型品は長さが大型品の半分、幅と厚さが大型品と同じである。前漢文帝一三年（前一六七）。(8)

③ 山西省大同市渾源県華村二号木槨墓出土墨錠は半円錐形を呈するもので、径一・五糎、高さ二・五糎。前漢中期。(9)

④ 河南省三門峡市陜州区劉家渠八号漢墓・九号漢墓・三七号漢墓・一〇二号漢墓・一〇三七号漢墓から各一点、計五点の墨錠が出土している。いずれも円柱形を呈し、墨の一端ないし両端が使用されている。径一・五糎〜二・四糎、残高一・五糎〜三・三糎で、三七号漢墓出土墨の径一・五糎、残高三糎、八号漢墓出土墨の径二・三糎、残高一・八糎。出土位置の多くが攪乱を受けていたが、八号漢墓では鉄製書刀の傍、一〇二号漢墓では長方形板石硯に伴って出土している。三七号漢墓が後漢前期、九号漢墓が後漢後期の建寧元年（一六八）頃、一〇三七号漢墓が後漢後期、八号漢墓と一〇二号漢墓が後漢晩期。(10)

⑤ 寧夏回族自治区固原市東郊後漢墓出土墨は松烟製の墨錠で、松毬形を呈するとされるが、詳細は不明である。(11)

以上の他、湖南省長沙市湯家嶺一号前漢墓(12)、広東省広州市五〇五二号後漢墓(13)からも墨が出土しているが、原形は不明である。

（三）魏晋南北朝

魏晋南北朝時代の墨は現在までに一二ヶ所の遺跡から出土している。

① 江西省南昌市東呉高栄墓出土墨は上部がやや細い円柱形を呈し、葉脈文がある。長さ九・五糎、下端径三・五糎。木箱中に無字木牘、竹尺、刀子と共に納められていた。呉嘉禾年間（二三二～二三八）。[14]

② 甘粛省酒泉市西溝村七号魏晋墓出土墨は長方形を呈するもので、黒漆のような質感を留めている。長さ四二糎、幅二・九糎、厚さ一・七糎。魏～西晋。[15]

③ 江西省南昌市東湖区永外正街一号晋墓出土墨は糸瓜形を呈するもので、長方形板石硯に伴って出土した。全長三・三糎、太い部分の径六糎、細い部分の径三糎。[16]

④ 江西省南昌市西湖区上窯湾老福山二号晋墓出土墨は円柱形を呈するもので、長方形板石硯に伴って出土した。全長九糎、径二・五糎。[17]

⑤ 江蘇省南京市江寧区下坊村一号東晋墓出土墨は青磁硯の上に載っていたもので、破片となっていた。このうち最も大きな断片の長さ四・八糎、幅三・七糎。東晋中晩期。[18]

⑥ 浙江省紹興市新昌県二一号東晋墓出土墨は上が丸く下が角張った鋤形を呈し、表面に幾何学文を施したもので、出土後に破砕した。最大の断片の長さ四糎、幅一糎、厚さ一糎前後。東晋太元一八年（三九三）。[19]

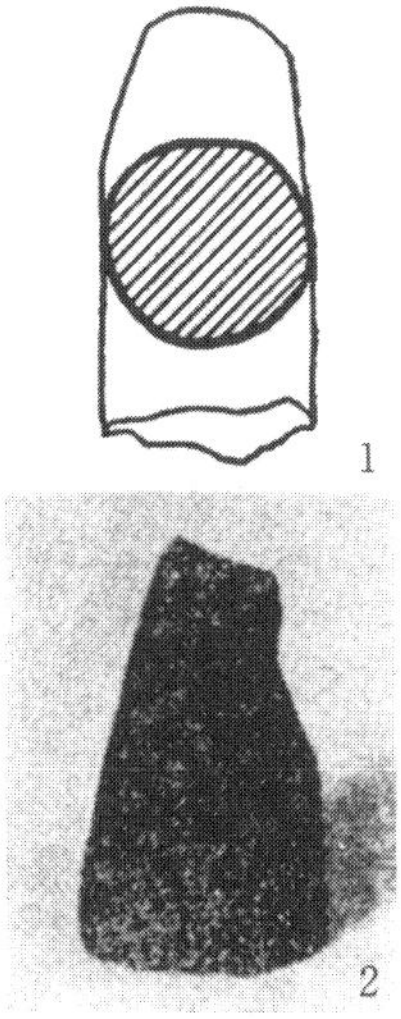

図３－２　漢の墨
1：河南陝県劉家渠37号墓、2：山西渾源華村前漢木槨墓

⑦ 江蘇省南京市老虎山三号東晋墓出土墨は長方形板石硯の上から出土したもので、出土時に既に破砕していたが、科学分析の結果、現代の墨と成分がほとんど同じであることが確認されている。[20]

⑧ 遼寧省朝陽市北票市北燕馮素弗墓出土墨は二点あ

り、上が小さく下が大きい円錐形状を呈する。一面に横帯文、裏面に花弁状の花文が模印され、部分的に刀で修正されている。二点のうち大きなものの残高五・六糎、長径三・七糎。被葬者の馮素弗は北燕の太平七年（四一五）に死去。(21)

⑨ 江蘇省南京市江寧区殷巷一号墓出土墨は未使用の完形品で、上が広く下が狭い円形で、断面は逆台形を呈する。側面に蓮華文が模印されている。上面径六・五糎、下面径四・五糎、高さ三・七糎、重さ六〇・六グラム。南朝中晩期。(22)

以上の他、広東省広州市蘇連展覧館工地四号晋墓、(23)江蘇省南京市象山五号王閩之墓、(24)江蘇省南京市仏鶴観二号東晋墓(25)からも墨が出土しているが、破砕しており、原形は不明である。江蘇省鎮江市六朝墓から長さ三糎、幅四・二糎、厚さ二九糎の長楕円形を呈する墨一点が出土しているようである。(26)

(四) 隋　唐

隋唐時代の墨は現在までに三ヶ所の遺跡から出土している。

① 湖南省長沙市四号隋墓出土墨は破砕しており、原状を留めていない。(27)

② 河南省焦作市温県唐楊履庭墓出土墨は破損が激しいが、残長約九糎の円柱形に近いとされている。被葬者の楊履庭は唐長寿元年（六九二）に死去し、景雲二年（七一一）に妻の薛氏と共に合葬されている。(28)

③ 河南省三門峡市唐張弘慶墓出土墨は両端が丸い長楕円形いわゆるカラスミ形を呈し、上面中央が細長く凹み、下面は平坦である。硯の上に置かれた状態で出土した。長さ一三糎、幅二・六糎、厚さ〇・五糎〜〇・八糎。乾元元年（七五八）以後。(29)

以上の他、新疆吐魯番から楕円形の墨が出土しているが、詳細は不明である。(30)

（五）宋

五代の墨は未発見であるが、宋代の墨は現在までに九ヶ所の遺跡から出土している。

①　安徽省合肥市北宋馬紹庭夫婦墓一号棺出土墨はいわゆるカラスミ形を呈するもので、一面に「歙州黄山張谷□□□□」の文字が模印され、不分明な四文字は「男処厚保墨」と推測されている。長さ二五糎、幅五糎、厚さ一・四糎、重さ一五八・八グラム。二号棺出土墨もカラスミ形を呈するもので、上面に「九華朱覲墨」、裏面に「香」の文字が模印されている。長さ二一糎、最大幅三・四糎、厚さ〇・七糎、重さ四七グラム。夫人の呂氏は北宋の徽宗建中靖国元年（一一〇一）前後、夫の馬紹庭はこの十数年後に没したと推測されている。元の陶宗儀『輟耕録』と明の麻三衡の『墨志』に記された北宋の熙寧年間から宣和年間までの墨匠六十余人中に朱覲の名があり、これらの墨は宣和三年（一一二一）に設立された徽州、現在の皖南地区の朱覲によって作られたものとされている。[31]

②　江蘇省南京市浦口区黄悦嶺南宋張同之夫婦墓では、完形の墨と使用途中の墨各一点が出土している。いずれも上が細く下が太いもので、完形のものは上幅一・五糎、下幅三・四糎、長さ一四糎、厚さ一糎である。張同之は慶元元年（一一九五）に死去。[32]

③　江蘇省常州市武進区村前郷南宋墓では長楕円形のカラスミ状を呈する墨二点と長方形の墨一点が筆、硯、鎮紙、画軸などの文房用品と共に出土している。長楕円形の墨二点は一号墓から出土した断片で、残長八・三糎、幅三・五糎、厚さ〇・九糎。北宋徽宗の宣和年間（一一一九〜一一二五）以後。長方形の墨は四号墓から出土した下半部の断片で、一面に金貼りの「□玉」の模印、背面に「□茂実」の模印がある。南宋の著名な墨工である葉茂実の製品であろう。残長五・五糎、幅二・二糎、厚さ〇・五糎。南宋の景定元年（一二六〇）前後。なお、この宋墓群では文房具が出土するのは男性墓のみで、女性墓からは文房具が出土していない。[33]

④　浙江省衢州市南宋墓出土墨は円角長方形の印模製で、表面に文様があるが、風化のため原形は不明である。黒色

図３－３　発掘された中国古代墨
1：広東広州前漢南越王墓、2：安徽合肥北宋馬紹庭墓、3：湖北雲夢睡虎地秦墓、4：湖北荊州鳳凰山165号前漢墓、5：遼寧北票南北朝馮素弗墓、6：湖北荊州九店56号楚墓、7：江西南昌東呉高栄墓、8：江西南昌永正街晋墓

であるが光沢は無く、質は軽い。残長五糎、幅二・五糎、厚さ〇・八糎。被葬者の史縄祖は南宋咸淳一〇年（一二七四）に死去[34]。

以上の他、江蘇省揚州市宝応県北宋墓[35]、安徽省安慶市太湖県羅湾一号北宋墓[36]、山東省済南市耿家林北宋墓[37]、河南省洛陽市宋墓[38]、河北省石家荘市趙陵舗鎮宋墓[39]からも墨が出土しているが、江蘇省宝応県出土墨が残長五・五糎、幅二・三糎、厚さ〇・六糎である以外、原形は不明である。

以上、戦国時代末期から宋代までの墨を概観してきたが、漢以前の硯に補助具としての研石が伴うのは、前漢時代初期の広東省広州市南越王墓に代表される小粒状の墨丸を磨るために研石が必要であったためであり、各種の形態の大型の墨錠の出現する三国時代以後、研石が消滅する。戦国時代や漢代にも墨錠が存在したが、それにもかかわらず研石が存在したのは、漢以前の墨錠がなお墨としては品質が悪く、研石を必要としたためである。墨錠の形態としては円柱形、円錐形、糸瓜形、円盤形、カラスミ形、長方形などがあり、このうち円柱形は漢代、円錐形、糸瓜形、円盤形は魏晋南北朝に出現し、唐代になってカラスミ形が出現したようである。宋代には模製による長方形墨が出現し、現在にまでつながる。製法の上でも変化があり、手製であった前漢までの墨に代わって後漢には型作りによる製法が出現する。形態の一定しない手製の墨から規格的な墨への転換であると共に、より大型の墨の製作が可能になり、研石消滅の原動力となった。材料の点でも変化があり、江蘇省南京市老虎山三号東晋墓出土墨は松烟を原料としているが、松烟墨の出現によって飛躍的に墨の品質が高まり、これも研石消滅に拍車をかけた。宋代に油烟墨が出現するに至って、墨は最高の品質にまで登りつめたのである[40]。

二、筆

(一) 戦国時代

戦国時代の筆は現在までに六ヶ所の遺跡から出土している。

①湖南省長沙市左家公山一五号墓出土筆は竹製で、竹管をそのまま用いるのではなく、肉厚の竹の身を削った中実の筆管の一端を割いて良質の兎の箭毛製の筆鋒を差し込み、外から細い糸を巻き付けて固定した後に漆を塗って仕上げている。筆管の長さ一八・五糎、径〇・四糎、筆鋒の長さ二・五糎。竹製の筆筒に納められているが、竹製筆筒の法量は報告されていない。筆は竹片二五点、木柄鉄刀一点、小竹筒一点などと共に竹籠の中に納められている。竹片は表面が平滑で両端を糸で編んで冊としている。木柄鉄刀は書刀とも呼ばれる竹片を削って簡を作るための工具、小竹筒は墨を容れる容器と考えられている。戦国時代末期〜前漢時代初期(41)。

②河南省信陽市長台関一号楚墓出土筆は竹製の筆管の先に筆鋒を紐で括り付けたもので、筆管の長さ二三・四糎、径〇・九糎、筆鋒の長さ二・五糎。筆は両端の開いた竹製の筆筒に納められ、筆筒の長さ二五・九糎、径一・五糎、内径〇・八糎〜一・一糎。筆は木製の書写工具箱内に竹簡や木牘を作るための工具である銅刀、銅刻刀、小型銅斧、銅鋸、銅錐と共に納められていた。銅鋸は長方形を呈し、木製の柄に嵌め込まれている。銅斧にも木製の柄が残り、手斧状を呈する。銅刀子は鎏金製で環頭大刀形を呈し、刀身部両面と背部に鈎状文、変形三角文が刻まれている。銅刻刀は切り出しナイフ状を呈し、断面偏半円形の木製の柄に紐で固定されている。銅夾刻刀三点はいずれも槍先状を呈し、上面一枚下面二枚を合わせた断面八角形の木製柄に装着され、下面の柄を前後に動かして刻刀の刃先の長さが調節できるようになっている。銅錐は木製の柄に装着され、柄の錐側の端には細い糸が密

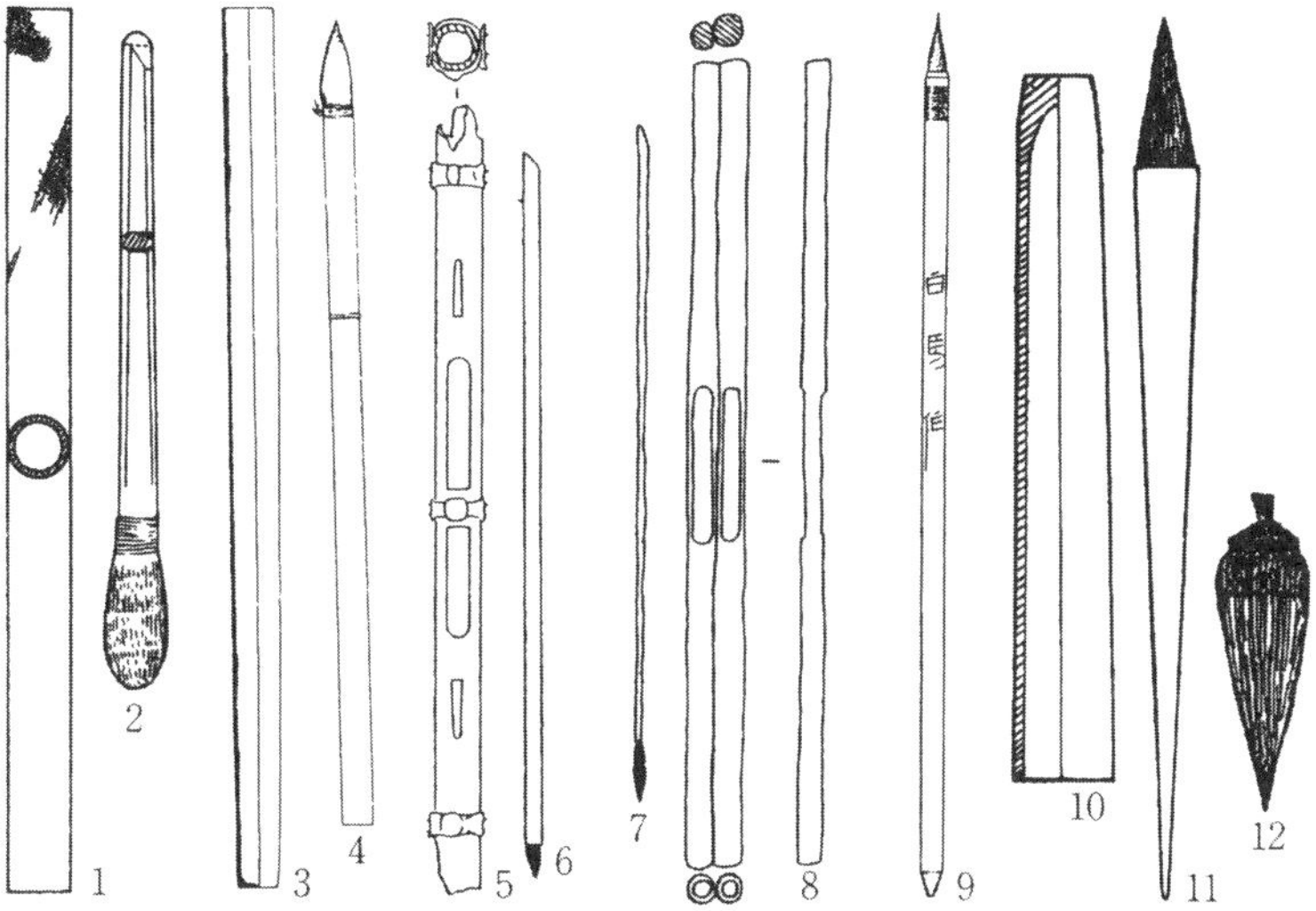

図3－4　中国古代筆実測図

1・2：湖北荊州九店13号楚墓、3・4：河南信陽1号楚墓、5・6：山東臨金雀山11号漢墓、7・8：甘粛天水放馬灘1号漢墓、9：甘粛武威磨嘴子49号漢墓、10～12：甘粛武威旱灘坡19号前涼墓

に巻き付けられている。書写工具箱は木製で、長方形を呈し、蓋が付く。年代は戦国時代早期で、戦国時代の文書工具セットを最もよく示す好例である(42)。

③　甘粛省天水市放馬灘一号墓出土筆は中実の竹製で、筆筒が伴い、筆管の上端は斜めに削ぎ落とされて尖っている。筆管の長さ二三糎、筆鋒の長さ二・五糎、径〇・七糎。筆筒は二本の竹を並接したもので、同時に二本の筆が納められると共に、筆筒中央の上下両面に開けられた長楕円形の孔によって内部の筆の有無が確認できるようになっている。伴出した木簡の年代から秦の始皇帝八年（前二三九）の冬から九年（前二三八）の初め頃とされる(43)。

④　湖北省荊門市包山二号楚墓出土筆は中実の竹製の筆管で、上端は斜めに削ぎ落とされて尖っている。筆鋒は上端を糸で括った後、筆管下端の穴に挿入されている。全長二二・三糎、筆鋒長三・五糎。一端に木製の栓のついた竹製の筆入れに納められている。戦国時代後期秦昭襄王一五年（前二九二）(44)。

⑤　湖北省荊州市九店一三号楚墓出土筆は中実の竹製で、

筆管は断面八角形を呈し、上端は斜めに削ぎ落とされて尖っている。筆毛は無くなっているが、筆管に筆鋒を括り付けた後に黒漆で固めている。残長一〇・六糎、筆鋒長二・四糎、筆管の厚さ〇・三糎。筆筒は両端の開いた竹筒製で、外面は絹で包んだ後に黒漆が塗られている。筆筒の長さ一四・一糎、径一糎。戦国時代晩期[45]。

⑥　湖北省雲夢県睡虎地一一号秦墓では筆筒に納められた三点の筆が出土している。筆管は中実の竹製で、下端に筆鋒を挿入するための孔が開き、上端は斜めに削ぎ落とされて尖っている。三点中一点の筆管の長さ一八・二糎、径〇・四糎、筆鋒の長さ約二・五糎。筆筒は細い竹製で一端は竹の節で閉じられ、他端は開いている。両側面中央に長円形の孔が一対開けられて、筆の有無が確認できるようになっている。長さ二七糎、径一・五糎。もう一点の筆筒は長さ二二・九糎、径一・二糎で、両側面中央に長さ五糎の孔が一対開けられ、孔の両端に箍を嵌めている。刀子は銅製で、環頭大刀状を呈し、木製の鞘が付く。秦始皇帝三〇年（前二一七）[46]。

(二)　漢　代

漢代の筆は現在までに九ヶ所の遺跡から出土している。

①　湖北省荊州市鳳凰山一六八号漢墓出土筆は筆管のみが残るもので、筆鋒は残っていないが、筆筒が伴う。筆管は断面がほぼ円形の中実の竹製で、上端は斜めに削ぎ落とされて尖り、下端に筆鋒を納めるための径〇・五糎、深さ約〇・六糎の孔が開く。長さ二九・七糎、径一・五糎。筆筒は銅製で、中央部の両側面に長さ八糎、幅一・三糎の長楕円形の孔があけられ、内部の筆の有無が容易に確認できるようになっている。筆筒の長さ二九・七糎、径一・五糎。前漢時代文帝一三年（前一六七）[47]。

②　山東省臨沂市金雀山一一号墓出土筆は中実の竹製で、下端に孔があり、筆鋒が挿入されている。上端は斜めに削ぎ落とされて尖っている。筆管の長さ二三・八糎、径〇・六糎、筆鋒長一糎、全長二四・八糎。筆は筆筒に納めら

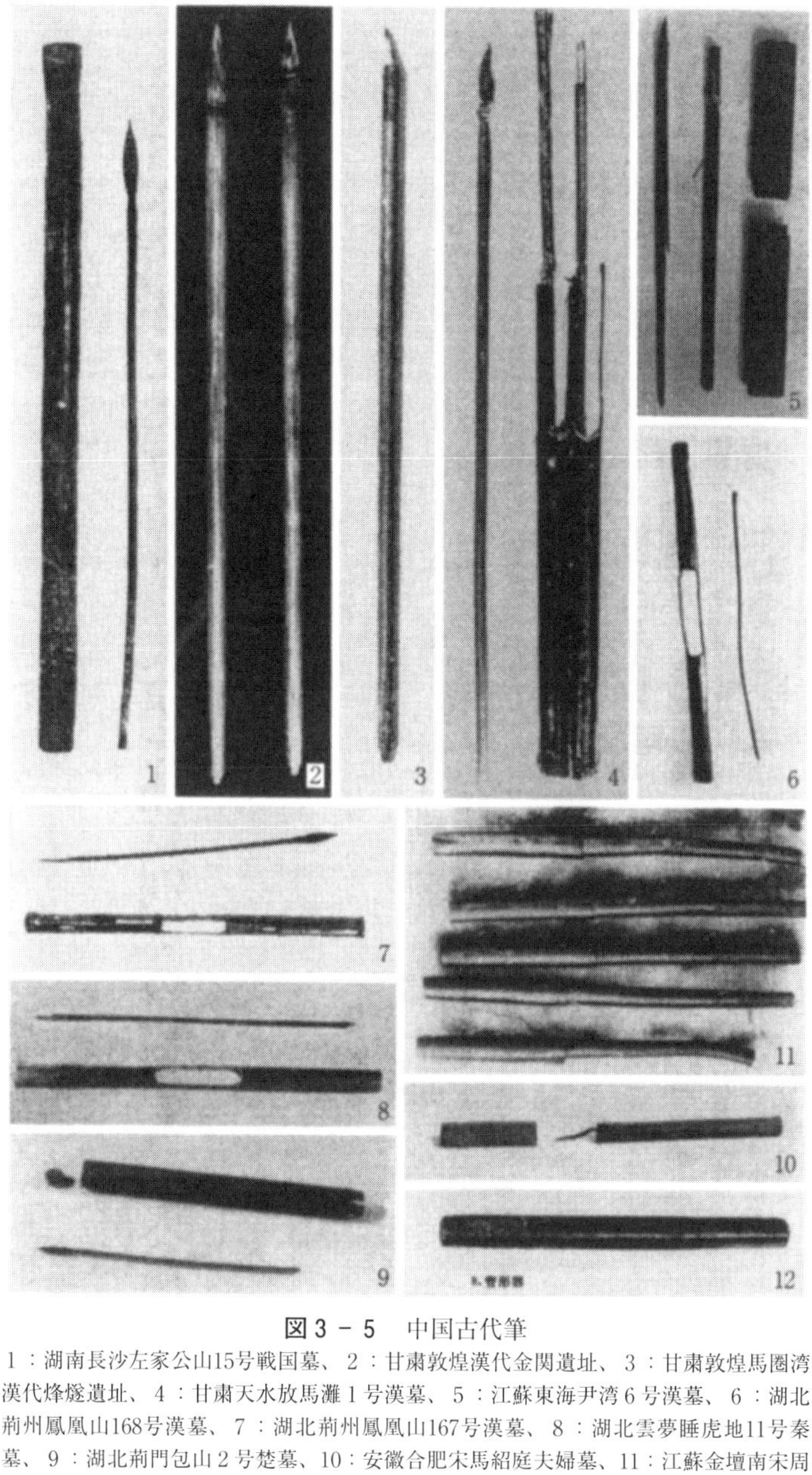

図3－5　中国古代筆

1：湖南長沙左家公山15号戦国墓、2：甘粛敦煌漢代金関遺址、3：甘粛敦煌馬圏湾漢代烽燧遺址、4：甘粛天水放馬灘1号漢墓、5：江蘇東海尹湾6号漢墓、6：湖北荊州鳳凰山168号漢墓、7：湖北荊州鳳凰山167号漢墓、8：湖北雲夢睡虎地11号秦墓、9：湖北荊門包山2号楚墓、10：安徽合肥宋馬紹庭夫婦墓、11：江蘇金壇南宋周瑀墓、12：陝西隋李静訓墓

れている。筆筒は竹製で両端が開き、両端近くと中央の三ヶ所に皮製の箍が巻かれ、中央の皮製箍を中心に表裏二面に大小二個計八個の孔が対称的に配され、内部の筆の有無が確認できるようになっている。筆筒の長さ二七糎、大孔長四糎～四・五糎、幅〇・八糎、小孔長二糎～二・二糎、幅〇・四糎。筒身全体及び皮製箍の外面全体に黒漆が塗られている。前漢時代五銖銭以後。(48)

③　湖北省荊州市鳳凰山一六七号漢墓出土筆は中実の竹製で、竹製の筆筒に納められている。筆全長二四・九糎。筆筒の中央両側に長方形の孔が空けられ、内部の筆の有無が確認できるようになっている。(49)

④　甘粛省敦煌市馬圏湾漢代烽燧址出土筆は中実の竹製で、下端の穴に狼毛製の筆鋒を挿入した後、糸を巻き付けて固定し、漆を塗って仕上げられ、上端は削られて尖っている。全長一九・六糎、径〇・四糎、筆鋒の長さ一・二糎。木簡二一七点が伴出し、最古のものは前漢時代宣帝本始三年（前七一）のものである。(50)

⑤　江蘇省連雲港市錦屏鎮陶湾村前漢西郭宝墓出土筆は、竹管製の筆筒内に納められていたもので、木製の筆管の一端に兎毛製の筆先を糸で括りつけている。写真が不鮮明なため判然とはしないが、筆管の上端は尖っていないようである。残長二二糎。前漢時代中晩期。(51)

⑥　江蘇省連雲港市温泉鎮尹湾村六号墓出土筆は二本あり、筆筒が伴う。このうち一本の筆管は木製で、兎毛製の筆鋒を生漆で接合し、糸で緊縛している。筆管は長さ二三糎、径〇・七糎、上端径〇・三糎、筆鋒長二六糎。もう一本の筆については報告に記載がない。筆筒は二本の管を並列したもので、黒漆を塗った上に朱漆で文様が描かれている。なお、報告には記されていないが、写真では筆筒の中央両側に細長い孔があけられた状況が窺え、漢代の筆筒に多い長円形の孔と推測される。前漢時代晩期元延三年（前一〇）。(52)

⑦　甘粛省武威市磨嘴子二号漢墓出土筆は中実の竹製の筆管のみが残るもので、下端に筆鋒を取り付けた時の接合と緊縛の痕跡が残り、上端は削られて尖っている。筆管長二一糎。後漢時代初期～中期。(53)なお、本筆には文字が書か

れており、原報告では「□年日」とされていたが、後に「史虎作」と訂正されている。

⑧ 江蘇省揚州市邗江区甘泉二号漢墓では毛筆が出土しているが、詳細は報告されていない。被葬者は永平一〇年（六七）に自殺させられた光武帝の第九子劉荊と推測されている。(54)

⑨ 甘粛省武威市磨嘴子四九号墓出土筆は中実の竹製で、下端に筆鋒を入れる孔があき、外側から糸を巻き付けた後、黒漆が塗られている。筆管の上端は円錐形状に尖り、筆管のほぼ中央に隷書体で「白馬作」の文字が陰刻されている。筆鋒は黄褐色の狼の毛で外側が覆われ、芯部と筆先は黒紫色を呈し、根部に墨の痕跡が残る。長さ二三・九糎、径〇・六糎、下端径〇・八糎、筆鋒の長さ一・六糎。後漢時代中期。磨嘴子二号墓から出土した「史虎作」や「白馬作」は「北宮工作楷」と篆書で題された漢代の官制の赤管大筆の名款とは異なり、民間の筆工の名と推測されている。(55)

⑩ 朝鮮楽浪王光墓出土筆は筆鋒のみが残るもので、筆管は残っていない。非常に固い筆鋒の芯の周囲を薄い被毛で覆い、上端を糸で括って束ねている。筆鋒長二・九糎、径〇・四糎。後漢時代。(56)

⑪ 甘粛省敦煌市五墩郷漢代懸泉置遺址出土筆は四本ある。いずれも使用後に廃棄されたもので、うち二本が保存良好である。筆管は中実の竹製で、一端に狼毛を挿入して筆鋒とする。上端は円柱形のホゾ状を呈しており、装飾物が嵌め込まれていたと考えられている。うち一本の全長二四・五糎、筆管長二二・三糎、筆鋒長二・二糎。筆管に「張氏」の二文字が刻まれている。(57)

⑫ 内蒙古自治区・甘粛省居延出土筆は西北科学考査団がソゴノール付近で発見したもので、筆管は木製で、四つ割りにした筆管の下端に筆鋒を挟み、糸で縛って漆で固定したものである。筆管長二〇・九糎、径〇・六糎、筆鋒長二四糎。前漢時代後期〜後漢時代前期。(58)

(三) 魏晋南北朝時代

魏晋南北朝時代の筆は現在までに三ヶ所の遺跡から出土している。

① 甘粛省敦煌市仏爺廟湾一三三号墓から毛筆が一点出土しているが、詳細は不明である。年代は西晋時代早期の二九一年以前(59)。

② 江蘇省南京市江寧区下坊村一号東晋墓出土筆は筆鋒のみが残るもので、両端に筆鋒があり、中央部の幅二・五糎が糸と布で緊縛されている。全長一〇・二糎、中央部径一・四糎。一端を筆管に挿入して使用したのか、このままで使用したのかは不明とされている。東晋中晩期(60)。

③ 甘粛省武威市旱灘坡一九号前涼墓出土筆は筆管が松樹製で、上端が尖った円錐形を呈している。筆鋒は狼毛を糸で縛り、漆で固めた後、筆管下端の孔に挿入して接着している。筆管長二五糎、下端径二糎、筆鋒長四・九糎。筆帽は二枚の松材をそれぞれ中空にした後に接合したもので、内端に墨が付着している。筆帽長二五糎、口径三・四糎、底径二・四糎、器壁厚〇・四糎。三五四年〜三七六年(61)。

(四) 隋　唐

隋唐時代の筆は現在までに二ヶ所の遺跡から出土している。

① 陝西省隋李静訓墓出土筆は用途不明の管形器と報告されている中空の緑色ガラス製の管で、一端が太く、他端が細い。長一〇・九糎、径〇・九糎、器壁厚〇・一糎、両端の内径各〇・七糎、〇・五五糎。被葬者の李静訓は隋大業四年（六〇八）に死去(62)。本品は奈良県斑鳩町竜田御坊山古墳から三彩円形多足硯と共に出土したガラス製筆管と酷似しており(63)、本品も筆管と考えている。

② 新彊ウイグル自治区吐魯番アスターナ・カラホージョ出土筆については詳しい報告がないが、七世紀中頃の盛唐

から八世紀中頃の中唐のものとされている[64]。

（五）五代・宋

五代の筆は未発見であり、宋代の筆は現在までに五ヶ所の遺跡から出土している。

①　安徽省合肥市北宋馬紹庭夫婦墓二号棺出土筆は墨と共に漆塗文具箱に納められていたものである。筆管と筆帽は竹製で、筆鋒は芯部のみが残る。全長一九・五糎～二一糎、筆管径〇・八糎～一糎、筆帽長八・二糎～九糎、筆帽径一・八糎～一・九糎。二号棺に葬られた夫人の呂氏は北宋の徽宗建中靖国元年（一一〇一）前後に死去[65]。

②　江蘇省常州市金壇区南宋周瑀墓出土筆は筆管、筆帽ともに蘆葦の管で作ったもので、筆管長一二糎、径一・二糎、筆鋒長さ二・八糎、筆帽長六糎。被葬者の周瑀は景定二年（一二六一）に死去[66]。

③　江蘇省常州市武進区村前一号南宋墓からは、硯、墨、鎮紙、画軸などと共に筆が出土している。筆は竹管製で、竹製の筆帽が伴う。全長二六・五糎、筆管径約一・三糎、筆帽径一・七糎。徽宗宣和年間（一一一九～一一二五）以後[67]。

④　湖南省衡陽市何家皂北宋墓では、木硯、石硯、筆籠と共に木製筆が三本出土している。木製筆は桃樹の細枝をそのまま用いて筆としたもので、樹皮を残し、一端に筆鋒を嵌め込んでいる。全長二〇糎、径〇・八糎～一・二糎、筆鋒長二・五糎。筆籠は粗い麻糸を緯糸として草で編んだ細長い籠形のものである。長さ一五・五糎、幅九糎、高さ三・五糎とされているが、写真では並列して置かれた筆より大きく、長さ一五・五糎は二五・五糎の誤りであろう[68]。

⑤　江西省宜春市高安市南宋孫叔恭夫婦合葬墓では石硯二点と共に筆一点が出土している。鎏金製で、上端に金葉梅花の装飾がある。長さ一三糎。宝祐三年（一二五五）[69]。

以上、戦国時代から宋代までの筆を概観してきたが、漢以前の筆の特徴の一つは、筆管として中実の竹木を用いることである。これは南北朝まで踏襲されるようであるが、魏の文帝が愛用していたと伝えるガラス製等の筆管が中空であれば、中空の筆管の初現が三国時代まで遡ることとなる。中空の筆管は隋唐時代には存在し、その遺品は奈良正倉院に伝えられている。戦国時代以来の中実の筆管に筆鋒を挿し込む方式は当時の銅製刷毛が中実の軸の一端に孔を開けて刷毛を埋め込む方式と同工である。筆管の一端を尖らせるのも漢以前の筆の特質である。当時の史官は即時に記録を取るために常に筆を頭髪や冠帽に挿す風習があり、「簪筆」と称されたが、この風習にとって上端の尖った筆管は便利であった。簪筆の風習は唐代まで残ったとされるが、唐代の遺品中に上端の尖った筆は見られず、実際にあったとしてもごく一部の官吏にのみ行なわれた風習であったと考えられる。竹製や銅製の筆筒に筆全体を納めるのも漢以前の特徴の一つであり、甘粛省武威市旱灘坡一九号前涼墓出土筆を嚆矢として以後は筆鋒を保護するための筆帽に転換する。筆筒から筆帽への変化は、南北朝以後の硯に筆を置くための施設を作りつけたものが出現することとも関係するのであろう。

註

（1）陳夢家『殷墟卜辞綜述』中国田野考古報告集考古学専刊甲種第二号、一九五六年。尹潤生「中国墨創始年代的商榷」『文物』一九八三年第四期。
（2）林巳奈夫『漢代の文物』、京都大学人文科学研究所、一九七六年。
（3）原田淑人「硯との関連からみた中国古代の墨」『考古学雑誌』第四六巻一号、一九六〇年。
（4）湖北省文物考古研究所・北京大学中文系編『九店楚簡』、中華書局、二〇〇〇年六月。
（5）孝感地区第二期亦工亦農文物考古訓練班「湖北雲夢睡虎地十一座秦墓発掘簡報」『文物』一九七六年第九期。雲夢睡虎地秦墓編写組『雲夢睡虎地秦墓』、文物出版社、一九八一年九月。

(6) 王志高・邵磊「試論我国古代墨的形制及其相関問題」『東南文化』一九九三年第二期。
(7) 広州市文物管理委員会・中国社会科学院考古研究所・広東省博物館編『西漢南越王墓』、文物出版社、一九九一年一〇月。なお、同じ広州市豪商から細小粒状の墨数十個が出土しているようであるが、詳細は不明である。
(8) 鍾志成「江陵鳳凰山一六八号漢墓出土一套文書工具」『文物』一九七五年第九期。湖北省文物考古研究所「江陵鳳凰山一六八号漢墓」『考古学報』一九九三年第四期。
(9) 山西省文物工作委員会・雁北行政公署文化局・大同市博物館「山西渾源華村西漢木槨墓」『文物』一九八〇年第六期。
(10) 黄河水庫考古工作隊「一九五六年河南陝県劉家渠漢唐墓葬発掘簡報」『考古通迅』一九五七年第四期。黄河水庫考古工作隊「河南陝県劉家渠漢墓」『考古学報』一九六五年第一期。
(11) 寧夏回族自治区文物管理委員会編『寧夏古代文物』、一九八五年。
(12) 湖南省博物館「長沙湯家嶺西漢墓清理報告」『考古』一九六六年第四期。
(13) 広州市文物管理委員会・広州市博物館『広州漢墓』中国田野考古報告集考古学専刊丁種第二一号、文物出版社、一九八一年一二月。
(14) 江西省歴史博物館「江西南昌市東呉高栄墓的発掘」『考古』一九八〇年第三期。劉林「南昌市東呉高栄墓的発掘」『江西歴史文物』一九八〇年第一期。
(15) 甘粛省文物考古研究所「甘粛酒泉西溝村魏晋墓発掘報告」『文物』一九九六年第七期。
(16) 江西省博物館「江西南昌晋基」『考古』一九七四年第六期。
(17) 註16に同じ。
(18) 南京市博物館・江寧県文管会「江蘇江寧県下坊村東晋墓的清理」『考古』一九九八年第八期。
(19) 新昌県文管会「浙江新昌県七座両晋墓清理概況」『文物資料叢刊』八、一九八三年一二月。
(20) 南京市文物保管委員会「南京老虎山晋墓」『考古』一九五九年第六期。
(21) 黎瑶渤「遼寧北票県西官営子北燕馮素弗墓」『文物』一九七三年第三期。
(22) 南京市博物館・江寧県文管会「南京殷巷東晋、南朝墓」『東南文化』一九九三年第二期。
(23) 麦英豪・黎金「広州市東郊等工地発現古墓十四座」『文物参考資料』一九五五年第七期。
(24) 南京市博物館「南京象山五号、六号、七号墓清理簡報」『文物』一九七二年第一一期。

(25) 南京市博物館「江蘇南京仙鶴観東晋墓」『文物』二〇〇一年第三期。
(26) 註6と同じ。
(27) 湖南省博物館「長沙両晋南朝隋墓発掘報告」『考古学報』一九五九年第三期。
(28) 河南省文化局文物工作隊「河南温県唐代楊履庭墓発掘簡報」『考古』一九六四年第六期。
(29) 三門峡市文物工作隊「三門峡市両座唐墓発掘簡報」『華夏考古』一九八七年第三期。
(30) 註6と同じ。
(31) 安徽省文物考古研究所「十年来安徽省的文物考古工作」、文物編輯委員会編『文物考古工作十年　一九七九～一九八九』文物出版社、一九九一年。合肥市文物管理処「合肥北宋馬紹庭夫妻合葬墓」『文物』一九九一年第三期。
(32) 南京市博物館「江浦黄悦嶺南宋張同之夫婦墓」『文物』一九七三年第四期。
(33) 陳昌・陳麗華「江蘇武進村前南宋墓清理紀要」『考古』一九八六年第三期。
(34) 衢州市文管会「浙江衢州市南宋墓出土器物」『考古』一九八三年第一一期。
(35) 註8と同じ。
(36) 太湖県文物管理所「大湖県羅湾北宋墓清理簡報」『文物研究』第五輯、黄山書社、一九八九年九月。
(37) 宋暁源「済南市南郊耿家林北宋残墓出土瓷器」『考古与文物』一九八八年第三期。
(38) 王儒林「河南洛陽発現帯石硯和墨的宋墓一座」『文物参考資料』一九五五年第八期。
(39) 河北省文物管理委員会「河北省石家荘市趙陵舗鎮古墓清理簡報」『考古』一九五九年第七期。
(40) 斉儆『中国的文房四宝』、商務印書館、一九九八年。
(41) 湖南省文物管理委員会「長沙左家公山的戦国木槨墓」『文物参考資料』一九五四年第一二期。湖南省文物管理委員会「長沙出土的三座大型木槨墓」『考古学報』一九五七年第一期。
(42) 河南省文化局文物工作隊第一隊「我国考古史上的空前発現、信陽長台関発掘一座戦国大墓」『文物参考資料』一九五七年第九期。河南省文物研究所『信陽楚墓』中国田野考古報告集考古学専刊丁種第三〇号、文物出版社、一九八六年。
(43) 甘粛省文物考古研究所・天水市北道区文化館「甘粛天水放馬灘戦国秦漢墓群的発掘」『文物』一九八九年第二期。
(44) 湖北省荊沙鉄路考古隊包山墓地整理小組「荊門市包山楚墓発掘簡報」『文物』一九八八年第五期。
(45) 湖北省文物考古研究所編『江陵九店東周墓』、科学出版社、一九九五年。

(46) 孝感地区第二期亦工亦農文物考古訓練班「湖北雲夢睡虎地十一座秦墓発掘簡報」『文物』一九七六年第六期。
(47) 註8に同じ。
(48) 臨沂市博物館「山東臨沂金雀山周氏墓群発掘簡報」『文物』一九八四年第一一期。
(49) 鳳凰山一六七号漢墓発掘整理小組「江陵鳳凰山一六七号漢墓発掘簡報」『文物』一九七六年第一〇期。
(50) 甘粛省博物館・敦煌県文化館「敦煌馬圏湾漢代烽燧遺址発掘簡報」『文物』一九八一年第一〇期。
(51) 連雲港市博物館「連雲港市陶湾黄石崖西漢西郭宝墓」『東南文化』一九八六年第二期。
(52) 連雲港市博物館「江蘇東海県尹湾漢墓群発掘」『文物』一九九六年第八期。
(53) 党国棟「武威県磨嘴子古墓清理紀要」『文物参考資料』一九五八年第一一期。
(54) 南京博物院「江蘇邗江甘泉二号漢墓」『文物』一九八一年第一一期。
(55) 甘粛省博物館「武威磨嘴子三座漢墓発掘簡報」『文物』一九七二年第一二期。
(56) 朝鮮古蹟研究会『楽浪王光墓』古蹟調査報告第二、一九三五年。
(57) 甘粛省文物考古研究所「甘粛敦煌漢代懸泉置遺址発掘簡報」『文物』二〇〇〇年第五期。
(58) 中国科学院考古研究所・甘粛省博物館『武威漢簡』、文物出版社、一九六四年。
(59) 甘粛省文物考古研究所・戴春陽主編『敦煌仏爺廟湾西晋画像磚墓』、文物出版社、一九九八年。
(60) 南京市博物館・江寧県文管会「江蘇江寧県下坊村東晋墓的清理」『考古』一九九八年第八期。
(61) 田建「甘粛武威旱灘坡出土前涼文物」『文博』一九九〇年第三期。
(62) 中国社会科学院考古研究所『唐長安城郊隋唐墓』中国田野考古報告集考古学専刊丁種第二二号、文物出版社、一九八〇年九月。
(63) 奈良県立橿原考古学研究所編『竜田御坊山古墳』、一九七七年三月。
(64) 新疆維吾爾自治区博物館「吐魯番阿斯塔那―哈拉和卓古墓群発掘簡報」『文物』一九七三年第一〇期。
(65) 註31に同じ。
(66) 鎮江市博物館・金壇県文管会「江蘇金壇南宋周瑀墓発掘簡報」『文物』一九七七年第七期。鎮江市博物館「金壇南宋周瑀墓」『考古学報』一九七七年第一期。
(67) 陳昌・陳麗華「江蘇武進村前南宋墓清理紀要」『考古』一九八六年第三期。常州市博物館編『常州文物精華』、文物出版社、一九九八年。

(68) 陳国安・馮玉輝「衡陽県何家皀北宋墓」『文物』一九八四年第一二期。

(69) 陳柏泉・劉玲「高安、清江発現両座宋墓」『文物』一九五九年第一〇期。

(補註) 二〇〇四年に著された次章の文末には、二〇〇二年初出の本章で取り上げた中国古代の筆と墨に若干の補足を加えた一覧表を掲げていた。本書では、文章と付表との対照を容易にするため、これらの一覧表を本章の末尾に移動した。

表3-1　中国古代墨一覧表

No.	出土地	形状	法量(cm)	年代	出典
1	湖北省荊州市九店五六号楚墓	長方形	長二・一、幅一・三、厚〇・九	戦国末期	1
2	湖北省荊州市雲夢睡虎地四号秦墓	円柱形	径二・一、高一・二	戦国末期	2
3	広東省広州市南越王墓	円盤形	径一・三~〇・八、厚〇・四二~〇・二三	前漢初期	3
4	湖北省荊州市鳳凰山一六五号漢墓	種状	長一・五、幅一・一~〇・六	前漢　前一六七年	4
5	山西省大同市渾源県華村一号木槨墓	半円錐形	径一・五、高二・五	前漢中期	5
6	湖南省長沙市湯家嶺一号前漢墓	不明		前漢	6
7	河南省三門峡市陝州区劉家渠三七号漢墓	円柱形	径一・八、高三・〇	後漢前期	7
8	河南省三門峡市陝州区劉家渠九号漢墓	円柱形		後漢後期	7
9	河南省三門峡市陝州区劉家渠一〇三七号漢墓	円柱形		後漢後期	7
10	河南省三門峡市陝州区劉家渠八号漢墓	円柱形	径二・三、高一・八	後漢晩期	7
11	河南省三門峡市陝州区劉家渠一〇二号漢墓	円柱形		後漢晩期	7
12	寧夏回族自治区固原市西郊後漢墓	松毬状		後漢	8
13	広東省広州市五〇五二号後漢墓	不明		後漢	9
14	江西省南昌市呉高榮墓	円柱形	下径三・五、高九・五	東呉	10
15	甘粛省酒泉市西溝村七号墓	長方形	長四・二、幅二・九、厚一・七	魏~西晋	11
16	江蘇省南京市江寧区下坊村一号東晋墓	断片	長四・八、幅三・七	東晋中晩期	12
17	浙江省紹興市新昌県二一号東晋墓	鋤形	長四・〇、幅一・〇、厚一・〇	東晋　三九三年	13

18	江蘇省南京市老虎山三号東晋墓	破砕		東晋	14
19	江蘇省南京市仏鶴観二号東晋墓	破砕		東晋	15
20	江西省南昌市東湖区永外正街一号墓	糸瓜形	長一二・三、径六・○〜三・○	晋	16
21	江西省南昌市西湖区老福山二号晋墓	円柱形	径二・五、高九・○	晋	16
22	広東省広州市蘇連展覧館工地四号晋墓	破砕		晋	17
23	江蘇省南京市象山五号王閩之墓	破砕		晋	18
24	遼寧省北票市北燕馮素弗墓	円錐形	径三・七、高五・六	北燕　四一五年	19
25	江蘇省南京市江寧区殷巷一号墓	円錐柱形	上径六・五、下径四・五、高三・七	南朝中晩期	20
26	江蘇省鎮江市六朝墓	長楕円形	長三・○、幅四・二、厚一・九	六朝	21
27	湖南省長沙市四号隋墓	破砕		隋	22
28	河南省焦作市温県唐楊履庭墓	円柱形	長九・○	唐　六九二年	23
29	河南省三門峡市唐張弘慶墓	カラスミ形	長一三・○、幅二・六、厚○・五〜○・八	唐　七五八年以後	24
30	安徽省合肥市北宋馬紹庭夫婦墓一号棺	カラスミ形	長二五・○、幅五・○、厚一・四	北宋　一一○一年頃	25
31	安徽省合肥市北宋馬紹庭夫婦墓二号棺	カラスミ形	長二一・○、幅三・四、厚○・七	北宋　一一○一年頃	25
32	江蘇省揚州市宝応県北宋墓		残長五・五、幅二・三、厚○・六	北宋	26
33	安徽省安慶市太湖県羅湾一号北宋墓	不明		北宋	27
34	安徽省黄山市祁門県北宋墓	長方形		北宋	28
35	山東省済南市耿家林北宋墓	不明		北宋	29
36	江蘇省南京市浦口区黄悦嶺南宋張同之夫婦墓	長台形	上幅一・五、下幅三・四、長一四・○、厚一・○	南宋　一一九五年	30
37	江蘇省武進県村前郷一号南宋墓	カラスミ形	長八・三、幅三・五、厚○・九	南宋　一二六○年頃	31
38	江蘇省常州市武進区村前郷四号南宋墓	長方形	長五・五、幅二・二、厚○・五	南宋　一二六○年頃	31
39	浙江省衢州市南宋墓	円角長方形	残長五・○、幅二・五、厚○・八	南宋　一二七四年	32
40	河南省洛陽市宋墓	不明		宋	33
41	河北省石家荘市趙陵鋪鎮宋墓	不明		宋	34

表3-2　中国古代筆一覧表

No.	出土地	筆管長（cm）	筆管径（cm）	筆鋒長（cm）	材質	備考	時期	出典
1	河南省信陽市長台関一号楚墓	二三・四	〇・九	二・五	竹	竹製筆筒	戦国早期	1
2	湖北省荊州市九店一三号楚墓	残一〇・六		二・四	竹　中実	竹製筆筒	戦国晩期	2
3	湖北省荊門市包山二号楚墓	二二・三		三・五	竹　中実	竹製筆筒	戦国末期　前二九二年	3
4	甘粛省天水市放馬灘一号墓	二三・〇	〇・七	二・五	竹　中実	竹製筆筒	戦国末期　前二三九年頃	4
5	湖北省孝感市雲夢県酔虎地一一号秦墓	一八・二	〇・四	二・五	竹　中実	竹製筆筒	戦国末期　前二一七年	5
6	湖南省長沙市左家公山一五号墓	一八・五	〇・四	二・五	竹　中実	竹製筆筒	戦国末期～前漢初期	6
7	湖北省荊州市鳳凰山一六八号漢墓	二九・七	一・五		竹　中実	銅製筆筒	前漢　前一六七年	7
8	甘粛省敦煌市馬圏湾漢代烽燧址	一九・六	〇・四	一・二	竹　中実		前漢　前七一年以後	8
9	山東省臨沂市金雀山一一号漢墓	二三・八	〇・六	一・〇	竹　中実	竹製筆筒	前漢　中期以後	9
10	江蘇省連雲港市前漢西郭宝墓	残二三・〇			木	竹製筆筒	前漢中晩期	10
11	内蒙古自治区・甘粛省居延	二〇・九	〇・六	一・四	木		前漢後期～後漢前期	11
12	江蘇省連雲港市尹湾村六号墓	二三・〇	〇・七	一・六	木	竹製筆筒	前漢晩期　前一〇年	12
13	湖北省荊州市鳳凰山一六七号漢墓	二四・九			竹　中実	竹製筆筒	前漢	13
14	江蘇省揚州市邗江区甘泉二号漢墓	不明			不明		後漢初期	14
15	甘粛省武威市磨嘴子二号漢墓	二一・〇			竹		後漢初期～中期	15
16	甘粛省武威市磨嘴子四九号漢墓	二一・九	〇・六	一・六	竹　中実		後漢中期	16
17	朝鮮平壌貞柏里第一二七号墳王光墓			二・九	不明		後漢	17
18	甘粛省敦煌市五墩郷漢代懸泉置遺址	二四・五		二・二	竹　中実		後漢	18
19	甘粛省敦煌市仏爺廟湾一三三号墓	不明					西晋	19
20	江蘇省南京市江寧区下坊村一号東晋墓	一〇・二	一・四				東晋中晩期	20
21	甘粛省武威市旱灘坡一九号前涼墓	二五	二・〇	四・九	松	筆帽	前涼　三五四年～三七六年	21
22	陝西省西安市隋李静訓墓	一〇・九	〇・九	なし	ガラス		隋　六〇八年	22
23	新疆維吾爾自治区アスターナ墓	不明					唐　七世紀～八世紀	23
24	安徽省合肥市北宋馬紹庭夫婦墓	全長一九・五～二二・〇	〇・八～一・〇		竹	筆帽	北宋　一一〇一年頃	24
25	湖南省衡陽市何家皀北宋墓	全長二〇・〇	〇・八～一・二	二・五	桃木		北宋	25
26	江蘇省常州市武進市村前郷一号南宋墓	全長二六・五	一・三		竹	筆帽	南宋　一一一九～一一二五年	26
27	江西省宜春市高安市南宋孫叔恭夫婦墓	一三・〇			金銅		南宋　一二五五年	27
28	江蘇省常州市金壇区南宋周瑀墓	一二・〇	一・二	二・八	葦	筆帽	南宋　一二六一年	28

〔中国古代墨一覧表出典〕

1　湖北省文物考古研究所「湖北江陵県九店東周墓発掘紀要」『考古』一九九五年第七期。湖北省文物考古研究所・北京大学中文系『九店楚簡』、中華書局、二〇〇〇年五月。
2　孝感地区第二期亦工亦農文物考古訓練班「湖北雲夢睡虎地十一座秦墓発掘簡報」『文物』一九七六年第九期。雲夢睡虎地秦墓編写組『雲夢睡虎地秦墓』、文物出版社、一九八一年九月。
3　広州象崗漢墓発掘隊「西漢南越王墓発掘初歩報告」『考古』一九八四年第三期。広州市文物管理委員会・中国社会科学院考古研究所・広東省博物館編『西漢南越王墓』、文物出版社、一九九一年一〇月。
4　鍾志成「江陵鳳凰山一六八号漢墓出土一套文書工具」『文物』一九七五年第九期。湖北省文物考古研究所「江陵鳳凰山一六八号漢墓」『考古学報』一九九三年第四期。
5　山西省文物工作委員会・雁北行政公署文化局・大同市博物館「山西渾源華村西漢木槨墓」『文物』一九八〇年第六期。
6　湖南省博物館「長沙湯家嶺西漢墓清理報告」『考古』一九六六年第四期。
7　黄河水庫考古工作隊「一九五六年河南陝県劉家渠漢唐墓発掘簡報」『考古通訊』一九五七年第四期。黄河水庫考古工作隊「河南陝県劉家渠漢墓」『考古学報』一九六五年第一期。
8　寧夏回族自治区文物管理委員会編『寧夏古代文物』、一九八五年。
9　広州市文物管理委員会・広州市博物館『広州漢墓』中国田野考古報告集考古学専刊丁種第二一号、文物出版社、一九八一年一二月。
10　劉林「南昌市東呉高榮墓的発掘」『江西歴史文物』一九八〇年第一期。江西省歴史博物館「江西南昌市東呉高榮墓的発掘」『考古』一九八〇年第三期。
11　甘粛省文物考古研究所「甘粛酒泉西溝村魏晋墓発掘報告」『文物』一九九六年第七期。
12　南京市博物館・江寧県文管会「江蘇江寧県下坊村東晋墓的清理」『考古』一九九八年第八期。
13　新昌県文管会「浙江新昌県七座両晋墓清理概況」『文物資料叢刊』八、文物出版社、一九八三年一二月。
14　南京市文物保管委員会「南京老虎山晋墓」『考古』一九五九年第六期。
15　南京市博物館「江蘇南京仏鶴観東晋墓」『文物』二〇〇一年第三期。
16　江西省博物館「江西南昌晋墓」『考古』一九七四年第六期。

17　麦英豪・黎金「広州市東郊等工地発現古墓十四座」『文物参考資料』一九五五年第七期。
18　南京市博物館「南京象山五号、六号、七号墓清理簡報」『文物』一九七二年第一一期。
19　黎瑶渤「遼寧北票県西営子北燕馮素弗墓」『文物』一九七三年第三期。
20　南京市博物館・江寧県文管会「南京殷巷東晋、南朝墓」『東南文化』一九九三年第二期。
21　王志高・邵磊「試論我国古代墨的形制及其相関問題」『東南文化』一九九三年第二期、南京博物院東南文化雑誌社。
22　湖南省博物館「長沙両晋南朝隋墓発掘報告」『考古学報』一九五九年第三期。
23　河南省文化局文物工作隊「河南温県唐代楊履庭墓発掘簡報」『考古』一九六四年第六期。
24　三門峡市文物工作隊「三門峡市両座唐墓発掘簡報」『華夏考古』一九八七年第三期。
25　安徽省文物考古研究所「十年来安徽省的文物考古工作」、文物編輯委員会編『文物考古工作十年一九七九～一九八九』、文物出版社、一九九一年一月。合肥市文物管理処「合肥北宋馬紹庭夫婦合葬墓」『文物』一九九一年第三期。中国歴史博物館・胡東波「合肥出土宋墨考」『文物』一九九一年第三期。
26　鍾志成「江陵鳳凰山一六八号漢墓出土一套文書工具」『文物』一九七五年第九期。
27　太湖県文物管理所「太湖県羅湾北宋墓清理簡報」『文物研究』第五輯、黄山書社、一九八九年九月。
28　尹潤生「中国墨創始年代的商榷」『文物』一九八三年第四期。
29　宋暁源「済南市南郊耿家林北宋残墓出土瓷器」『考古與文物』一九八八年第三期。
30　南京市博物館「江浦黄悦嶺南宋張同之夫婦墓」『文物』一九七三年第四期。
31　陳昌・陳麗華「江蘇武進村前南宋墓清理紀要」『考古』一九八六年第三期。
32　衢州市文管会「浙江衢州市南宋墓出土器物」『考古』一九八三年第一一期。
33　王儒林「河南洛陽発現帯石硯和墨的宋墓一座」『文物参考資料』一九五五年第八期。
34　河北省文物管理委員会「河北省石家荘市趙陵鋪鎮古墓清理簡報」『考古』一九五九年第七期。

［中国古代筆一覧表出典］

1　河南省文化局文物工作隊第一隊「我国考古史上的空前発現信陽長台関発掘一座戦国大墓」『文物参考資料』一九五七年第九期。河南省文物研究所『信陽楚墓』中国田野考古報告集考古学専刊丁種第三〇号、文物出版社、一九八六年三月。

2　湖北省文物考古研究所・北京大学中文系編『九店楚簡』中華書局、二〇〇〇年五月。
3　湖北省荊沙鉄路考古隊包山墓地整理小組「荊門市包山楚墓発掘簡報」『文物』一九八八年第五期。
4　甘粛省文物考古研究所・天水市北道区文化館「甘粛天水放馬灘戦国秦漢墓群的発掘」『文物』一九八九年第二期。
5　孝咸地区第二期亦工亦農文物考古訓練班「湖北雲夢睡虎地十一号秦墓発掘簡報」『文物』一九七六年第六期。
6　湖南省文物管理委員会「長沙左家公山的戦国木槨墓」『文物参考資料』一九五四年第一二期。湖南省文物管理委員会「長沙出土的三座大型木槨墓」『考古学報』一九五七年第一期。
7　鍾志成「江陵鳳凰山一六八号漢墓出土一套文書工具」『文物』一九七五年第九期。
8　甘粛省博物館・敦煌県文化館「敦煌馬圏湾漢代烽燧遺址発掘簡報」『文物』一九八一年第一〇期。
9　臨沂市博物館「山東臨沂金雀山周氏墓群発掘簡報」『文物』一九八四年第一一期。胡継高「一件有特色的西漢漆盒石硯」『文物』一九八四年第一一期。
10　連雲港市博物館「連雲港市陶湾黄石崖西漢西郭宝墓」『東南文化』一九八六年第二期。
11　中国科学院考古研究所・甘粛省博物館『武威漢簡』、文物出版社、一九六四年。
12　連雲港市博物館「江蘇東海県尹湾漢墓群発掘簡報」『文物』一九九六年第八期。連雲港市博物館・中国社会科学院簡帛研究中心・東海県博物館・中国文物研究所編『尹湾漢墓簡牘』、中華書局、一九九七年九月。
13　鳳凰山一六七号漢墓発掘整理小組「江陵鳳凰山一六七号漢墓発掘簡報」『文物』一九七六年第一〇期。
14　南京博物院「江蘇邗江甘泉二号漢墓」『文物』一九八一年第一一期。
15　党国林「武威県磨嘴子古墓清理紀要」『文物参考資料』一九五八年第一一期。甘粛省博物館「武威磨嘴子三座漢墓発掘簡報」『文物』一九七二年第一二期。
16　甘粛省博物館「武威磨嘴子三座漢墓発掘簡報」『文物』一九七二年第一二期。
17　朝鮮古蹟研究会『楽浪王光墓』古蹟調査報告第二、一九三五年一一月。
18　甘粛省文物考古研究所「甘粛敦煌漢代懸泉置遺址発掘簡報」『文物』二〇〇〇年第五期。
19　甘粛省文物考古研究所戴春陽主編『敦煌仏爺廟湾西晋画像磚墓』、文物出版社、一九九八年三月。
20　南京市博物館・江寧県文管会「江蘇江寧県下坊村東晋墓的清理」『考古』一九九八年第八期。
21　田建「甘粛武威旱灘坡出土前涼文物」『文博』一九九〇年第二期。

22　中国社会科学院考古研究所『唐長安城郊隋唐墓』中国田野考古報告集考古学専刊丁種第二二号、文物出版社、一九八〇年九月。
23　新彊維吾爾自治区博物館「吐魯番県阿斯塔那—哈拉和卓古墓群発掘簡報」『文物』一九七三年第一〇期。
24　合肥市文物管理処「合肥北宋馬紹庭夫婦合葬墓」『文物』一九九一年第三期。
25　陳国安・馮玉輝「衡陽県何家皀北宋墓」『文物』一九八四年第一二期。
26　陳昌・陳麗華「江蘇武進村前南宋墓清理紀要」『考古』一九八六年第三期。常州市博物館編『常州文物精華』文物出版社、一九九八年九月。
27　陳柏泉・劉玲「高安、清江発現両座宋墓」『文物』一九五九年第一〇期。
28　鎮江市博物館等「金壇南宋周瑀墓」『考古学報』一九七七年第一期。鎮江市博物館・金壇県文管会「江蘇金壇南宋周瑀墓発掘簡報」『文物』一九七七年第七期。

第2章　宣化遼墓に描かれた文房具

河北省張家口市宣化は遼の太宗耶律徳光が会同五年（九四二）に行宮を置いて以来、歴代皇帝の避暑地となった地であり、一九七四年以来四回にわたる調査によって下八里地区で一五基の古墓が確認され、そのうち一〇基が発掘されている。これらの墓室にはみごとな壁画が残ることから、折りに触れて簡単な報告がなされてきたが[1]、二〇〇一年に本報告書が刊行され、その全貌がほぼ明らかとなった[2]。下八里地区の遼墓は木造建築を模した磚室墓で、棺を納める後室、その前面の前室・前室に至る階段状の墓道からなるものと、前室を省略した墓室のみのものとがある（図3-6）。これらの墓室や墓室間の通路である甬道の壁面や頂部に彩色壁画が描かれている。壁画の内容は被葬者の生前の姿や当時の生活を表現したもので、このうちのいくつかの壁画に文房具が描かれている。かつ、その多くに墓誌が伴い、被葬者の死没年月が判明しているため、きわめて重要な資料である。本稿では宣化遼墓壁画中の文房具に焦点を当てて検討する。

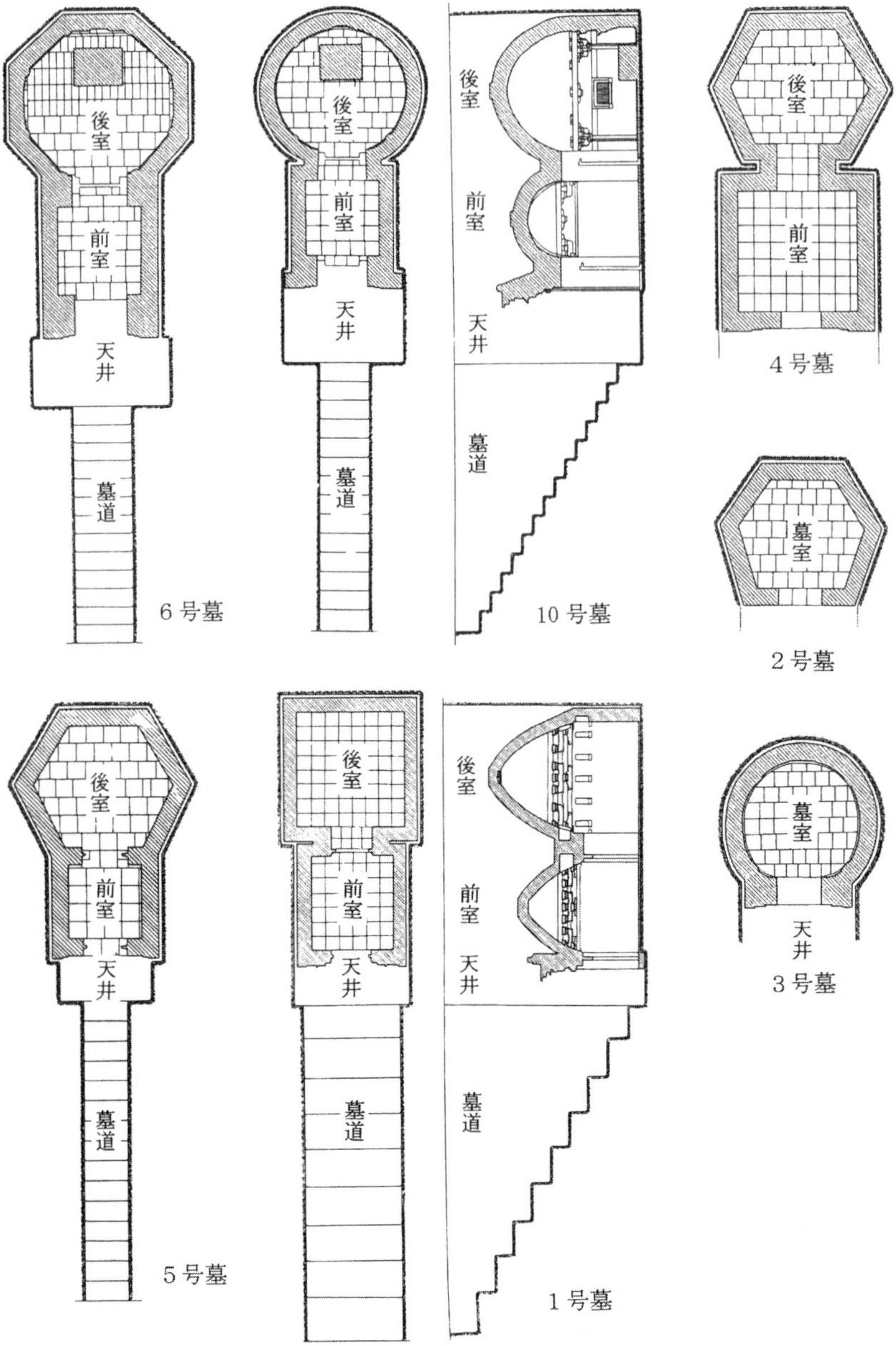

図3－6　宣化遼墓墓室構造の類型

一、遼墓の概要

一号墓の墓室は平面方形の後室・長方形の前室・墓道からなる。壁画中に文房具は描かれていないが、副葬品中に灰陶製の抄手硯と花頭風字硯各一点がある。抄手硯は平面長方形の硯体上面に馬蹄形の硯池を彫り出したもので、灰黒色を呈し、硯面は硯尻から硯頭に向かって直線的に傾斜する。硯尻に外堤はなく、硯体上面の硯頭部と両側面の三方に直沈線がめぐる。下面は硯尻側約半分の内側が抉られ、両側面が板状の足となっている。長さ一四・六糎、幅七・三糎～八・二糎、高さ二・〇糎～二・二糎（図3－7－1）。花頭風字硯は硯体下面の硯尻寄りに二本の脚がつくもので、硯頭は直線、硯尻は緩やかな弧をなす。硯頭及び両側面の三方に張り出しがあり、張り出し上面に双蝶・連珠・雲文が刻印されている。長さ一五・三糎、幅一二・二糎、高さ三・八糎（図3－7－2）。墓主の張世卿は天慶六年（一一一六）に死去し、同年この墓に埋葬された。生前は検校国子監祭酒兼監察御史を勤めた人物である。

二号墓の墓室は平面六角形の墓室のみで、南に墓道が付く。壁画中に文房具は描かれていない。墓主の張恭誘は五

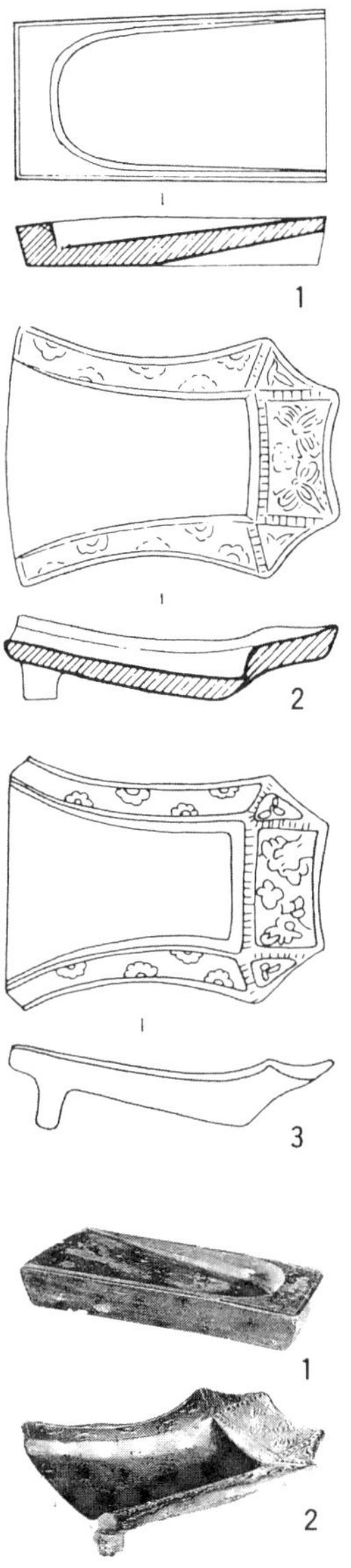

図3－7　宣化遼墓出土硯
1・2：1号墓、3：3号墓

号墓の墓主（被葬者）張世古の長男で、天慶三年（一一一三）に死去し、天慶七年（一一一七）に葬られた。

三号墓の墓室は平面円形の墓室のみで、南に墓道が付く。墓室東壁に文房具が描かれている。この墓からは灰陶製の花頭風字硯一点が出土している（図3－7－3）。花頭風字硯は下面の硯尻近くに錐形の脚二本がつくもので、硯面は硯頭から硯尻へと直線的に傾斜する。硯頭と硯尻は直線をなす。硯頭及び両側面の三方に張り出しがあり、張り出し上面に梅花・連珠・草花文が刻印されている。長さ一五・三糎、幅一二・〇糎、高さ六・九糎（図3－7－3）。墓主の張世本は道宗の太安四年（一〇八八）に死去し、太安九年（一〇九三）に葬られ、金の皇統三年（一一四三）に死去した妻の焦氏が皇統四年（一一四四）に合葬された。

四号墓の墓室は平面六角形の後室・方形の前室・墓道からなる。壁画中に文房具は描かれていない。墓主の韓師訓は乾統一〇年（一一一〇）に死去し、天慶元年（一一一一）に葬られた。

五号墓の墓室は平面六角形の後室・方形の前室・墓道からなる。壁画中に文房具は描かれていない。墓主の張世古は天慶三年（一一一三）に死去し、天慶七年（一一一七）に葬られた。

六号墓の墓室は平面八角形の後室・長方形の前室・墓道からなる。後室東北壁に文房具が描かれている。破壊により墓誌は失われているが、位置関係から張氏一族の墓と考えられている。

七号墓の墓室は平面円形の後室・長方形の前室・墓道からなる。前室東壁と後室東壁の二ヶ所に文房具が描かれている。墓主の張文藻は道宗の咸雍一〇年（一〇七四）に死去し、太安九年（一〇九三）に改葬された。

八号墓は未報告であり、詳細は不明である。

九号墓の墓室は平面円形の後室・長方形の前室・墓道からなる。墓誌を欠くため、墓主は不明であるが、六号墓と同様に張氏一族の墓と考えられている。埋葬時期は太安九年（一〇九三）以前。

一〇号墓の墓室は平面円形の後室・長方形の前室・墓道からなる。後室東壁に文房具が描かれている。墓主の張匡正は道宗の清寧四年（一〇五八）に死去し、太安九年（一〇九三）に妻の黄氏が合葬された。

以上が一号墓から一〇号墓までの概要である。被葬者の死没年代では清寧四年（一〇五八）に死去した張匡正の一〇号墓、咸雍一〇年（一〇七四）に死去した張文藻の七号墓、太安四年（一〇八八）に死去した張世古の三号墓、乾統一〇年（一一一〇）に死去した韓師訓の四号墓、天慶三年（一一一三）に死去した張世古の五号墓・天慶三年（一一一三）に死去した張恭誘の二号墓、天慶六年（一一一六）に死去した張世卿の一号墓の順となる。墓誌を欠くため年代の不明な墓もあるが、一一世紀中頃から一二世紀初めにかけて築かれた墓と見てよい。

二、壁画中の文房具

①三号墓墓室東壁（図３－12－５）横長長方形の文机の上面中央に横向きの花頭風字硯、その右奥に筆架、左手に紙が描かれている。文机は四足で高く、黄土色に塗られている。花頭風字硯は灰色に彩られ、硯尻近くの硯面上に細長い墨が一錠置かれている。硯座は高い台状を呈するもので、中段に円形の透かし孔が二ヶ所開けられ、硯と同じく灰色に彩られている。筆架は山形を呈し、朱色に彩られ、二本の筆が筆鋒を上にして垂直に立てられている。筆管は黄色、筆鋒は緑色に塗られている。紙は縦長長方形で、左端が一定の幅で黒く塗られており、巻紙のようである。なお、硯が机の長辺と直交する本来の姿ではなく、長辺に並行する横向きに描かれているのは、この方が硯の形をより鮮明に描き出せたためであろう。

②六号墓後室東北壁（図３－８、図３－12－２）横長長方形の文机の上面中央やや左寄りに花頭風字硯、その右奥に山形の筆架、左に紙が描かれている。文机は四足で高く、黄色く塗られている。花頭風字硯は灰色で、これよりやや小さな硯座が付く。硯座は高い台状を呈し、一部が不鮮明であるが、中段に桃形の透かし孔が二ヶ所に開けられてい

るようである。硯と同じく灰色に彩られている。筆架は山形を呈し、朱色に塗られ、筆二本が筆鋒を上にして垂直に立てられている。筆管は黄色、筆鋒は白く、筆鋒の先は黒く塗られている。紙は縦長長方形で、左端が一定の幅で灰色に塗られており、巻紙と推測される。

③**七号墓**（図３－10、図３－11、図３－12－３・４）　前室東壁と後室東壁の二ヶ所に文房具が描かれている。前室東壁壁画は喫茶の準備風景を描いたもので、後方中央に置かれた幅広長方形の文机の左端手前に横向きの抄手硯、その奥に接して山形の筆架、右に紙張、右奥に函盒が描かれている。文机は四足で高く、墨線のみで描かれ、彩色はない。抄手硯は長方形の硯体上面に馬蹄形の硯池を彫り出したもので、灰色に彩られている。硯尻に外堤はなく、硯面はほぼ直線的に硯尻から硯頭へ傾斜している。硯座は硯とほぼ同じ大きさの低い台状を呈し、灰色に彩られている。筆管はやや黄色味を帯び、筆鋒は全体が黒く塗られている。紙帳は縦長長方形で、右端に沿って縦に縦断する一本の線が描かれていることから、綴じられた冊子と推測される。上端左端に墨線で区画された縦長長方形の区画は記載内容を示す題簽を書き込むスペースであろう。函盒の後ろに一部が隠れた長方形のものは鎮紙かもしれない。

後室東壁壁画では、横長長方形の文机の上面中央に横向きの花頭風字硯、その左に紙帳、右に筆架が置かれている。文机は墨線のみで表現され、彩色はない。四足で高く、机板は一枚板で表現されている。花頭風字硯は灰色に塗られ、硯尻近くの硯面上に墨が置かれている。硯座は硯より一回り小さな高い台状を呈し、中段に円形の透かし孔が二ヶ所開けられている。硯座は硯と同じく灰色に塗られている。筆架は山形を呈し、朱色に彩られ、二本の筆が筆鋒を上にして垂直に立てられている。紙帳は縦長長方形で、右端寄りに長辺に沿って縦断する一本の墨線が描かれており、冊子と推測される。

④**一〇号墓後室東壁**（図3－9、図3－12－1）　横長長方形の文机の上面中央に横向きの花頭風字硯、その右奥に筆架、左手前に重ね合わせた輪花碗二個が描かれている。文机は四足で高く、墨線のみで描かれ、彩色はない。花頭風字硯は灰色に彩られ、硯尻近くの硯面上に墨一錠が描かれている。硯座は硯よりわずかに小さな高い台状を呈し、上段と下段には唐草風の文様が描かれ、中段に桃形の透かし孔が二ヶ所開けられている。硯と同じく灰色に彩られている。筆架は山形を呈し、朱色に彩られ、二本の筆が筆鋒を上にして垂直に立てられている。筆管の色は地色で、筆鋒の尖端のみが黒く描かれている。文机の下に置かれた大型の火鉢は冬に用いるのであろう。

三、各文房具の検討

(一) 硯

壁画に描かれた硯には抄手硯と花頭風字硯の二形式がある。

①**抄手硯**　七号墓壁画に見られる抄手硯は硯体上面に馬蹄形の硯池を彫り出したもので、一号墓出土灰陶製抄手硯の形と一致する。この形式の硯は発掘調査による報告は勿論、博物館や個人の蔵品中にも見当たらない。しかし、長方形扁平な硯体上面に楕円形などの硯池を彫り出したものは宋代にはごく普通に見られ、硯面が硯尻から硯頭へと直線的に傾斜し、硯尻に外堤がない点も宋代の抄手硯に共通する特徴であり、時代風潮と合致する。

②**花頭風字硯**　花頭風字硯は六号墓と一〇号墓の壁画に見られ、灰陶製の実物も一号墓と三号墓から出土している。しかし、壁画上の花頭風字硯と出土した花頭風字硯との間にはいくつかの相違がある。壁画上の花頭風字硯の硯頭が丸いのに対し、実物の花頭風字硯の硯頭は直線的で角張っていること、さらに、壁画上の花頭風字硯では硯部の硯尻が弧状に張り出すのに対し、出土硯の硯尻は直線的で張り出していないことである。これらの相違は壁画上の花頭風

図３－８　６号墓後室東北壁壁画実測図

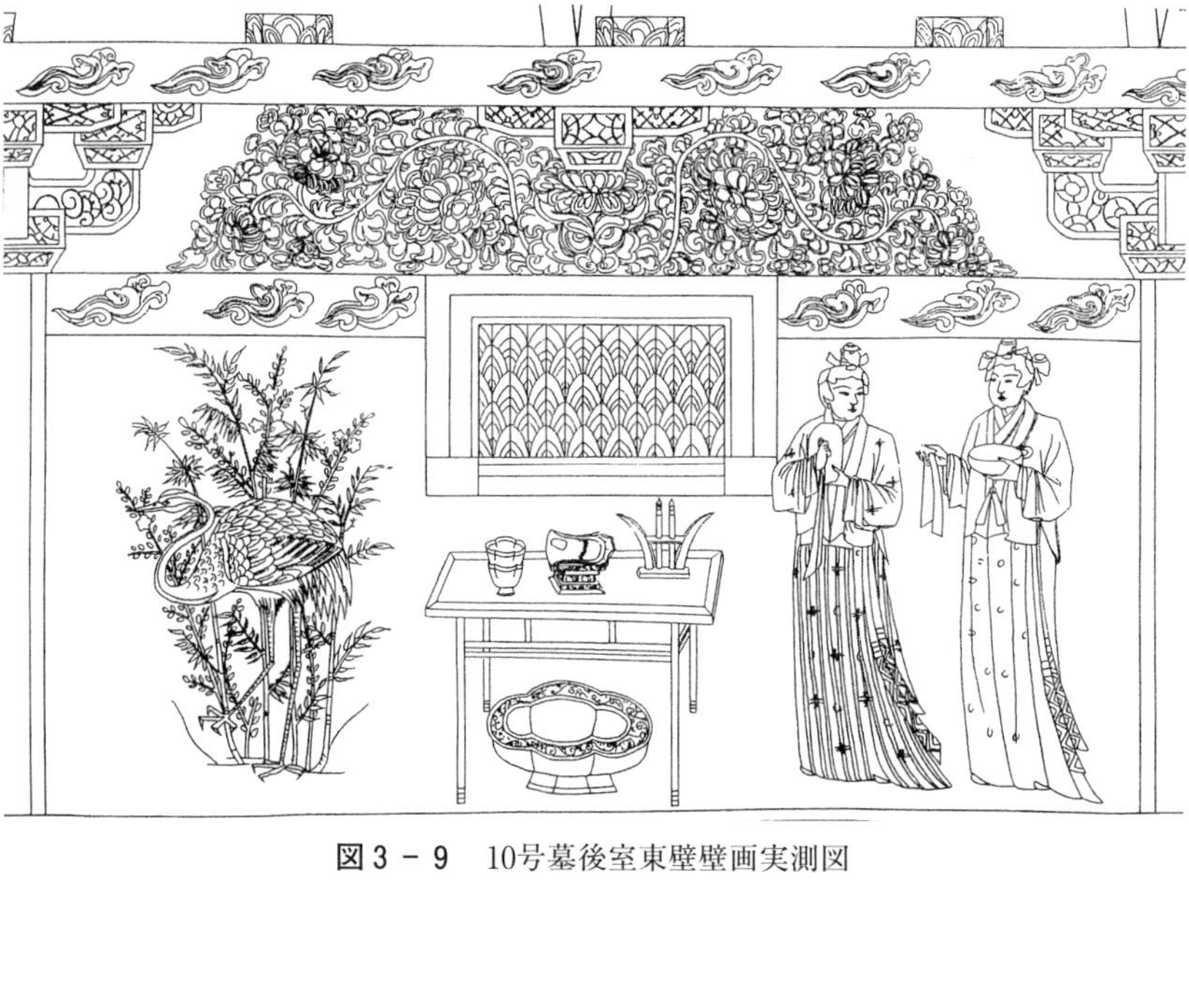

図３－９　10号墓後室東壁壁画実測図

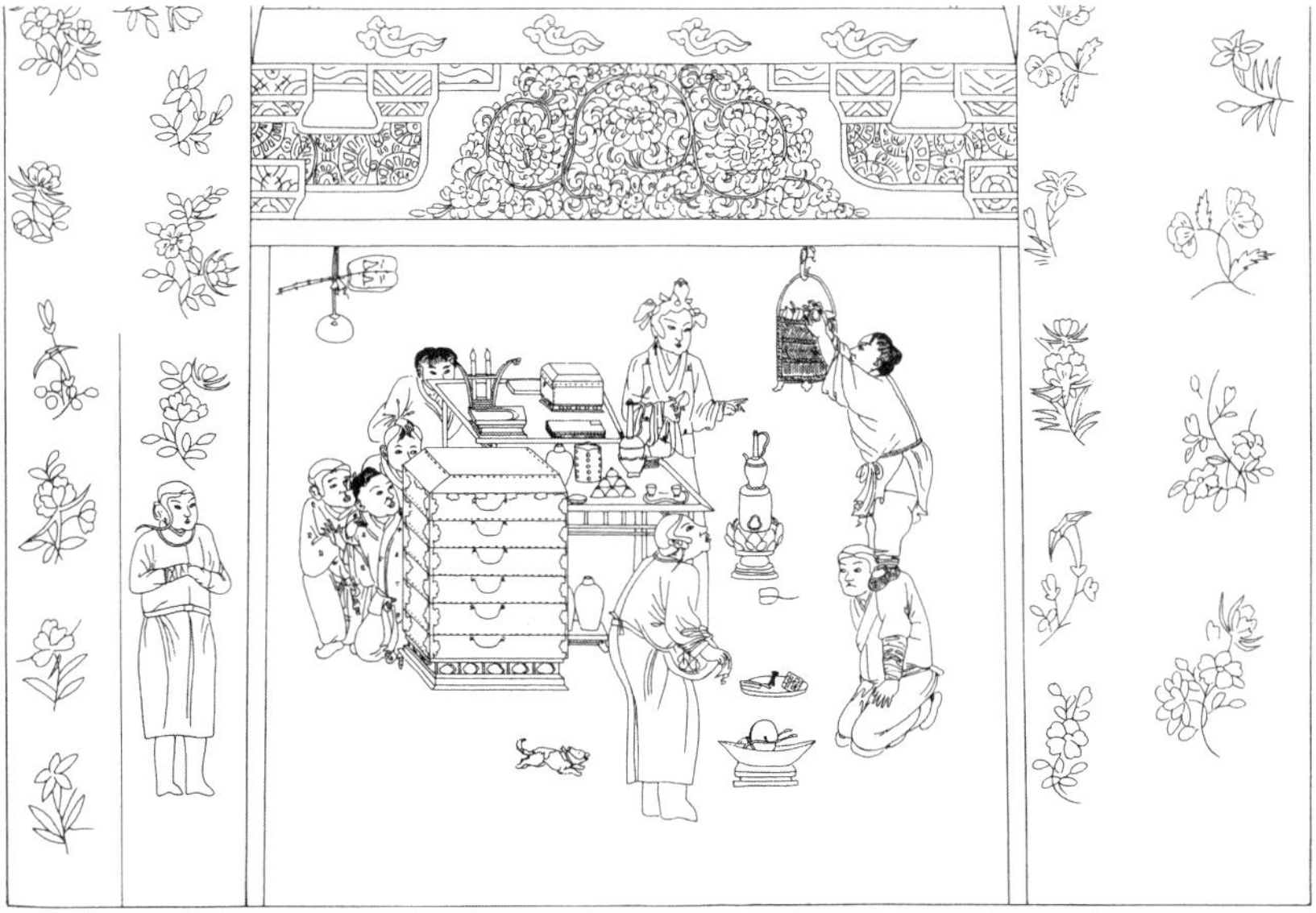

図3－10　7号墓前室東壁壁画実測図

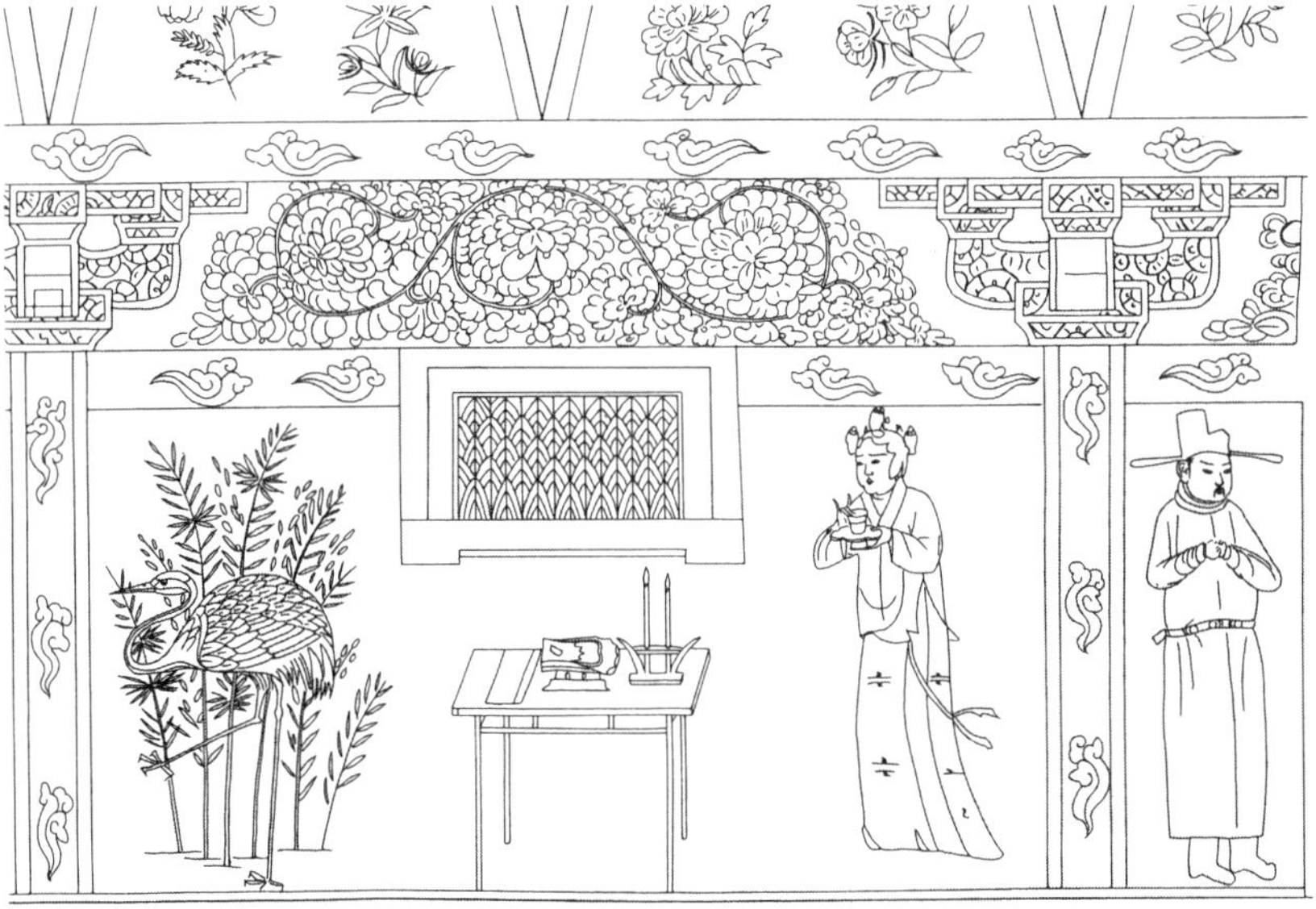

図3－11　7号墓後室東壁壁画実測図

1　10号墓後室東壁

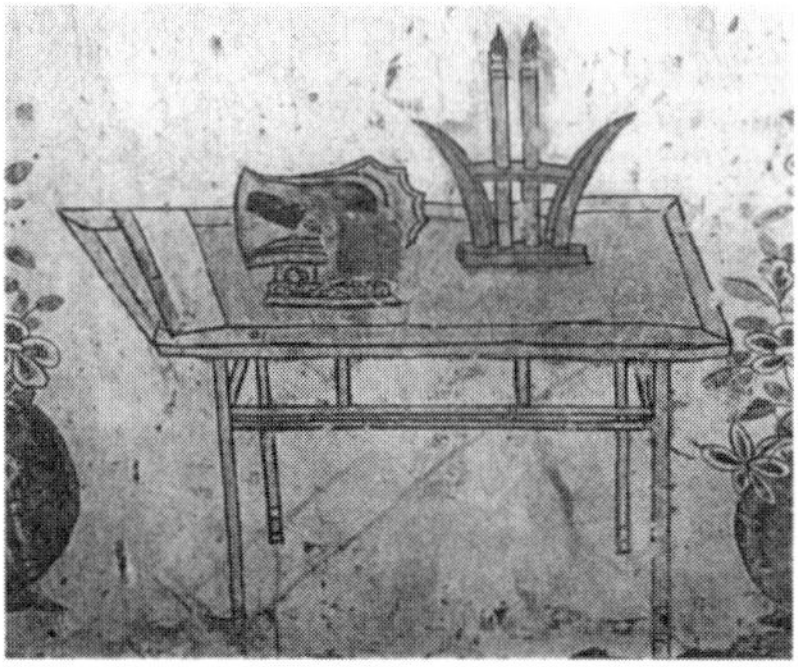

2　6号墓後室東北壁

3　7号墓後室東壁

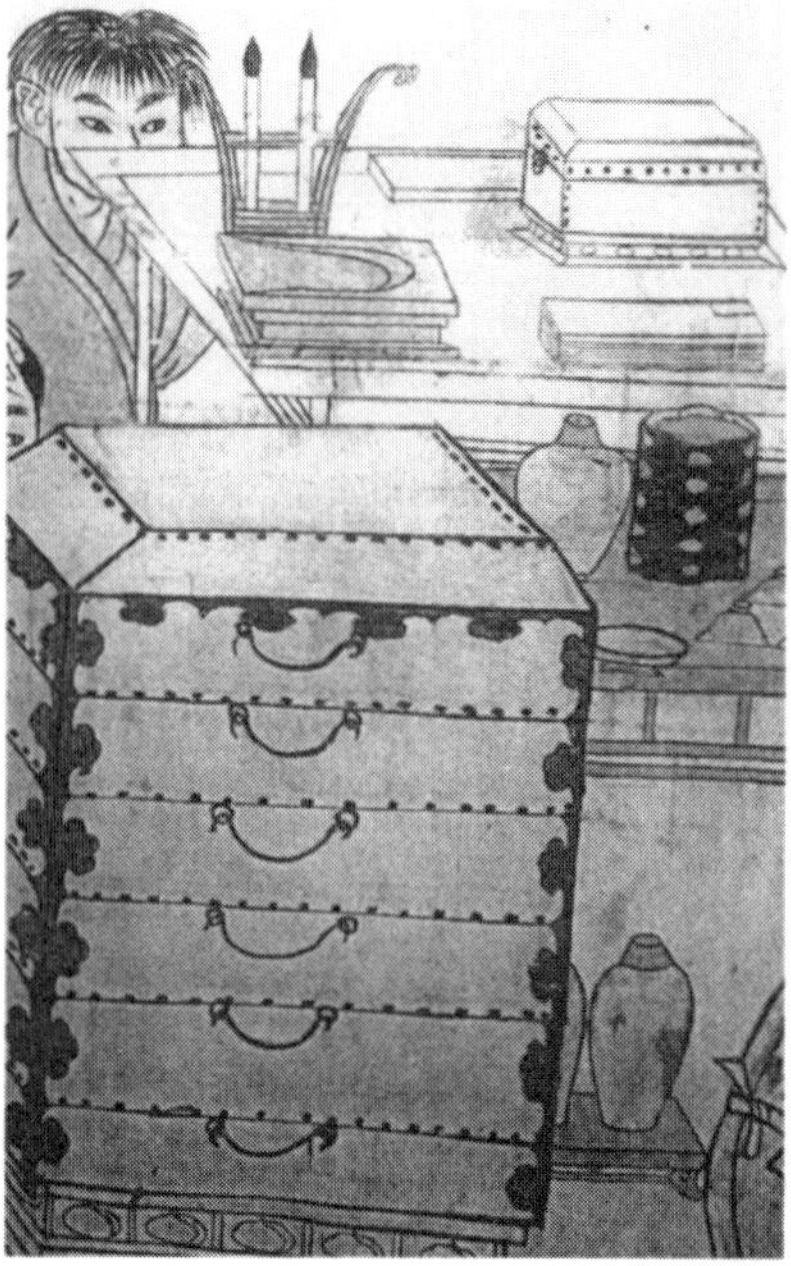

4　7号墓前室東壁

5　3号墓墓室東壁

図3－12　宣化遼墓壁画文房具細部

字硯が円頭風字硯、実物の花頭風字硯が平頭風字硯の系統に属することに由来する。

円頭風字硯は河南省偃師市南蔡荘唐鄭炅墓出土硯以下約四〇例が知られる（表３－３）。年代的には唐開元九年（七二一）から金崇慶元年（一二一二）までにわたり、同じ遼代のものに開泰七年（一〇一八）の内蒙古自治区遼陳国公主駙馬合葬墓出土品がある。他方、平頭風字硯は湖南省益陽市赫山廟唐墓出土硯以下三例があり、年代は唐の宝応二年（七六三）から北宋の咸平年間（九九八～一〇〇三）までである（表３－４）。しかし、宣化遼墓では天慶六年（一一一六）の一号墓、太安四年（一〇八八）の三号墓から出土しており、中原に比べると遼では平頭風字硯の伝統が約一〇〇年後まで残ったことになる。

これら円頭風字硯や平頭風字硯に張り出しを設け、そこに花文を施したのが花頭風字硯である（表３－５）。現在までに確認されている花頭風字硯はすべて灰陶製に限られ、硯頭のみに張り出しのあるものと、硯頭及び両側面の三方に張り出しのあるものとに大別できる。宣化遼墓出土硯と同じく硯頭と両側面の三方に張り出しがあり、かつ平頭風字硯の系統に属するものには河南省鞏義市孝南村一号唐墓出土硯があるが、年代は唐代であり、年代的にはかなりの隔たりがある。

一方、六号墓後室・七号墓後室・一〇号墓後室の壁画に描かれた花頭風字硯は円頭風字硯の系統に属し、張り出しは硯頭のみに限られるが、硯尻の形状には弧状を呈する六号墓後室壁画硯・一〇号墓後室壁画硯と、硯尻が直線的な七号墓後室壁画硯に二分される。前者と同じ特徴をもつものに河南省新郷市平原路小学校宋墓出土灰陶製花頭風字硯がある。宋代のもので、宣化遼墓とは年代的に近い。硯頭のみならず硯尻も弧状を呈する点でも六号墓後室と一〇号墓後室に描かれた硯と共通する。文様的にも張り出し部に施された牡丹の花と葉は浮き彫り風に刻印されており、線刻風に表現された宣化遼墓出土花頭風字硯よりも精巧で美しく、宣化遼墓出土花頭風字硯より古く位置付けることができる。後者に近いものには北京市通州区通県二号金墓出土硯がある。宣化遼墓より年代の下るもので、七号墓後室に描かれた花頭風字硯が硯頭のみに張り出しがあるのに対して、両側を含めて三方に張り出しがある点が異なり、この点では出土硯に近い。

宣化遼墓に限れば、壁画に描かれた花頭風字硯の方が出土した花頭風字硯より古い様相を示しているといえそうである。なお、壁画で花頭風字硯がすべて灰色に塗られているのは、灰陶製がほぼすべてを占める花頭風字硯の色をそのまま写したためであろう。

(二) 墨

壁画に描かれた墨はすべて硯尻近くの硯面上に置かれている。現在までに中国では戦国時代末期から南宋までの墨が約四〇点確認されている（表3－1）[3]。このうち、宣化遼墓と年代の近いものに一一〇一年頃の安徽省合肥市北宋馬紹庭夫婦墓出土墨二点と宣和年間（一一一九～一一二五）以後の江蘇省常州市武進区村前郷一号南宋墓出土墨一点がある。これらは共にカラスミ形を呈しているが、これより年代の下る一一九五年の江蘇省南京市浦口区黄悦嶺南宋張同之夫婦墓出土墨は長台形、一二六〇年頃の江蘇省武進区村前郷四号南宋墓出土墨は長方形を呈しており、年代的には宣化遼墓壁画に描かれた墨はカラスミ形を呈するものであった可能性が高い。

(三) 筆

壁画ではすべて筆管は上下の径が同じに描かれている。これと年代の近い一一〇一年頃の安徽省合肥市北宋馬紹庭夫婦墓出土筆管、これよりやや時代が下った江蘇省武進区村前郷一号南宋墓出土筆管も竹製である。南宋時代には竹製以外に、蘆や木・金属を用いた筆管もあるが（表3－2）、宣化遼墓壁画に描かれた筆も竹製であった可能性が高い。ただし、戦国時代末期から漢代までの竹製筆管が竹管そのものでなく竹から割り取った中実の竹棒を使い、下端に開けた孔に筆鋒を差し込んでいるのと異なり、唐代には竹管をそのまま使った筆管が出現しており(4)、宣化遼墓壁画に描かれた筆管も竹管をそのまま使ったものであろう。他方、筆鋒に関しては尖端のみが黒く塗られているものや緑に塗られているものなどがあるが、並立する二本の筆の筆鋒が塗り分けられることはなく、黒墨用と朱墨用とに分けられていたというわけでもなさそうである。

(四) 筆　架

筆架はすべて山形を呈し、七号墓前室東壁の筆架の両翼先端が雲形を呈する以外、すべて両翼の先端は尖っている。また、文机が地肌色に塗られているのに対し、筆架はすべて朱色に塗られており、朱漆ないし他の顔料によって赤く塗られていたと考えられる。筆架への筆の置き方ですべての壁画に共通するのは、筆が二本であること、これらが垂直に立てられていることである。

漢代の官吏が下命に備えて筆を髪に指した簪筆のような例は別として、筆架での筆の置き方を知る手がかりの一つに筆架や水池を硯に組み合わせた組合硯がある。漢代から唐代までの組合硯は現在までに約一九例が報告されているが、硯に付設された筒に垂直に筆を立てる方法と、硯の横に彫った溝に水平に筆を置く方法に大別できる（表３－６）。このうち、筒に垂直に立てる方法が漢代に現れ、次いで、硯の横に彫った溝に筆を水平に置く方法が南北朝時代に現れる。これらの筆架の数、すなわち同時に置くことのできる筆の数には四本から二本までの差がみられるが、最も一般的なのは二本の筆を置く方法である。他方、実物としての筆架は唐代に出現するが、今日に残るものはいずれも陶製で、三つの山峰が連なった形となっている。二本の筆をやや斜めに置く方式である。宣化遼墓壁画に描かれた筆架の方式は唐代の組合硯にみられる垂直に筆を立てる方式を踏襲したものであろう。なお、五代以後、組合硯が消滅するのは、造形的に筆架や水池を付加しやすかった陶製円形硯が姿を消し、筆架や水池を作るのが困難な石硯が流行したことによるものであろう。

(五) 紙

紙の描き方には、三号墓と六号墓のように左端の一部を一定の幅で彩色したものと、七号墓のように右端に一定の幅で縦断する一本の墨線を描いたものとがある。前者は巻紙、後者は和綴じ風に綴じ込んだ冊子を表現したものと考えられる。

(六) 文机

文机が描かれている三号墓・六号墓・七号墓・一〇号墓のすべてに共通するのはこれらが高い四足をもつことである。机面の平面形は、机面が方形に近い七号墓を除けば、他はすべて横長長方形である。足部の部材の組み方も、六号墓と一〇号墓、三号墓と七号墓とで共通している。机板の構造は、一枚板で表現された七号墓を除けば、他はすべて縁取りがあり、一〇号墓後室東壁文机の四隅側面には飾り金具が表現されている。七号墓前室・七号墓後室・一〇号墓後室東壁の文机は墨線のみで表現され、白木ないしそれに近いものと推測されるのに対し、三号墓墓室東壁・六号墓後室東北壁の文机は黄色く彩色されている。

一方、文房具以外の茶器などの載る机では、一号墓後室東壁・一号墓後室西壁・二号墓墓室東南壁・二号墓墓室南壁・四号墓後室西北壁・四号墓後室東北壁・五号墓後室東南壁・五号墓後室東北壁の机が朱色、四号墓後室南壁・五号墓後室西南壁の机が黄土色、四号墓後室南壁の三卓の机が地肌色・黄色・朱色などに塗り分けられており、文房具を載せる文机が彩色を施さないか彩色を施しても淡い色調であったのに対し、食器を載せる机には朱漆など朱彩を施したものが多い。構造的にも文机は食卓より簡素である。また、一緒に描かれている人物の大きさから、文机の足は高く、椅子が必要と思われるが、椅子は一切描かれていない。これは文机以外の机にも共通することで、図柄を単純化するために省略されたものと推測される。

中国では文書を置く机は漢代に「机案」あるいは「書案」の名で登場し、次の南北朝時代には「机案」は律令関係書類の代名詞ともなっていた(5)。文書行政の整備に伴って文机が独自の発展を遂げたことを反映するものといえよう。

(七) 机上における文房具の配置

机上に硯や筆架、紙帳が隙間なく置かれ、通常の使用状態とは思われない七号墓前室東壁を除いて、他の壁画ではすべて文机の中央に硯、その右奥に筆架、左手に紙が描かれている。中央に硯、右奥に筆架、硯の左に巻紙ないし冊子を置くのが当時の一般的な配置であったとすれば、今日における右利きの人が行う文机上の配置とほぼ同じ方式が遼代には成立していたと見ることができる。

硯がすべて文机上に直接置かれ、硯筥に入れられていない点も重要で、『源氏物語絵巻』を始めとして一二世紀以後の我が国で描かれた絵巻物中ではきわめて少数の例外を除いて、ほとんどが硯筥に納められているのと対照的である。中国では硯を描いたものはきわめて少なく、宣化遼墓以外には河北省望都漢墓壁画に描かれた円形三足円形硯と宋代の模写とされる『北斉校書図巻』中の多足円形硯しかなく、これらでも硯は床ないし机上にそのまま置かれており、硯筥に納められていない。我が国に残る絵巻物のうち中国での事蹟を描いた『華厳縁起』でも大安聖者が向かう机の右端に圏足円形硯と筆がそのまま置かれている(6)。中国では漢代に円形板石硯や長方形板石硯を蓋付きの硯盒に納める風習が発生するが(7)、魏晋南北朝時代に陶製で足の付く三足円形硯や多足円形硯が出現するに及んで、硯を硯筥に納める風習が廃れた可能性が高い。その理由として三足円形硯や多足円形硯が足を持つことが考えられるが、足を持たず器高の低い抄手硯の出現に伴って硯筥が再度登場し、それが古代末期の我が国に伝わった可能性もある。なお、宣化遼墓壁画には水滴が一切描かれていない。水滴は既に漢代に出現しており、遼代にも用いられていたと推測されるが、描かれていない理由については不明といわざるを得ない。

四、花頭風字硯の検討

壁画に描かれた花頭風字硯には報告書で硯座とされる高い台が伴う。須弥壇状を呈する高いもので、側面に桃形の透かし孔が開けられている。これと形態の近い台をもつものに内蒙古赤峰市巴林右旗査干壩一一号遼墓出土硯(8)と甘粛省平涼市霊台県百里鉦出土硯(9)がある。内蒙古巴林右旗査干壩一一号遼墓出土硯は硯部と台とが一体となったもので、硯部に花頭風字硯の張り出しに似た装飾がある。台部の硯尻下に方形の火門、台部の側面に孔が開けられていることから、報告者はこれを台部に火を入れて硯を暖める暖硯とし、両側面の孔を空気孔としている。灰陶製で、使用痕も確認されている。甘粛省霊台百里鉦出土硯も高い方形の台をもつ灰陶硯で、上面に長方形の硯面二つを並べた二面硯で、硯頭と両側面の三方に花頭風字硯と同様な張り出しがあり、牡丹文が刻印されている。台部側面に空気孔となる透かし孔はないが、台部の硯尻下に楕円形の火門が開けられていることから、報告者はこれも暖硯としている。

宣化遼墓壁画で硯座とされるものは硯と同じ灰色で表現されている。報告のように硯と硯座とが別個のものであり、偶々同じ色で表現したと解釈するよりは、両者が一体のものであり、かつ花頭風字硯と同じく台部も灰陶製であったために灰色で表現されたと見るほうがより自然である。台部側面の透かし孔も単なる装飾でなく、内部に火を納めた時の空気孔であったと考えられる。この解釈が正しければ、宣化遼墓壁画に描かれた花頭風字硯は硯部の下に火をいれるための台を作りつけた暖硯であったといえる。

我が国奈良時代の造東大寺司で厳冬期に硯を暖めるために多量の木炭が使用されたことが『正倉院文書』に記され

ている。我が国古代硯のうち内部が中空になった中空硯と呼ばれるものがあり、原理的に同じ構造をとる硯が厳冬期をもつ新羅と中国東北部に類例があり、かつこれら以外の地から未発見であることから、これらの中空硯が内部に熱湯を入れて硯を暖める暖硯の一種であろうことは既に触れたとおりである。[10] 暖硯が出土している内蒙古巴林右旗査干壩・甘粛省霊台百里鉅も厳冬を迎える地であり、同じように厳冬を迎える宣化遼墓で硯座と報告されているものも暖硯の台と考えるべきであろう。

結　語

中国では漢代以後、墓室内に壁画が描かれるようになる。この風習は魏晋南北朝・隋・唐・宋と踏襲され、契丹族によって建てられた遼にも引き継がれた。これら漢代から宋代に至るまでの壁画の内容は墓主の生前の日常生活や故事に基づく場面であり、さまざまな情景が描かれているが、壁画に文房具を描いたものとしては河北省望都漢墓以外には今回取り上げた遼墓しかない。漢代以後宋代までに築かれた何万、何十万に上る墳墓の中ではきわめて稀有な例であり、異常ともいうべき現象であるが、宣化遼墓壁画によって当時の文房具の具体的な姿を知ることができたことは、中国のみならず古代末期の我が国の文房具を考える上できわめて重要な示唆を与えるものといえよう。

註

（1）鄭紹宗「河北宣化遼壁画墓発掘簡報」『文物』一九七五年第八期。張家口市文物事業管理所・張家口市宣化区文物保管所「河北宣化下八里遼金壁画墓［M］」『文物』一九九〇年第一〇期。張家口市宣化区文物保管所「河北宣化遼代壁画墓［T］」『文物』一九九五年第二期。河北省文物研究所・張家口市文物管理処・宣化区文物管理所「河北宣化遼張文藻壁画墓発掘簡報［M］［T］」『文物』一九九六年第九期。賈文泙「遼張文藻墓書房童戯図闡析」『中国文房四宝』一九九七年二・

三期合刊。高蒙河「紙和筆的起源—中国『文房四宝』的考古学研究之一—」『書学』第五三巻第一号、日本書道教育学会、二〇〇一年一月など。

(2) 河北省文物研究所『宣化遼墓—一九七四～一九九三年考古発掘報告』、文物出版社、二〇〇一年一二月。

(3) 吉田恵二「中国古代筆墨考」『國學院雑誌』第一〇三巻第一〇号、國學院大學、二〇〇二年一〇月（本書第Ⅲ部第1章）。

(4) 註3に同じ。

(5) 孫機『漢代物質文化資料図説』、文物出版社、一九九〇年七月。

(6) 吉田恵二「絵巻物に描かれた硯」『伝統と創造の人文科学』國學院大學大学院文学研究科創設五十周年記念論文集、國學院大學大学院、二〇〇二年三月（本書第Ⅲ部第3章）。

(7) 吉田恵二「漢長方形板石硯考」『論苑考古学』天山舎、一九九三年四月（本書第Ⅱ部第1章）。

(8) 董文義「内蒙古巴林右旗査干壩一一号遼墓」『文物資料叢刊』一〇、一九八七年三月。朝格巴図「内蒙古巴林右旗出土陶〝風〟字暖硯」『北方文物』一九九六年第三期。

(9) 劉得禎「甘粛霊台百里鉅出土一批宋代文物」『考古』一九八七年第四期。

(10) 吉田恵二「暖硯考」『國學院大學考古学資料館紀要』第一三輯、國學院大學考古学資料館、一九九七年三月（本書第Ⅱ部第5章）。吉田恵二「中国における中空硯の一例」『亜洲学誌』創刊号、國學院大學中国考古学会、二〇〇二年一〇月（本書第Ⅱ部コラム）。

表3-3　円頭風字硯一覧表

No.	遺跡名	材質	類別	長(cm)	幅(cm)	高(cm)	足形	年代	出典
1	河南省偃師市南蔡庄唐鄭炅墓	陶器	Ⅰ類	一三		二・五	三角形足	唐　開元九年（七二一）	1
2	陝西省宝鶏市隴県店子村二四四号墓	陶器	Ⅰ類	一二・八	八・四	二・四	三角形足	唐　中期	2
3	四川省成都市	褐釉	Ⅰ類	一五	一一・二	三・六	三角形足	唐～宋	3
4	四川省成都市	褐釉	Ⅰ類	一三・七	一〇・五	三・四	三角形足	唐～宋	3
5	安徽省合肥市機務段唐開成五年墓	石	Ⅰ類	二〇・〇	一五・〇	三・五	長方形足	唐　開成五年（八四〇）	4
6	河南省偃師市杏園村唐李存墓	紫石	Ⅰ類	一五・〇	一一・〇		長方形足	唐　会昌五年（八四五）	5

7	河南省偃師市杏園村唐李棁墓	陶器	I類	九・二			長方形足	唐　咸通一〇年（八六九）	6
8	陝西省西安市白鹿原一四号唐墓	灰陶	I類	一〇・三			長方形足	中唐〜晩唐	7
9	陝西省西安市棗円二号唐墓	灰陶	I類	一〇・一	五・九	二・八	長方形足	中唐〜晩唐	8
10	河南省偃師市杏園村唐李郁墓	石	I類	一六・六	一二・三	五・三	長方形足	晩唐	9
11	河南省洛陽市機瓦廠	灰陶	I類	一六・五	一一・〇	四・五	長方形足	晩唐	10
12	河南省洛陽市機瓦廠	灰陶	I類	一六・五	一一・二	四・五	長方形足	晩唐	10
13	湖北省黄州市王家坊九一号唐墓	灰陶	I類	一四・六			長方形足	唐　末期	11
14	洛陽出土唐陶硯	陶器	I類	一四・四	九・六	三・八	長方形足	唐	12
15	湖南省長沙市仰天湖第七〇五号墓	青石	I類	一三・五	九・六	三・六	長方形足	唐	13
16	伝山東省青州出土	紫石	I類	一三・七	九・七	三・〇	長方形足	唐	14
17	唐　邛瓷硯	青磁	I類	二二・九	二〇・八	五・三	長方形足	唐	15
18	唐　邛瓷硯	青磁	I類	一六・八	一三・七	四・〇	長方形足	唐	15
19	唐　邛瓷箕硯	褐釉	I類	一四・〇	一一・六	三・一	長方形足	唐	16
20	広東省河源市和平県彭寨墩頭六号墓	陶器	I類				長方形足	唐末〜五代	17
21	湖南省長沙市石渚長沙窯址	青磁	I類				長方形足	唐末〜五代	18
22	四川省成都市	褐釉	I類	五・九	四・四	一・八	長方形足	唐〜宋	3
23	江蘇省揚州市五台山一〇号墓	灰陶	I類	一七・二			長方形足	五代	19
24	陝西省宝鶏市五六〇四廠工地	石	I類	一六・三			長方形足	五代	20
25	内蒙古自治区通遼市遼陳国公主駙馬合葬墓	玉	I類	一二・〇	七・一	三・四	長方形足	遼　開泰七年（一〇一八）	21
26	内蒙古自治区通遼市遼陳国公主駙馬合葬墓	玉	I類	八・五	五・二	三・〇	長方形足	遼　開泰七年（一〇一八）	21
27	河北省保定市曲陽県澗磁	陶器	I類	一四・六	九・七		長方形足	金　崇慶元年（一二一二）	22
28	広東省韶関市羅源洞唐張九齢墓	灰陶	I類	二〇・五	一八・二	五・〇	棒状足	唐　開元二八年（七四〇）	23
29	河南省偃師市杏園村唐鄭洵墓	灰陶	I類	八・六	六・四		棒状足	唐　大暦四年（七九六）頃	9
30	河南省洛陽市鋼廠〇三二号墓	灰陶	I類	一六・二	一三・七	三・六	棒状足	盛唐	10
31	河南省洛陽市機瓦廠七三号墓	灰陶	I類	一一・五	一〇・〇	二・五	棒状足	盛唐	10
32	新疆維吾爾自治区吉木薩爾北庭古城	灰陶	I類	一八・〇	一四・五		棒状足	唐	24
34	唐　陶小硯	陶器	I類	八・〇	六・〇	二・四	棒状足	唐	25
35	内蒙古自治区赤峰市井子溝二号墓	灰陶	I類	六・八	五・二	二・〇	棒状足	西夏	26
36	河南省洛陽市機瓦廠	灰陶	I類	九・五	六・八	二・二	円錐形足	晩唐〜五代	10
37	唐　安再遇陶硯	陶器	I類	一一・四	一一・三	二・九	不明	唐	16

38	陝西省西安市東方機械廠唐墓	陶器	Ⅰ類	一三・六	九・一	三・三	不明	唐　晩期	27
39	浙江省紹興市官山窯址	磁器	Ⅰ類				不明	晩唐～五代	28
40	四川省成都市	褐釉	Ⅱ類				不明	唐～宋	3
41	北京市八宝山遼韓佚墓	灰陶	Ⅱ類	一五・五		三・〇	不明	遼　統和一三年（九九五）	29

表3－4　平頭風字硯一覧表

No.	遺跡名	材質	類別	長（cm）	幅（cm）	高（cm）	足形	年代	出典
1	湖南省益陽市赫山廟唐墓	灰陶	Ⅱ類	一四・五	一三・〇	三・〇	長方形	唐　宝応二年（七六三）	1
2	陝西省銅川市耀州窯址	黒釉	Ⅱ類	一五・四	一二・五	四・八	長方形	唐	2
3	江蘇省連雲港市海州二号宋墓	灰陶	Ⅱ類	一三・二	八・四	三・〇	錐形	北宋初期	3

表3－5　花頭風字硯一覧表

No.	遺跡名	材質	類別	硯尻	長（cm）	幅（cm）	高（cm）	張り出し	装飾文	年代	出典
1	隋陶硯	灰陶	Ⅰ類	A種	一七・九	一三・七	三・八	三方	蔓草	隋	1
2	陝西省渭南市大荔県南郷念橋村	灰陶	Ⅰ類	A種	二〇・〇	一九・〇	三・〇	三方	虫・魚・蔓	唐	2
3	河南省新郷市平原路小学校	灰陶	Ⅰ類	A種	一三・七	七・〇	二・〇	硯頭	牡丹花三	宋	3
4	河南省新郷市平原路小学校	灰陶	Ⅰ類	A種	一〇・〇	六・〇	一・七	硯頭	牡丹花・葉	宋	3
5	北京市通州区二号金墓	灰陶	Ⅰ類	B種	二〇・〇	一四・〇		三方	あり	金	4
6	内蒙古自治区赤峰市巴林右旗査干壩一一号遼墓	灰陶	Ⅰ類		二七・六	二〇・五	一一・〇			遼中晩期	5
7	河南省鞏義市孝南村一号唐墓	灰陶	Ⅱ類	A種	一一・五	九・〇		硯頭		唐	6
8	河北省張家口市宣化三号遼墓	灰陶	Ⅱ類	B種	一五・三		六・九	三方	梅花	遼　太安四年（一〇八八）	7

Ⅰ類：円頭　Ⅱ類：平頭　A種：硯尻弧状　B種：硯尻直線

表3－6　中国古代組合硯一覧表

No.	出土地等	硯種	筆架数	置筆方式	年代	備考	出典
1	朝鮮旧大同郡龍淵面道済里第五〇号墳	円形板石硯	金銅筒二	垂直	漢		1
2	遼寧省遼陽市遼陽石槨墓	円形板石硯	銅筒四	垂直	漢		2
3	朝鮮旧大同郡大同江面南井里一一六号墳彩篋塚	長方形板石硯	金銅筒四	垂直	漢		3
4	河南省洛陽市一四工区一七号墓	四足方形陶硯	孔一	垂直	西晋	水池	4
5	山西省大同市北魏永寧寺址	四足方形石硯	孔二	垂直	北魏	水池	5
6	河南省洛陽市北魏宣武帝景陵	四足方形陶硯	溝一	水平	北魏　五一五年	水池	6
7	鉄研斎蔵四足方形石硯	四足方形石硯	溝一	水平	北燕	水池	7
8	陝西省西安市杳家寨	四足方形石硯	溝一	水平	南北朝		8
9	出光美術館蔵竃形方形陶硯	竃形方形陶硯	孔二・溝二	垂直・水平	隋	水池	9
10	河南省偃師市唐墓	竃形方形陶硯	孔二・溝二	垂直・水平	唐　長寿二年（六九三）	水池	10
11	白鶴美術館蔵竃形方形陶硯	竃形方形陶硯	孔二・溝二	垂直・水平	唐	水池	11
12	陝西省商洛市商州区一号唐墓	鋸歯足方形石硯	孔二	垂直	唐中期～晩期		12
13	広東省茂名市高州市良徳唐墓	圏足円形陶硯	筒二	垂直	唐	水池	13
14	広東省江門市新会区古井鎮官冲窯址	圏足円形陶硯	筒二	垂直	唐	水池	14
15	広東省広州市華僑新村唐墓	圏足円形陶硯	筒二	垂直	唐	水池	15
16	河南省洛陽市唐東都履道坊白居易故居	多足円形陶硯	筒二	垂直	唐		16
17	江西省宜春市豊城市蜀羅湖窯址	多足円形陶硯	筒二	垂直	唐		17
18	江蘇省揚州市唐代木橋遺址	獣足円形陶硯	筒二	垂直	唐		18
19	陝西省銅川市耀州窯址	方形台付瓷硯	不明	不明	唐		19

［円頭風字硯一覧表出典］

1　偃師商城博物館「河南偃師唐墓発掘報告」『華夏考古』一九九五年第一期。
2　陝西省考古研究所宝中鉄路考古隊「陝西隴県店子村漢唐墓葬」『考古与文物』一九九九年第四期。
3　成都市博物館・四川大学博物館「成都指揮街唐宋遺址発掘報告」『南方民族考古』第二輯、一九八九年。
4　合肥市文管処「合肥市発現明代瓷器窖蔵和唐代邢窯瓷」『文物』一九七八年第八期。王代文・蔡鴻茹主編『中華古硯』、江蘇古籍出版社、一九九八年六月。
5 中国社会科学院考古研究所河南第二工作隊「河南偃師杏園村的両座唐墓」『考古』一九八四年第一〇期。
6 中国社会科学院考古研究所河南第二工作隊「河南偃師杏園村的六座紀年唐墓」『考古』一九八六年第五期。
7 兪偉超「西安白鹿原墓葬発掘報告」『考古学報』一九五六年第三期。
8 陝西省考古研究所「西安西郊棗園唐墓清理簡報」『文博』二〇〇一年第二期。
9 中国社会科学院考古研究所河南二隊「河南偃師市杏園村唐墓的発掘」『考古』一九九六年第一二期。
10 洛陽市博物館「洛陽市十五年来出土的硯台」『文物』一九六五年第一二期。
11 黄州市博物館「黄州市王家坊唐墓的清理」『江漢考古』一九九八年第二期。
12 「硯史資料（三）」『文物』一九六四年第三期。
13 王啓初「湖南省博物館的幾方蔵硯」『文物』一九六五年第一〇期。
14 山東文物事業管理局・山東美術出版社編『山東文物精華』、山東美術出版社、一九九六年一月。
15 「硯史資料（五）」『文物』一九六四年第五期。
16 天津市芸術博物館編『天津市芸術博物館蔵硯』、文物出版社、一九七九年一二月。
17 広東省文物考古研究所・和平県博物館「広東和平県晋至五代墓葬的清理」『考古』二〇〇〇年第六期。
18 周世栄「石渚長沙窯出土的瓷器及其有関問題的研究」、文物編輯委員会編『中国古代窯址調査発掘報告集』、文物出版社、一九八四年一〇月。
19 江蘇省文物管理委員会・南京博物院「江蘇揚州五台山唐、五代、宋墓発掘簡報」『考古』一九六四年第一〇期。
20 高次若・劉明科「宝鶏市博物館蔵硯選介」『文物』一九九四年第五期。
21 内蒙古文物考古研究所「遼陳国公主駙馬合葬墓発掘簡報」『文物』一九八七年第一一期。内蒙古自治区文物考古研究所・哲里木盟博物館『遼陳国公主墓』、文物出版社、一九九一年四月。
22 河北省文化局文物工作隊「河北曲陽澗磁村発掘的唐宋墓」『考古』一九六五年第一〇期。
23 広東省文物管理委員会・華南師範学院歴史系「唐代張九齢墓発掘簡報」『文物』一九六一年第六期。
24 中国社会科学院考古研究所新彊工作隊「新彊吉木薩爾北庭古城調査」『考古』一九八二年第二期。
25 「硯史資料（四）」『文物』一九六四年第四期。

26　内蒙古自治区文物考古研究所編『万家寨―水利枢紐工程考古報告集』、遠方出版社、二〇〇一年五月。
27　陳安立・馬志祥「西安東郊発現一座唐墓」『考古』一九九一年第三期。
28　紹興市文物管理委員会「紹興上竈官山越窯調査」『文物』一九八一年第一〇期。
29　北京市文物工作隊「遼韓佚墓発掘報告」『考古学報』一九八四年第三期。

〔平頭風字硯一覧表出典〕

1　益陽県文化館「湖南益陽県赫山廟唐墓」『考古』一九八一年第四期。
2　禚振西「耀州窯遺址陶瓷的新発現」『考古与文物』一九八七年第一期。
3　南京博物院・連雲港市博物館「江蘇連雲港市清理四座五代、北宋墓葬」『考古』一九八七年第一期。

〔花頭風字硯一覧表出典〕

1　「硯史資料（三）」『文物』一九六四年第三期。
2　朱捷元・黒光「陝西省博物館収蔵的幾件硯台」『文物』一九六五年第七期。
3　傅山泉・王春玲「新郷出土宋代澄泥硯」『文物』一九八六年第二期。
4　北京市文物管理処「北京市通県金代墓葬発掘簡報」『文物』一九七七年第一一期。
5　朝格巴図「内蒙古巴林右旗出土陶〝風〟字暖硯」『北方文物』一九九六年第三期。
6　鄭州市文物隊・鞏義市文管所「鞏義市孝南春秋与唐代墓葬清理簡報」『中原文物』一九九二年第四期。
7　河北省文物研究所『宣化遼墓―一九七四～一九九三年考古発掘報告』、文物出版社、二〇〇一年一二月。

〔中国古代組合せ硯出典〕

1　朝鮮古蹟研究会『楽浪古墳昭和十年度古蹟調査概報』、一九三六年一月。
2　東京大学『文学部考古学研究室蒐集品考古図編』第一九輯、一九六一年三月。
3　朝鮮古蹟研究会『楽浪彩篋塚』古蹟調査報告第一、一九三四年一二月。
4　洛陽市博物館「洛陽市十五年来出土的硯台」『文物』一九六五年第一二期。

5　大同市博物館解廷「大同市郊出土北魏石雕方硯」『文物』一九七九年第七期。出土文物展覧工作組編『文化大革命期間中出土文物』第一輯、文物出版社、一九七三年七月。
6　中国社会科学院考古研究所洛陽漢魏城隊「北魏宣武帝景陵発掘報告」『考古』一九九四年第九期。
7　晨言『鉄研斎蔵硯』、海潮出版社、一九九八年六月。
8　柳秀芳「蕉葉紋四足石硯」王代文・蔡鴻茹主編『中華古硯』、江蘇古籍出版社、一九九八年六月。
9　五島美術館『日本の陶硯』、大塚工藝社、一九七八年九月。
10　偃師県文物管理委員会「河南偃師県隋唐墓発掘簡報」『考古』一九八六年第一一期。
11　出光美術館『出光美術館館報』四八、一九八四年一〇月。
12　王昌富・陳良和「陝西商州市発現唐代墓葬群」『考古』一九九六年第一二期。
13　湛江地区博物館「広東高州良徳唐墓」『文物資料叢刊』六、文物出版社、一九八二年七月。広東省博物館・香港中文大学文物館『広東出土晋至唐文物』、一九八五年一二月。
14　広東省文物考古研究所・新会市博物館「広東新会官冲古窯址」『文物』二〇〇〇年第六期。
15　麦英豪「広州華僑新村発現漢唐古墓十座」『文物参考資料』一九五八年第五期。
16　中国社会科学院考古研究所洛陽唐城隊「洛陽唐東都履道坊白居易故居発掘簡報」『考古』一九九四年第八期。中国社会科学院考古研究所編『中国社会科学院考古研究所博物館洛陽分館』、文化芸術出版社、一九九八年九月。
17　江西省歴史博物館・豊城県文物陳列室「江西豊城蜀湖窯発掘簡報」、文物編集部編『中国古代窯址調査発掘報告集』、文物出版社、一九八四年一〇月。
18　揚州博物館「揚州唐代木橋遺址清理簡報」『文物』一九八〇年第三期。
19　祦振西「耀州窯遺址陶瓷的新発現」『考古与文物』一九八七年第一期。

第3章　絵巻物に描かれた硯

一、文献記録に見える文房具

我が国で最も古い文房具に関する記録は『日本書紀』推古天皇一八年（六一〇）に高句麗僧曇徴が墨・紙・彩色の製法を伝えたとする記事である。七世紀初頭の高句麗や百済、新羅で作られた墨の実物が残っていないため、曇徴がこの時伝えた墨がどのようなものであったか不明であるが、中国では魏晋時代には円柱形の大墨が出現し(1)、正倉院にはカラスミ状を呈する「開元四年丙辰秋作」の朱書を持つ唐墨と「新羅揚家上墨」「新羅武家上墨」の刻銘を持つ新羅墨が残されていることから(2)、曇徴が製法を伝えた墨が円柱形かカラスミ形を呈する大墨であったことはほぼ間違いない(補註)。

その後、最初に現れるまとまった硯関係記録は『正倉院文書』であり、天平一五年（七四三）の『写疏所雑用帳』には写疏所で行う注疏の材料として研八口を受領したことなどが記されている。『正倉院文書』にはこれ以外に「温研」「坏蓋研」「銀墨硯」などの言葉が見られ、造東大寺司で写経に従事する写経生には筆・紙・墨も支給された。硯のことを研と記すのは漢代以後の中国でよく見られる表記法であり、飛鳥時代には比較的数が少なかった硯の遺品も奈良時代になるとほぼ全国的に出土するようになる。その主流は須恵器で作られた圏脚円面硯、三脚円面硯、多脚円面硯、蹄脚円面硯などの硯面が円形を呈する円面硯であるが、羊や亀など動物の形をした形象硯もあり、下級官吏の間では須恵器杯やその蓋を利用した転用硯も用いられた。これら平面が円形を呈する円面硯の中には唐や新羅からもたらされたものもあるが(3)、平安時代になると円面硯に代わって唐の影響を受けた風字硯が主流になる。

下って、平安時代の一〇世紀初頭に編纂された『延喜式』には宮中並びに諸官司で用いる文房具の調達と支給に関する規定があり、諸国から貢納される調品目の一つとして「猴滕研」の名が『延喜主計式』に記され、『延喜勘解由使式』には「凡猿頭研（中略）随破損申官、官仰所司作充」との規定もある。硯以外の墨・筆・紙及び紙の原料である紙麻については『延喜民部省式』に年料貢雑物として貢進国名と数量が細かく規定され、『延喜図書寮式』には中務省図書寮に造墨手四人、造筆手一〇人、造紙手四人及び山城国の紙戸五〇戸が所属してこれらの製造に従事する一方、先の年料貢進物も含めて図書寮から各官司に墨・筆・紙が支給されていた。

「猿滕硯」「猿頭硯」に関しては平安時代中期の長暦二年（一〇三八）の『内宮長暦送官符』に「陶猿頭形硯」、『朝野群載』長治元年（一一〇四）『尾張国貢進宣旨』に「猿頭硯弐拾口」の記載があり、楢崎彰一氏はこれらが風字硯を中心とした平安時代の陶硯全般を指すものとされているが(4)、平安時代に陶硯全般を指す言葉としては別に「瓦硯」があり、調品目を固有名で記している『延喜式』の原則からすれば、「猿頭硯」「猿滕硯」もまた一般的名称ではなく、固有の形態をもった硯を指すと見るのが妥当であろう。

平安時代でもこの頃になると、官に係る文書以外にも硯に関する記載が見られるようになり、昌泰三年（九〇〇）頃に編纂された菅原道真の『菅家文草』には石硯を詠んだ五言律詩があり、承平年間（九三一～九三八）に編纂された『和名類聚抄』には「用硯之法、石為第一、瓦為第二」とある。内藤政恒氏はここに記された石硯に関して、当時の我が国には石硯がまだ一般に使用されていないため、ここに見られる石硯を中国ないし朝鮮からの輸入品であろうとされているが[5]、まさにそのとおりであって、一〇世紀以前の我が国で作られたことが確実な石硯は現在に至っても未発見である。

飛鳥時代以後須恵器や土師器、黒色土器、灰釉陶器、緑釉陶器などで作った陶硯のみであった硯の世界に石で作られた石硯が登場するようになるのは平安時代中期であり、貞観一三年（八七一）の『安祥寺伽藍縁起資財帳』にある尚侍廣井女王が銀瓶子一口、銀提壺一合、蘇芳合子一合、清墨一連、黙硯水子一口と共に奉納した稠桑紫石硯は唐から持ち来たらされた貴重な石硯であったと考えられる。その後の『中右記』長承元年（一一三二）閏四月条の「新硯成萬歳千秋楽、大夫宰相中将、所送之瓦硯也」の記事や『兵範記』仁安三年（一一六八）七月条の「尉前又置硯筥、檜筥瓦硯、土瓶水入一、筆二管」の記事、『禁秘抄』、『禁腋秘抄』にみえる瓦硯記事などは陶硯が石硯と共に使用されていたこと、『除目抄』にある「嘉禎三四年之間（一二三七～一二三八）、叙位除目、執筆左大弁、（中略）是大臣之時、普通硯、参議之時、瓦硯之間」の記事は、この頃には石硯が普通に使用され、これと共に陶硯も用いられていたことを示している。『除目抄』寛元三年（一二四五）正月条にある「硯、青硯、下ノ方縁アリ、墨ヲ摺付テ、縁并傍ヲ塗タリ、先々執筆硯下ノ方ニ縁アリ、紫石ニテ傍不塗之」の記事は、鎌倉時代に入って石硯が益々流行したことを示すものである。

全国から出土する平安時代から室町時代までの石硯に関しては水野和雄氏の詳細な研究があるが[6]、我が国で石硯が普及していく状況は、以上の文献記録の示すところとほぼ一致している。我が国で石硯が作られるようになるのは鎌倉時代以後であり、平安時代に石硯が重用されたのはそれらが貴重な輸入品であったことと共に、端渓その他の名石で作った石硯が一世を風靡していた唐の風習への追慕の表れでもあった。

他方、一一世紀初頭前後に書かれた『枕草子』には「にくきもの」として「すずりに髪の入りてすられたる、また、墨の中に、石のきしきしときしみ鳴りたる」ものが挙げられており、品質の粗悪な墨があったことを物語っている。硯箱に関しては、鎌倉時代の建保四年（一二一六）『筑後鷹尾社遷宮記』に「硯箱一合、巻上筆二管、墨一張」、建治三年（一二七七）『東寺宝物注進状』に「硯箱一口、在硯水入等」とあり、硯箱の中に筆や墨、水滴が入れられていたことが知られる他、鎌倉時代の文永八年（一二七一）以前に成立していたと考えられる『堤中納言物語』の貝合段にある「わづかに、硯の箱よりは見劣りなる紫檀の箱の、いとおかしげなるに、えならぬ貝どもを入れて持ち寄る」話、平安時代末期の作とされる『今昔物語』巻一九にある「鋳懸地ニ蒔タル硯」の話、同書巻二四にある「蛮絵に蒔きたる硯の筥の蓋に、清げなる薄様を敷きて、交菓子を入れ」る話からは、紫檀製や蒔絵を施した高級な硯箱があったこと、硯箱の蓋が貝や菓子などを入れる容器としても用いられたことを窺い知ることができる。

二、絵巻物に描かれた硯

古代末期以後、我が国で描かれた絵巻物のうち硯などの文房具を描いたものには以下のものがある(7)。

①源氏物語絵巻　徳川黎明会蔵『源氏物語絵巻』は一一世紀前半の作とされ、第三九帖夕霧の段に置畳に坐した源氏の前方にほぼ長方形の黒漆銀蒔絵の硯箱が描かれ、硯箱内の手前中央に長方形の硯、その左側に筆二本と刀子一本、右側に筆と墨らしきものが納められている。硯箱は他の絵巻物に描かれたものとは異なって高く、かつ硯や筆などが置かれる底の高さと箱の高さとに食い違いがあり、硯箱が二重底になっている可能性がある。

②信貴山縁起絵巻　『信貴山縁起絵巻』は一二世紀後半の作とされ、板張りの縁側に坐し右手に筆、左手に料紙を持って書状を書く僧の前方に長方形の硯、その左側に墨が描かれている。硯は直接板張りの縁側に置かれ、硯箱は見えない。墨は細長く表現されている。

③年中行事絵巻　田中家蔵『年中行事絵巻』は一一六五年頃に後白河院の下命によって描かれ、江戸時代の一七世紀に住吉如慶・具慶父子によって模写されたものとされている。別本巻二―一五・一六紙の除目御前儀の段に執筆の大臣たちが坐る円座三枚それぞれの前に長方形の硯箱が置かれている。

④彦火々出見尊絵巻　明通寺蔵『彦火々出見尊絵巻』は一二世紀後半に描かれたものを江戸時代に模写したものとされ、巻六―一三紙に畳に坐した兄の尊の右前方の板の間に縦長長方形の硯箱が置かれ、硯箱内の左手に長方形の硯、右に筆一本が納められている。硯箱は外が褐色、内が朱色である。

⑤北野天神縁起　北野天満宮蔵『北野天神縁起』は巻一の第一段に承久元年（一二一九）の題記があり、一三世紀初頭の作とされる。巻一―二五紙に父の是善に対座して狩衣姿で序文を案じる道真の前の畳の上に横長長方形の硯箱が置かれている。硯箱は蒔絵で箱内中央手前に長方形の硯、その左右の空間に筆・墨が納められている。巻三―三二紙には道真の大宰府配流を知った唐衣姿の女たちが悲嘆にくれる畳の上に火桶・冊子と共に蒔絵の硯箱が置かれている。硯箱は隅丸長方形の蒔絵製で、蓋が被さった状態であるため、内部は不明である。巻四―二一紙には配所で畳に坐し恩賜の御衣に涙する道真の右側に横長長方形の硯箱が置かれている。硯箱は蒔絵で中央手前に硯、左側に筆が納められている。いずれの場面も硯箱は畳の上に直接置かれている。

同じく北野天満宮に所蔵され、弘安元年（一二七八）に描かれた弘安本『北野天神縁起』の上巻一〇紙には父の是善と対座する道真の前方に長方形の硯箱が描かれている。硯箱は板の間に置かれ、左側に長方形の硯、右側に筆が納められている。硯箱は黒で表現されており、蒔絵ではなく、黒漆塗りのようである。上巻一五紙には文章生となった狩衣姿の道真が置畳の上に坐し、左手に料紙、右手に筆を持つ前方に隅丸長方形の硯箱が描かれ、箱内左側に楕円形の硯、右側に筆が納められている。硯箱は内外ともに黒で表現されており、黒漆塗りのようである。中巻一八紙には頓死して三日目に蘇生した右大弁藤原公忠が冥府で見聞したことを奏上するために醍醐天皇の下に参内した場面が描かれ、板の間にほぼ正方形の硯箱が置かれている。内部は細かく矩形に仕切られ、左手前に長方形の硯、右手に筆が納められている。天皇の持ち物とあって、本絵巻のみならず、当時描かれた絵巻の中では最も精巧な作りとなっている。

⑥**当麻曼荼羅縁起**　光明寺蔵『当麻曼荼羅縁起』は一三世紀中頃の作とされるもので、四紙に姫君が写経する文机の右端に長方形の硯が単独で置かれている。

⑦**西行物語絵巻**　徳川黎明会蔵『西行物語絵巻』は一三世紀中頃の作とされるもので、一四紙の八上王子に参詣した西行が右手に筆を持って斎垣の板に歌を書き付ける場面で、西行が左手に長方形の硯を持つ姿が描かれている。硯箱はない。

⑧**法然上人絵伝**　知恩院蔵『法然上人絵伝』は一三世紀後半の作とされるもので、二八ヶ所に硯箱ないし硯が描かれている。巻三―九紙には付書院の机の右端に長方形ないし正方形の蒔絵の硯箱が蓋をして置かれている。巻三―一五紙には経机の右端に縦長長方形の黒い硯箱が置かれ、中に長方形の硯が納められている。巻五―一三紙には畳に坐した阿闍梨実範の右前方の板の間に横長長方形の硯箱が置かれ、硯箱内左手前に長方形の硯、右に筆、硯後方に水滴が納められている。硯箱は外が黒く、内は朱色である。巻六―二二紙には畳に坐す法然の前方の畳の上に縦長長方形蒔絵の硯箱が置かれ、硯箱内左手前に長方形の硯、右に筆、硯後方に壺形の水滴が納められている。巻八―二四紙には法然の右前方の畳の上に長方形ないし正方形の硯箱が置かれている。巻九―一〇紙には堂上で写経する僧達の経机の右端に長方形の硯が単独で置かれている。巻一〇―九紙には法然の肖像画を描く藤原隆信の右前方の板の間に縦長長方形の硯箱が置かれ、硯箱内左手前に長方形の硯、右に筆、硯後方に壺形の水滴が納められている。硯箱は外が黒く、内は朱色である。巻一一―一五紙には『選択集』の清書をする安楽房の経机の右端に長方形の硯が単独で置かれている。巻一五―二二紙には述作に励む良快僧正の文机右端に横長長方形の蒔絵の硯箱が置かれ、硯箱内右手前に長

方形の硯、左に筆、硯後方に壺形の水滴が納められている。巻一七―四紙には付書院の文机右端に長方形蒔絵の硯箱が置かれ、硯箱内左手前に長方形の硯、硯後方に壺形の水滴が描かれている。巻二二―一五紙には法然の前方の畳の上に横長長方形蒔絵の硯箱が置かれ、硯箱内右手前に長方形の硯、左に筆、硯後方に水滴が描かれている。巻二二―二〇紙には法然の経机の右端に長方形の硯が単独で置かれている。巻二四―一七紙には法然の経机の右端に正方形の硯箱が置かれ、硯箱内左手前に硯、右に筆が描かれている。巻二五―六紙には法然の前方畳の上にほぼ正方形の硯箱が置かれ、硯箱内左手前に長方形の硯、右に筆、硯後方に壺形の水滴が描かれている。巻二七―一五紙には法然の右前方の畳の上に横長長方形の硯箱が置かれ、硯箱内中央手前に隅丸長方形の硯、その左右に筆、硯後方に水滴が描かれている。巻二七―一九紙には関白入道兼実の右前方の畳の上に横長長方形蒔絵の硯箱が置かれ、硯箱内左手前に硯、右に筆、硯後方に水滴が描かれている。巻二七―二〇紙には法然の前方畳の上に長方形ないし正方形の硯箱が置かれ、硯箱内左手前に長方形の硯、硯後方に水滴が描かれている。巻二九―一〇紙には兵部卿平基親の前方畳の上に横長長方形蒔絵の硯箱、硯箱内右手前に長方形の硯、左に筆、硯後方に水滴が描かれている。巻二九―一二紙には法然の右前方畳の上に縦長長方形白木の硯箱、硯箱内左手前に長方形の硯、その左右に筆、硯後方に壺形水滴が描かれている。巻二九―一七紙には書状を書く法然の左前方の畳の上に縦長長方形蒔絵の硯箱、硯箱内右手前に長方形の硯、左に筆、硯後方に水滴が描かれている。巻三一―一二紙には法然の文机右端に横長長方形蒔絵の硯箱、硯箱内左手前に長方形の硯、右に墨が描かれている。巻三一―一八紙には前関白兼実の前方畳の上に正方形蒔絵の硯箱が置かれ、硯箱内の配置は不明である。巻三三―一〇紙には宣旨を清書する左少弁の文机右端に横長長方形蒔絵の硯箱が置かれ、硯箱内中央手前に長方形の硯、左右に筆、硯後方に水滴が描かれている。巻三五―一六紙には讃岐の配所にある法然の文机中央やや右寄りに正方形の硯箱ないし台に納められた長方形の硯が描かれている。巻四一―一四紙には西林院僧正の右前方の畳の上に横長長方形蒔絵の硯箱が置かれ、硯箱内左手前に長方形の硯、右に筆、硯後方に水滴が描かれている。巻四六―七紙には法然の右前方畳の上にほぼ正方形の黒い硯箱が置かれ、硯箱内左手前に硯、右に筆が描かれている。硯の形状は不明である。巻四七―二一紙には善恵房の経机右端に長方形ないし正方形の黒い硯箱が置かれ、硯箱内右端に筆が描かれている。他は柱の陰になっている。巻四八―八紙には法然の前方板の間にほぼ正方形白木の硯箱ないし台の中央に長方形の硯、右に墨、左に筆、硯後方に水滴が描かれている。

⑨住吉物語絵巻　静嘉堂蔵『住吉物語絵巻』は鎌倉時代中期の一三世紀後半の作とされている。下巻七紙に上畳に坐った姫君の右手前方に横長長方形の浅い硯箱が置かれ、箱内右手前に長方形の硯、左側に筆三本、硯の後方に壺形の水滴が納められ、筆のうち一本は赤い筆管、二本は白い筆管で表現されている。硯箱は白木作りで蓋受けも表現されている。

⑩玄奘三蔵絵　『玄奘三蔵絵』には承久二年（一二二〇）以前に描かれた旧本と以後に描かれた新本があり、現存する藤田美術館蔵本は『春日権現験記絵』とほぼ同時代の一三世紀後半の作と推測されている。巻一―五紙では、玄奘に講教する父の文机右側に置かれた副机の右端に円形の硯、その左側に巻物が描かれている。硯は円形を呈し、四本の足が付き、その後方に筆二本と墨一本が立てられている。巻一―六紙では勉学に励む幼少の玄奘の文机右端に長方形の硯、その横に二本の筆が立つ。巻三―五紙には玄奘に対して書面をしたためる高昌国の文章博士の文机右端に円形足付きの硯が置かれ、横に筆と墨が一本ずつ立てられている。巻一〇―一一・一二紙では長安弘福寺で訳業に勤しむ大勢の僧侶と役人の前の机に長方形、楕円形、円形、宝珠形など各種の硯が置かれ、硯の横と後方に筆立てが立てられている。円形の硯には短い四本足の付くものと圏足の付くものとがある。硯は四方に低い足が付いた板状の台に載せられ、硯台上の右側に硯、左側に筆、硯後方に壺形の水滴を置いたものもある。巻一一―一六紙では玉華寺で大般若経を訳する玄奘の講説を書き記す僧侶たちの文机の上に四本足をもつ円形の硯が描かれ、硯の後方に筆と長方形の墨が立つ。僧侶の間には手に持った墨を磨っている童子がいる。巻一二―四紙には病に臥す玄奘の前に坐して控え

る嘉尚の前に硯箱が置かれている。硯箱はほぼ正方形で外面が金色、内面が朱色に彩られ、左手前に長方形の硯、その右に筆、硯後方に壺形の水滴が納められている。

⑪**直幹申文絵詞**　出光美術館蔵『直幹申文絵詞』は一三世紀末の作とされ、四紙に申文を書く文章博士の橘直幹の文机の右端に長方形の硯箱が黒く描かれている。

⑫**後三年合戦絵詞**　東京国立博物館蔵『後三年合戦絵詞』は上中下の三巻からなり、一三世紀の作とされ、中巻二一紙の進退窮まり板の間に坐して最後の書状を認める武士たちの右前方に長方形の硯が単独で置かれている。

⑬**稚児観音縁起**　香雪美術館蔵『稚児観音縁起』は一四世紀初頭の作とされるもので、一〇紙に縁に張り出した付書院の文机右端に縦長長方形の黒い硯箱が置かれ、硯箱内の手前中央に長方形の硯、硯後方に壺形らしい水滴が納められている。

⑭**春日権現験記絵**　宮内庁蔵『春日権現験記絵』は延慶二年（一三〇九）の作とされるもので、随所に硯が描かれている。巻一—九紙に白河上皇の御座所に伺候して置畳の上に坐した大納言源師忠の前に長方形の硯箱が置かれ、硯箱内の左手前に長方形の硯、右側に筆二本、硯後方に水滴らしきものが描かれている。硯箱は黒漆塗りらしく、黒く描かれている。巻三—四紙には畳の上で烏帽子・狩衣姿で脇息に寄り掛かる関白忠実の左側に横長長方形の蒔絵の硯箱、その右側に料紙が置かれ、箱内左手前に長方形の硯、右側に筆、硯の後方に水滴が納められている。巻三—八紙には関白邸で右手に筆、左手に料紙を持って畳の上に坐す家司の前に横長長方形の硯箱が置かれ、硯箱内中央に長方形の硯が納められている。硯箱は外側が黒、内側が赤く描かれている。巻五—五紙には板の間に坐し右手に筆、左手に料紙を持って文を書く右筆の前方に横長長方形の硯箱、その左側に料紙が置かれ、硯箱内右手前に長方形の硯、左側に筆、硯後方に水滴が納められている。巻一五—八紙には脇息に寄り掛かり病に臥す実尊僧正の頭側に横長長方形の硯箱、その右側に料紙が置かれ、硯箱内左手前に長方形の硯、その右に筆、硯後方に注口付き壺形水滴が納められ

ている。硯箱は内外とも黒く描かれている。巻一八―五紙には明恵上人のもとに橘氏の女が訪ねて来た場面で、畳の上に縦長長方形の硯箱が置かれ、硯箱内左手前に長方形の硯、右側に筆、硯後方に水滴が納められている。硯箱は内外とも黒く描かれている。

⑮**松崎天神縁起**　防府天満宮所蔵『松崎天神縁起』は弘安本『北野天神縁起』を底本として応長元年（一三一一）に描かれたもので、絵柄もきわめてよく似ている。巻一―八紙には父の是善と対座する道真の前方に横長長方形の蒔絵の硯箱が描かれる。巻一―一一紙には置畳に坐した道真の右前方にほぼ正方形の蒔絵硯箱が置かれ、箱内左手前に長方形の硯、右側に筆が納められている。巻二―一五紙には配所で恩賜の御衣に涙する道真の前方に縦長長方形ないし正方形の硯箱が置かれ、箱内左手前に長方形の硯、右側に筆が描かれている。硯箱が蒔絵でないのは配所での悲惨な境遇を強調するためか。巻五には上畳に寝そべって歌作する播磨守有忠の北の方の左手前方に硯箱が置かれている。硯箱はほぼ正方形で、側面に蒔絵が描かれ、箱内左手前に長方形の硯、その右に筆一本と墨が納められている。

⑯**石山寺縁起**　『石山寺縁起』は巻一・二・三・五が鎌倉時代の正中年間（一三二四～一三二六）、巻六が江戸時代末期の補写本とされている。巻二―六紙には置畳に坐し右手に筆、左手に巻紙を持つ僧淳祐の文机右端にほぼ長方形の硯箱、その左に巻物が置かれ、硯箱内左手前に長方形の硯、右側に筆が納められている。巻五―一六紙には烏帽子・狩衣姿で置畳に坐して右手に筆、左手に料紙を持って文を書く国能の前方に縦長長方形の蒔絵の硯箱が置かれ、硯箱内左手前に長方形の硯、右側に筆が納められている。巻六―二一紙には畳に座し、右手に筆、左手に料紙を持って石山寺立願を案じる関白道家の前方にほぼ正方形の蒔絵の硯箱が置かれている。硯箱内は左右に仕切られ、左側中央に長方形の硯、右側に筆二本が納められている。左区画はさらに細かく区切られているが、区切り内は空白に描かれている。

⑰**なよ竹物語絵巻**　金刀比羅宮蔵『なよ竹物語』は一四世紀前半の作とされるもので、二八紙に文机に向かう少将

の君の右膝近くに横長長方形の硯箱が黒く描かれ、硯箱内の左手前に長方形の硯、右に筆、硯後方に壺形の水滴が納められている。

⑱**枕草子絵詞**　浅田家蔵『枕草子絵詞』は鎌倉時代末期の一四世紀前半に描かれたもので、一八紙に中宮の横の板の間に長方形ないし正方形の蒔絵の硯箱が置かれ、硯箱内左手前に長方形の硯、右に筆二本と墨一本が納められている。

⑲**慕帰絵詞**　西本願寺蔵『慕帰絵詞』は観応二年（一三五一）の作とされるものである。巻一―一九紙には澄海の向う机の左端に縦長長方形の硯箱が置かれ、左手前に長方形の硯、右に筆、硯後方に水滴が納められている。同様の硯箱は巻五―六紙、巻五―一七紙、巻八―六紙にも登場する。

⑳**絵師草子**　『絵師草子』の成立年代は定かでないが、東京国立博物館蔵『絵師草子』には文机の右端に横長長方形の硯箱が置かれ、硯箱内の左手前に長方形の硯、右側に筆が納められている。文机のすぐ横では畳の上に寝そべった子供の一人が右手に筆を持って父が書いたものか、馬の絵を手本に絵を書いており、その右手前方にも長方形の硯と細長い墨が描かれている。硯箱には木目が表現され、白木作りであろう。

㉑**男衾三郎絵詞**　文化庁蔵『男衾三郎絵詞』には四紙に歌会で畳に坐し右手に筆、左手に歌を書いた懐紙を持つ男性の右側に硯箱が置かれている。一部に剥落があって判然としないが、硯箱は横長長方形らしく、黒く描かれている。

㉒**華厳縁起**　『華厳縁起』は元暁と義湘の事蹟を描いたもので、元暁絵の巻三―一紙には草葺の草庵の中で経典の品類を分かつ大安聖者の文机右端に円形の硯と筆が描かれている。硯箱はなく、硯と筆が直接文机の上に置かれている。硯は内堤をもつ圏脚円面硯である。巻三―一〇紙には椅子に座し右手に筆を持つ元暁が向かう文机の右端に楕円形の硯池を彫りくぼめた長方形の硯が描かれている。巻三―一四紙には文机に向かって経疏を作る元暁の文机右端に

楕円形の硯池を彫り込んだ長方形の硯が置かれている。硯は巻三―一〇紙に描かれた硯と同じ形を呈している。義湘絵の巻二―一〇紙には椅子に坐した女主人の机の上に楕円形の硯が置かれ、硯手前に二本の筆が立つ。

三、小　結

古代末期から中世に書かれた絵巻に描かれた硯や硯箱を概観してきたが、これらの絵巻に共通する事象として、日本のことを描いた絵巻では、硯を単独で描いたものは二例しかなく、他はすべて硯箱の中に納めた形で描いている。硯箱には蒔絵の施された高級なものから質素な白木作りまであり、硯箱によって持主の身分や境遇を示しているのであろう。硯箱の形は縦長・横長の別はあってもすべて長方形ないし正方形を呈し、硯は硯箱内左手前ないし中央に置かれる場合が一般的であり、右手に置く例は一例のみである。硯箱内の左手に硯、右手に筆、硯後方に水滴を置く場合が多い。また、蓋が描かれているのは数例しかないが、蓋を取った状態で描かれたものの多くに蓋受けが表現されており、硯箱の多くは蓋付きであったと推測される。

硯箱の置き場には文机の上に置かれる場合と畳や床板の上に直接置かれる場合とがあるが、文机に置く場合には例外なく机の右端に置かれ、床に直接置く場合でも使用者の右前方におく場合が多い。これは作中人物がすべて右利きとして描かれていることとも関係するのであろう。他方、硯の形は『北野天神縁起』に一例見られる楕円形の硯を除けば、他はすべて長方形を呈する長方形硯であり、長方形硯や楕円形硯のみとなる平安時代末期以後の考古学的状況とも一致している。

これに対し、中国での場面を描いた『玄奘三蔵絵』と『華厳縁起』に描かれた硯は円形、楕円形、宝珠形を呈しており、これらが描かれた頃の我が国の硯の形とは明らかに異なっている。中国でもここに描かれたような脚付きや圏足の円形硯が用いられたのは唐代までであり(8)、時代的にも合わない。また、この二幅の絵巻に描かれた硯はすべて単独で描かれ、硯箱に納められていない。実物が発見されていないため中国でいつ頃から硯箱を用いだしたかは不明であるが、河北省保定市望都県二号後漢墓壁画には床杌に座した人物の前方に当時用いられていた円形三足硯が単独で置かれ(9)、南北朝時代の北斉に描かれ宋代に模写されたと伝える『北斉校書図巻』にも南北朝時代から隋唐時代に用いられた多足円形硯が単独で置かれている(10)。さらに時代が下った遼・金時代の壁画墓でもその頃に流行した風字硯が机の上に単独で描かれ(11)、硯箱に納めたことを示すものは管見に触れない。筆の置き方でも、漢代には筒型の筆入れに納める例が多く、次の魏晋南北朝時代から唐代までの硯の中には硯の上面に筆型の凹みを作って筆置きとする例や、硯の一端に筆を挿すための円孔を設けている例があり、遼金時代の壁画では硯の後に筆架が描かれ、ここに筆が挿し込まれている。いずれも硯箱の中に納めるものではない。これらの点からすれば、『玄奘三蔵絵』や『華厳縁起』に描かれた風景は日本よりも中国の風習と一致しているといってよい。さらにこれらに描かれた風景や人物像は完全に中国風であり、これらは唐代の中国で描かれたものか、唐代の中国で描かれたものを元本として、我が国で模写された可能性がきわめて高い。

註

(1)王志高・邵磊「試論我国古代墨的形制及其相関問題」『東南文化』一九九三年第二期。
(2)原田淑人「硯との関連から見た中国古代の墨」『考古学雑誌』第四六巻第一号、一九六〇年六月。
(3)白井克也「日本出土の朝鮮産土器・陶器—新石器時代から統一新羅時代まで—」、東京国立博物館『日本出土の舶載陶磁』、二〇〇〇年三月。
(4)楢崎彰一「猿面硯について」『MUSEUM』三四一、東京国立博物館、一九七九年八月。
(5)内藤政恒『本邦古硯考』、養徳社、一九四四年六月。なお、『正倉院文書』中の硯関係記事に関しては石井則孝氏の論考もあり、筆者も触れたことがある。石井則孝『陶硯』考古学ライブラリー四二、ニューサイエンス社、一九八五年一二月。
(6) 吉田惠二「暖硯考」『國學院大學考古学資料館紀要』第一三輯、一九九七年三月（本書第Ⅱ部第5章）。
(7) 水野和雄「日本石硯考―出土品を中心として―」『考古学雑誌』第七〇巻第四号、一九八五年三月。
以下、絵巻物に関しては、小林茂美編『日本絵巻大成』・『続日本絵巻大成』（中央公論社）及び野間清六ほか編『新修日本絵巻物全集』（角川書店）によった。
(8) 吉田惠二「中国古代に於ける円形硯の成立と展開」『國學院大學紀要』第三〇巻、一九九二年三月（本書第Ⅱ部第3章）。
吉田惠二「長方形硯の成立」『國學院大學考古学資料館紀要』第一一輯、一九九五年三月（本書第Ⅱ部第4章）。
(9) 姚監「河北望都県漢墓的墓室結構和壁画」『文物参考資料』一九五四年第一二期。
(10) 雪湧「北斉校書図巻」中国美術全集編輯委員会編『中国美術全集』絵画編一　原始社会至南北朝絵画、人民美術出版社、一九八六年八月。
(11) 賈文泙「遼張文藻墓書房童戯図闡析」『中国文房四宝』一九九七年二・三期合刊。
（補註）　原著においては、日本における硯生産を六世紀末頃まで引き上げるとの見解を示す。そして本章では、論旨を左右する箇所ではないものの、「なお、この記事中には硯に関する記載がないが、曇徴来日以前の六世紀末には大阪府陶邑古窯址群で朝鮮半島の硯をモデルとした須恵器製の硯の生産が始まっており、曇徴が伝えるまでもなかったのであろう」としていた。ただし、初期圏脚硯の生産は七世紀前半、陶邑ＴＫ四三号窯出土蹄脚硯も混入とみなして蹄脚硯の生産は七世紀後半以降と考える理解が支配的になっている（西口壽生「東海産の陶硯について―蹄脚硯・宝珠硯を中心に―」『奈良文化財研究所紀要二〇一〇』など）。そこで、本章では、右に引用した箇所を削除した。

解　題

一、著者と文房具研究

著者について　はじめに、本書の著者である吉田惠二（一九四七～二〇一四）について記しておきたい。兵庫県立長田高等学校を卒業後、京都大学文学部にて小林行雄に師事した著者は、古墳時代の埴輪生産を研究課題とし、匿名の考古資料から人間の個性を見出すための方法論を切り拓いた。卒業後は、一九七一年から一九八〇年まで文部技官として奈良国立文化財研究所に奉職し、平城宮における発掘調査と、ライフワークとなった古代の土器研究に取り組む。一九八〇年には、東京の國學院大學へ赴任。専任講師、助教授を経て一九八九年に教授となった。この間、一九八九年・二〇〇〇年に、派遣研究員として中国に遊学。二〇一三年からは、新装なった國學院大學博物館の初代館長を務めた。専門分野は、古代窯業史研究を中心とする東アジアの歴史考古学であり、長野県安曇野市穂高古墳群の調査などを通して、古墳時代から古代にかけての社会変容についても追究していたが、二〇一四年一二月一四日、不慮の事故により急逝された。享年六七歳。

硯研究を志す　硯研究を志す著者が奈良国立文化財研究所平城宮跡発掘調査部文部技官を辞し、國學院大學文学部専任講師として着任したのが一九八〇年四月のこと。着任時、著者の研究の中心にあったのは、終生探究をつづけた古代の窯業生産であった。しかし、一九八〇年代中頃から著者の研究課題の中心は硯へと転換していった。奈文研にて著者が所属した部署は考古第二調査室、つまり土器の調査・研究をになう研究室であり、平時より土師器や須恵器、緑釉陶器などの調査研究に並行して、陶硯をあつかう機会にも恵まれていた。実際に、著者が作成に携わった『平城宮発掘調査報告Ⅶ』や『薬師寺発掘調査報告』などにある出土土器の項目をみると(1)、出土陶硯がいくつも掲載されており、奈文研時代に相当数の陶硯を実見した経験が、その後の研究の基盤となったのではないかと推察される。

それにしても、著者はいかなる理由で硯の研究を開始したのであろうか。著者から直接聞くことが叶わない今となっては、その理由について推測の域を出ることはない。それでもあえて理由の一端を探るとすれば、まず硯の広範な分布が著者にとって大きな魅力であったにちがいない。すなわち、漢字文化圏でほぼ確実に使用された硯は、中国で製作された硯が将来される、あるいは中国製品を模したものが各地で製作されたことにより、遺跡で数多くの硯が出土する。つまり、広範な地域で共通する文物を対象とした編年が確立されるのならば、東アジア・東南アジアなどで共通した編年観をもとに、広域に及ぶ「年代のものさし」をもとにした議論が展開できる。著者が硯に着目したのは、まさにこうした意図が込められていたのではないか。また、著者が第二の故郷といってやまなかった中国で発明されたことも、心情として硯研究を推し進める原動力となったと推察される。

著者には、常に東アジア的な視座をもって考古学研究をすすめる、という確然たる矜持があった。そして、教え子たちに対して、この「思想」を説きつづけた。著者の働きかけが功を奏し、何人もの門下生が中国や韓国へ留学し、その経験を糧として斯界の一線で活躍する姿をみるにつけ、研究者のみならず教育者としての著者の功績も多大であった。

日中における硯の編年と系統　さて、陶硯編年の嚆矢として著者が最初に公にしたのが、一九八五年に発表した「日本古代陶硯の特質と系譜」（第Ⅰ部第2章）である。とくに、円面硯の硯面形状を海陸の区別の有無によって分類した視座は、その後奈良文化財研究所が刊行した『平城京出土陶硯集成』にも引き継がれた(2)。また、各地の出土例の位置づけなどに、必ずといってよいほど当該論文が引用され、今なお古代日本の陶硯を分類する根幹となった記念碑的な論考といえよう。加えて、古代中国の硯を系統づけたのち、日本の陶硯の特質を語るとのスタンスが貫かれている点は強調してよいだろう。著者は生前、古代の中国・朝鮮半島まで知ることではじめて日本の古代を語ることができるのだ、だからこそ日本だけ研究するという狭い視野では不十分であることを、教え子らに説きつづけていた。本論文は、まさに自身の言を自らの研究に投影させた著者の代表的な論考のひとつに数えられよう。そして、三〇年以上も前に陶硯分類を確立した著者の明晰な視点は、今もってなお鮮烈である。

「日本古代陶硯の特質と系譜」において、日中双方を横断する硯編年を提示したのち、著者の研究は、各型式の成立あるいは変化した背景の探究へと展開していく。その嚆矢となる「陶製熊脚三足円面硯の発生とその意義」（第Ⅱ部第2章）では、蓋の有無に着目し、漢代では蓋をもつ石製品が大半を占めるが、南北朝期に蓋のない陶製品へと変化し、その結果外堤が高くなり、そもそも蓋受けだった外堤外側の平坦面が蓋受けとしての機能を減失したことで、単なる突帯として装飾化し、それが日本古代の圏脚円面硯へ継承されると説く。古代日本における硯の本格的な採用に際して、その中心にあった円面硯の直接的な系統を解明することをめざしたと思われる。さらに、円形硯が漢代に発生し、魏晋南北朝で隆盛を極め、隋唐で多様化するが、唐の滅亡とともにその役割を終えるとし、周辺地域に与えた影響について論じた「中国古代に於ける円形硯の成立と展開」（第Ⅱ部第3章）をもって、著者の円面硯の系統を探求する一連の研究は一区切りとなった。

次に著者が着目したのは、円形硯以前の長方形硯、つまり中国における比較的初期の硯にかかわる諸問題であった。「長方形板石硯考」（第Ⅱ部第1章）は、漢代に最も普及した長方形石硯の類例を通観し、分布・石材・法量のみならず、研石や硯盒や硯台の遺例から硯制の復元にまでおよんだ著作である。常に文房具のひとつとして硯を位置づけていた著者の姿勢が読み取れるとともに、著者が中国の文化を考える上で、現在に至るまでその基層を形成したきわめて重要な時代こそが漢代であるという視角が、当該論文を執筆した一九九〇年代前半には確立していたことがうかがえる。さらに、長方形硯出現の意義が、水平硯に比して墨を磨るのに優れていた点をあげ、陶硯から石硯へと転換したことと、硯の形態変化との間に相関性があると論じた「長方形硯の成立」（第Ⅱ部第4章）へと研究が発展していく。

ここであげた長方形硯関連の論考は、一九九〇年代に発表されている。筆者はちょうどこの頃に学生として著者の謦咳に接したのだが、著者が講じるいわば看板授業であった「歴史考古学」では、しばしば硯を取りあげ、日本は陶硯から硯の歴史が始まった東アジアにおいて稀なケースであることを強調していたことを思い出す。と同時に、円面硯に代表されるように、なぜ古代の硯が円形だったのかというと、ロクロを使用したやきものだからこそ、円形となったのだと説く著者の姿が思い浮かぶ。加えて著者が力説していたのは、漢代の文房具についてであった。墨の形状が現在と大きく異なっていたため、硯の形状と材質もまた、その後の時代と大きく異なっていたことは、硯の歴史を語る際に著者がまず力を込めて解説した点であった。古代日本との直接的な関連性をもった硯の研究から、硯文化を生み出した古代中国の硯を掘り下げていく研究へ、つまり著者が研究の軸足を完全に中国へと移し替えたのが一九九〇年代前半と推測する。

その契機となったのが、一九八九年に派遣研究員として、著者が北京大学へ一年間滞在した経験だったことは想像に難くない。北京滞在中に中国で収集した資料をもとに、古代中国の硯を今まで以上に論及できる素地ができあがったのだろう。前述した一連の論考はもちろんのこと、「暖硯考」（第Ⅱ部第5章）のごとく、中空円面硯が寒冷地で用いられた暖硯と説き、中空円面硯Aの発生を渤海や朝鮮半島に求めた言説は、著者の研究的な視野が一段と広がったことを物語っている。

実のところ、著者本人が自らの研究について詳細を語る機会はあまり多くなかった。研究者としての自負をもちつつも、教育者としての矜持を第一に重んじた著者の信念がそうさせたのかもしれない。硯研究についても、著者自身が当該研究を推し進めてきたことに対する自負について仄聞したことがあったが、研究内容については沈黙寡言であった。ただ硯研究にかんして、硯面に一定の凹凸がなければ墨は磨れない、磨ることができなくなった、つまり硯面が過度に研磨された結果、硯としての機能を終えた個体が出土陶硯の特徴であり、その点を念頭に置いて実物資料を観察しなければならない、というのが著者の言であった。実際に、そうした考えに貫かれて「陶硯研究の現状と課題」などは執筆されている。

硯研究から文房具研究へ　二〇〇〇年度、國學院大學国外派遣研究員として二度目となる中国滞在を契機として、著者の研究対象はさらなる広がりをみせる。二〇〇一年二月、極寒の北京に著者を訪ねた際、著者の宿舎の部屋には、収集した硯の事例のコピーと、合本作業に出して製本された『考古』や『文物』が積み上がっており、北京を舞台に精力的に事例収集をおこなっていたようだった。一例として、戦国時代から宋代にいたる筆や墨の変遷について論じた「中国古代筆墨考」（第Ⅲ部第1章）がある。類例の紹介が大きなウェイトを占めるが、史官が頭髪や冠帽に筆を挿す「簪筆」の風習と、漢代以前に一端が尖る筆管の例との関連性を指摘するなど、当時の風習と文物との有機的な関連性を念頭に置いた論考である。筆筒から筆帽へと変遷することが、南北朝以後の硯に筆を置くための装置をつくりつけることと関連するとの指摘も示唆的だ。日本だけなく中国でも文房具が描かれた壁画はきわめてすくない。その稀少な例のひとつである宣化遼墓三・六・七・一〇号墓に描かれた文房具を検討したのが、「宣化遼墓に描かれた文房具」（第Ⅲ部第2章）である。ここで著者は、花頭風字硯が暖硯と推定し、硯筥をもたない点などに注意する。二一世紀になると、著者の研究対象は考古資料にとどまらず、絵画資料なども含め入れ、文房具全体の様式的把握へと進み、考古学以外の分野も含めた領域横断的な研究とすべく、新たな境地を開拓しつつあった。

今述べた研究姿勢は、中国のみならず日本の文房具文化の変容について論じた「絵巻物に描かれた硯」（第Ⅲ部第3章）をみても明らかであろう。曰く、日本では硯箱におさめた状態で描写された例が大半で、そこには長方形硯がおさまるとし、中国では机上に硯を単独でおくのと対照的であることを指摘する。つまり、平安時代以降における日本の文房具の様式は、中国のそれから離れ、独自の歩みをたどることに着目していた。著者の視野には、硯箱への収納といった様態と陶硯から石硯への変容とが連関する可能性も含意されていたのだろう。古代と中世との特質を描き分ける著者の研究は、窯業生産にかんする所説ですでに提示されていたが、これを文房具から説き起こすことを著者は企図していたのかもしれない。陶硯研究と石硯研究とは、それぞれ別個に研究が進められてきた。つまり、双方の研究成果が十分に反映されることなく現在にいたる。しかし、硯の歴史において、陶硯と石硯とが歴史的に連続していることは自明である。硯の素材が変容した歴史的背景を考察することは、日本における文房具の転換点を考究するというだけでなく、日本文化に与えた影響まで考慮すると、大きなインパクトであったことは容易に推察できる。著者の胸中には、石硯まで含めた文房具史の体系化があったはずだ。こうした課題に論及する前に著者はこの世を去り、残された課題は後進に託されることとなった。

先述した二〇〇〇年の北京滞在から帰国後、著者は筆者らに対し、硯で研究書を一冊つくりたい、ついては製図など手伝ってくれないかとの依頼をした。北京で過ごした一年で、研究に対する情熱が湧きあがってきたのだろう。依頼を受け、すぐさま当時の大学院生で手分けして硯図面をトレースし、著者に提出した。ついに自分も研究書をまとめる時期となったのだと、刊行への強い意欲を示す著者の姿をみて、近い将来一書となって公刊されるだろうと一同待望していたのはいうまでもない。著者も停年までの刊行をめざして少しずつ準備していたようだ。

さて、著者が果たせなかった課題は、朝鮮半島における陶硯の動向を詳細に把握する点であった。近年朝鮮半島の例についても、数は少ないものの論文化された研究も徐々に見受けられるようになり、百済硯と新羅硯双方の特徴が明らかになりつつある(3)。その結果、中国のみならず百済硯や新羅硯など、複数地域の影響をうけ、日本古代の陶硯が成立、展開していったことが明白になってきた。朝鮮半島の影響を受けて飛鳥時代に出現し、奈良時代には唐の影響を受けて変容したと推測した第Ⅰ部第2章における著者の指摘がまさに立証されつつある。著者の先見性には驚かされるとともに、本書で提示した硯をはじめとする著者の視座が継承され、研究の発展に寄与することを願っている。

（青木敬）

二、本書の概要と位置づけ

本書の構成　本書の編集にあたっては、いわゆる漢字文化圏から出土した硯を研究の中心に据えつつ、文房四宝全体の機能を復元し、東アジアの古代社会や、日本列島における外来文化の導入過程を追究してきた著者、吉田恵二の構想を明確にするため、関連する諸論考を三つのテーマに分類した(4)。

第Ⅰ部は、「古代東アジアにおける硯の成立と展開」と題して、中国・朝鮮・日本・ベトナムから出土した硯の分類と編年に関する二編の論文を掲載し、本書の総論と位置づけた。第Ⅱ部は、「中国における硯とその型式」と名づけ、後に朝鮮半島を経て、あるいは中国から直接日本に齎されることになる様々な硯を取り上げ、より具体的な詳細を論じた五編の論考と、その補足となるコラム一編を収録した。「硯をとりまく文房具」と題した第Ⅲ部は、硯の機能と不可分な墨・筆や、壁画・絵巻に描かれた文房具の姿を通して、その実態に迫った三編の論考を掲げた。

本書の成り立ち　著者が古代東アジアにおける文房具の研究を着想した契機の一つには、奈良国立文化財研究所在職当時の一九七八年に参画した五島美術館の特別展『日本の陶硯』があった(5)。同展覧会を企画したメンバーの一人は、著者がライフワークとした古代窯業史研究の先駆者にして、愛知県猿投窯における編年案を提唱した楢崎彰一である(6)。須恵器や施釉陶器の編年をめぐっては、暦年代の定点となる資料が欠かせない。そもそもアドレッセンスから東洋史研究を志していたという著者は、日本出土遺物の年代比定や歴史的位置づけを試みるための参考として、中国淵源の硯に関心を寄せるとともに、後の諸論考に結実する研究課題を設定していったものと推察される。

ここを出発点に、古代文房具による漢字文化圏の歴史を描くに至った道筋は、硯の各形式を系統ごとに細分するとともに、機能の変化を反映した硯面形態の差異や、製作技法の変容によって新古の様相を見極め、紀年銘資料の共伴事例を定点として年代的傾向を把握する、という明晰な歴史考古学的研究法に支えられている。そして、系統ごとに分類した硯の機能的変化を、墨や付属具を含めた文房四宝全般の変化と捉え、漢字文化が変容していく過程と、中国周辺地域へ伝播していく様態を見出そうとしたのである。かかる著者の研究姿勢は、墨の改良と硯形の変化が相関する、と指摘した東洋考古学の泰斗たる原田淑人の研究視角を継承し、これを具体的に発展させたものであった(7)。

その精髄は、著者ならではの硯の分類指標に反映されている。日本出土の陶硯に関する本格的な分類としては、先述した『日本の陶硯』展における講演会要旨などを論文化した楢崎彰一の提案などが早い(8)。著者が在籍していた奈良国立文化財研究所からも、一九八三年に山中敏史が編んだ「陶硯関係文献目録」が刊行されている(9)。これらを含む既往の分類は、硯の平面形態による形式区分や、系統の把握を促すものであった。他方、第Ⅰ部第2章に掲げた著者の一九八五年論文は、三国時代から隋唐にかけて盛行する陶製円形硯を取り扱う箇所で、墨を磨るという硯本来の役割に着目し、硯各種の系統を横断して看取される機能的分類を提示したのである。このような、考古資料の形態差・素材差を単なる差異と捉えず、その背景に機能や型式変化を見出そうとする態度は、漢代の長方形板石硯や、唐代に生まれた風字硯を祖とする長方形硯などに関する論考にも、等しく貫かれてゆく。

第Ⅰ部の概要　さて、本書の総論となる第Ⅰ部「古代東アジアにおける硯の成立と展開」には、著者の古代文房具研究に関する到達点を示した「陶硯研究の現状と課題」（第1章）と、最初期に執筆された「日本古代陶硯の特質と系譜」（第2章）を収録した。いずれの論文も「陶硯」を表題に掲げているが、むしろ日本の出土陶硯を歴史的に位置づける前提として、中国に由来する様々な硯の網羅的かつ通史的な概説を述べたものである。

第1章は、中国の戦国時代から宋代に至る硯・墨・筆を対象として、著者が積み重ねてきた既往の研究成果を要約した論考であり、古代官衙・集落研究会の第七回研究集会「古代の陶硯をめぐる諸問題」（二〇〇三年三月）における研究報告内容を下敷きとしている。戦国時代における硯の分類や、漢代の長方形板石硯の変遷観など、それまでにない新たな見解も付け加えられた。また、魏晋南北朝から隋唐を最盛期とする陶製円形硯に関しては、第Ⅰ部第2章の一九八五年分類案と、第Ⅱ部第2章の一九九二年細分案を基礎とする修正案が提起された（次節対応表）。これらの分類案については、繰り返しの言及を避けるため、必要に応じて触れてゆきたい。

第2章の前半は、中国出土の硯を通史的に概観したものであり、戦国時代末に遡る硯の実態が把握されていなかった一九八五年の著作であるにも関わらず、古代文房具の歴史的展開に関する著者の見通しが、当初から概ね完成されていたことを示している。ここで披瀝された見解は、第Ⅱ部に収めた硯各種の一層精緻な検討と、第Ⅲ部に掲げた文房四宝に対する広範な知識のもとで、第Ⅰ部第1章の論旨に結実した。後半では、日本出土の陶硯に検討を及ぼし、朝鮮陶質土器の影響を受けた圏足円形硯が飛鳥時代前半に導入された後、同じく朝鮮半島の影響を受けた三足硯・多足硯が現れ、奈良時代以降に蹄足円形硯・風字硯をはじめとする中国風の硯が普及していく様子を捉えた。

ただし、第2章の初出時には、大阪府陶邑窯のＴＧ六四・六八号窯（田辺編年Ⅱ段階末ＴＫ二一七型式、中村編年Ⅱ—六・Ⅲ—一段階）から出土した初期圏脚円形硯を(10)、六世紀末から七世紀初頭の所産と位置づけている。しかし、後の調査によって、ＴＫ二一七型式の須恵器を生産した狭山池一号窯の下層から、西暦六一六年に伐採された狭山池の樋管材が見つかった[11]。つまり、日本出土陶硯の初源期を、七世紀前半より遡らせることは不可能である。したがって、「硯面全体が平坦で、周囲にＵ字形の溝を巡らせ」た円形硯（Ｃ種）が、中国の暦年代が判明している資料でも隋大業四年（六〇八）例を上限とする事実と、日本の初期陶硯が同種の硯面形態をもつものとして生産され始めた事実との間に、決定的な矛盾はないといってよい。隋末唐初に現れた新しい硯面形態は、朝鮮陶質土器の造形に倣った圏脚円形硯に伴って、大きな時期差を経ることなく日本の硯生産に反映されたのであった。

また、日本出土の初期圏脚円形硯に例がある「陸部周縁に断面三角形状の低い内堤を設けて海陸をより明確にした」硯面形態（ＣⅡ種）は、中国に見られないとしていたが、降って一九九二年に執筆された第Ⅱ部第３章に、近似した硯面形態を呈する黒竜江省渤海龍泉府址発見の灰釉圏脚円形硯が紹介されている。もっとも、この渤海龍泉府例は、日本の初期陶硯より遥かに時期が新しいものであった。このように、日本出土陶硯の淵源を探るために欠かせない朝鮮半島から中国東北部にかけての陶硯については、未だ不明な点が多々残されている。

第Ⅱ部の概要　各論となる第Ⅱ部「中国における硯とその型式」には、中国硯の分類と編年に関する「長方形板石硯考」（第１章）、「陶製熊脚三足円面硯の発生とその意義」（第２章）、「中国古代における円形硯の成立と展開」（第３章）、「長方形硯の成立」（第４章）に加え、「暖硯考」（第５章）、「中国における中空硯の一例」（コラム）を収録した。以下では、各々の研究に示された方法論のうち、とくに重要な点のみ取り上げておく。

第１章は、長辺一〇～一七糎、短辺五～七糎、厚さ〇・三～〇・八糎の例を大部分とする漢代の長方形板石硯を対象とし、とりわけ厚さの規格性に注目する。そして、楽浪漢墓の南井里一一六号墳（彩篋塚）出土例のように、幸いにも硯に伴う硯盒・硯台が遺存していた事例との比較を通して、前漢中期に薄い硯石を盒に納める風習が始まり、漢末まで盛行したと考えた。ここでは、腐朽して失われた資料・部位も想定しながら、考古資料を分析していく必要性が説かれている。

第2章は、平壌石厳里九号墳出土例に典型を見る金銅熊脚付円形板石硯の姿が、後漢代から顕在化する有蓋三足円形硯の原型となり、さらに魏晋南北朝の陶製三足円形硯へと発展していく様子を、熊脚表現の退化傾向から明らかにした。加えて、陶製三足円形硯が石製有蓋三足円形硯を模したにも関わらず、急速に蓋を伴わなくなった結果、硯部外周内寄りの外堤が高くなって多くの墨汁を溜めることが可能となり、蓋を受けていた硯部外周平坦面が痕跡器官化していく事実を指摘している。

第3章は、漢代の円形板石硯・三足円形硯や、魏晋南北朝から隋唐にかけて隆盛を極めた陶製（灰陶・青磁・白磁・三彩等）の三足円形硯・多脚円形硯・獣脚円形硯・蹄脚円形硯・圏足円形硯などを取り扱った。ここで特筆すべきことは、陶製円形硯の硯面形態をA～C類に分類した第Ⅰ部第2章の見解を細分し、より微視的な時期的変容を明らかにした点である。

具体的には、海陸の区別がない旧A種が「a種：硯面が平坦」、海陸の区別が生じた旧B種が「b種：硯面中央が微かに隆起／c種：硯面中央が高く隆起／d種：硯面中央が高く隆起し、硯面外周に溝が巡る」、平坦な硯面周囲にU字状の溝を巡らす旧C種が「e種：平坦な陸部と溝状の海部からなり、海陸の境が明確な稜をなすもの／f種：海陸の境が弧状をなすもの／g種：海陸の境が明確な稜をなし、陸部中央が窪むもの」に相当する。魏晋南北朝に手で持つことのできる墨錠が普及した結果、墨丸を研石で磨るため平坦であることが当然とされてきた硯面形態にb・c種が生じた。著者は、ここに硯の海陸が明確になっていく過程を認めたのである。また、隋唐の陶製円形硯に見られるc・e・f・g種のうち、魏晋南北朝以来の遺制を残すc種がしだいに姿を消していく一方、唐代になるとf・g種が主体となる。とりわけ、c種を含まない蹄足円形硯は、まさに隋唐を代表する形式とみなすことができる。

ただし、二〇〇三年初出の第Ⅰ部第1章では、次のように分類指標の再整理を試みており、A類からE類、そして

円形硯の硯面形態分類対応表

Ⅰ-2章（1985年）	Ⅱ-3章（1992年）	Ⅰ-1章（2003年）
A種	a種	A類
B種	b種	B類
	c種	
	d種	C類
C種	e種	D類
	f種	
	g種	E類・F類

唐代に現れるF類にかけて順に出現するものとした。すなわち、旧A種「A類（旧a種）：硯面が平坦」、旧B種「B類（旧b・c種）：硯面の中央が弧状に隆起／C類（旧d種）：硯面の中央が弧状に隆起し、周縁部にU字形の浅い溝が巡る」、旧C種「D類（旧e・f種）：平坦な硯面の周縁部にU字形の浅い溝が巡る／E類（旧g種）：硯面の中央がわずかに窪み、周縁部にU字形の深い溝が巡る／F類（旧g種）：硯面の中央が弧状に窪み、周縁部にU字形の深い溝が巡る」とする。そして、F類に「硯面外周に断面三角形の低い突帯を巡らせる」例（旧CⅡ種）が出現したことを、硯部外周の海に墨汁を溜める原理から、墨汁を一ヶ所に溜める原理への転換と捉え、これを「陶製円形硯における構造上の革命」と呼んだ。かかる修正案は、硯面の形態差に見られる細かな時期的変容より、文房具としての機能的変容に重点を置いた結果であろう。しかし、従来の細分案が、新たな修正案によって塗り替えられたわけではない。これらの見解を参照するわれわれは、必要に応じていずれかを採用していくべきなのである。

第4章は、唐代から五代にかけて普及した風字硯と、これを前身として宋代に一般化する長方形硯を論じたものである。ヴァリエーションが多い風字硯に関しては、円頭が平頭に先行する傾向などを指摘した。また、五代から見られる長方形硯は、風字硯から引きつづき硯面全体が傾斜していたが、宋代に硯尾側のみ水平になる例が現れ、硯頭・硯側に加えて硯尾まで堤が巡るようになる。著者は、墨汁を溜めるに便利な傾斜硯と、墨を磨るに便利な水平硯の機能を兼ね備えた理想的形態が、ここに完成したと考えたのであった。なお、これらの硯は、専ら灰陶か石で作られた。器面を平滑堅緻にする陶磁器生産の技術的到達が、かえって硯としての実用的機能を阻害したことにより、硯面に適度な凹凸を残す灰陶がシェアを広げたのである。また、唐代から素材に名石を用いる風が始まり、今日に至る石硯の時代が到来した。

第5章とコラムでは、古代日本における中空円面硯の機能と、その起源について考察した。著者は、硯水の凍結を防ぐ「炰硯」・「温硯」のため、寒冷期に炭を用いたとする正倉院文書中の写経所関係文書に注目する。また、造東大寺司の写経所における硯の調達記録や、「坏蓋研」などと呼ばれる転用硯が盛んに用いられていた実態から、最下級官吏である写経生・校生が常用していた硯の多くは、当時最も一般的であった圏脚円面硯や転用硯であったと推定した。しかし、圏脚円面硯は、中国宋代における暖硯のような硯面下部に炭火を置く機能を欠いている。そこで、硯面の下が空洞となっている中空円面硯の内部に熱湯を注ぎ、暖硯としての機能を期待したのではないかと考えた。さらに、把手をもつ中空円面硯Bの出土が日本に限られている一方で、把手をもたない中空円面硯Aが中国吉林省と韓国からも出土していることから、中国東北部で生まれた中空円面硯が朝鮮半島を経て日本へもたらされたものとした。

第Ⅲ部の概要　本書を締めくくる第Ⅲ部「硯をとりまく文房具」には、硯とともにあった墨・筆の出土例を通観する「中国古代筆墨考」（第1章）と、日中の絵画資料から硯を含む文房具全般の様相について触れた「宣化遼墓に描かれた文房具」（第2章）、「絵巻物に描かれた硯」（第3章）を収録した。

第1章は、中国の戦国時代から宋代にかけての墨・筆を集成し、硯と墨・筆の変容が相互に連関している事実を指摘する。小粒状の墨丸から始まった墨は、しだいに品質のよい墨錠にとって代わられ、後漢に型作りの製法が採用されると大型の墨錠を生産することが可能になった。その結果、三国時代以降の硯に墨を磨る研石が伴うことはなくなっていく。墨錠の形態は、漢代から円柱形、魏晋南北朝から円錐形・糸瓜形・円盤形、唐代からカラスミ形が現れ、宋代の型作りによる長方形墨が今日的な墨に繋がっていくのである。また、漢代まで筆筒に納めるものが多かった筆は、前涼の事例を嚆矢として筆鋒の保護に筆帽が用いられるようになった。南北朝以降の硯に、筆を置くための施設が設けられた事実については、このような筆の変化と連動した現象と捉える。

第2章では、河北省望都漢墓と並び、文房具を描いた壁画が残されている点で希少な河北省宣化遼墓を取り上げた。この壁画は、硯・墨・筆のみならず、筆架・紙・文机や、机上における文房具の配置など、遺存例が少ないものも含めた文房具全般について、一一世紀後半当時の実態を物語る貴重な資料である。壁画と、関連する出土資料を検討した著者は、五代以降に硯に筆を立てたり置いたりする施設を付した組合硯が消滅するのは、造作が容易な陶製円形硯が衰退し、石製硯が主流となっていった事実と関係していると考えた。また、壁画中の硯がすべて机上に直接置かれている点は、三足円形硯や多足円形硯が主流となる魏晋南北朝以来の伝統であり、平安時代後期以降の日本における硯が硯筥に納められていた様子と対照的であるとする。

第3章では、平安時代になると円面硯に代わって唐の影響を受けた風字硯が主流となり、平安時代中期から現れた石硯が鎌倉時代以降に国産化されていく様子を示した上で、日本の絵巻物に描かれた文房具の姿を点検していく。『源氏物語絵巻』をはじめとする古代末期から中世の絵画においては、ほとんどの硯が硯箱に納められた形で表現されており、硯箱の造形によって持主の身分や境遇の差異を示していた可能性が高い。また、『玄奘三蔵絵』や『華厳縁起』のように、中国の場面を描いた絵巻物では、前章で見たような中国的風習に沿って硯が単独で描かれている事実を指摘した。

漢字文化と日本列島　ところで、著者が追究してきた文房具の伝播とは、すなわち漢字文化の伝播と同義である。遡れば、『漢書』に「楽浪海中有倭人。分爲百余国。以歳時来献見云。」とあるように、おそらく倭人が本格的に漢字文化と向き合ったのは、弥生時代中期以降のことであった。実際、弥生時代中期から後期の考古資料として、漢字と思しき記号を刻んだ刻書・墨書土器がいくつか知られているほか、武末純一・柳田康雄らによって北部九州の石硯が相次いで発見されており、(12)これらを倭人が漢字文化と接触した第一波の証と捉えることができよう。漢代の長方形硯については、第Ⅰ部第1章に新たな分類案が示されており、単独で使用可能な「断面が長方形で外面全体を平坦に磨いて整形」するA類、硯盒に納めるのに適した「断面が逆台形で外面全体を平坦に磨いて整形」するB類、硯盒に納めることを前提に「断面が逆台形で上面と側面上端のみを平坦に磨いて整形」するC類の順で変遷するものとされた。楽浪郡の影響を受けたものと考えられる日本出土石硯も、A類に相当する福岡県筑前町東小田中原遺跡例[13]や、C類に相当する島根県松江市田和山遺跡（1-C環濠）例[14]などが認められており、中国・朝鮮半島出土資料との比較によって、時期・機能の差異を厳密にしていくことが可能となるであろう。

つづく古墳時代は、大型前方後円墳を頂点とする墳墓の築造を社会統合の手段として、汎列島的な国家形成が推し進められた時期だが、一転して文房具の出土が見られなくなる。壱与が魏に遣使したとする「魏志倭人伝」の記事を最後に、『晋書』義熙九年（四一三）条の倭王讃朝貢記事までの約一六〇年は、倭人と中国王朝との通交記録も残されていない。五世紀代に入ると、倭の五王らが南朝に遣使しており、文書を介した外交関係を取り結んでいた事実は疑いえないが、倭人が主体的に漢文を駆使したわけではなかった。事実、熊本県和水町江田船山古墳から出土した鉄刀の銘文筆者も「張安」という名の渡来人であり、古谷毅が指摘するように、有力な倭人が自らの地位を示すものとして制作した鉄剣・鉄刀の銘文も、あくまで渡来系の人びとが製作したものだったのである[15]。したがって、古墳時代の日本列島は、基本的に無文字社会であったと考えて差し支えない。

今日の考古学的知見から、日本列島に本格的な漢字文化の幕が開いた時期を限定するならば、圏足円形硯の生産が開始された七世紀初頭以降とすることができる。前方後円墳の築造が終息を迎え、律令国家の形成に向けた第一歩と相前後して現れた初期圏足円形硯は、一九八五年初出の第Ⅰ部第2章に指摘されているとおり、朝鮮半島の陶質土器に見られる十字形・横長長方形・L字形三角形等の透かし孔を穿つなど、半島からの渡来工人によって製作されたものである可能性が高い。このような事実は、推古天皇一八年（六一〇）条に高句麗僧の曇徴が来朝して製紙技術を伝えたとする『日本書紀』の記述とも概ね符合する。ただし、すでに触れてきたとおり、我が国の初期圏足円形硯の中に「内堤を設けて海陸をより明確にしたもの」が含まれている一方で、今のところ中国における同種の硯面形態が渤海龍泉府出土例まで時期的に降ってしまう事実を看過することはできない。著者がCⅡ種（あるいはg種・E類の一部）と呼んでいる硯面形態は、韓国においても類例が認められておらず、日本における初期圏足円形硯の淵源を探求するためには、未だ資料的実態が詳らかでない中国東北部から朝鮮半島北部にかけての検討が望まれる。

吉田論文以降の硯研究　このように、古代東アジアにおける硯を中心とした文房四宝の体系的な研究は、終始著者の独擅場であり、根本的な変更を迫るような見解は見られない。さらに、著者が示したいくつかの発想は、その後の研究に多くの種を蒔いている。

たとえば、中国硯の変遷を再検討した白井克也は、総体的な硯面形態の遷移を取り扱った著者の視点に加え、硯の地域性や、材質の差異、あるいは法量分化まで目配せした研究の可能性を示唆した[16]。また、日本出土硯の淵源を検討する上で欠かせない朝鮮半島の文房具については、著者が文房具を主たる研究テーマとしていた時期に見られなかった新しい成果が示されており、とくに山本孝文が百済・新羅地域を対象とした網羅的検討を進めている[17]。日本における硯の階層性や、持主の社会的地位を象徴する機能に関しては、著者が早くも『日本の陶硯』展から指摘してきたところであるが[18]、藤原京・平城京内における各種硯の出土地域差を検討した西口壽生や、蹄脚円面硯の製作技法を取り扱った青木敬の発言も注目されよう[19]。そのほか、地方官衙における硯の普及・展開について触れた田中弘明、硯の分布と律令政府による支配領域拡大との関係性を述べた関根章義の研究をはじめ[20]、古代陶硯の政治的な側面を取り扱った論考も散見される。加えて、硯の使用痕を実証的に検討した板谷桃代・北野博司の試みなど[21]、関連する研究の裾野が徐々に広がってきた。

以上、本書の特徴をかいつまんで述べてきたが、古代文房具を対象とした著者の研究は、墨に関する二〇一二年の小論[22]を除くと、二〇〇三年初出の第Ⅰ部第1章が最後となる。以降は、所属機関の研究事業に携わる過程で、従来の主たる関心事ではなかった日中の宗教考古学にも取り組んでいった。その中にあっても、硯の本格的研究に携わる前から手掛けてきた土器研究や、史料に関する広範な知見を背景に、とかく「模造品」に焦点が当てられがちであった祭祀研究に対して注意を喚起するなど、独自の提言を残していく[23]。これら、著者による研究の全貌については、東アジアにおける文房具を取り上げた本書のほか、古代土器研究に関する著作があるので併せて参照されたい[24]。

（深澤太郎）

註

（1）小笠原好彦・西弘海・吉田惠二「第Ⅳ章3 土器」『平城宮発掘調査報告Ⅶ』奈良国立文化財研究所学報第二三冊、一九七六年。『薬師寺発掘調査報告』奈良国立文化財研究所学報第四五冊、一九八七年。

（2）奈良文化財研究所『平城京出土陶硯集成Ⅰ―平城宮跡―』奈良文化財研究所史料第七七集、二〇〇六年。奈良文化財研究所『平城京出土陶硯集成Ⅱ―平城京・寺院―』奈良文化財研究所史料第八〇集、二〇〇七年。

（3）千田剛道「獣足硯にみる百済・新羅と日本」『文化財論叢Ⅱ』奈良国立文化財研究所創立四〇周年記念論文集、同朋舎、一九九五年。山本孝文「百済泗沘期の陶硯」『百済研究』第三八輯、忠南大學校、二〇〇三年。山本孝文「新羅硯の出現と展開」『石軒　鄭澄元教授停年退任記念論叢』、釜山考古學研究會、二〇〇六年。洪漕植「統一新羅の硯と使用階層に関する試論」『石軒　鄭澄元教授停年退任記念論叢』、釜山考古學研究會、二〇〇六年。山本孝文「古代文房具研究の観点」『考古広場』創刊号、釜山考古学研究会、二〇〇七年。山本孝文『古代朝鮮の国家体制と考古学』、吉川弘文館、二〇一七年。

（4）本書の編集作業は、國學院大學考古学研究室が実施し、國學院大學大学院の大日方一郎・尾上周平をはじめ、富山悠加、長嶋幹也、藤好史都が従事した。なお、本文に追記した補註は、第Ⅰ・Ⅱ部を深澤太郎、第Ⅲ部を青木敬、図表に関する部分を大日方一郎が分担し、三者で協議して全体を整えた。

（5）吉田惠二「日本古代の硯について」『日本の陶硯』五島美術館展覧会図録№九八、五島美術館、一九七八年。

（6）楢崎彰一「日本の陶硯―五島美術館展に寄せて」『陶説』三〇七号、日本陶磁協会、一九七八年。

(7) 原田淑人「硯との関連から見た中国古代の墨」『考古学雑誌』第四六巻第一号、一九六〇年。
(8) 内藤政恒『本邦古硯考』、養徳社、一九四四年。楢崎彰一「古代の陶硯について」『考古学雑誌』第六五巻第三号、一九七九年。石井則孝「日本古代文房具史の一面—陶硯について—」『古代探叢』滝口宏先生古稀記念考古学論集、早稲田大学出版部、一九八〇年。楢崎彰一「日本古代の陶硯—特に分類について—」『考古学論考』小林行雄博士古稀記念論文集、平凡社、一九八一年。横田賢次郎「福岡県内出土の硯について—分類と編年に関する一試案」『九州歴史資料館研究論集』九、一九八三年。石井則孝『陶硯』考古学ライブラリー四二、ニュー・サイエンス社、一九八五年。
(9) 山中敏史編「陶硯関係文献目録」『埋蔵文化財ニュース』四一、奈良国立文化財研究所埋蔵文化財センター、一九八三年。
(10) 中村浩編『陶邑Ⅱ』大阪府文化財調査報告書第二九輯、㈶大阪文化財センター、一九七八年。田辺昭三『須恵器大成』、角川書店、一九八一年。中村浩『和泉陶邑窯の研究』、柏書房、一九八一年。
(11) 市川秀之・植田隆司ほか『狭山池 埋蔵文化財編』、狭山池調査事務所、一九九八年。
(12) 武末純一・平尾和久「〈速報〉三雲・井原遺跡番上地区出土の石硯」『古文化談叢』第七六集、二〇一六年。柳田康雄「福岡県筑前町東小田中原遺跡の石硯」『纒向学研究』第五号、桜井市纒向学研究センター、九州古文化研究会、二〇一七年。柳田康雄・石橋新次「福岡県筑前町薬師ノ上遺跡の石硯」『平成二九年度九州考古学会総会研究発表資料集』、九州考古学会、二〇一七年。
(13) 註12柳田文献に同じ。
(14) 岡崎雄二郎「環濠内出土石板状石製品について」『田和山遺跡』、松江市文化財調査報告書第九十九集、松江市教育委員会、二〇〇五年。
(15) 古谷毅「倭人の文字認識と言語表記」『歴史評論』第六〇九号、歴史科学協議会、二〇〇一年。
(16) 白井克也「東京国立博物館保管青磁獣脚硯」『MUSEUM』No.五六八、東京国立博物館、二〇〇〇年。
(17) 註3に同じ。
(18) 註5に同じ。
(19) 西口壽生「畿内における陶硯の出現と普及」『古代の陶硯をめぐる諸問題』、奈良文化財研究所、二〇〇三年。西口壽生「東海産の陶硯について」『奈良文化財研究所紀要二〇一〇』奈良文化財研究所、二〇一〇年。三好美穂「平城京の陶硯」『奈良市埋蔵文化財調査年報　平成二十一年度』、二〇〇九年。青木敬「蹄脚円面硯Bの出現とその特質」『奈良文化財研究所

紀要二〇一四』奈良文化財研究所、二〇一四年。
(20) 田中広明「古代の官衙や集落と陶硯」『研究紀要』第二二号、埼玉県埋蔵文化財調査事業団研究所、二〇〇七年。田中広明「七世紀の陶硯と東国の地方官衙」『歴史評論』第六五五集、歴史科学協議会、二〇〇四年。関根章義「古代陸奥国における陶硯の受容と展開―城柵官衙遺跡を中心として―」『古代文化』第六六巻第三号、二〇一四年。
(21) 板谷桃代「古代における硯の使用痕について」『淡海文化財論叢』、淡海文化財論叢刊行会、二〇〇五年。北野博司「硯を研ぐ」『陶磁器の社会史』、吉岡康暢先生古希記念論集刊行会、二〇〇六年。
(22) 吉田惠二「墨の起源と歴史」『季刊 悠久』第一二七号、鶴岡八幡宮、二〇一二年。
(23) 吉田惠二「人の器、神の器」『國學院大學考古学資料館紀要』第二三輯、二〇〇七年。
(24) 吉田惠二『日本古代の窯業と社会』、六一書房、二〇一八年。

初出文献一覧

第Ⅰ部　古代東アジアにおける硯の成立と展開

第1章「陶硯研究の現状と課題」『古代の陶硯をめぐる諸問題―地方における文書行政をめぐって―』奈良文化財研究所、二〇〇三年一二月

第2章「日本古代陶硯の特質と系譜」『國學院大學考古学資料館紀要』第一輯、國學院大學考古学資料館、一九八五年三月

第Ⅱ部　中国における硯とその型式

第1章「長方形板石硯考」『論苑考古学』、天山舎、一九九三年四月

第2章「陶製熊脚三足円面硯の発生とその意義」『國學院大學考古学資料館紀要』第三輯、國學院大學考古学資料館、一九八七年三月

第3章「中国古代に於ける円形硯の成立と展開」『國學院大學紀要』第三〇巻、國學院大學、一九九二年三月

第4章「長方形硯の成立」『國學院大學考古学資料館紀要』第一一輯、國學院大學考古学資料館、一九九五年三月

第5章「暖硯考」『國學院大學考古学資料館紀要』第一三輯、國學院大學考古学資料館、一九九七年三月

コラム「中国における中空硯の一例」『亜洲学誌』創刊号、國學院大學中国考古学会、二〇〇二年一〇月

第Ⅲ部　硯をとりまく文房

第1章「中国古代筆墨考」『國學院雑誌』第一〇三巻第一〇号、國學院大學、二〇〇二年一〇月

第2章　「宣化遼墓に描かれた文房具」『國學院大學考古学資料館紀要』第二〇輯、國學院大學考古学資料館、二〇〇四年三月

第3章　「絵巻物に描かれた硯」『伝統と創造の人文科学』國學院大學大学院文学研究科創立五十周年記念論文集、國學院大學大学院、二〇〇二年三月

ものが語る歴史シリーズ㊳

文房具《ぶんぼうぐ》が語《かた》る古代東《こだいひがし》アジア

■著者略歴■

吉田惠二（よしだ・えいじ）

1947 年 3 月、兵庫県神戸市西区生まれ。

1971 年 3 月、京都大学文学部史学科考古学専攻卒業。

その後、奈良国立文化財研究所平城宮跡発掘調査部文部技官、國學院大學文学部教授、國學院大學学術資料館館長、國學院大學博物館館長等を歴任。

2014 年 12 月、逝去（享年 67）。

〔主要論文〕

「埴輪生産の復原―技法と工人―」『考古学研究』19 - 3、1973 年。

「須恵器以降の窯業生産」『岩波講座日本考古学』3、岩波書店、1986 年。

「中国古代に於ける円形硯の成立と展開」『國學院大學紀要』30、1992 年。

「絵巻物に描かれた硯」『伝統と創造の人文科学』國學院大學大学院文学研究科創設五十周年記念論文集、2002 年。

「中国古代筆墨考」『國學院雑誌』103 - 10、2002 年。

『日本古代の窯業と社会』六一書房、2018 年。

2018 年 6 月 2 日発行

著　者　吉　田　惠　二

発行者　山　脇　由　紀　子

印　刷　亜　細　亜　印　刷　㈱

製　本　協　栄　製　本　㈱

発行所　東京都千代田区飯田橋 4-4-8　㈱ 同成社

（〒102-0072）　東京中央ビル

TEL　03-3239-1467　振替　00140-0-20618

ISBN978-4-88621-795-0 C3321